十三經注疏

傳 左丘明 注 杜預 疏 孔穎達
책임번역 許鎬九
공동번역 鄭東和 金廣泰 權津鈺

譯註 春秋左傳正義 2

춘추좌전정의

전통문화연구회

東洋古典現代化와 十三經注疏 譯註

본회가 東洋古典의 飜譯과 教育, 情報化 등 古典現代化 사업을 시작한 지 어느덧 25년이 되었다. 그간 우리나라의 고전국역 상황을 보면, 東洋古典에 대한 번역문제는 1960년 중반에 한국고전번역을 정부에서 추진하면서 우선 四書五經 등 기본고전을 모범 번역하자는 논의가 있었지만 우리 고전이 아니라고 무산되었다.

1980년대에 韓國學 연구와 한국고전번역의 先決課題는 물론, 國際政治 관계나 經濟상의 이유로도 필요하다는 논의가 제기되었다. 그 후 1988년 본회가 발족하면서 東洋古典 번역을 착수하여, 1990년대 말경 본회에서 소위 '新注'의 四書三經을 註까지 懸吐完譯함으로써 東洋學과 韓國學徒들의 袖珍本이 되고 教育界와 文化界까지 파급되었다.

그 후 본회 창립 20주년이 되면서 다시 동양고전현대화의 과제와 목표를 논의하면서, 단순한 韓國學의 선결과제를 넘어 東洋文化에 대한 源泉的이며 體系的인 檢討의 필요성이 대두되었으니, 이제 우리는 東洋文化의 先導的 역할을 담당할 준비를 갖추고 21세기에 先進文化强國 건설로 새 歷史를 이루자는 것이었다.

일반적으로 十三經은 核心的 儒家經典의 總稱이지만, 이는 東洋文化의 뿌리라 하겠다. 우리 역사상으로 十三經은 저 멀리 삼국시대에 이미 高句麗의 太學에서 기본 교과로 채택하였고, 百濟에서는 五經博士 制度를 두었고, 新羅 薛聰은 九經을 方言으로 읽었고, 高麗에서는 國子監이나 九齋學堂에서 교육하였으며, 朝鮮朝 成均館과 鄕校, 書堂과 書院에서는 四書五經 등을 교육하여 人材 등용과 국가정책에 절대적 영향을 끼쳤다.

이 十三經의 代表的 註釋書는 漢·唐時期의 '古注'라 일컬어지는 十三經注疏와, 그 후 宋代의 朱子的 世界觀이 반영된 '集註'와 '集傳' 등의 '新注'가 두 개의 軸이라 할 수 있다.

그런데 우리는 조선조에서부터 朱子學 일변도의 學風으로 경도되어, 그 偏向性이 오늘에까지 이르렀음은 심히 不幸이라 하겠다. 中國에서는 明·淸 시기에 訓詁學, 考證學이라는 學風이 일어 十三經注疏가 經學研究의 標準이 되었고, 日本에서는 反朱子的 見解와 陽明學의 영향을 받아 明治維新 때 이미 漢文大系 등의 古典整理 사업으로 '古注' 연구가 一般

化된 사실을 간과해서는 안 되겠다.

이에 東洋文化의 核心이라 할 수 있는 十三經注疏를 譯註하고, 이를 통해 우리 文化의 傳統에 대해 體系的으로 이해하고 復元함으로써, 그간 편협했던 학술 風土를 넘어 多樣性과 客觀性을 모색하고, 아울러 古典現代化의 水準을 높이고 融合的이고 自生的인 韓國學을 진작시켜야 할 것이다.

오늘날 중국과 일본에서 번역하지 못한 십삼경주소를 본회에서 130여 책으로 10년 안에 完譯하고, 이와 이울러 韓中日 三國의 東洋古典語彙 情報網을 구축함으로써, 우리의 東洋學과 韓國學 연구에 礎石과 架橋가 되어 우리나라가 先進文化强國으로 昇華되고 世界文化 발전에까지 기여하기를 기대한다.

이 十三經注疏의 번역은 三經과 三禮와 春秋三傳과 ≪論語≫, ≪孟子≫, ≪孝經≫, ≪爾雅≫ 등의 十三經을 經은 물론이요 注와 疏까지 譯註하는 것으로, 原典의 傳統性과 번역의 現代性을 기본으로 하여 漢學元老와 新進學者의 協同硏究飜譯으로 추진하고자 한다.

또한 註釋은 宋代의 소위 '新注'와 비교하고, 明淸代의 注와 韓國 先賢의 注와 見解, 그리고 日本의 注를 가급적 반영하며, 深度 있는 硏究解題를 하기로 하였다. 한편 古典의 우리식 讀解文法인 懸吐를 經과 注에 달고 방대한 疏에는 편의상 構文을 이해할 수 있는 標點을 달며, 經·注·疏 전체에 대한 內容索引을 할 계획이다.

끝으로 오랫동안 飜譯과 校閱에 종사하여 오신 元老漢學者와 10여 년 이상 漢學을 연수한 新進學者로서, 이 십삼경주소의 연구번역에 참여하여 難解한 注疏의 譯註에 헌신하시는 모든 분들께 무한한 감사를 드린다.

또한 고전현대화에 대한 政府의 지대한 關心과 支援에 감사를 드리며, 그간 직간접으로 지도편달하여 주신 학계와 교육계 및 문화계 인사 여러분께 심심한 謝意를 표하며, 앞으로도 따뜻한 관심과 엄정한 叱正을 부탁드리며 내내 평강과 행복을 기원한다.

社團法人 傳統文化硏究會 理事長 李啓晃

凡 例

1. 본서는 十三經注疏 중 ≪譯註 春秋左傳正義≫의 제2책이다.

2. 본서는 원전의 傳統性과 번역의 現代性을 구현하기 위해 노력하였다.

3. 본서의 底本은 阮元 校刻本 ≪春秋左傳正義≫(淸 嘉慶 21년(1816) 阮元 校刻 十三經注疏, 中華書局, 2009, 이하 '阮刻本'으로 약칭)로 하되, 北京大 整理本 ≪春秋左傳正義≫(十三經注疏整理委員會 整理, 北京大學出版社, 2000, 이하 '北京大本'으로 약칭)를 참고하였다.

4. 原文의 經·傳·注는 우리나라 전통 방식으로 懸吐하고, 疏는 經·傳·注에 대한 字句 해석이 중심이므로 간략하게 標點만 하였다.

5. 原文은 저본의 체제에 따라 經·傳·注·疏를 구분하였고, 經을 제외한 傳·注·疏의 문단 시작에 '【 】'를 사용하여 표기하였다. 또한 ≪春秋≫의 서지 특성상 傳을 經처럼 취급하였기 때문에, 經과 傳을 함께 大字로 표기하였다.

6. 原文의 分節은, 經·傳·注는 저본의 분절을 따르고 疏는 단락이 길 경우에 의미 단락에 따라 역자 재량으로 분절하였다.

7. 독자의 편의를 위해 매년 첫 經文이 시작하는 곳에 재위 연도를 '○公 ○년(B.C. OOO)' 등으로 표기하였다.

   예 隱公 원년(B.C. 722), 隱公 2년(B.C. 721)

8. 글자의 음에 대한 저본의 反切 注는 생략하되, 문맥의 이해를 위해 필요한 경우는 譯註에서 설명하였다. 讀音이 특수하거나 僻字인 경우에는 원문의 해당 글자 뒤의 ( ) 속에 한글로 音을 달았다.

9. 疏에서 설명 대상으로 인용한 經·傳·注의 구절은 번역문에서 원문 그대로 쓰되, 뜻을 풀이하는 부분을 ' '로 묶어주었다.

   예 '史之策書皆君命'은 임금이 명하여 시행한 일이라야 策에 기록할 수 있음을 이른 것이지, 임금이 명하여 기록하게 한 뒤에야 비로소 기록함을 이른 것이 아니다.

10. 飜譯은 原義에 충실하게 하되, 이해가 어려운 부분은 意譯 또는 補充譯을 하였다.
11. 飜譯文은 한글과 漢字를 혼용하였으며, 맞춤법과 띄어쓰기는 한글 맞춤법과 표준어규정을 따르는 것을 원칙으로 하였다.
12. 譯註는 校勘, 異說, 인용문의 出典, 故事, 역사적 사건, 전문용어, 難解語, 難解文, 人物, 制度, 官職 등에 관한 사항을 밝혔다.
13. 校勘은 원문의 誤字, 脫字, 衍字, 倒文 등을 대상으로 하고, 간략히 譯註하였다. 그 외에도 北京大 整理本 및 上海古籍 整理本을 비롯한 여러 原典 자료를 참고하였으며 이를 譯註에 밝혔다. 단 己·已·巳는 별도의 역주 없이 문맥에 맞게 곧바로 수정하였다.
14. 본서의 校勘에 사용된 符號는 다음과 같다.

( )〔 〕: (저본의 誤字)〔교감한 正字〕
〔 〕: 저본의 脫字 보충
( ): 저본의 衍字 표시

15. 본서에 사용된 주요 부호는 다음과 같다.

“ ”: 對話, 각종 引用
‘ ’: “ ” 안의 再引用, 强調
〈 〉: ‘ ’ 안의 再引用, 强調
( ): 原文에서의 讀音이 특수한 글자나 僻字의 音
번역문에서의 간단한 역주
〔 〕: 번역문과 뜻은 같으나 音이 다른 漢字나 句節
疏에서 설명 대상으로 제시한 經이나 注의 단어나 구절
역주에서 인용한 原文
≪ ≫: 書名, 典據
< >: 篇章名, 作品名 표기, 補充譯
【 】: 傳, 注, 疏의 표시
○ : 저본에 사용된 단락 구분 표시 準用

16. 본서에서 사용된 標點符號는 다음과 같다.

. : 문장의 종결

, : 한 문장 안에서 句나 節의 구분이 필요한 곳

· : 대등한 명사나 구절의 병렬

“ ”: 인용

‘ ’: “ ” 안의 재인용, 疏에서 설명 대상으로 제시한 經·注의 단어나 구절

「 」: ‘ ’ 안의 재인용

: : 疏 내용을 포괄하는 ‘正義曰’ 뒤에서 사용

目 次

東洋古典譯註叢書를 발간하면서
凡 例

春秋左傳注疏 卷3
隱公 3년 / 11
隱公 4년 / 55
隱公 5년 / 78

春秋左傳注疏 卷4
隱公 6년 / 124
隱公 7년 / 136
隱公 8년 / 150
隱公 9년 / 178
隱公 10년 / 187
隱公 11년 / 199

春秋左傳注疏 卷5
桓公 원년 / 243
桓公 2년 / 254

〔附 錄〕
1. ≪春秋左傳正義 2≫ 參考書目 / 333
2. ≪春秋左傳正義 2≫ 參考圖版 目錄 / 337
3. 春秋列國圖 / 339
4. 春秋地圖 / 340
5. ≪春秋左傳正義≫ 總目次(QR) / 342
6. ≪春秋左傳正義≫ 解題(QR) / 342

≪春秋左傳正義 2≫ 解 說

≪春秋左傳正義≫ 2책은 底本의 권3에서 권5까지이며, 魯 隱公 3년에서 桓公 2년까지의 내용을 싣고 있다. 각 권의 내용을 略解하면 다음과 같다.

【권3 : 隱公 3년~5년】 은공 3년, 代를 이어 周 平王의 卿士가 되었던 鄭나라 임금의 정권을 평왕이 虢에게 나누어준 뒤 崩하자, 이후 周나라와 鄭나라가 서로 미워하게 되었다. 은공 4년, 衛나라 州吁가 임금 完을 시해하고 군주에 오르니 민심이 안정되지 않았다. 衛나라 大夫 石碏이 주우를 따르던 아들 石厚에게 陳나라를 통해 天王의 힘을 빌려 君位를 안정시키라고 조언한 뒤, 스스로는 陳나라에 힘을 빌려 주우의 무리를 처단하여 大義滅親의 뜻을 보였다. 은공 5년, 은공이 臧僖伯의 諫言을 무릅쓰고 棠에 가서 漁具를 진열하고 구경하였으며, 仲子(魯 桓公의 母)의 宮을 완공한 뒤 처음으로 六羽를 바쳤다.

【권4 : 隱公 6년~11년】 은공 6년, 鄭人이 魯나라에 와서 그동안의 원한을 버리고 다시 강화하였으며, 이해 노나라가 처음으로 齊나라와도 강화하였다. 이해 鄭伯이 처음으로 周 桓王에게 朝見하였으나 환왕이 예우하지 않자, 정나라가 다시 주나라에 조현하지 않았다. 은공 7년, 天王이 노나라에 凡伯을 보내 聘問하였다. 당초에 戎이 주나라에 조현하러 갔을 때 범백이 戎을 貴賓의 禮로 대우하지 않았는데, 범백이 빙문을 마치고 돌아갈 때 戎이 楚丘에서 범백을 공격하여 그를 데리고 돌아갔다. 은공 8년, 鄭伯이 정나라가 지내던 泰山의 제사를 그만두고 周公의 제사를 지내겠다고 하면서, 정나라 소유인 祊田과 魯나라 소유인 許田을 바

꾸자고 요청하였다. 은공 9년, 크게 장맛비가 내리고 천둥 번개가 쳤으며, 많은 눈이 내리는 등 災異가 발생하였다. 은공 10년, 은공이 齊侯・鄭伯과 회합하고 宋나라를 討伐하였다. 은공 11년, 滕侯・薛侯가 노나라에 조현하러 와서 禮를 행하는 先後를 다투었다. 이해 魯 桓公이 羽父의 참소를 믿고 은공을 弑害한 뒤 스스로 임금에 올랐다.

【권5 : 桓公 원년~2년】 환공 원년, 鄭伯이 璧玉을 더 얹어주고 許田을 바꿔가는 일을 매듭지었다. 환공 2년, 宋나라 華父督이 大夫 孔父의 아내를 빼앗고자 그를 죽이고는 군주 與夷까지 시해하였다. 이후 宋 殤公을 즉위시켜 10년 동안 11번의 전쟁을 하는 등 虐政을 일삼았다. 한편 화보독은 권력을 보장받기 위해 諸侯들에게 뇌물을 주었는데, 이때 노나라는 송나라에서 郜大鼎을 받아 太廟에 안치하였다.

春秋左傳注疏 卷3(隱三年 盡五年)

杜氏 注 孔穎達 疏

【隱公 3년(B.C. 720)】

三年이라 春王二月己巳에 日有食之하다

3년이다. 봄 周王 2월 己巳日에 日食하였다.

【注】無傳이라 日行遲하야 一歲一周天하며 月行疾하야 一月一周天하야 一歲凡十二交會라 然日月動物이라 雖行度有大量이나 不能不小有盈縮이라 故有雖交會而不食者하고 或有頻交而食者라 唯正陽之月[1]은 君子忌之라 故有伐鼓用幣之事라 今釋例以長厤[2]推經傳하면 明此食是二月朔也라 不書朔은 史失之라 書朔日例는 在桓十七年이라

1) 正陽之月 : 음력 4월이다. 음력 4월은 乾卦에 해당하는 純陽의 달이기 때문에 正陽月이라 이른다.

2) 長厤 : 曆法에 따라 천 년이나 백 년 간의 연월일과 朔日・閏月 등을 推算하여 배열해 놓은 曆書이다. 杜預가 편수한 ≪春秋長曆≫이 있다.

傳이 없다. 해는 運行이 느려서 1년에 한 번 天體를 한 바퀴 돌고, 달은 운행이 빨라서 한 달에 한 번 천체를 한 바퀴 돌아 〈해와 달이〉 1년에 모두 12번 서로 만난다. 그러나 해와 달은 움직이는 사물이어서 비록 운행하는 度數의 양이 크기는 하지만 조금의 남고 모자람이 없을 수 없다. 그러므로 〈해와 달이〉 서로 만나더라도 日食하지 않는 때도 있고, 혹은 만날 때마다 자주 일식하는 경우도 있다. 그러나 오직 正陽의 달에 하는 〈일식만은〉 君子가 꺼리는 일이기 때문에 〈社壇에서〉 북을 치고 〈宗廟에〉 幣帛을 올리는 일이 있다. 지금 ≪春秋釋例≫에 "長曆으로 經과 傳의 달을 推算해보면 이 일식은 2월 朔日에 일어났음이 분명하다."고 하였다. 〈經文에〉 朔日의 干支를 기록하지 않은 것은 史官이 빠뜨린 것이다. 삭일의 간지를 기록하는 例는 桓公 17년에 기록이 있다.

【疏】 注'日行'至'七年' ○ 正義曰：古今之言厤者，大率皆以周天爲三百六十五度四分度之一. 日行比月爲遲，每日行一度，故一歲乃行一周天，月行比日爲疾，每日行十三度十九分度之七，故一月內則行一周天又行二十九度過半，乃逐及日. 言一月一周天者，略言之耳，其實及日之時，不啻一周天也. 日月雖共行於天，而各有道，每積二十九日過半，行道交錯而相與會集，以其一會，謂之一月. 每一歲之間，凡有十二會，故一歲爲十二月. 日食者，月掩之也. 日月之道互相出入，或月在日表，從外而入內，或月在日裏，從內而出外. 道有交錯，故日食也. 二十九日過半，月及日者，以厤家一度分爲九百四十分，則四百七十分爲半. 今月來及日，凡二十九日又四百九十九分，是過半校二十九分也. '日有食之'，言有物來食之也. 日月同處，則日被月映而形魄不見(현)，聖人不言日被月食，而云'日有食之'者，以其月不可見，作不知之辭. 穀梁傳曰"其不言食之者，何也. 知其不可知，〔知〕[1]也." 是言愼疑，故不言月也. 朔則交會，故食必在朔. 然而每朔皆會，應每月常食，故解之. 言"日月動物，雖行度有大量，不能不小有盈縮，故有雖交會而不食者，或有頻交而食者." 自隱之元年，盡哀二十七年，積二百五十五年，凡三千一百五十四月，唯三十七食，是'雖交而不食'也. 襄二十(二)〔一〕[2]十二年九月・十月頻食，二十四年七月・八月頻食，是'頻交而食'也. 食無常月，唯正陽之月，君子忌之，以日食者，陰侵陽也. 當陽(量)〔盛〕[3]之月，不宜爲弱陰所侵，故有伐鼓用幣之事，餘月則否. 其日食例皆書'朔'. 己巳之下，經無'朔'字. 長厤推此己巳實是朔日，而不書朔，史失之也. 此注作大判言耳. 戰國及秦，厤紀全差，漢來漸候天時，始造其術. 劉歆三統以爲五月二十三分月之二十而日一食，空得食日而不得加時. 漢末會稽都尉劉洪作乾象厤，始推月行遲疾，求日食加時，後代脩之漸益詳密. 今爲厤者，推步日食，莫不符合，但無頻月食法. 故漢朝以來，殆將千歲，爲厤者，皆一百七十三日有餘而始一交會，未有頻月食者. 今頻月而食，乃是正經，不可謂之錯誤. 世考之厤術，事無不驗，不可謂之疏失. 由是注不能定，故未言之也. 又漢書高祖本紀，高祖卽位三年十月・十一月晦，日頻食. 則(自)〔日〕[4]有頻食之理，其解在襄二十四年. 穀梁傳曰"言日不言朔，食晦日也." 朔日竝不言，食晦夜也，朔日竝言，食正朔也，言朔不言日，食旣朔也.

1) 〔知〕: 저본에는 '知'가 없으나, 阮元의 〈校勘記〉에 의거하여 보충하였다.
2) (二)〔一〕: 저본에는 '二'로 되어 있으나, 阮元의 〈校勘記〉에 의거하여 '一'로 바로잡았다.
3) (量)〔盛〕: 저본에는 '量'으로 되어 있으나, 阮元의 〈校勘記〉에 의거하여 '盛'으로 바로잡았다.

4) (自)〔日〕: 저본에는 '自'로 되어 있으나, 阮元의 〈校勘記〉에 의거하여 '日'로 바로잡았다.

注의 〔日行〕에서 〔七年〕까지

○ 正義曰 : 고금의 曆法을 말하는 자는 대부분 천체의 한 바퀴를 365度 4분의 1도라고 한다. 해의 운행은 달의 운행에 비교하면 느려서 매일 1도를 운행하기 때문에 한 해에 한 번 천체를 한 바퀴 운행하고, 달의 운행은 해의 운행에 비교하면 빨라서 매일 13도 19분의 7도를 운행하기 때문에 한 달 내에 한 번 천체를 한 바퀴 돌고 또 29도에 1도의 過半을 운행하여 해를 따라잡는다. 한 달에 한 번 천체를 한 바퀴 운행한다고 말한 것은 대략적으로 말한 것일 뿐이니, 그 실제 해를 따라잡는 시간은 단지 한 번 천체를 한 바퀴 돌 뿐이 아니다. 해와 달이 함께 천체를 운행하지만 각각 운행하는 궤도가 있어서 매번 29일에 1일의 過半이 쌓여서 운행하는 궤도가 교차하여 서로 모이니, 그 한 번 모이는 것을 한 달이라고 한다. 매번 한 해 사이에 모두 열두 번 모이기 때문에 한 해가 열두 달이 된다.

日食은 달이 해를 가리는 현상이다. 해와 달의 궤도는 서로 들쭉날쭉하여 혹은 달이 해의 밖에 있다가 밖에서 안으로 들어오기도 하고, 혹은 달이 해의 안에 있다가 안에서 밖으로 나가기도 한다. 이는 궤도가 교차하기 때문에 일식하는 것이다. 29일에 1일의 과반을 지나 달이 해에 이르는 것은 曆數家가 1도를 940分으로 나누니, 그렇다면 470분이 반이 된다. 지금 달이 와서 해에 이르는 시간이 모두 29일하고 또 499분이니 이 과반을 계산하면 29분이다.

'日有食之'는 사물이 와서 먹는 것을 말한다. 해와 달이 한곳에 같이 있으면 해가 달이 비추는 빛을 받아서 형체가 나타나지 않는데, 聖人이 '日被月食(해가 달의 침식을 받았다.)'이라고 말하지 않고, '일유식지'라고 말한 것은 그 달은 볼 수 없으니 알지 못한다는 말을 만든 것이다. ≪春秋穀梁傳≫에 "먹었다고 말하지 않은 것은 무엇 때문인가? 그 알 수 없는 것을 아는 것은 지혜로움이다."라고 하였으니, 이는 의심스러운 일을 삼가기 때문에 달을 말하지 않은 것이다. 朔日은 〈해와 달이〉 만나는 때이기 때문에 일식은 반드시 삭일에 일어난다. 그러나 삭일마다 〈해와 달이〉 모두 만나니 응당 달마다 달이 항상 해를 먹어야 되기 때문에 다음과 같이 해석하였다. "해와 달은 움직이는 사물이어서 비록 운행하는 度數의 양이 크기는 하지만 조금의 남고 모자람이 없을 수 없다. 그러므로 〈해와 달이〉 서로 만나더라도 일식하지 않는 때도 있고, 혹은 만날 때마다 자주 일식하는 경우도 있다."

隱公 원년으로부터 哀公 27년이 끝날 때까지 255년의 모두 3,154개월 동안 37회의 일식만 하였으니, 이것이 바로 '서로 만나더라도 일식하지 않은' 것이다. 襄公 21년 9월과 10월에 자주 일식하였고, 24년 7월과 8월에 자주 일식하였으니, 이것이 '만나서 자주 일식한' 사례이다. 일식이 일어난 일은 일정한 달이 없으나 오직 正陽의 달에 일어나는 〈일식은〉 君子가 꺼리니, 일식은 陰(달)이 陽(해)을 침범하는 것으로 여겼기 때문이다. 陽氣가 왕성한 달에 쇠약한 陰氣에 침범 당하는 것은 마땅치 않기 때문에 〈社壇에서〉 북을 치고 〈宗廟에〉 幣帛을 올리는 일이 있고, 그 이외의 달에는 하지 않는다.

일식이 일어났을 때는 으레 모두 '朔'자를 쓰는데, '己巳'의 아래 經文에는 '朔'자가 없다. ≪春秋長曆≫으로 이 己巳日을 추산하면 실상 삭일인데 '朔'자를 쓰지 않은 것은 史官이 빠뜨린 것이다. 이 注에서 〈일식에 대해 말한 것은〉 대체로 말한 것일 뿐이다. 戰國時代와 秦나라의 曆數紀綱은 전부 어긋나는데, 漢나라 이래로 차츰 天時를 실증하여 비로소 推曆하는 법을 만들었다. 劉歆의 ≪三統曆譜≫에 5월 한 달의 23등분한 달의 20이 되는 날에 한 번 일식한다고 하면서 일식하는 날을 空으로 얻고 시간을 더하지 않았다. 한나라 말기의 會稽都尉 劉洪이 ≪乾象曆≫을 지어서 비로소 달의 운행의 느리고 빠른 속도를 추산하여 일식에 더하는 시간을 구하였는데, 후대에 이를 修訂하여 점차 더욱 자세하고 치밀해졌다. 현재 曆書를 만든 자의 推步한 일식은 부합하지 않은 경우가 없으나 다만 여러 달 빈번하게 일식하는 데 대한 법은 없다. 그러므로 漢代 이래로 거의 천 년이 되었으나 역서를 만드는 자들이 모두 173일 남짓 되었을 때 비로소 한 번 〈해와 달이〉 만나는 것으로 하고, 여러 달 빈번하게 일식하는 데 대한 것은 없다. 지금 빈번하게 여러 달 일어난 일식은 곧 정당한 현상이어서 착오라고 말할 수 없고, 세상의 曆法으로 고찰하면 들어맞지 않는 경우가 없으니 잘못되었다고 말할 수도 없다. 이런 연유로 注에서 결정할 수 없었기 때문에 말하지 않은 것이다.

또 ≪漢書≫ 〈高祖本紀〉에 고조가 즉위한 뒤 3년 10월과 11월 그믐에 연달아 일식이 일어났다. 그렇다면 일식이 연달아 일어나는 이치가 있으니, 그 해석이 襄公 24년에 있다. ≪春秋穀梁傳≫에 "日은 말하고 朔을 말하지 않은 것은 그믐에 일식이 일어난 것이다."라고 하였다. 朔과 日을 모두 말하지 않은 것은 그믐날 밤에 일식이 일어난 것이고, 朔과 日을 모두 말한 것은 바로 삭일에 일식이 일어난 것이고, 朔만 말하고 日은 말하지 않은 것은 삭일에 皆既日食이 일어난 것이다.

三月庚戌에 天王崩하다

3월 庚戌日에 天王이 崩하였다.

【注】 周平王也라 實以壬戌崩이나 欲諸侯之速至라 故遠日以赴라[1] 春秋不書實崩日而書遠日者는 卽傳其僞하야 以懲臣子之過也라 襄二十九年傳曰 鄭上卿有事[2]하야 使印段如周會葬이라하야늘 今不書葬은 魯不會라

1) 欲諸侯之速至 故遠日以赴 : 죽은 날이 멀수록 장례 지낼 날짜가 얼마 안 남았기 때문에 조문해야 하는 사람이 서둘러 와야 한다. 그 때문에 12일을 소급하여 죽은 것으로 날짜를 변경해 부고하여 諸侯들이 속히 오게 하려고 한 것이다.

2) 鄭上卿有事 : 당시에 鄭 簡公이 楚나라로 出奔하여 上卿이 대신 나라를 지키고 있었기 때문에 印段이 대신 會葬한 일을 말한다.

〈天王은〉 周 平王이다. 실상은 壬戌日에 崩하였으나, 諸侯들을 속히 오게 하고자 하였기 때문에 〈붕한 날보다〉 먼 날로 赴告하였다. ≪春秋≫에 실제로 崩한 날을 기록하지 않고 먼 날을 기록한 것은 곧 그것이 거짓임을 전하여 臣子의 잘못을 징계한 것이다. 襄公 29년 傳에 "鄭나라 上卿이 일이 있어서 印段을 대신 周나라로 보내어 會葬하게 하였다."고 하였는데, 지금 〈經文에〉 周王의 장례를 기록하지 않은 것은 魯나라가 회장하지 않았기 때문이다.

【疏】 '天王崩' ○ 正義曰 : 曲禮下曰"天子死曰崩, 諸侯曰薨, 大夫曰卒, 士曰不祿, 庶人曰死." 鄭玄云"異死名者, 爲人褻其無知, 若猶不同然也. 自上顚壞曰崩. 薨, 顚壞之聲. 卒, 終也. 不祿, 不終其祿. 死之言澌也, 精神澌盡也." 是由天子尊, 若山崩然, 諸侯卑, 取崩之聲, 以爲尊卑之差也. 不書天王名者, 以海內之主, 至尊之極, 故敬而不敢名也. 穀梁傳云"高曰崩, 厚曰崩, 尊曰崩. 天子之崩, 以尊也. 〔其崩之何也.〕[1] 以其在民上, 故崩之. 其不名何也. 大(태)上, 故不名也." 蘇氏云"王后崩, 大子卒, 不書者, 赴不及魯也, 今以爲略之例, 所不書也." 告喪, 禮云"告王喪曰天王登假(하)." 此言崩者, 魯史裁約爲文, 不道當時赴, 不言登假也.

1) 〔其崩之何也〕 : 저본에는 '其崩之何也'가 없으나, ≪春秋穀梁傳≫에 의거하여 보충하였다.

經의 〔天王崩〕

○ 正義曰 : ≪禮記≫ 〈曲禮 下〉에 "天子의 죽음을 崩이라 하고, 諸侯의 죽음을 薨이라

하고, 大夫의 죽음을 卒이라 하고, 士의 죽음을 不祿이라 하고, 庶人의 죽음을 死라 한다."라고 하였다. 鄭玄은 "죽음의 명칭을 다르게 붙이는 것은 사람들이 〈그가 죽은 뒤에는〉 지각이 없음을 경시하여 오히려 〈생전의 尊卑와〉 같지 않게 여길까 봐 그렇게 한 것이다. 위에서부터 무너져내리는 것을 崩이라 한다. 薨은 무너지는 소리이다. 卒은 마침이다. 不祿은 그 녹봉을 끝까지 누리지 못했다는 뜻이다. 死라는 말은 '다하다〔澌〕'이니 정신이 다 없어진 것이다."라고 하였다. 이는 천자는 높아서 마치 산이 무너지는 것 같고, 제후는 낮아서 무너지는 소리를 취하여 존비의 차등을 삼았다는 것이다.

天王의 이름을 쓰지 않은 것은 海內의 주인이요, 至尊의 극치이기 때문에 공경하여 감히 이름을 부르지 못하는 것이다. ≪春秋穀梁傳≫에 "높은 〈산이 무너지는〉 것을 崩이라 하고, 두터운 〈땅이 무너지는〉 것을 崩이라 하며, 존귀한 〈천자가 죽는〉 것을 崩이라 한다. 천자의 죽음을 崩이라 하는 것은 존귀하기 때문이다. 〈천자의 죽음에〉 '崩'자를 쓰는 것은 무엇 때문인가? 그가 백성의 위에 있었기 때문에 崩이라 한다. 그 이름을 쓰지 않은 것은 무엇 때문인가? 최고 높은 존재이기 때문에 이름을 쓰지 않은 것이다."라고 하였다. 蘇氏는 "王后는 崩, 太子는 卒이라 하는데, 이를 쓰지 않은 것은 赴告가 魯나라에 오지 않았기 때문이니, 이는 생략하는 例로써 쓰지 않은 것이다."라고 하였다. 喪의 부고에 대하여 ≪예기≫ 〈곡례 하〉에 "王의 상에 대한 부고에 '天王登假(천왕이 신선이 되어 올라갔다.)'라 한다."고 하였다. 여기서 崩이라고 말한 것은 노나라의 史官이 줄여서 글을 만든 것이니, 당시의 부고를 말한 것이 아니라서 登假(멀리 신선이 되어 감)라고 말하지 않았다.

【疏】○ 注'周平'至'不會' ○ 正義曰：今檢杜注, 無葬者皆顯言其謚, 此爲無葬, 故言周平王也. 仲尼脩經, 當改正眞僞以爲褒貶. 周人赴不以實, 孔子從僞而書者, 周人欲令諸侯速至, 故遠其崩日以赴也. 不書其實而從其僞, 言人知其僞則過足章矣, 故卽傳其僞以懲創臣子之過. 釋例曰"天王僞赴, 遂用其虛, 明日月闕否, 亦從赴辭." "君子不變其文, 以愼其疑. 且虛實相生, 隨而長之, 眞僞之情, 可以兩見. 承赴而書之, 亦所以示將來也."

○ 注의 〔周平〕에서 〔不會〕까지

○ 正義曰：지금 杜氏의 注를 고찰해보니, 장례 지낸 내용이 없는 경우는 모두 그의 謚號를 드러내어 말하였는데, 여기에 장례 지낸 내용이 없기 때문에 周 平王이라고 말한 것이다. 仲尼께서 經文을 修撰할 적에 당연히 眞僞를 바로잡아 褒貶을 하였다. 그

런데 周나라 사람이 사실대로 赴告를 하지 않았는데도 孔子께서 거짓 부고를 따라 〈날짜를〉 쓴 것은, 주나라 사람이 제후들을 속히 오게 하려고 하였기 때문에 그가 붕한 날을 멀리 잡아 부고했기 때문이다. 사실대로 쓰지 않고 거짓 부고한 것을 따른 것은 사람들이 거짓인 줄을 알면 그 잘못이 드러나기에 충분하다. 그러므로 곧장 그 거짓 부고한 날짜를 전하여 臣子의 잘못을 징계하였음을 말한 것이다. ≪春秋釋例≫에 "天王의 죽음을 거짓으로 부고한 것을 마침내 그 허위를 그대로 쓰고, 日月을 밝혔거나 빼먹은 것도 부고의 말을 따랐다.……君子가 그 글을 변경하지 않는 것은 의심스러운 일을 신중히 여기는 태도이다. 또 虛와 實이 서로 〈변화하면서〉 생성하여 생성함을 따라 길어나므로 진위의 두 실정을 볼 수 있다. 부고를 받고 그대로 쓴 것도 후세 사람들에게 보여주려는 것이다."라고 하였다.

夏四月辛卯에 君氏卒하다

여름 4월 辛卯日에 君氏가 卒하였다.

【注】隱不敢從正君之禮라 故亦不敢備禮於其母라

隱公이 감히 정식 君主의 禮를 따르지 못했기 때문에 그 어머니에게도 감히 정식의 禮를 갖추지 못한 것이다.

【疏】'君氏卒' ○ 正義曰：君氏者, 隱公之母聲子也. 謂之君氏者, 言是君之母氏也. 母之與子, 氏族必異, 故經典通呼母・舅爲母氏・舅氏, 言其與己異氏也.

經의 〔君氏卒〕

○ 正義曰：君氏는 은공의 어머니 聲子이다. 군씨라고 이른 것은 바로 君主의 母氏라고 말한 것이다. 어머니는 아들과의 관계에서 반드시 氏族이 다르기 때문에 經典에 통상적으로 어머니와 외삼촌을 母氏・舅氏라고 부르니, 그들은 나와 氏가 다르므로 그리 말하는 것이다.

秋에 武氏子來求賻하다

가을에 武氏의 아들이 와서 賻를 요구하였다.

【注】武氏子는 天子大夫之嗣也라 平王喪在殯하야 新王未得行其爵命하고 聽於冢宰라 故傳曰 王未葬이라하야 釋其所以稱父族又不稱使也라 魯不共奉王喪하야 致令有求를 經直文以示不敬이라 故傳不復(부)具釋也라

武氏의 아들은 天子國 大夫의 아들이다. 平王의 喪이 아직 殯宮에 있어서 新王이 爵命을 거행하지 못하고 〈모든 政事를〉 冢宰에게 처리하게 하였다. 그러므로 傳에 "周平王의 葬禮를 치르지 못하였기 때문이다."라고 하여, 아버지의 族을 일컬은 원인과 또 '使'라고 일컫지 않은 원인을 해석하였다. 魯나라가 왕의 治喪에 사용할 물자를 공급하지 않아 〈周나라가 賻를〉 요구하도록 한 것을 經文에 솔직히 써서 不敬을 보였기 때문에 傳에서 다시 구체적으로 해석하지 않았다.

【疏】注'武氏'至'釋也' ○ 正義曰：武氏者, 天子大夫之姓. 直云武氏子, 不書其字, 則其人未成爲大夫也. 若是上士, 例當書名, 又不應繫之父族, 謂之爲子, 明其是大夫之子也. 又王使至魯, 皆言天王使矣, 此後不言王使, 明其不稱王命也. 以此知此人父喪已終, 宜嗣父位. 但平王未命而崩, 新王居喪, 未得行其爵命, 政事聽於冢宰. 冢宰使之適魯, 冢宰不得專命, 故作自來之文. 傳言'王未葬'者, 意兼兩事, 王喪在殯, 新王不得加臣爵位, 故此人仍繫父族, 王又不得命臣出行, 故此人不稱王使. 以未葬之故, 闕此二事, 故傳以未葬解之.

注의 〔武氏〕에서 〔釋也〕까지

○ 正義曰：武氏는 天子에 속한 大夫의 姓이다. 단지 '무씨의 아들'이라고만 하고 그의 字를 쓰지 않은 것은 그 사람이 아직 대부가 되지 않았기 때문이다. 만일 이 사람이 上士였다면 例에 따라 이름을 쓰는 것이 마땅하고, 또 응당 아버지의 族姓에 달아놓지 않았을 것이니, '아들'이라고 말한 것은 바로 대부의 아들임을 밝힌 것이다. 또 王이 파견하여 魯나라에 온 것은 모두 天王이 파견하였음을 말한 것인데, 이후로 왕이 파견했다고 말하지 않은 것은 왕의 命이라고 일컫지 않았음을 밝힌 것이다. 이것으로 이 사람이 아버지의 喪을 이미 마쳤으니, 의당 아버지의 지위를 계승해야 됨을 알 수 있다. 다만 平王이 爵命을 내리지 못한 채 죽었고 新王은 居喪 중이어서 그의 작명을 시행하지 못하여 政事를 冢宰에게 처리하게 하였다. 총재가 파견하여 노나라에 가게 하였으나 총재는 마음대로 명령하지 못하기 때문에 스스로 온 것으로 글을 만들었다.

傳에 '周 平王의 葬禮를 치르지 못하였기 때문이다.'라고 말한 것은 두 가지 일을 겸한 뜻이다. 〈첫 번째는〉 왕의 喪이 殯宮에 있어서 신왕이 신하에게 작위를 줄 수 없기 때문에 이 사람을 그대로 아버지의 족성에 달아놓은 것이고, 〈두 번째는〉 왕이 신하에게 出行을 명할 수 없기 때문에 이 사람을 왕이 파견했다고 일컫지 못한 것이다. 왕의 장례를 치르지 못한 까닭에 이 두 가지 일을 빼놓았기 때문에 傳에 장례를 치르지 않았다는 말로 해석하였다.

八月庚辰에 宋公和卒하다

8월 庚辰日에 宋公 和가 卒하였다.

【注】稱卒者는 略外以別內也라 元年大夫盟於宿이라 故來赴以名이라 例在七年이라

'卒'이라고 일컬은 것은 外國 君主의 죽음을 낮게 써서 內國 군주의 죽음과 구별한 것이다. 隱公 원년에 魯나라 大夫가 〈宋나라 대부와〉 宿에서 결맹하였기 때문에 〈宋公의〉 이름을 기록해 赴告한 것이다. 그 例가 은공 7년에 있다.

冬十有二月에 齊侯鄭伯이 盟于石門하다

겨울 12월에 齊侯와 鄭伯이 石門에서 盟約하였다.

【注】來告라 故書라 石門은 齊地라 或曰 濟北盧縣故城西南濟水之門이라하니라

使者가 와서 告하였기 때문에 기록하였다. 石門은 齊나라 땅이다. 혹자는 濟北 盧縣 古城의 西南에 있는 濟水의 門이라고 한다.

癸未에 葬宋穆公하다

癸未日에 宋 穆公을 장사 지냈다.

【注】無傳이라 魯使大夫會葬이라 故書라 始死書卒은 史在國承赴하고 爲君故일새 惡其薨

名하야 改赴書也라 書葬則擧謚稱公者는 會葬者在外하니 據彼國之辭也라 書葬例在昭六年이라

傳이 없다. 魯나라가 大夫를 파견하여 會葬하였기 때문에 기록하였다. 처음에 죽은 일을 '卒'이라고 기록한 것은 史官이 國內에 있으면서 赴告를 받고 內國의 군주와 구별해야 하기 때문에 '薨'의 명칭을 꺼려 부고에 쓰인 〈薨을 卒로〉 고쳐 기록하였다. 그러나 장사를 기록함에는 諡號를 거론하고 '公'이라고 일컬은 것은 회장한 자가 外國에 있었기 때문에 그 나라의 입장에 의거하여 한 말이다. 장사를 기록한 그 例가 昭公 6년에 있다.

【疏】注'魯使'至'六年' ○ 正義曰：文九年"叔孫得臣如京師"·"葬襄王", 昭三年"叔弓如滕葬滕成公", 如此之類, 遣卿行者, 皆書其使名. 此不書使名, 知是大夫往也. 大夫奉命出使, 位賤不合書名, 故直書其所爲之事而已. 盟則云及某盟, 會則云會某人, 葬則云葬某公, 擧其所爲之事, 明有使往可知也. 釋例曰"先王之制, 諸侯之喪, 士弔, 大夫送葬. 及其失也, 禮過於重, 文·襄之伯(패), 因而抑之, 諸侯之喪, 大夫弔, 卿共葬事, 夫人之喪, 士弔, 大夫送葬, 猶過古制. 故'公子遂如晉葬襄公', 傳不言禮, '葬秦景公', 傳曰'大夫如秦葬景公', 特稱'禮也'. 一以示古制, 二以示書他國之葬必須魯會, 三以示奉使非卿, 則不書於經, 此丘明之微文也." 是言大夫得正而卿過禮也. 諸侯曰薨, 禮之正名, 魯史自書君死曰薨. 若隣國亦同書薨, 則與己君無別. 國史自在己國, 承他國赴告, 爲與己君同, 故惡其薨名. 雖赴稱薨, 皆改赴書卒, 略外以別內也. 至於書葬, 則五等之爵, 皆擧謚稱公者, 會葬者在於國外, 據彼國之辭. 彼國臣子稱君曰公, 書使之行, 不得不稱公也. 又云"惡其薨名, 改赴書"者, 釋例曰"天子曰崩, 諸侯曰薨, 大夫曰卒, 古之制也. 春秋所稱, 曲存魯史之義. 內稱公而書薨, 所以自尊其君, 則不得不略外, 諸侯書卒以自異也." 至於旣葬, 雖邾·許子男之君, 皆稱謚而言公, 各順臣子之辭, 兩通其義, 是其說也. 案禮雜記赴告之辭云"君訃於他國之君曰'寡君不祿, 敢告於執事.'" 然則赴辭本無薨語, 而云'惡其薨名'者, 以夫人薨例云"不赴於諸侯"則"不曰薨", 明其以薨告人, 故書薨也. 是知王侯喪者, 其通國命, 皆以崩·薨相告. 記之所稱, 謂答主人之問, 飾其文辭耳. 若以記文無薨, 卽疑不以薨告. 記稱大夫·士赴人之辭, 皆云不祿, 豈大夫無卒名也. 以此知相赴, 策書必以薨爲文. 但擯者口傳赴辭, 義在謙退, 從士之不祿. 故禮記言之赴則必以薨, 但改赴書卒耳. 史之書事, 莫不在國, 會葬者自可在外, 書策

者國內書之, 而云'據彼國之辭'者. 書使行之事, 言使爲此事行. 故文從彼稱, 不謂書不在國也. 卿爲君逆, 謂之逆女, 亦是書己之使, 據彼稱女, 與此同也.

注의 〔魯使〕에서 〔六年〕까지

○ 正義曰 : 文公 9년에 "叔孫得臣이 京師에 갔다.……襄王의 장례에 會葬하였다."라 하였고, 昭公 3년에 "叔弓이 滕나라에 가서 滕 成公의 장례에 회장하였다." 하였으니, 이와 같은 類는 卿을 파견하여 보낼 경우에 모두 使臣의 이름을 썼다. 그런데 여기에 사신의 이름을 쓰지 않았으니 바로 〈경이 아니고〉 大夫가 갔음을 알 수 있다. 대부가 임금의 명을 받들고 사신으로 나가게 되면 지위가 미천하여 이름을 쓰는 것이 합당치 않기 때문에 곧장 그 한 일을 기록할 따름이다. 盟約에는 '及某盟'이라 하고, 會合에는 '會某人'이라 하며, 葬禮에는 '葬某公'이라 하여 그가 한 일을 들었으니, 분명히 사신이 간 일이 있었음을 알 수 있다.

≪春秋釋例≫에 "先王이 정한 제도에 諸侯의 喪에는 士를 보내어 弔問하고 대부를 보내어 送葬하였다. 그 제도를 위배함에 이르러 예가 지나치게 무거워졌는데, 晉 文公과 晉 襄公이 霸者가 되자 이 때문에 억제하여 제후의 상에는 대부를 보내어 조문하고 卿을 보내어 함께 장사를 치르게 하였고, 夫人의 상에는 士를 보내어 조문하고 대부를 보내어 송장하게 하였으나 오히려 옛 제도보다 지나쳤다. 그러므로 〈文公 6년 經文에〉 '公子 遂가 晉나라에 가서 襄公의 장례에 會葬하였다.'라고 한 것에 대하여 傳에 禮에 맞는다는 말을 하지 않았고, 〈昭公 6년 경문에〉 '秦 景公의 장례에 회장하였다.'라고 한 것에 대하여 傳에 '대부가 진나라에 가서 경공의 장례에 회장하였다.'라고 하고서 특별히 '예에 맞는다.'고 말하였다. 첫째는 옛 제도를 제시하고, 둘째는 다른 나라 君主의 장례에 반드시 魯나라가 회장한 일을 써서 제시하고, 셋째는 君命을 받들고 가는 사신이 卿이 아니면 經文에 쓰지 않는 筆法을 보였으니, 이것이 左丘明의 은미한 글이다."라고 하였다. 이는 대부가 〈가는 것은〉 바른 禮지만 경이 〈가는 것은〉 지나친 예임을 말한 것이다.

제후의 죽음을 薨이라 하는 것은 예에 있어 바른 명칭이기 때문에 노나라 史官이 스스로 자기 군주의 죽음에 薨이라 썼다. 만일 이웃 나라 군주에게도 똑같이 薨이라고 쓰면 자기 나라의 군주와 구별이 없다. 나라의 사관이 자기 나라에 있으면서 다른 나라 군주의 赴告를 받으면 자기의 군주와 똑같이 기록하기 때문에 薨이란 명칭을 꺼리는 것이다. 그러므로 다른 나라에서 보낸 부고에 薨이라 일컬었더라도 모두 그 부고를 卒이라 고쳐 써서 外國 군주의 죽음을 낮게 표현하여 內國 군주의 죽음과 구별하는 것이다.

장례를 기록하는 일에 있어서 五等爵(公·侯·伯·子·男)을 받은 사람에게 모두 諡號를 거론하고 公이라 일컬은 것은, 회장한 사람이 자기 나라 밖에 나가 있어서 그 나라 사람의 입장에 의거하여 기록한 말이다. 그 나라 臣子들이 자기의 군주를 公이라고 일컬으니, 사신이 가게 된 일을 기록할 적에 公이라고 일컫지 않을 수 없는 것이다. 또 "薨의 명칭을 꺼려 부고에 쓰인 〈薨을 卒로〉 고쳐 기록한다."라고 말한 것은 ≪춘추석례≫에 "天子의 죽음을 崩이라 하고 諸侯의 죽음을 薨이라 하고 大夫의 죽음을 卒이라고 하니, 옛날의 제도이다. ≪春秋≫에서 일컬은 말은 노나라 사관의 義例를 곡진하게 보존한 것이다. 자기의 군주에게 公이라 일컫고 薨이라 쓴 것은 스스로 자기의 군주를 존숭한 것이니, 그렇다면 외국의 군주는 낮게 표현하지 않을 수 없어 다른 제후의 죽음은 卒이라 써서 스스로 차이를 둔 것이다."라고 하였다.

이미 장례를 마친 뒤의 기록에 있어서는 子爵의 邾나라와 男爵의 許나라처럼 〈작은 나라의 군주라도〉 모두 시호를 일컫고 공이라고 말하여 각각 그 나라 신자의 말을 따라 〈內國과 外國〉 양쪽에 그 뜻을 통하게 한 것이 바로 그 설명이다. ≪禮記≫ 〈雜記〉의 부고에 관한 말을 살펴보면 "자기 군주의 죽음을 다른 나라 군주에게 부고할 때 '寡君이 不祿(죽음의 謙稱)하여 감히 執事에게 고합니다.'라 한다."라고 하였다. 그렇다면 부고의 말에 본디 薨이라는 말이 없는데 '薨이라는 명칭을 꺼린다.'라고 말한 것은 夫人의 薨에 대한 例에 "제후에게 부고하지 않으면……薨이라 하지 않는다."라고 말하여 薨의 명칭으로 남에게 고함을 밝혔기 때문에 薨이라고 쓰는 것이다. 여기에서 王侯의 喪은 나라의 命을 통고하는 것이므로 모두 崩·薨으로 서로 고하는 것이다. ≪예기≫에서 말한 것은 주인의 질문에 대답한 것을 이른 것으로 文辭를 수식한 것이다. 만일 ≪예기≫에 薨이란 글이 없으면 바로 의심하여 薨의 명칭을 써서 부고하지 않을 것이다. ≪예기≫에 大夫·士의 죽음을 남에게 부고하는 말에 모두 '不祿'이라고 하였으니, 어찌 대부의 죽음에 '卒'이라는 명칭이 없는가? 이것으로 서로 부고하면서 策書에는 반드시 薨이라고 쓰는 것을 알 수 있다.

다만 擯者(손님을 접대하는 사람)가 입으로 부고하는 말을 전할 적에는 겸양하는 뜻이 있어서 士에게 쓰는 '不祿'을 따른다. 그러므로 ≪예기≫에서 부고한다고 말했으면 반드시 薨이라 해야 하지만 다만 받은 부고를 고쳐서 '卒'이라고 쓸 뿐이다.

史官이 사실을 기록할 때에는 자기 나라에 있지 않은 경우가 없으나 會葬하는 사람은 절로 외국에 있게 되고, 史策에 쓰는 사람은 국내에서 쓰기 때문에 '그 나라의 입장에 의거하여 기록한다.'라고 하였다. 사신이 가게 된 것을 기록하는 일이란 사신이 이 일를 위하여 갔음을 말한다. 그러므로 〈고쳐 쓰는 부고의〉 글을 그 나라의 입장에 의거하여 한 말을 따르는 것이지, 나라에 있지 않음을 쓴다고 말하는 것은 아니다. 卿이 군주를 위하여 맞이하는 것을 '아내가 될 여자를 맞이한다.〔逆女〕'고 이르는 것도 자기 나라 사신의 일을 쓴 것으로, 그 나라의 입장에 의거하여 '여자'라고 일컬은 것이니, 이 경우와 같다.

【傳】 三年이라 春王三月壬戌에 平王崩이나 赴以庚戌이라 故書之하다

3년이다. 봄 周王 3월 壬戌日에 周 平王이 崩하였으나, 庚戌日로 부고하였기 때문에 經文에 그렇게 기록한 것이다.

【傳】 夏에 君氏卒하니 聲子也라 不赴於諸侯하고 不反哭于寢하며 不祔于姑라 故不曰薨이라하고 不稱夫人이라 故不言葬하며

여름에 君氏가 卒하였으니 聲子(隱公의 어머니)이다. 제후에게 赴告하지 않고, 正寢에 反哭하지 않고, 姑廟에 祔祭하지 않았기 때문에 '薨'이라 하지 않았고, 夫人이라 칭하지 않았기 때문에 葬事를 말하지 않았으며,

【注】 夫人喪禮有三하니 薨則赴於同盟之國 一也요 旣葬하고 日中自墓反하야 虞於正寢 所謂反哭于寢이니 二也요 卒哭而祔於祖姑 三也라 若此면 則書曰 夫人某氏薨 葬我小君某氏라하니 此備禮之文也라 其或不赴不祔면 則爲不成喪이라 故死不稱夫人薨하고 葬不言葬我小君某氏라 反哭則書葬이나 不反哭則不書葬이라 今聲子三禮皆闕에 釋例論之詳矣라

夫人의 喪禮에는 세 가지가 있는데, 薨하면 同盟國에 부고하는 것이 그 첫 번째 禮이고, 장사 지낸 뒤 그날 중으로 묘소에서 돌아와 正寢에서 虞祭를 지내는 것이 이른바 '正寢에 反哭한다.'는 것이니 이것이 그 두 번째 예이고, 卒哭하고서 祖姑의 廟에 祔祭하는 것이 그 세 번째 예이다. 이 세 가지 예를 모두 행하였으면 '夫人某氏薨', '葬我

小君某氏'라고 기록하니, 이는 예를 갖추었을 때의 文套이다. 혹 〈동맹국에〉 부고하지 않고 〈조고의 묘에〉 부제하지 않았으면 喪禮를 갖추지 않은 것이기 때문에 죽음을 '夫人薨'이라고 칭하지 않고, 장사에도 '葬我小君某氏'라 말하지 않는다. 반곡하였으면 장사를 기록하지만 반곡하지 않았으면 장사를 기록하지 않는다. 지금 聲子의 喪에 이 세 가지 예를 모두 거행하지 않은 것에 대해서는 ≪春秋釋例≫에 자세히 논하였다.

【疏】注'夫人'至'詳矣' ○ 正義曰：僖八年"致夫人", 傳曰"不赴於同", "則弗致", 故知赴者, 赴於同盟之國也. 禮檀弓記葬禮云"旣封", "有司以几筵舍奠於墓左, 反日中而虞." 士喪禮"旣葬, 乃反哭於廟, 遂適殯宮而虞." 是旣葬, 日中自墓反, 虞於正寢. 正寢卽殯宮也. 僖三十三年傳與檀弓記皆云"卒哭而祔."[1] 喪服小記曰"婦祔於祖姑", 雜記曰"妾祔於妾祖姑." 是祔於姑者, 祔於祖姑也. 此三者, 皆夫人之喪禮. 夫人喪禮有三, 史策所書有二, 唯卒・葬兩事而已. 其卒之異者, 或云夫人某氏薨, 仲子・文姜[2]之類是也, 或云某氏卒, 定姒・孟子是也. 葬之異者, 或云葬我小君某氏, 文姜・敬嬴[3]之類是也, 或云葬某氏, 葬定姒是也, 或則不書葬也. 今聲子三禮皆闕. 經異常辭, 必是闕一事則變一文. 但傳旣竝釋, 注不顯配, 雖言釋例詳之, 例亦未甚分明. 此傳故上三事, 故下三事. 若以次相配, 則不赴於諸侯, 故不曰薨, 不反哭於寢, 故不稱夫人, 不祔於姑, 故不言葬. 文次相屬, 事乃似然. 但顧下傳, 義則不爾. 定十五年"姒氏卒", 傳曰"不稱夫人, 不赴, 且不祔也." 哀十二年"孟子卒", 傳曰"死不赴, 故不稱夫人, 不反哭, 故不言葬小君." 彼二傳皆以"不赴"解"不稱夫人", 以"不反哭"解"不書葬". 然則由不赴, 故不曰薨, 由不反哭, 故不書葬也. 二事旣然, 則由不祔, 故不稱夫人, 斷可知矣. 傳文不以次相配者, 初死乃赴, 葬乃反哭, 反哭之後始祔, 三者依事之先後爲文也. 至書於經, 則夫人與薨共文, 故先言不稱夫人, 後言不書葬, 順經之先後爲文也. 禮之本意, 必赴乃稱薨, 祔乃稱夫人, 反哭乃書葬者, 夫人與君同體, 死必赴於隣國. 若不以赴告於隣國, 則夫人之禮不成. 尊成以否, 義由赴告. 成尊之狀, 在於書薨, 故赴則稱薨, 不赴則不稱薨也. 禮, 適祔於適祖姑, 妾祔於妾祖姑. 亦旣不祔於姑, 便是適・妾莫辯. 故祔則稱夫人, 不祔則不稱夫人也. 旣葬於墓, 反哭於寢, 哀之尤極, 情之最切. 旣葬而不反哭, 全是不念其親, 葬與不葬, 殆無以異. 故不反哭, 則不書葬也, 皆所以懲臣子, 責其不行禮也. 人之行禮, 有勤有惰, 未必廢則俱廢, 行則皆行. 此聲子自三禮皆闕, 其餘或可一行一否. 釋例曰"夫人子氏赴而不反哭, 故不書葬, 定姒則反哭而不赴, 故書葬而不言小君." 以此二者據傳則然, 理在不惑, 但不知赴而不祔, 祔而不赴者, 辭當云何耳. 薨者, 夫人之死號. 不稱夫人, 必不得稱薨也. 小君者, 夫人之別號. 不稱夫人, 必不得稱小君也. "孟子卒"下注云"不稱夫人, 故不言薨." 是夫人與薨, 文相將也. "葬定姒"傳曰"不稱小君, 不成喪也." 注云"不赴不祔, 故不稱小君." 傳以'不赴不祔'解'不稱夫人', 注以'不赴不祔'解'不稱小君'. 是夫人・小君, 文相將也. 夫人也, 薨也, 小君也, 三者相將之物, 不可致詰. 蓋赴・祔二禮, 課行一事, 則具此三文, 二事竝廢, 則三文皆去耳. 何則. 檢此傳相配, 不赴則不曰薨, 不祔則不稱夫人. 是稱夫人由祔不由赴也. 孟子之傳乃云"不赴, 故不稱夫人." 是稱夫人由於赴, 不由於祔也. 定姒之傳云"不稱夫人, 不赴且不祔." 又以二事竝解不稱夫人. 注云"赴同祔姑, 夫人之禮, 二者皆闕, 故不曰夫人." 明是二者俱闕, 乃去夫人, 課行一事, 則稱夫人, 稱夫人則必書薨, 書薨則必稱小君. 所異者, 不反哭則不書葬, 若不書葬則小君之文無所施耳, 卽仲子是也. 赴同祔姑皆是夫人之禮, 故赴而不祔, 祔而不赴, 則皆曰夫人某氏薨. 惠公自有元妃, 別爲仲子立廟, 則仲子未必祔姑, 蓋以赴同之, 故得稱夫人薨也.

1) 卒哭而祔 : 卒哭은 無時로 곡하는 것을 그치는 것이다. 父母의 喪에 初終에서 졸곡 때까지는 서러우면 아무 때나 哭하지만 졸곡 때가 되면 朝夕으로만 곡할 수 있기 때문에 '卒哭'이라 한다. 諸侯의 禮로 말하면 다섯 달 만에 장사 지내고 일곱 차례의 虞祭를 지내는데, 장사 지낸 날 初虞를 지내고, 柔日(乙・丁・己・辛・癸日)에 再虞・三虞・四虞・五虞・六虞를 지내고, 剛日(甲・丙・戊・庚・壬日)에 七虞를 지내고서 하루 건너 卒哭禮를 擧行한다. 祔는 祔廟로, 新死者의 神主를 死者의 祖父의 신주 옆에 모시는 것이다.

2) 文姜 : 齊 僖公의 딸로, 桓公의 부인이자 莊公의 모친이다. 환공이 문강과 함께 제나라에 갔을 적에 문강이 오빠인 襄公과 私通을 하자 환공이 노하여 꾸짖었는데, 문강이 이 사실을 양공에게 고해바치자 양공이 公子 彭生을 시켜 수레 위에서 환공을 죽이게 하였다.(≪史記≫ 권33 〈魯周公世家〉)

3) 敬嬴 : 魯 文公의 첩으로 宣公의 생모인데, 襄仲을 잘 섬겨서 양중이 태자 惡과 그의 同母弟인 視를 죽이고 선공을 임금으로 세웠다. 文公 18년 조에 나온다.

注의 〔夫人〕에서 〔詳矣〕까지

○ 正義曰 : 僖公 8년에 "夫人의 〈神主를〉 太廟에 들여 모셨다."라고 하였고, 傳에 "동맹국에 부고하지 않았다.……〈신주를 宗廟에〉 들여 모시지 않았다."라고 하였다. 그러므로 부고〔赴〕는 동맹국에 부고하는 것임을 알 수 있다. ≪禮記≫ 〈檀弓〉에 葬禮

를 기록하여 이르기를 "이미 下官을 하고나서는……有司가 几筵을 墓의 왼쪽에 설치하여 유사가 돌아오면 그날 안으로 虞祭를 지낸다."라고 하였으며, 〈士喪禮〉에 "이미 장사를 지내고 나면 廟에 反哭하고 마침내 殯宮에 가서 우제를 지낸다."라고 하였다. 이는 이미 장례를 지내고 나면 그날 안으로 墓에서 돌아와 正寢에서 우제를 지낸다는 것이다. 정침은 곧 殯宮이다. 僖公 33년 傳과 〈단궁〉의 기록은 모두 "卒哭하고서 祔廟한다."라고 하였고, 〈喪服小記〉에 "며느리는 祖姑에게 合祔한다."라고 하였으며, 〈雜記〉에 "妾은 妾祖姑에게 합부한다."라고 하였다. 이는 姑에게 합부한다는 것은 祖姑에게 合祔한다는 것이다. 이 세 가지는 모두 夫人의 喪禮이다.

부인의 상례에 세 가지가 있는데, 史策에 기록된 것은 두 가지이니, 오직 卒과 葬禮 두 가지 사실뿐이다. 卒에 있어서 다른 것은 이러하다. 하나는 '夫人某氏薨'이라 하는 것이니, 仲子(桓公의 어머니)와 文姜의 類가 바로 이것이다. 또 하나는 '某氏卒'이라 하는 것이니, 定姒(成公의 첩이자, 襄公의 어머니)와 孟子(惠公의 元妃)의 경우가 바로 이것이다. 장례에 있어 다른 것은 이러하다. 하나는 '葬我小君某氏'라 하는 것이니, 文姜과 敬嬴의 類가 바로 이것이다. 또 하나는 '葬某氏'라고 하는 것이니, 定姒를 장사 지낸 것이 바로 이것이다. 또 하나는 '不書葬'이다. 지금 聲子는 세 가지 禮를 모두 빠뜨렸다.

經은 常辭와 달라서 반드시 하나의 일을 빠뜨리면 한 글자를 바꾼다. 그런데 다만 傳에 이미 합쳐서 풀이하고 注에서는 드러내어 배치하지 않았으니, 비록 ≪春秋釋例≫에 상세하다고 말하였으나 例는 몹시 분명하지 않다. 이 傳의 '故' 앞의 세 가지 일은 '故' 아래 세 가지 일과 〈호응한다.〉 만약 차례대로 배치하면, 제후에게 부고하지 않았으므로 '薨'이라 하지 않았고, 正寢에 반곡하지 않았으므로 夫人이라 칭하지 않았으며, 姑廟에 祔祭하지 않았으므로 葬事라 말하지 않았다. 글이 순차적으로 이어지니, 일이 그럴듯해진다. 다만 아래 傳을 살펴보면 뜻은 그렇지 않다.

定公 15년에 "姒氏가 卒하였다."라고 하였는데, 傳에 "夫人으로 칭하지 않은 것은 제후에게 부고하지 않았고, 또 祔廟하지 않았기 때문이다."라고 하였다. 哀公 12년에 "孟子가 卒하였다."라고 하였는데, 傳에 "죽었을 때 제후에게 부고하지 않았기 때문에 夫人이라 칭하지 않았고, 反哭하지 않았기 때문에 '葬小君'이라고 말하지 않은 것이다."라고 하였다. 저 두 곳의 傳이 모두 '諸侯에게 부고하지 않은 것'으로 '夫人이라 칭하지 않은 것'을 해석하였고, '反哭하지 않은 것'으로 '葬事라고 쓰지 않은 것'을 해석하였다. 그렇다면 제후에게 부고하지 않은 까닭으로 '薨'이라 하지 않고, 反哭하지 않은 까닭으로 '葬事'라 기록하지 않은 것이다. 두 가지 일이 이미 그렇다면 祔廟하지 않은 까닭으로 夫人이라 칭하지 않았다는 것을 분명히 알 수 있다. 傳文이 순차적으로 배치되지 않은 것은 막 사망해서 제후에게 부고하고 葬事를 지내어 反哭하며 반곡한 뒤에 비로소 祔廟하기 때문이니, 이 세 가지를 일의 先後에 따라 글을 쓴 것이다. 經文에 기록하기에 이르러서 '夫人'과 '薨'이 함께 글에 들어갔으므로 먼저 '不稱夫人'을 말하고 뒤에 '不書葬'을 써서 經文의 先後에 따라서 글을 지었다.

≪禮記≫의 本意는 반드시 제후에게 부고하고 나서야 '薨'이라 칭하고 祔廟하고 나서야 '夫人'이라 칭하며 反哭하고 나서야 葬事라고 기록하는데, 夫人과 군주는 한 몸이므로 죽으면 반드시 이웃나라에 부고하는 것이다. 만약 이웃나라에 부고하지 않는다면 부인의 예가 갖추어지지 않는다. 존중을 갖추는지에 대한 여부는 뜻이 부고하는 데에서 말미암는다. 존중을 갖추는 형상은 '薨'을 기록하는 데 있다. 그러므로 부고하면 '薨'이라 칭하고, 부고하지 않으면 '薨'이라 칭하지 않는다.

≪예기≫ 〈喪服小記〉의 말은 이렇다. 適祖姑에는 適婦를 祔廟하고 妾祖姑에는 妾을 祔廟한다. 또 이미 姑廟에 祔廟하지 않았다면 適과 妾을 분별할 수 없다. 그러므로 祔廟하였으면 '夫人'이라 칭하고 祔廟하지 않았으면 '夫人'이라 칭하지 않는다. 이미 墓에 葬事하고 正寢에 反哭하면 애통함이 더욱 극심하고 슬픈 情은 더욱 절실하다. 이미 장사하고 나서도 반곡하지 않으면 전혀 부모를 생각하지 않은 것이니, 장사한 것이 장사하지 않은 것과 거의 차이가 없는 것이다. 그러므로 반곡하지 않으면 장사를 기록하지 않는 것이니, 모두 臣子를 징계하여 禮를 제대로 행하지 않은 것을 질책하기 위한 것이다.

사람이 禮를 행하는 것은 근실함과 나태함이 있으니, 폐한다고 해도 다 폐하는 것은 아니며, 행한다고 해도 다 행하는 것은 아니다. 이곳에서 聲子는 자연 세 가지 禮를 모두 거행하지 않았지만, 다른 경우는 한 가지는 행하고 한 가지는 행하지 않은 사례도 있었다. 그 예가 ≪춘추석례≫에 "夫人 子氏(仲子)는 제후에게 부고하였으되 반곡하지 않았으므로 葬事를 기록하지 않았고, 定姒는 반곡하였으되 제후에게 부고하지 않았으므로 장사는 기록하고 '小君'이라고 말하지는 않았다."라고 하였다. 이 두 경우가 傳에 의거하면 그럴듯하고 이치상에도 의혹되지는 않지만, 다만 諸侯에게 부고는 하였으되 祔廟하지는 않거나 祔廟는 하였으되 부고하지 않은 경우는 文辭에 어떻게 써야 하는지는 알 수 없다.

'薨'은 夫人의 죽음에 대한 호칭이다. '夫人'이라 칭하지 않으면 반드시 '薨'하였다고 칭할 수 없다. '小君'은 夫人의 別號이다. '夫人'이라 칭하지 않으면 반드시 '小君'이라 칭할 수 없다. "孟子가 卒하였다."라고 한 傳의 아래 注에 "夫人이라 칭하지 않았으므로 薨하였다고 말하지 않은 것이다."라고 하였다. 이는 '夫人'과 '薨'은 文辭가 함께한다는 것이다. "定姒를 葬事하였다."라고 한 傳에 "'小君'이라 칭하지 않은 것은 喪禮를 갖추지 않았기 때문이다."라고 하였고, 注에 "赴告도 하지 않고 祔廟도 하지 않았으므로 '小君'이라 칭하지 않았다."라고 하였다. 傳은 '부고도 하지 않고 부묘도 하지 않은 것'으로 '夫人이라 칭하지 않은 것'을 풀이하였고, 注는 '부고도 하지 않고 부묘도 하지 않은 것'으로 '小君이라 칭하지 않은 것'을 풀이하였다. 이는 夫人과 小君은 文辭를 함께한다는 것이다. '夫人', '薨', '小君' 세 가지가 함께하는 말이라는 것은 규명할 것이 없다.

赴告와 祔廟 두 가지 禮는 한 가지 일을 행하면 이 세 가지 문사가 갖추어지고, 두 가지 일을 모두 폐하면 세 가지 문사가 모두 제거되는 것이다. 어째서 그러한가. 이 傳의 서로 배치된 말을 검토하건대, 부고하지 않으면 '薨'을 말하지 않고 부묘하지 않으면 '夫人'이라 칭하지 않는다. 이는 부인이라 칭하는 것은 부묘로 연유되는 것이지 부고로 연유되는 것은 아니기 때문이다. 孟子의 卒에 대한 傳에 "부고하지 않았으므로 '夫人'이라 칭하지 않았다."라고 하였으니, 이는 '夫人'이라 칭하는 것은 부고로 연유하는 것이지 부묘로 연유하는 것은 아니다. 定姒의 卒에 대한 傳에 "'夫人'으로 칭하지 않은 것은 부고하지 않았고 또 부묘하지 않았기 때문이다."라고 하였다. 또 두 가지 일로 '夫人'이라 칭하지 않는 것을 풀이하였다.

注에 "동맹국에 赴告하고 姑廟에 祔祭하는 것이 부인의 禮인데, 이 두 가지를 모두 거행하지 않았기 때문에 '夫人'이라 하지 않은 것이다."라고 하였다. 이 두 가지를 모두 거행하지 않고 나서야 '夫人'을 빼고 한 가지 일이라도 행하면 '夫人'을 칭하며, 夫人을 칭하면 반드시 '薨'이라 기록하고 '薨'이라 기록하면 반드시 '小君'이라 칭함을 밝힌 것이다. 다른 것은 反哭하지 않으면 '葬事'를 기록하지 않고, 만약 '葬事'를 기록하지 않으면 '小君'이라는 文辭는 쓰일 방법이 없으니, 곧 仲子가 바로 이 경우이다. 동맹국에 부고하고 姑廟에 祔祭하는 것은 모두 夫人의 禮이다. 그러므로 부고는 하되 부묘는 하지 않고, 부묘는 하되 부고하지 않으면 모두 '夫人某氏薨'이라고 한다. 惠公이 본래 元妃가 있었으므로 따로 仲子를 위해 廟를 세웠으니, 그렇다면 중자는 반드시 姑廟에 祔祭한 것은 아닌데, 아마도 동맹국에 부고하였으므로 '夫人薨'이라고 칭할 수 있었던 듯하다.

【傳】 不書姓하고 爲公故曰君氏라하다

姓을 기록하지 않았고, 隱公의 어머니이기 때문에 君氏라고 칭한 것이다.

【注】 不書姓은 辟(피)正夫人也라 隱見(현)爲君이라 故特書於經하고 稱曰君氏하야 以別凡妾媵이라

姓을 기록하지 않은 것은 正夫人의 혐의를 피하기 위해서이다. 그러나 隱公이 현재의 임금이기 때문에 특별히 經文에 기록하고, '君氏'라고 칭하여 뭇 妾媵과 구별하였다.

【疏】 注'不書'至'妾媵' ○ 正義曰：辟正夫人, 謂辟仲子耳. 何則. 妾子爲君, 則其母得爲夫人, 不須辟仲子也. 但公以讓位之故, 不從正君之禮, 故亦不備禮於其母, 使之辟仲子也. 釋例曰"凡妾子爲君, 其母猶爲夫人. 雖先君不命其母, 母以子貴, 其適夫人薨, 則尊得加於臣子, 外內之禮皆如夫人矣. 故姒氏之喪, 責以小君不成, 成風之喪, 王使會葬, 傳曰'禮也'. 隱以讓桓攝位, 故不成禮於聲子, 假稱君氏, 以別凡妾媵. 蓋是一時之宜, 隱之至義也." 是其辟仲子之意也.

注의 〔不書〕에서 〔妾媵〕까지

○ 正義曰：正夫人의 혐의를 피한다는 것은 仲子를 위해 辟嫌함을 이른다. 어째서 그런가. 妾의 자식이 임금이 되었으니, 그 어머니는 夫人이 될 수 있으므로 중자를 위해 피혐할 필요는 없다. 다만 隱公이 讓位한 까닭에 정식 군주의 禮를 따르지 않았으므로 또한 그 어머니에게도 禮를 갖추지 않고 중자를 위해 피혐하게 한 것이다.

≪春秋釋例≫에 "대체로 妾의 자식이 임금이 되어도 그 어머니는 夫人이 된다. 비록 先君이 그 어머니에게 명을 내리지 않았어도 어머니는 자식으로 인해 존귀해지는 까닭에 適夫人이 薨하면 臣子보다 존귀함이 더해져서 나라 안팎의 禮가 모두 夫人과 같아진다. 그러므로 姒氏의 喪에 小君의 예를 갖추지 않은 것을 질책하였고, 成風(莊公의 妾이자, 僖公의 어머니)의 喪에 王이 會葬하게 하였는데 傳(文公 5년)에 '禮에 맞았다.'라고 하였다. 은공은 桓公에게 양위해 攝位하였으므로 聲子에게 禮를 갖출 수 없어서 君氏라고 假稱하여 뭇 妾媵과 구별하였다. 아마 이는 한때의 방편이지만 은공의 지극한 의리이다."라고 하였다. 이것이 중자를 위해 피혐하였다는 뜻이다.

【傳】鄭武公莊公爲平王卿士러니

鄭 武公과 莊公이 〈代를 이어〉 周 平王의 卿士가 되었는데,

【注】卿士는 王卿之執政者라 言父子秉周之政이라

卿士는 王의 卿으로서 執政한 사람이다. 父子가 周나라의 정권을 잡았음을 말한다.

【傳】王貳于虢한대

平王이 〈莊公에게 주었던〉 정권을 양분하여 虢에게 그 반을 주려 하자,

【注】虢은 西虢公이니 亦仕王朝라 王欲分政於虢하고 不復(부)專任鄭伯이라

虢은 西虢公이니, 그 또한 周王의 朝廷에 벼슬하고 있었다. 平王이 虢公에게도 政權을 나누어주고, 더 이상 鄭伯만을 專任하려 하지 않은 것이다.

【傳】鄭伯怨王이어늘 王曰 無之로라 故周鄭交質하야 王子狐는 爲質於鄭하고 鄭公子忽은 爲質於周하다

鄭伯(莊公)이 平王을 원망하니 평왕이 〈거짓으로〉 "그럴 일이 없다."라고 하였다. 그러므로 周나라와 鄭나라가 인질을 교환하여 王子 狐는 정나라에서 인질이 되고, 정나라 公子 忽(莊公의 아들)은 주나라에서 인질이 되었다.

【注】王子狐는 平王子라

王子 狐는 平王의 아들이다.

【傳】王崩커늘 周人將畀虢公政이러니

平王이 죽자 周人이 虢公에게 정권을 맡기려 하였는데,

【注】周人遂成平王本意라

周人이 平王의 本意(遺志)를 실현하려고 한 것이다.

【傳】 四月에 鄭祭(채)足帥(솔)師하야 取溫之麥하고 秋에 又取成周之禾하니

4월에 鄭나라 祭足이 군대를 거느리고 와서 溫의 보리를 베어 짓밟고, 가을에 또 成周의 벼를 베어 짓밟았으니,

【注】 四月은 今二月也요 秋는 今之夏也라 麥禾皆未熟이어늘 言取者는 蓋芟踐之라 溫은 今河內溫縣이요 成周는 洛陽縣也라

4월은 지금의 2월이고, 가을은 지금의 여름이다. 보리와 벼가 다 아직 익지도 않았는데 취했다고 말한 것은 아마도 베어 짓밟은 것인 듯하다. 溫은 지금의 河內 溫縣이고, 成周는 洛陽縣이다.

【疏】 注'四月'至'陽縣也' ○ 正義曰：此直言秋, 秋有三月. 若是季秋, 則今之七月. 杜必知秋今之夏者, 以此傳在武氏之上. 案經, 武氏之下有"八月, 宋公和卒", 則知此是七月, 故爲今之夏, 謂今之五月也. 麥熟在夏, 而云麥・禾皆未熟者, 謂四月之時麥未熟, 七月之時禾未熟, 二者異時, 故言皆也.

注의 〔四月〕에서 〔陽縣也〕까지

○ 正義曰：여기서 단지 가을이라고만 말했으나 가을은 세 개의 달이 있다. 만약 季秋라면 지금의 7월이다. 杜預가 필시 가을은 지금의 여름이라는 것을 안 것은 이 傳이 '武氏'로 시작하는 傳文 앞에 있기 때문이다. 經을 살펴보건대, '武氏'로 시작하는 經文 아래에 "8월에 宋公 和가 卒하였다."라고 나오기 때문에 이때가 7월인 것을 안 것이다. 그래서 지금의 여름이니, 지금의 5월을 이른다. 보리가 익는 것은 여름이니, 보리와 벼가 다 익지 않았다고 한 것은 4월에는 보리가 익지 않았고 7월에는 벼가 익지 않았는데, 두 가지는 다른 시기이므로 '皆(모두)'라고 말한 것이다.

【傳】 周鄭交惡(오)하다

周나라와 鄭나라가 서로 미워하였다.

【注】 兩相疾惡라

두 나라가 서로 미워한 것이다.

【傳】君子曰 信不由中이면 質無益也라 明恕而行하고 要之以禮면 雖無有質이라도 誰能間之오 苟有明信이면 澗谿沼沚之毛와

君子가 다음과 같이 논평하였다.

“信義가 마음을 통해 나오지 않으면 인질을 두어도 無益하다. 서로 밝게 살피고 서로 마음을 헤아려 일을 행하고 禮로써 단속한다면 비록 인질이 없더라도 누가 그 사이를 이간할 수 있겠는가. 진실로 명백하고 진실하다면 澗, 谿, 沼, 沚에서 자라는 水草와

【注】谿亦澗也라 沼는 池也요 沚는 小渚也라 毛는 草也라 ○ 爾雅云 山夾水曰澗이라하고 山瀆無所通曰谿라하니라

谿 역시 澗인데, 〈산골 도랑이다.〉 沼는 연못이고, 沚는 작은 저수지이다. 毛는 草(풀)이다.

○ ≪爾雅≫에 “산 사이에 흐르는 물을 ‘澗’이라고 한다.……산의 도랑이 통하지 않는 것을 ‘谿’라 한다.”라고 하였다.

【傳】蘋蘩薀藻之菜와

蘋, 蘩, 薀藻 등의 야채와

蘋

蘩

藻

【注】蘋은 大蓱也요 蘩은 皤蒿요 薀藻는 聚藻也라

蘋은 大蓱(大萍)이고, 蘩은 皤蒿이고, 薀藻는 聚藻이다.

【疏】'澗谿'至'之菜' ○ 正義曰：毛卽菜也. 而重其文者, 谿沼言地之陋, 蘋藻言菜之薄, 故文重也.

傳의 〔澗谿〕에서 〔之菜〕까지

○ 正義曰：毛는 菜이다. 글자를 거듭 쓴 것은 谿沼로써 땅이 누추함을 말하고, 蘋藻로써 야채의 소박함을 말하였으므로 글자를 거듭 쓴 것이다.

【疏】○ 注'谿亦'至'毛草' ○ 正義曰：爾雅釋山云"山夾水, 澗." 李巡[1]曰"山間有水." 釋名曰"言水在兩山間也." 釋水曰"水注川曰谿." 李巡曰"水出於山, 入於川." 釋山又云"山瀆(독)無所通, 谿." 李巡曰"山中水瀆, 雖無所通, 與水注川同名." 宋均[2]曰"無水曰谷, 有水曰谿." 然則谿亦山間有水之名, 是澗之類, 故云"谿亦澗也". 沼者, 池之別名. 張揖廣雅[3]亦云"沼, 池也." 應劭風俗通[4]云"池者, 陂池, 從水, 也聲." 沚與畤音義同. 釋水曰"小渚曰沚." 釋名曰"沚, 止也, 小水可止息其上." 草是地之毛. 周禮"宅不毛", 謂宅內無草木也, 故杜以毛爲草. 草卽下句蘋蘩薀藻是也. 蘩, 陸菜, 而云沼沚之毛者, 或采之水旁, 非皆水內也.

1) 李巡：後漢 汝陽 사람으로, 靈帝 때 中常侍에 올랐으나 권세에 마음을 두지 않고, 經籍의 오류를 바로잡는 데 힘써 당시 선비들과 五經을 돌에 새기고 蔡邕에게 교정하게 하였다. ≪爾雅≫의 주를 달았다고 하는데, 전하지 않는다.(≪後漢書≫〈宦者呂强傳〉)

2) 宋均：後漢 安衆 사람으로 字는 叔庠이다. 辰陽長, 九江太守, 河內太守를 역임하며 치적으로 명성이 있었다. 鄭玄의 제자로 經書에 정통하였다.(≪後漢書≫〈宋均傳〉)

3) 張揖廣雅：張揖은 後漢 淸河 사람으로, 字는 稚讓이다. 문자학자로 ≪廣雅≫와 ≪埤蒼≫을 지었다. ≪광아≫는 그가 편찬한 字典으로, ≪三蒼≫·≪說文解字≫ 등을 참고로 증보한 것이다. 10권이다.

4) 應劭風俗通：應劭는 後漢 汝南 사람으로, 字는 仲遠이다. 박학다식하여 漢官禮儀故事와 朝廷制度 등에 관한 저술을 남겼다. ≪風俗通≫은 그가 찬한 책으로, 皇霸·正失·愆禮·過譽·十反·聲音·窮通·祀典·怪神·山澤으로 조목을 나누어 서술하였다. 10권에 부록 1권이다.

○ 注의 〔谿亦〕에서 〔毛草〕까지

○ 正義曰 : ≪爾雅≫ 〈釋山〉에 "산 사이로 흐르는 물을 '澗'이라고 한다."라고 하였는데, 李巡이 "산 사이에 물이 있는 것이다."라고 하였다. ≪釋名≫ 〈釋水〉에 "〈澗은〉 물이 두 산 사이에 있는 것을 말한다."라고 하였다. ≪이아≫ 〈釋水〉에 "물이 내로 흘러들어가는 것을 '谿'라고 한다."라고 하였는데, 이순이 "물이 산에서 나와 내로 흘러들어가는 것이다."라고 하였다. ≪이아≫ 〈석산〉에 또 "산속의 도랑이 통하는 곳이 없는 것이 '谿'이다."라고 하였는데, 이순이 "산속의 도랑이 비록 통하는 곳이 없더라도 물이 내로 흘러드는 것과 이름이 같다."라고 하였다. 宋均은 "물이 없는 것을 '谷'이라 하고, 물이 있는 것을 '谿'라고 한다."라고 하였다. 그렇다면 谿 역시 산 사이의 물이 있는 것의 명칭으로 澗의 종류이다. 그러므로 "谿 역시 澗이다."라고 한 것이다.

沼는 池의 別名이다. 張揖의 ≪廣雅≫에서도 ""沼는 못〔池〕이다."라고 하였다. 應劭의 ≪風俗通≫에 "池는 연못으로, 부수는 水部이고 也는 聲部이다."라고 하였다. 沚와 畤는 音義가 같다. ≪이아≫ 〈석수〉에 "작은 모래섬을 '沚'라고 한다."라고 하였다. ≪석명≫ 〈석수〉에 "沚는 멈추다〔止〕는 뜻이니, 작은 물을 그 물가에 멈출 수 있는 것이다."라고 하였다.

草는 땅에 난 털이다. ≪周禮≫ 〈地官 司徒 下〉에 "宅不毛(집 주변을 가꾸지 않는다.)"라고 하였는데, 집 주변에 초목을 심지 않는 것을 이른다. 그래서 杜預는 毛를 草(풀)라고 하였다. 草는 곧 아래 구의 蘋, 蘩, 薀藻가 바로 그것이다. 蘩은 땅에 나는 채소인데, '沼沚의 毛'라는 것은 혹 물가에서 캐기도 한다는 것이니, 모두 물 안에서 나는 것이 아니다.

【疏】 ○ 注'蘋大'至'聚藻也' ○ 正義曰 : 釋草云"苹, 蓱, 其大者蘋." 舍人[1)]曰"苹, 一名蓱, 大者名蘋." 郭璞[2)]曰"水中浮蓱, 江東謂之薸." 陸機[3)]毛詩義疏云"今水上浮蓱是也. 其麤大者謂之蘋, 小者曰蓱. 季春始生, 可糝(蒸)〔烝〕[4)]爲茹, 又可苦酒淹以就酒." 釋草又云"蘩, 皤蒿." 孫炎[5)]曰"白蒿也." 陸機疏曰"凡艾白色爲皤蒿. 今白蒿, 春始生, 及秋香美. 可生食, 又可烝. 一名遊胡, 北海人謂之旁勃. 故大戴禮夏小正傳曰'蘩, 遊胡.' 遊胡, 旁勃也." 許愼說文云"薻, 水草, 從艸, 從水, 巢聲. 或作藻, 從(藻)〔澡〕[6)]." 毛詩傳曰"藻, 聚藻也." 然則此草好聚生. 薀訓聚也, 故云"薀藻, 聚藻也". 陸機疏云"生水底. 有二種. 其一種葉如雞蘇, 莖大如(著)〔箸〕[7)], 長四五尺. 其一種莖大如釵股, 葉如蓬, 謂之聚藻." 又云"扶風人謂之藻, 聚爲發聲也. 此二藻皆可食, 煮熟挼(뇌)去腥氣, 米麪糝蒸爲茹, 嘉美, 楊州人饑荒可以當穀食."

1) 舍人：漢 武帝 때의 犍爲郡文學卒史舍人을 역임한 학자이다. 저서로 ≪爾雅注≫ 3권이 있다.(≪四庫全書≫ 〈爾雅注解傳述人〉)
2) 郭璞：晉나라 때의 訓詁學者이다. 박학하고 詩文과 占術에 뛰어났다. 元帝 때 著作佐郎이 되어 王隱과 ≪晉史≫를 편찬하고, 王敦의 휘하에서 記室參軍이 되었다. 왕돈이 모반할 때 점괘가 불리하다고 만류하였다가 도리어 살해되었다. 왕돈의 반란이 평정된 뒤에 弘農太守로 추증되었고, 宋 徽宗 때 聞喜伯으로 追封되었다. ≪周易≫·≪山海經≫·≪葬經≫·≪穆天子傳≫·≪方言≫·≪楚辭≫ 등을 주석하였고, 저서로 ≪郭弘農集≫이 있다.
3) 陸機：陸璣로도 쓴다. 晉나라 吳郡 사람으로 陸遜의 손자이다. 吳나라가 멸망하자 물러나 〈辯亡論〉을 지었고, 晉 武帝 때 아우 雲과 함께 洛陽에서 文才를 드날렸다. 趙王 司馬倫의 相國參軍이 되어 賈謐을 제거하는 데 참여하였고, 成都王 司馬穎의 後將軍·河北大都督이 되어 長沙王 司馬乂를 치다가 패배하고 참소를 당하여 살해되었다. 저서로 ≪文賦≫·≪陸士衡集≫이 있다. ≪毛詩≫에 疏를 붙인 ≪毛詩草木鳥獸蟲魚疏≫가 전한다.
4) (蒸)〔烝〕：저본에는 '蒸'으로 되어 있으나, 阮元의 〈校勘記〉에 의거하여 '烝'으로 바로잡았다.
5) 孫炎：三國시대의 經學家이다. 鄭玄에게 受學하여 당시 사람들이 東州大儒라 칭하였다. ≪周易≫과 ≪春秋例≫를 지었고, ≪毛詩≫·≪禮記≫·≪春秋三傳≫·≪國語≫·≪爾雅≫와 ≪尙書≫의 注를 지었다. 또 ≪爾雅音義≫를 지었으나 오래 전에 散逸되었다.
6) (藻)〔澡〕：저본에는 '藻'로 되어 있으나, 阮元의 〈校勘記〉에 의거하여 '澡'로 바로잡았다.
7) (著)〔箸〕：저본에는 '著'로 되어 있으나, 阮元의 〈校勘記〉에 의거하여 '箸'로 바로잡았다.

○ 注의 〔蘋大〕에서 〔聚藻也〕까지

○ **正義曰**：≪爾雅≫ 〈釋草〉에 "苹은 蓱(개구리밥)이니, 큰 것이 蘋이다."라고 하였다. 舍人은 "苹은 일명 蓱이니, 큰 것의 이름이 蘋이다."라고 하였다. 郭璞은 "물속의 浮蓱을 江東에서 薸라고 한다."라고 하였다. 陸機의 ≪毛詩草木鳥獸蟲魚疏≫에 "지금 물위에 떠 있는 浮蓱이 이것이다. 거칠고 큰 것을 蘋이라 하고 작은 것을 蓱이라 한다. 늦봄에 자라서 죽을 끓여 먹을 수 있고, 또 쓴 술에 담가 술로 마실 수 있다."라고 하였다. 〈석초〉에 또 "蘩은 皤蒿(흰쑥)이다."라고 하였다. 孫炎은 "白蒿이다."라고 하였다. 육기의 ≪모시초목조수충어소≫에 "뭇 쑥이 흰 것이 皤蒿이다. 지금 白蒿는 봄에 나는데 가을이 되면 향이 좋다. 날것으로 먹을 수 있고, 쪄서 먹을 수도 있다. 일명 遊胡이고, 北海 사람들은 旁勃이라고 한다. 그러므로 ≪大戴禮≫ 〈夏小正〉의 傳에 '蘩은 遊胡이다.'라고 하였으니, 遊胡는 旁勃이다."라고 하였다.

許愼의 ≪說文解字≫에 “藻는 水草이니, 부수는 月部이고 水部이며, 巢는 聲部이다. 혹은 藻로도 쓰고 부수는 澡部이다.”라고 하였다. ≪毛詩傳≫에 “藻는 聚藻이다.”라고 하였다. 그렇다면 이 풀은 모여서 자라는 습성이 있다. 薀은 모이다〔聚〕의 訓이 있으므로 “薀藻는 聚藻이다.”라고 한 것이다. 육기의 ≪모시초목조수충어소≫에 “물밑에 난다. 두 종이 있다. 한 종은 잎이 雞蘇와 같고 줄기의 굵기는 젓가락과 같으며 길이가 4, 5척이다. 다른 한 종은 줄기의 굵기는 비녀다리 같고 잎은 쑥과 같은데, 聚藻라고 한다.”라고 하였다. 또 “扶風 사람들은 藻라고 하는데 聚는 발어사이다. 이 두 종의 藻는 모두 먹을 수 있는데, 삶아서 익히면 비린내를 제거하고 쌀가루나 밀가루와 버무려 죽을 쑤어 먹으면 맛이 좋고, 楊州 사람들은 기근이 들면 곡식으로 충당한다.”라고 하였다.

【傳】 筐筥錡釜之器와

筐, 筥, 錡, 釜 등의 器物과

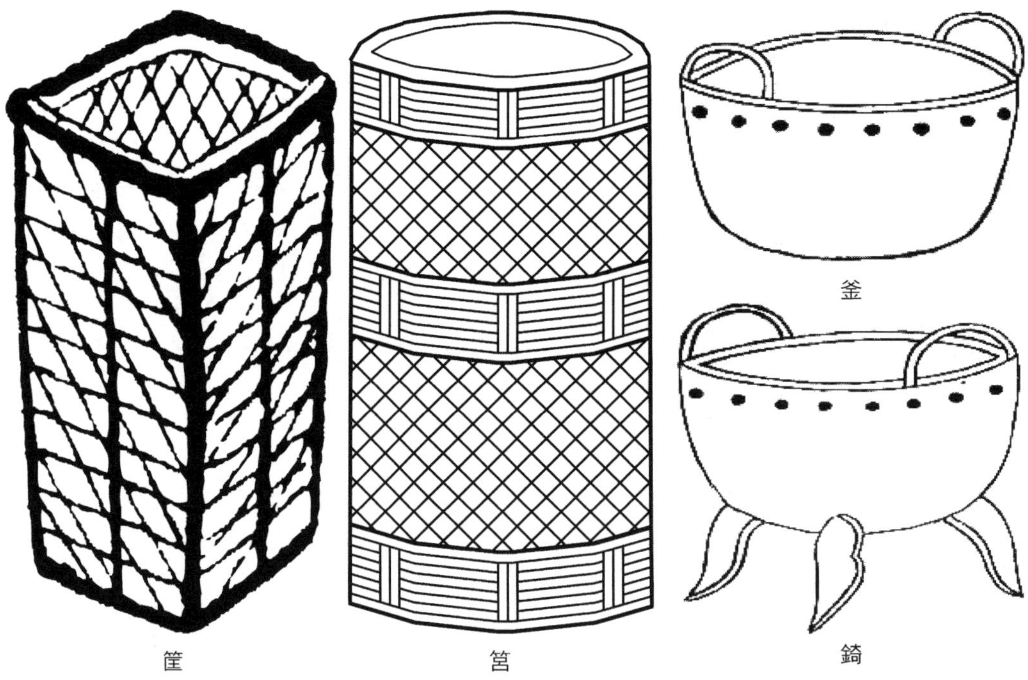

【注】 方曰筐이요 員曰筥요 無足曰釜요 有足曰錡라

모난 것을 筐이라 하고 둥근 것을 筥라 하며, 발이 없는 솥을 釜라 하고 발이 있는 솥을 錡라 한다.

【疏】注'方曰'至'曰錡' ○ 正義曰：此皆(毛詩)〔詩毛〕[1]傳・鄭箋之文也. 說文云"筥, 飯牛筐也." 廣雅云"錡, 釜也."

1) (毛詩)〔詩毛〕: 저본에는 '毛詩'로 되어 있으나, 阮元의 〈校勘記〉에 의거하여 '詩毛'로 바로잡았다.

注의 〔方曰〕에서 〔曰錡〕까지

○ 正義曰 : 이는 모두 ≪詩經≫ 毛傳과 鄭箋의 글이다. ≪說文解字≫에 "筥는 소를 먹이는 광주리이다."라고 하였다. ≪廣雅≫에 "錡는 솥〔釜〕이다."라고 하였다.

【傳】潢汙行潦之水를

潢汙, 行潦의 물과 〈같은 하찮은 것들도〉

【注】潢汙는 停水요 行潦는 流潦라

潢汙는 고여 있는 물이고, 行潦는 흐르는 물이다.

【疏】注'潢汙'至'流潦' ○ 正義曰：停水, 謂水不流也. 行, 道也, 雨水謂之潦, 言道上聚流者也. 服虔云"畜小水謂之潢. 水不流謂之汙. 行潦, 道路之水", 是也. 此水用爲飮食, 故引泂酌之篇[1]. 藻雖潦水所生, 要此潦非生菜處也.

1) 泂酌之篇 : ≪詩經≫ 〈大雅 泂酌〉에 "멀리 저 길가의 흐르는 물을 떠다가 저기에 붓고 여기에 쏟아도 선밥과 술밥을 만들 수 있도다.〔泂酌彼行潦 挹彼注玆 可以饙饎〕"라고 나온다.

注의 〔潢汙〕에서 〔流潦〕까지

○ 正義曰 : 停水는 물이 흐르지 않음을 이른다. 行은 길이고 빗물을 '潦'라고 하니, 길에 모여 흐르는 것을 이른다. 服虔은 "작은 물이 모인 것을 '潢'이라 한다. 물이 흐르지 않는 것을 '汙'라고 한다. 行潦는 길에 흐르는 물이다."라고 한 것이 이것이다. 이 물은 음식을 만드는 데 쓰기 때문에 ≪詩經≫ 〈泂酌〉篇에 인용되었다. 藻는 비록 고인 빗물에서 자라는 것이지만 요컨대 이 行潦는 야채가 자랄 만한 곳이 아니다.

【傳】可薦於鬼神이며 可羞於王公이온

모두 鬼神에게 바칠 수 있고 王公에게 올릴 수 있는데,

【注】 羞는 進也라

羞는 올리다〔進〕의 뜻이다.

【疏】 '可薦'至'王公' ○ 正義曰：上言鬼神, 此言王公, 是生王公也. 或以爲王公亦謂鬼神, 非生王公也. 此傳之意, 取詩爲言. 泂酌論天子之事, 是羞於王也. 采蘩云公侯之事, 是羞於公也. 言薦又言羞者, 鄭玄注庖人云"備品物曰薦, 致滋味乃爲羞."

傳의 〔可薦〕에서 〔王公〕까지

○ 正義曰：앞에서 鬼神을 말하고 여기서는 王公을 말하였는데, 이는 살아 있는 왕공이다. 혹은 왕공 역시 귀신을 이르니, 살아 있는 왕공은 아니라고 하였다. 이 傳의 뜻은 ≪詩經≫을 인용해 말한 것이다. ≪시경≫ 〈泂酌〉은 天子의 일을 논한 것이니, 이는 王에게 바치는 것이다. 〈采蘩〉은 公侯의 일을 말한 것이니, 이는 公에게 바치는 것이다. '薦'이라고 말하고 또 '羞'라고 말한 것은 鄭玄이 ≪周禮≫ 〈天官 庖人〉에 단 注에 "品物을 갖추어 바치는 것을 '薦'이라 하고, 맛난 음식을 올리는 것을 '羞'라고 한다."라고 하였다.

【傳】 而況君子結二國之信하야 行之以禮면 又焉用質이리오

하물며 군자가 두 나라 사이에 信義를 맺어 禮로써 일을 처리한다면 또 인질이 무슨 소용이 있겠는가.

【注】 通言盟約彼此之情이라 故言二國이라

盟約한 彼此의 심정을 함께 말하였기 때문에 두 나라라고 말한 것이다.

【傳】 風有采蘩采蘋하고

≪詩經≫의 風에는 〈采蘩〉과 〈采蘋〉이 있고,

【注】 采蘩采蘋은 詩國風이라 義取於不嫌薄物이라

〈采蘩〉·〈采蘋〉은 ≪詩經≫ 〈國風〉의 詩이다. 소박한 물건을 꺼리지 않는다는 뜻을 취한 것이다.

【傳】雅有行葦泂酌하니

雅에는 〈行葦〉와 〈泂酌〉이 있으니,

【注】詩大雅也라 行葦篇은 義取忠厚也요 泂酌篇은 義取雖行潦可以共祭祀也라

≪詩經≫ 〈大雅〉이다. 〈行葦〉篇은 忠厚의 뜻을 취한 시이고, 〈泂酌〉篇은 비록 길가에 흐르는 물도 길어다 제사에 쓸 수 있다는 뜻을 취한 시이다.

【疏】'雅有行葦' ○ 正義曰：采蘩·采蘋·泂酌, 上傳所言皆有彼篇之事, 其言未及行葦. 今言行葦者, 其意別取忠厚, 非以結上也.

傳의〔雅有行葦〕

○ 正義曰：〈采蘩〉, 〈采蘋〉, 〈泂酌〉은 위의 傳에서 말한 것이 모두 저 詩篇에 있는 일이니, 그 말이 〈行葦〉를 언급하지는 않았다. 지금 〈행위〉를 말한 것은 그 뜻이 별도로 忠厚를 취한 것이지 위의 내용을 결론지은 것은 아니다.

【傳】昭忠信也라

〈이는 모두〉 忠信을 밝힌 詩이다."

【注】明有忠信之行이면 雖薄物皆可爲用이라

忠信스러운 행실이 있으면 아무리 소박한 물건이라 하더라도 모두 쓰임이 될 수 있음을 밝힌 것이다.

【傳】武氏子來求賻하니 王未葬也일새라

武氏의 아들이 〈魯나라에〉 와서 賻儀를 요구하였으니, 周 平王의 葬禮를 치르지 못하였기 때문이다.

【傳】宋穆公疾에 召大司馬孔父(보)而屬(촉)殤公焉하야 曰 先君舍與夷而立寡人하니

宋 穆公이 병세가 위중하자 大司馬 孔父를 불러서 殤公을 부탁하며 말하였다. "先君께서 〈嫡子인〉 與夷를 제쳐두고 寡人을 임금으로 세우셨으니,

【注】 先君은 穆公兄宣公也라 與夷는 宣公子로 卽所屬殤公이라

先君은 穆公의 형 宣公이다. 與夷는 선공의 아들로 바로 〈孔父에게〉 부탁한 殤公이다.

【疏】 '武氏'至'葬也' ○ 正義曰：蘇氏云, 案文九年"毛伯來求金", 傳曰"不書王命, 未葬也". 此傳直云"王未葬". 不同者, 毛伯直釋, 不稱使, 故云"不書王命". 此武氏子, 非但不稱使, 又稱父族, 二事皆由未葬, 故直云"王未葬也".

傳의 〔武氏〕에서 〔葬也〕까지

○ 正義曰：蘇氏(蘇軾)는 이렇게 말하였다. 文公 9년에 "毛伯이 〈魯나라에〉 와서 賻儀〔金〕를 요구하였다."라고 한 곳의 傳에 "王命을 기록하지 않은 것은 〈襄王의〉 葬禮를 치르지 못하였기 때문이다."라고 하였다. 이 傳에서는 다만 "平王의 장례를 치르지 못하였기 때문이다."라고 하였다. 같지 않은 것은 모백은 곧바로 풀이하고 '使'를 칭하지 않았으므로 "왕명을 기록하지 않았다."라고 한 것이다. 여기 武氏子는 단지 使를 칭하지 않았을 뿐만 아니라 또 父族을 칭하지도 않았으니, 두 사례가 모두 장례를 치르지 못함으로 연유한 것이므로 다만 "왕의 장례를 치르지 못하였기 때문이다."라고 한 것이다.

【疏】 ○ '而立寡人' ○ 正義曰：曲禮下曰"諸侯見(현)天子曰臣某・侯某, 其與民言自稱曰寡人." 今與臣言亦云寡人, 則知其對臣民自稱同也. 老子曰"孤寡不穀, 王侯之謙稱." 故以下諸侯自稱, 亦多言不穀.

○ 傳의 〔而立寡人〕

○ 正義曰：≪禮記≫ 〈曲禮 下〉에 "제후가 천자를 알현할 때에는 '臣某', '侯某'라고 하고, 그가 자신의 백성을 상대로 말할 때에는 자칭 '寡人'이라고 한다."라고 하였다. 지금 신하에게 말할 때에 '과인'이라고 하였으니, 신하와 백성에 대해 자칭이 같음을 알 수 있다. ≪老子≫에 "孤, 寡, 不穀은 王侯의 겸칭이다."라고 하였다. 그러므로 아래에서 제후의 자칭으로 또 불곡을 많이 말하였다.

【傳】 寡人弗敢忘하노라 若以大夫之靈으로 得保首領以沒하야 先君若問與夷면 其將何辭以對오 請子奉之하야 以主社稷하라 寡人雖死라도 亦無悔焉이리라 對曰 群臣願奉馮也하노이다

〈그 恩德을〉 과인은 감히 잊을 수 없다. 만약 大夫의 도움으로 내가 몸을 온전히 보존하고 죽은 뒤 先君께서 與夷의 안부를 물으시면 장차 무슨 말로 대답하겠는가? 그대는 여이를 받들어 社稷을 주관하게 하라. 그리 된다면 과인은 비록 죽더라도 후회가 없을 것이다."

孔父가 대답하였다.

"뭇 신하들이 馮을 받들고자 합니다."

【注】 馮은 穆公子莊公也라

馮은 穆公의 아들 莊公이다.

【傳】 公曰 不可하다 先君以寡人爲賢이라하야 使主社稷하시니 若棄德不讓이면 是廢先君之擧也라 豈曰能賢이리오

穆公이 말하였다.

"안 된다. 선군께서 과인을 어질다고 여겨 나에게 사직을 주관하게 하셨는데, 만약 그 은덕을 저버리고 〈與夷에게〉 讓位하지 않는다면 이는 선군의 조치를 저버리는 것이다. 어찌 재능과 어진 덕이 있다 하겠는가.

【注】 言不讓則不足稱賢이라

〈與夷에게〉 讓位하지 않으면 어질다고 稱할 수 없다는 말이다.

【傳】 光昭先君之令德을 可不務乎아 吾子其無廢先君之功하라하고

그러니 선군의 아름다운 덕을 드러내 밝히기를 힘쓰지 않아서야 되겠는가. 그대는 선군의 功德을 廢棄하지 말라."

【注】 先君以擧賢爲功하니 我若不賢是廢之라

先君은 어진 자를 세우는 것을 공으로 여겼으니, 내가 만약 어질지 못하다면 이는 선군의 공덕을 폐기하는 것이다.

【傳】 **使公子馮出居於鄭**하다

그리고는 公子 馮을 鄭나라로 내보내 그곳에서 살게 하였다.

【注】 辟(피)殤公也라

殤公을 피해 떠나게 한 것이다.

【傳】 **八月庚辰**에 **宋穆公卒**하니 **殤公卽位**하다 **君子曰 宋宣公**은 **可謂知人矣**로다 **立穆公**하야 **其子饗之**하니 **命以義夫**인저

8월 庚辰日에 宋 穆公이 卒하니, 殤公이 즉위하였다. 이에 대해 君子는 다음과 같이 논평하였다.

"宋 宣公은 사람을 잘 알아보았다고 할 만하다. 목공을 세워서 그 아들(殤公)이 君位를 누리게 하였으니, 이는 그 遺命이 道義에서 나왔기 때문이다.

【注】 命出於義也라 夫는 語助라

命이 道義에서 나왔다는 말이다. 夫는 語助辭이다.

【疏】 '命以義夫' ○ 正義曰：義者宜也. 錯心方直, 動合事宜, 乃謂之爲義. 宣公之立穆公, 知穆公之賢, 必以義理, 不棄其子. 今穆公方卒, 命孔父以義事而立殤公. 是穆公命立殤公, 出於仁義之中, 故杜云'命出於義也'. 必知'命以義夫'謂穆公命立殤公者, 以杜注云'帥義而行, 則殤公宜受此命, 宜荷此祿'. '公子馮不帥父義', '終傷咸宜之福'. 明知殤公受穆公之命與殷湯・武丁同有'咸宜', 是知穆公命殤公是爲義也.

傳의 〔命以義夫〕

○ 正義曰：義는 마땅함〔宜〕이다. 마음을 둠이 바르고 행동이 事宜에 합치되니, 그것을 일러 의롭다고 한다. 宣公이 穆公을 군주로 세운 것은 목공의 어짊이 필시 義理에 마음을 두어 자기 자식을 버리지 않을 것임을 알았기 때문이다. 이제 목공이 막 卒하자 마땅한 일로 孔父에게 명하여 殤公을 세우게 하였다. 목공이 상공을 세우도록 명한 것은 仁義의 마음에서 나왔다. 그러므로 杜預는 '遺命이 道義에서 나왔기 때문이다.'라고 한 것이다. '유명이 도의에서 나왔다.'는 것은 목공이 상공을 세우도록 명한

것임을 필시 알겠으니, 따라서 두예의 注에 "도의에 따라 행하면 상공도 이런 命과 이런 복록을 받아야 마땅한 것이다."라고 한 것이다.

'公子 馮이 道義에서 나온 아버지의 명을 따르지 않았다.' 하고, '마침내 咸宜의 福을 손상시켰다.'라고 하였다. 상공이 목공의 命을 받은 것이 殷나라 湯王, 武丁과 더불어 '모두 도의에 맞았다〔咸宜〕'는 것임을 분명히 알겠으니, 이는 목공이 상공을 세우라고 명한 것이 도의에 맞았다는 것임을 알 수 있다.

【傳】商頌曰 殷受命咸宜라 百祿是荷라하니 其是之謂乎인저

≪詩經≫ 〈商頌〉에 '殷나라는 天命을 주고받은 것이 모두 道義에 맞았으므로 많은 福祿을 받았다.'라고 하였으니, 바로 이런 경우를 이른 것이다."

【注】詩頌言殷湯武丁受命皆以義라 故任荷天之百祿也라하니라 帥義而行하면 則殤公宜受此命하고 宜荷此祿이라 公子馮不帥父義하고 忿而出奔하야 因鄭以求入하야 終傷咸宜之福이라 故知人之稱唯在宣公也니라 殷禮有兄弟相及이요 不必傳子孫이라 宋其後也니 故指稱商頌이라

≪詩經≫ 〈商頌〉에 殷나라의 湯과 武丁이 天命을 받은 것이 모두 道義에 맞았기 때문에 하늘의 많은 福祿을 받았다고 하였다. 도의에 따라 행하면 殤公도 이런 命과 이런 복록을 받아야 마땅한 것이다. 그런데 公子 馮이 도의에서 나온 아버지의 명을 따르지 않고 분한 마음을 품고서 鄭나라로 달아나서는 정나라의 힘을 빌려 들어와 임금이 되기를 구하여, 마침내 '咸宜'의 福을 손상시켰다. 그러므로 사람을 알아보았다는 칭찬은 오직 宣公에게만 해당한다. 은나라의 禮는 형이 아우에게 전하였고 반드시 子孫에게만 전하지 않았다. 宋나라는 은나라의 후손이므로 〈商頌〉을 지칭한 것이다.

【疏】'商頌'至'謂乎' ○ 正義曰：商頌玄鳥之卒章, 言(成)〔殷〕[1]湯・武丁, (也)〔此〕[2]二王者, 受天之命, 皆得其宜, 故天之百種之祿, 於是乎荷負之. 言天祿皆歸, 故得而荷負也. 今穆公(示)〔立〕[3]殤公亦得其宜, 故殤公宜荷其祿, 詩之意其是此事之謂乎.

1) (成)〔殷〕: 저본에는 '成'으로 되어 있으나, 阮元의 〈校勘記〉에 의거하여 '殷'으로 바로잡았다.

2) (也)〔此〕: 저본에는 '也'로 되어 있으나, 北京大本에 의거하여 '此'로 바로잡았다.

3) (示)〔立〕: 저본에는 '示'로 되어 있으나, 阮元의 〈校勘記〉에 의거하여 '立'으로 바로잡았다.

傳의 〔商頌〕에서 〔謂乎〕까지

○ 正義曰 : ≪詩經≫ 〈商頌 玄鳥〉의 卒章은 殷나라 湯과 武丁 두 왕이 하늘의 명을 받음이 모두 마땅함을 얻었으므로 하늘의 온갖 복록을 이에 받았다고 말한 것이다. 하늘의 복록이 모두 돌아갔으므로 받을 수 있었다는 말이다. 지금 穆公이 殤公을 세운 것도 마땅함을 얻었으므로 상공이 그 복록을 받음이 마땅하다는 것이니, ≪시경≫을 인용한 뜻은 아마 이 일을 이르는 듯하다.

【疏】 ○ 注'詩頌'至'商頌' ○ 正義曰 : 唐虞之代, 契(설)爲司徒, 封於商. 十四世至湯, 王有天下, 遂以商爲代號. 後世有武丁者, 中興賢君, 時有作詩頌之者, 謂之商頌, 美湯與武丁能荷天祿. 今殤公亦荷天祿, 與詩義同, 故引以證之. 公羊傳"言宋之禍, 宣公爲之." 尤其舍子立弟, 果令馮有爭心, 以馮之爭爲宣公之過. 今此傳善宣公, 故申明其事. 若使帥義而行, 則殤公宜受此命, 宜荷此祿. 但公子馮不帥父義, 失其咸宜, 故知人之稱唯在宣公. 止善宣公知穆公耳. 馮自爭國, 非宣公之罪, 故善之. 傳言使公子馮出居于鄭, 則是父使之出. 注言忿而出奔者, 四年傳曰"公子馮出奔鄭, 鄭人欲納之." 又衛告宋曰"君若伐鄭, 以除君害", 是馮出奔鄭, 求入, 欲害宋國也. 父使居鄭, 欲以辟(피)殤公, 馮乃因鄭, 欲以害殤公. 故據父言之, 則云使之出居, 據馮言之, 則云忿而出奔, 各從其實而爲之文也. 謚法"短折不成曰殤", "布德執義曰穆".

○ 注의 〔詩頌〕에서 〔商頌〕까지

○ 正義曰 : 唐虞 시대에 契이 司徒가 되어 商에 봉해졌다. 14세 湯에 이르러 왕이 되어 천하를 소유하자 마침내 商으로 國號를 대신하였다. 後世의 武丁은 나라를 中興시킨 賢君으로, 당시에 詩를 지어 칭송한 이가 있었다. 이를 일러 〈商頌〉이라고 하니, 탕과 무정이 하늘의 복록을 받을 수 있음을 贊頌하였다. 지금 殤公도 하늘의 복록을 받음이 ≪詩經≫의 뜻과 같기 때문에 인용하여 증명한 것이다.

≪春秋公羊傳≫에 "宋나라의 禍는 宣公이 만든 것이다."라고 하였다. 특히 자식을 버려두고 아우를 세운 것은 과연 馮으로 하여금 爭心을 갖게 한 것이니, 馮의 쟁심을 선공의 과오로 삼은 것이다. 지금 이 傳에서는 선공을 선하게 여겼으므로 그 일을 거듭 밝혔다. 만약 道義에 따라 행하였다면 상공도 이런 命과 복록을 받아야 마땅한 것

이다. 다만 公子 馮이 아버지의 도의를 따르지 않고 '咸宜'의 복을 잃어버렸으므로 사람을 알아보았다는 칭찬은 오직 선공에만 해당함을 알 수 있다. 단지 선공을 선하게 여긴 것은 穆公을 알아본 것일 뿐이다. 馮이 스스로 나라를 두고 다툰 것은 선공의 죄가 아니기 때문에 선하게 여긴 것이다.

傳에서 公子 馮을 鄭나라에 내보내 그곳에서 살게 하였다고 말하였으니, 곧 아버지가 그를 내보낸 것이다. 注에서 분한 마음을 품고서 鄭나라로 달아났다고 한 것은 隱公 4년 傳에 "公子 馮이 정나라로 도망가니, 鄭人이 그를 도와 송나라로 들여보내려 하였다."라고 하였고, 또 衛나라가 송나라에 고하기를 "임금께서 鄭나라를 쳐서 君의 걱정거리를 제거하려 한다."라고 하였는데, 이는 馮이 정나라로 도망가서 나라로 들어가기를 구해 송나라를 해치고자 하였다는 것이다. 아버지가 정나라에 내보내어 살게 한 것은 상공을 피하게 하려고 한 것인데, 馮은 도리어 정나라의 힘을 빌려 상공을 해치려고 하였다. 그러므로 아버지의 입장에 의거하여 말하면 그를 내보내 살게 한 것이고, 馮의 입장에 의거하여 말하면 분한 마음을 품고 도망한 것이니 각기 그 실제에 따라서 글을 쓴 것이다.

諡法에 "요절하여 이루지 못한 것을 '殤'이라고 한다.", "德을 베풀어 의를 지킨 것을 '穆'이라 한다."라고 하였다.

【傳】冬에 **齊鄭盟于石門**하니 **尋盧之盟也**라

겨울에 齊나라와 鄭나라가 石門에서 結盟하였으니, 이는 盧에서의 결맹을 거듭 천명한 것이다.

【注】盧盟在春秋前이라 **盧**는 **齊地**니 **今濟北盧縣故城**이라

盧에서의 結盟은 春秋時代 이전에 있었다. 盧는 齊나라 땅이니, 지금의 濟北 盧縣 故城이다.

【傳】庚戌에 **鄭伯之車僨于濟**하다

庚戌日에 〈결맹을 마치고 돌아가던〉 鄭伯(鄭 莊公)의 수레가 濟水에서 엎어졌다.

【注】既盟而遇大風일새 **傳記異也**라 **十二月無庚戌**이니 **日誤**라

결맹을 마친 뒤에 큰 바람을 만났기 때문에 傳에 怪異함을 기록한 것이다. 12월에는 庚戌日이 없으니 날짜가 잘못되었다.

【疏】 注'旣盟'至'日誤' ○ 正義曰：釋言云"僨, 僵也." 舍人曰"背, 踣意也." 車踣而入濟, 是風吹之隊(추)濟水, 非常之事, 故云'傳記異也'. 禹貢"導沇水東流爲濟, 入于河, 溢爲榮." 釋例曰"濟自熒陽卷縣東經陳留至濟陰, 北經高平, 東經濟北, 東北經濟南, 至樂安博昌縣入海." 案檢水流之道, 今古或殊. 杜旣考校元由, 據當時所見, 載於釋例, 今一皆依杜. 雖與水經乖異, 亦不復根尋也. 庚戌無月, 而云十二月者, 以經盟于石門在十二月, 知此亦十二月也. 經書十二月, 下云"癸未, 葬宋穆公", 計庚戌在癸未之前三十三日, 不得共在一月. 彼長歷推此年十二月甲子朔, 十一日有甲戌, 二十二日在丙戌, 不得有庚戌. 而月有癸未, 則月不容誤, 知日誤也.

注의 〔旣盟〕부터 〔日誤〕까지

○ 正義曰：≪爾雅≫ 〈釋言〉에 "僨은 엎어지는 것이다."라고 하였다. 舍人이 "背는 엎어지는 뜻이다."라고 하였다. 수레가 엎어져서 濟水에 들어간 것이니, 이는 바람이 크게 불어와 수레가 제수에 떨어진 것으로 예사롭지 않은 일이기 때문에 '傳에 怪異함을 기록한 것이다.'라고 한 것이다.

≪尙書≫ 〈禹貢〉에 "沇水를 인도하되 동쪽으로 흘러 濟水가 되어 河水에 들어가며 넘쳐 榮水가 된다."라고 하였다. ≪春秋釋例≫에 "제수는 熒陽 卷縣에서부터 동쪽으로 陳留를 거쳐 濟陰에 이르고, 북쪽으로 高平을 거치고 동쪽으로 濟北을 거치며 東北으로 濟南을 거쳐 樂安 博昌縣에 이르러 바다로 들어간다."라고 하였다. 살펴보건대, 물의 흐름을 고찰하는 방도는 예전과 지금이 혹 다르기도 하다. 杜預가 이미 원래의 물길을 상고하고 당시의 소견에 의거하여 ≪춘추석례≫에 기록하였으니, 지금은 모두 두예의 설을 따른다. 비록 ≪水經≫과 어긋나는 것이 있다 하더라도 더 이상 찾아보지 않는다.

庚戌만 기록하고 달은 기록하지 않았는데 12월이라고 말한 것은 經에 石門에서 結盟한 일이 12월에 있기 때문에 이것도 12월에 있음을 알 수 있다. 經에 12월이라 기록하고 아래에 "癸未日에 宋 穆公을 장사 지냈다."라고 하였으니, 계산해보면 경술은 계미의 33일 전에 있어 같은 달에 함께 있을 수가 없다. 저 두예의 ≪春秋長歷≫에서 이해의 12월 甲子朔을 추산해보니 11일이 甲戌에 있고 22일이 丙戌에 있어 경술이 있을 수 없지만 달에는 癸未가 있으니, 달은 혹 잘못되지 않았고 날짜가 잘못되었음을 알 수 있다.

【傳】衛莊公娶于齊東宮得臣之妹하니 **曰莊姜**이라

衛 莊公이 齊나라 東宮 得臣의 누이를 아내로 맞이하니 그가 莊姜이다.

【注】得臣은 齊大(태)子也라 (此)[1]太子不敢居上位라 故常處東宮이라

1) (此) : 저본에는 '此'가 있으나, 阮元의 〈校勘記〉에 의거하여 衍文으로 처리하였다.

得臣은 齊나라 太子이다. 태자는 감히 上位에 거처할 수 없으므로 항상 東宮에 거처한다.

【疏】'衛莊'至'莊姜' ○ 正義曰 : 齊國, 侯爵. 譜[1]云"姜姓, 大(태)公望之後. 其先四岳, 佐禹有功, 或封於呂, 或封於申, 故太公曰呂望也. 太公股肱周室, 成王封之於營丘, 今臨淄是也." 僖公九年, 魯隱公之元年也. 簡公四年, 獲麟之歲也. 簡公弟平公十三年, 春秋之傳終矣. 平公二十五年卒. 後二世七十年而田氏奪齊, 太公之後滅矣. 案齊世家, 莊公生僖公[2], 東宮得臣, 未知何公太子. 案史記十二(年)[3]諸侯年表, 衛莊公之立在春秋前二十五年, 齊僖公之立在春秋前八年. 然則莊姜必非齊僖公之女, 蓋是莊公之女, 僖公姊妹也. 得臣爲太子, 早死, 故僖公立也. 不言僖公姊妹, 而繫得臣者, 見(현)其是適女也. 得臣爲太子, 云'常處東宮'者, 四時東爲春, 萬物生長在東, 西爲秋, 萬物成就在西. 以此君在西宮, 太子常處東宮也. 或可據易象, 西北爲乾, 乾爲君父, 故君在西. 東方震, 震爲長男, 故太子在東〔宮〕[4]也.

1) 譜 : ≪世族譜≫를 가리킨다. ≪세족보≫는 晉나라 杜預가 王室과 諸侯의 世系와 族類를 기재하여 만든 譜冊이다.
2) 僖公 : ≪史記≫ 〈齊太公世家〉에는 '釐公(희공)'으로 되어 있다.
3) (年) : 저본에는 '年'이 있으나, 阮元의 〈校勘記〉에 의거하여 衍文으로 처리하였다.
4) 〔宮〕 : 저본에는 '宮'이 없으나, 阮元의 〈校勘記〉에 의거하여 보충하였다.

傳의 〔衛莊〕부터 〔莊姜〕까지

○ 正義曰 : 齊나라는 侯爵이다. ≪世族譜≫에 "姜姓이니, 太公望의 후손이다. 그 先祖 四岳은 禹임금을 도와 공로를 세워 呂에 封해지거나 申에 봉해졌기 때문에 太公을 呂望이라 불렀다. 태공이 周나라 王室을 보좌하니 成王이 그를 營丘에 봉해주었는데, 지금의 臨淄가 바로 이곳이다."라고 하였다. 齊 僖公 9년은 魯 隱公의 원년이다. 齊 簡公 4년은 麒麟을 잡은 해이다. 제 간공의 아우 平公 13년에 ≪春秋≫의 傳이 끝났다

(魯 哀公 27년). 평공이 25년에 卒하였다. 2世 70년 뒤에 田氏가 제나라를 찬탈하니 태공의 후손이 멸망하였다.

≪史記≫〈齊太公世家〉를 살펴보면 莊公이 僖公을 낳았는데, 東宮 得臣은 어느 公의 太子인지 모르겠다. ≪史記≫〈十二諸侯年表〉를 살펴보면, 衛 莊公의 즉위는 춘추시대 25년 전에 있고, 齊 僖公의 즉위는 춘추시대 8년 전에 있다. 그렇다면 莊姜은 필시 제 희공의 딸이 아닐 터이니, 아마도 장공의 딸이자 희공의 누이일 듯하다. 득신이 태자가 되었지만 일찍 죽었기 때문에 희공이 즉위하였다. 희공의 누이임을 말하지 않고 득신과 연계하여 말한 것은 그녀가 適女임을 드러낸 것이다.

득신이 태자가 되어 '항상 동궁에 거처한다'고 한 것은 四時 가운데 동쪽은 봄이 되어 萬物의 生長이 동쪽에 있으며, 서쪽은 가을이 되어 만물의 成就가 서쪽에 있다. 이 때문에 임금은 西宮에 있고 태자는 항상 동궁에 거처하는 것이다. 혹 ≪易象≫을 의거해보면 西北은 乾卦(☰)가 되고 건괘는 君父가 되기 때문에 임금이 서궁에 있으며, 東方은 震卦(☳)가 되고 진괘는 長男이 되기 때문에 태자가 동궁에 있는 것이다.

【傳】 美而無子하니 衛人所爲賦碩人也라

美色은 있었으나 아들이 없으니, 衛나라 사람이 그를 위하여 〈碩人〉시를 지었다.

【注】 碩人詩는 義取莊姜美于色賢于德이나 而不見答하야 終以無子하니 國人憂之라

〈碩人〉詩는 莊姜이 美色과 賢德을 갖추었으나 보답을 받지 못하여 끝내 아들을 두지 못하니, 國人이 이를 근심한 뜻을 취한 詩이다.

【疏】 '所爲賦碩人也' ○ 正義曰：此賦謂自作詩也. 班固曰"不歌而誦亦曰賦." 鄭玄云"賦者, 或造篇, 或誦古." 然則賦有二義. 此與閔二年鄭人賦淸人, 許穆夫人賦載馳, 皆初造篇也. 其餘言賦者, 則皆誦古詩也.

傳의 〔所爲賦碩人也〕

○ 正義曰 : 여기서의 賦는 스스로 詩를 짓는 것을 이른다. 班固는 "노래하지 않고 읊조리는 것을 또한 賦라 한다."라고 하였고, 鄭玄은 "賦란 詩篇을 짓거나 혹은 古詩를 읊조리는 것이다."라고 하였으니, 그렇다면 賦는 두 가지 뜻이 있는 것이다. 여기서의 시와 閔公 2년에 鄭나라 사람이 지은 〈淸人〉 및 許穆夫人이 지은 〈載馳〉는 모두 처음 시편을 지은 것이다. 그밖에 賦라고 말하는 것은 모두 고시를 읊조린 것이다.

【傳】**又娶于陳**하니 **曰厲嬀**라 **生孝伯**이러니 **早死**하고

〈衛 莊公이〉 또 陳나라에서 아내를 맞이하니 그가 厲嬀이다. 孝伯을 낳았는데 일찍 죽었고,

【注】陳은 今陳國陳縣이라

陳은 지금의 陳國 陳縣이다.

【疏】'又娶于陳' ○ 正義曰：陳國, 侯爵. 譜云"嬀姓, 虞舜之後. 當周之興, 有虞遏父者爲周陶正. 武王賴其利器用, 與其先聖之後, 以元女大姬妃遏父之子滿, 封於陳, 賜姓曰嬀, 號胡公. 桓公二十三年, 魯隱公之元年也. 湣公二十一年, 獲麟之歲也. 二十四年, 楚滅陳." 此當桓公時. 二嬀, 蓋桓公姊妹也.

傳의 〔又娶于陳〕

○ 正義曰：陳나라는 侯爵이다. ≪世族譜≫에 "嬀姓이니, 虞舜의 후손이다. 周나라가 흥기할 때를 당하여 虞遏父가 주나라의 陶正이 되었다. 武王이 그가 器物을 만들어 日用을 편리하게 한 것을 가상히 여기고 先聖의 후예임을 인정하여 자신의 장녀 大姬를 虞遏父의 아들 滿에게 시집보내고는, 陳에 봉해주고 嬀氏로 賜姓하며 胡公이란 號를 지어주었다. 陳 桓公 23년은 魯 隱公의 원년이다. 陳 湣公 21년은 麒麟을 잡은 해이다. 민공 24년에 楚나라가 陳나라를 멸망시켰다."라고 하였다. 이때는 진 환공의 시대이다. 二嬀(厲嬀・戴嬀)는 진 환공의 누이들이다.

【傳】**其娣戴嬀 生桓公**이어늘 **莊姜以爲己子**하니라

厲嬀의 동생 戴嬀가 桓公을 낳았는데, 장강이 환공을 자기의 아들로 삼았다.

【注】嬀는 陳姓也라 厲戴皆諡라 雖爲莊姜子나 然大(태)子之位未定이라

嬀는 陳나라의 姓이다. 厲와 戴는 모두 諡號이다. 〈桓公이〉 비록 장강의 아들이 되기는 하였지만, 太子의 位가 정해진 것은 아니었다.

【疏】注'嬀陳'至'未定' ○ 正義曰：諡法"暴慢無親曰厲", "典禮無愆曰戴", 是皆諡也. 石碏

言"將立州吁, 乃定之矣." 請定州吁, 明大(태)子之位未定. 衛世家言"立完爲大子", 非也.

注의 〔嬀陳〕에서 〔未定〕까지

○ 正義曰 : 諡法에 "사납고 인정이 없는 것을 厲라 한다."라고 하고, "典禮에 허물이 없는 것을 戴라 한다."라고 하였는데, 이것이 모두 諡號이다. 石碏이 "州吁를 세우고자 한다면 즉시 〈그를 태자로〉 정해야 한다."라고 하고, 州吁를 태자로 정하기를 청하였으니, 태자의 자리가 아직 정해지지 않은 것이 분명하다. ≪史記≫ 〈衛世家〉에 "完을 세워 태자로 삼았다."라고 하였는데, 잘못된 말이다.

【傳】 公子州吁는 嬖人之子也라

公子 州吁는 嬖人의 아들이다.

【注】 嬖는 親幸也라 ○ 賤而得幸曰嬖라

嬖는 가까이하고 사랑하는 것이다.

○ 비천한데 총애를 받는 것을 嬖라 한다.

【傳】 有寵而好兵이로되 公弗禁하니 莊姜惡(오)之하니라 石碏諫曰 臣聞愛子호되 敎之以義方하야

莊公은 그를 총애하여 그가 兵事를 좋아하는데도 금하지 않으니, 莊姜이 그를 미워하였다. 石碏이 간언하였다.

"臣은 듣건대, 자식을 사랑하되 義로운 方道로 가르쳐서

【注】 石碏은 衛大夫라

石碏은 衛나라 大夫이다.

【傳】 弗納於邪라하니 驕奢淫泆은 所自邪也요 四者之來는 寵祿過也니이다 將立州吁인댄 乃定之矣요 若猶未也인댄 階之爲禍리이다

사특한 길로 들지 않게 해야 한다고 하였습니다. 교만・사치・과욕・방자함은 바로 사특함으로부터 오는 것이고, 이 네 가지가 오는 것은 寵祿이 지나치기 때

문입니다. 州吁를 세우고자 하신다면 즉시 〈그를 태자로〉 정하십시오. 만약 그렇게 하지 않는다면 〈주우는 지나친 총록을〉 발판 삼아 禍亂을 일으킬 것입니다.

【注】 言將立爲太子인댄 則宜早定하니 若不早定하면 州吁必緣寵而爲禍라

장차 州吁를 太子로 세우고자 한다면 일찌감치 그를 태자로 정함이 마땅하니, 만약 일찌감치 정하지 않는다면 주우는 반드시 총애를 이용하여 禍亂을 일으킬 것이라는 말이다.

【疏】 '弗納'至'過也' ○ 正義曰：驕謂恃己陵物, 奢謂夸矜僭上, 淫謂耆欲過度, 泆謂放恣無藝. 此四者之來, 從邪而起. 故服虔云"言此四者, 過從邪起", 是也. 劉炫云"此四者所以自邪己身, 言爲之不已, 將至於邪. 邪謂惡逆之事." 劉又難服云"邪是何事, 能起四過. 若從邪起, 何須云四者之來, 寵祿過也. 寵祿豈是邪事, 四者得從而來乎. 且言弗納於邪, 懼其緣驕以至於邪, 非先邪而後驕也."

傳의 〔弗納〕부터 〔過也〕까지

○ 正義曰：驕는 자기를 믿고 남을 능멸하는 것을 이르고, 奢는 과시적이고 참람한 것을 이르고, 淫은 욕구가 과도한 것을 이르고, 泆은 방자함이 끝이 없는 것을 이른다.

이 네 가지가 오는 것은 사특함으로부터 일어난다. 그러므로 服虔이 "이 네 가지를 말한 것은 잘못이 사특함으로부터 일어난다는 것이다."라고 하였는데, 옳은 말이다.

劉炫은 "이 네 가지는 스스로 자기의 몸을 사특하게 만드는 것이니, 이렇게 하기를 그치지 않아서 장차 사특함에 이르게 된다고 말한 것이다. 邪는 惡逆無道한 일을 이른다."라고 하였다.

유현이 또 복건의 말에 논쟁하기를 "사특함은 무슨 일이기에 네 가지 잘못을 일으키는가. 만약 사특함으로부터 일어난다면 어찌 꼭 '네 가지가 오는 것은 寵祿이 지나치기 때문'이라고 말하겠는가. 총록은 어찌 사특한 일이기에 네 가지 잘못이 이로부터 나올 수 있단 말인가. 또 사특한 길로 들지 않게 해야 한다고 말한 것은 교만함으로 말미암아 사특함에 이르게 될까 두려워해서이니, 먼저 사특해진 뒤에 교만해지는 것은 아니다."라고 하였다.

【傳】 夫寵而不驕하며 驕而能降하며 降而不憾하며 憾而能眕者 鮮矣니이다

무릇 총애를 받으면서도 교만하지 않고, 교만하면서도 자신을 낮추며, 억지로 자신을 낮추면서도 忿恨한 마음을 갖지 않으며, 분한한 마음을 갖고서도 自重하는 자는 드뭅니다.

【注】 如此者少也라 降其身則必恨이요 恨則思亂하야 不能自安自重이라

이와 같은 사람은 드물다는 말이다. 자기의 몸을 낮추면 반드시 忿恨한 마음이 생기고, 분한한 마음이 생기면 禍亂 일으키기를 생각하여 편안하지 못하고 自重하지 못한다.

【疏】 '夫寵而'至'鮮矣' ○ 正義曰：恃君寵愛, 未有不驕. 亦既驕矜, 必不能自降其心. 强降其心, 未有不恨, 亦既怨恨, 必不能自重其身. 釋言云"昣, 重也." 言恨則思亂, 必不能自安自重也. 寵而必驕, 降而必憾, 言其勢必自然, 故言其能不然者少也. 驕而不能降, 憾而不能昣, 言其心難自抑, 故言其能然者少也. 鮮, 訓少, 以一鮮總四事, 言四事皆鮮也.

傳의 〔夫寵而〕부터 〔鮮矣〕까지

○ 正義曰：임금의 총애를 믿고서 교만하지 않은 자는 없고, 또한 이미 교만하면 반드시 스스로 자신의 마음을 낮추지 못한다. 억지로 자신의 마음을 낮추고서 忿恨하지 않은 자는 없고, 또한 이미 분한한 마음을 가지면 반드시 그 몸을 自重하지 못한다. ≪爾雅≫ 〈釋言〉에 "昣은 자중함이다."라고 하였는데, 분한한 마음이 있으면 禍亂 일으키기를 생각하여 반드시 편안하지 못하고 자중하지 못함을 말한 것이다.

총애를 받으면 반드시 교만해지고, 자신을 낮추면 반드시 분한한 마음이 생기는 것은 형세상 반드시 그렇게 됨을 말한 것이다. 그러므로 그렇게 되지 않는 사람이 적다고 말하였다. 교만한데도 자신을 낮추지 못하고, 분한한 마음이 생겼는데도 자중하지 못한 것은 마음속에 스스로 억제하기 어렵다고 여기는 것을 말한 것이다. 그러므로 그렇게 할 수 있는 자가 적다고 말하였다. '鮮'은 적다로 풀이하니, 하나의 '鮮'자로 네 가지 일을 총괄하여 네 가지 일이 모두 드물다는 것을 말한 것이다.

【傳】 且夫賤妨貴하며 少陵長하며 遠間親하며 新間舊하며 小加大하며

그리고 비천한 자가 존귀한 자를 해치며, 젊은이가 어른을 능멸하며, 소원한 자가 친근한 자를 이간하며, 새로운 사람이 이전의 사람을 이간하며, 약소한 나라가 강대한 나라를 침공하며,

【注】小國而加兵於大國이니 如息侯伐鄭之比라

〈'小加大'는〉 소국이 대국을 침공하는 것이니, 息侯가 鄭나라를 침벌한 것과 같은 부류이다.

【傳】淫破義는 所謂六逆也요 君義臣行하며 父慈子孝하며 兄愛弟敬은 所謂六順也니

淫亂이 道義를 파괴하는 것이 이른바 六逆이고, 임금은 의롭고 신하는 〈그 의로움을〉 행하며, 아비는 자애롭고 자식은 효도하며, 형은 우애하고 아우는 공경하는 것이 이른바 六順이니,

【注】臣行君之義라

〈'臣行'은〉 신하가 군주의 의로운 命을 받들어 행하는 것이다.

【疏】'賤妨'至'破義' ○ 正義曰：賤妨貴, 謂位有貴賤, 少陵長, 謂年有長幼. 楚公子申多受小國之賂, 以偪子重・子辛, 是賤人而妨貴人也. 邾捷菑以弟而欲奪兄位, 是年少而陵年長也. 齊東郭偃・棠無咎專崔氏之政, 而侮崔成・崔彊, 是疏遠而間親戚也. 晉胥童・夷羊五得君寵, 而去三郤, 是新臣而間舊臣也. 息伐鄭, 曹奸宋, 是小國而加大國也. 陳靈・蔡景姦穢無度, 是邪淫而破正義也. 妨謂有所害, 陵謂加尙之, 間謂居其間使彼疏遠也. 加亦加陵, 破謂破散. 淫義不兩立, 行惡則破善, 故言破也.

傳의 〔賤妨〕부터 〔破義〕까지

○ 正義曰：비천한 자가 존귀한 자를 해치는 것은 지위에 貴賤이 있음을 말한 것이요, 젊은이가 어른을 능멸하는 것은 나이에 長幼가 있음을 말한 것이다. 楚나라 公子申이 小國의 뇌물을 많이 받고 子重・子辛을 핍박한 것은 비천한 자가 존귀한 자를 해친 것이다. 邾捷菑가 아우로서 형의 지위를 빼앗고자 한 것은 나이 어린 자가 그보다 나이가 많은 자를 능멸한 것이다. 齊나라 東郭偃과 棠無咎가 崔氏(崔杼)의 정권을 전횡하고 〈崔氏의 아들〉 崔成・崔彊을 업신여긴 것은 소원한 사람이 친근한 자를 이간질한 것이다. 晉나라 胥童과 夷羊五가 군주의 총애를 얻고서 세 郤氏를 제거한 것은 새로운 신하가 이전의 신하를 이간질한 것이다. 息侯가 鄭나라를 토벌하고 曹伯이 宋나라를 침범한 것은 소국이 대국을 침공한 것이다. 陳 靈公과 蔡 景公이 간사하고 더

러우며 무도한 것은 사특하고 음란함이 올바른 의리를 파괴한 것이다.

'妨'은 해치는 바가 있음을 말한 것이요, '陵'은 넘어서는 것을 말한 것이요, '間'은 그 사이에 있으면서 저들을 소원하게 만드는 것을 말한 것이다. '加'는 또한 능멸하는 것이요, '破'는 파괴하여 흩어지게 만드는 것을 말한 것이다. 음란함과 의로움은 병립하지 못하니, 악을 행하면 선을 파괴하기 때문에 '파괴한다〔破〕'라고 말한 것이다.

【傳】 **去順效逆**은 **所以速禍也**니이다 **君人者**는 **將禍是務去**어늘 **而速之**하시니 **無乃不可乎**잇가 **弗聽**하다 **其子厚與州吁游**어늘 **禁之不可**라 **桓公立**에 **乃老**하다

六順을 버리고 六逆을 본받는 것이 화를 부르는 원인입니다. 임금된 사람은 화를 제거하는 데 힘을 다해야 하는데 도리어 화를 부르시니, 불가하지 않습니까."

그러나 衛 莊公은 石碏의 간언을 듣지 않았다. 석작의 아들 石厚가 州吁와 어울리니, 석작이 이를 금지하였으나 듣지 않았다. 桓公이 즉위하자 석작은 곧 致仕하였다.

【注】 老는 致仕也라 四年經書州吁弒其君이라 故傳先經以始事니라

老는 致仕하는 것이다. 隱公 4년 經에 "州吁가 그 임금을 시해하였다."고 기록하였기 때문에 經에 앞서 傳에서 그 일의 배경을 설명한 것이다.

【疏】 '去順效逆' ○ 正義曰：州吁於逆則少陵長，於順則弟不敬，是去順效逆也. 六順六逆，因事廣言，非謂州吁偏犯之也.

傳의 〔去順效逆〕

○ 正義曰：州吁는 六逆에 있어서는 나이 어린 자가 그보다 나이 많은 자를 능멸한 경우이고, 六順에 있어서는 아우로서 형을 공경하지 않은 경우니, 이는 육순을 버리고 육역을 본받는 것이다. 육순과 육역은 일에 연유하여 확대하여 말한 것이니 주우가 어느 하나만 잘못한 것이 아님을 말한 것이다.

【疏】 ○ 注'老致'至'始事' ○ 正義曰：禮"七十而致事", 言還其所掌之事於君也. 傳之初始有此, 故言'傳先經以始事', 餘不注, 從可知也.

○ 注의 〔老致〕부터 〔始事〕까지

○ 正義曰 : ≪禮記≫ 〈曲禮 上〉에 "〈大夫는〉 70세에 맡은 일을 돌려준다."라고 하였으니, 자신이 관장했던 일을 군주에게 돌려주는 것을 말함이다. 傳의 처음에 이러한 일이 있었으므로 '經에 앞서 傳에서 그 일의 배경을 설명한 것이다.'라고 말한 것이니, 나머지에 대해서 注를 내지 않은 것은 따라서 알 수 있다.

【隱公 4년(B.C. 719)】

四年이라 **春王二月**에 **莒**(거)**人伐杞**하야 **取牟婁**하다

4년이다. 봄 周王 2월에 莒人이 杞나라를 쳐서 牟婁를 취하였다.

【注】 無傳이라 書取는 言易(이)也라 例在襄十三年이라 杞國本都陳留雍丘縣이라 推尋事跡하면 桓六年에 淳于公亡國하니 杞似并之하야 遷都淳于하며 僖十四年에 又遷緣陵하며 襄二十九年에 晉人城杞之淳于하니 杞又遷都淳于라 牟婁는 杞邑이라 城陽諸縣東北에 有婁鄉이라

傳이 없다. '취하였다〔取〕'라고 기록한 것은 힘들이지 않고 쉽게 얻었다는 것을 말한 것이다. 그 例가 襄公 13년에 보인다. 杞나라의 본래 都邑은 陳留 雍丘縣이다. 사적을 더듬어보면 桓公 6년에 淳于公이 나라를 망치자 杞似가 〈淳于를〉 합병하고서 기나라가 순우로 천도하였으며, 僖公 14년에 또 緣陵으로 천도하였고, 양공 29년에 晉人이 기나라의 순우에 성을 쌓으니 기나라가 또 순우로 천도하였다. 牟婁는 기나라의 邑이다. 城陽 諸縣 동북쪽에 婁鄉이 있다.

【疏】 '莒人'至'牟婁' ○ 正義曰 : 譜云"杞, 姒姓, 夏禹之苗裔. 武王克殷, 求禹之後, 得東樓公而封之於杞, 今陳留雍丘縣是也. 九世及成公, 遷緣陵, 文公居淳于. 成公始見春秋. 湣公六年, 獲麟之歲也, 湣公弟哀公三年, 春秋之傳終矣, 哀公十年卒. 自哀公以下, 二世, 十三年而楚滅杞." 檢杞於此歲已見於經, 桓二年有"杞侯來朝", 莊二十七年有"杞伯來朝", 於傳竝無號謚, 又不書其卒. 僖二十三年杞成公卒, 其謚乃見於傳.

未知此年杞國定是何君, 當是成公之父祖耳. 牟婁, 杞邑, 莒伐取之. 自是以後, 常爲莒邑. 昭五年“莒牟夷以牟婁來奔”是也. 文三年“秦人伐晉”, 傳稱取“王官及郊”, 襄二十三年“齊侯伐晉”[1), 傳稱“取朝歌”, 竝書伐不書取. 此伐・取兩書者, 彼告伐不告取, 此伐・取竝告故也. 昭元年伐莒取鄆, 書取不書伐, 昭十年伐莒取郠, 書伐不書取者, 元年兵未加莒而鄆逆服, 故書取不書伐, 十年晉以取郠討公, 故書伐不書取. 其伐國圍邑, 書圍以否, 亦從告也.

1) 齊侯伐晉 : 원래의 經文은 “齊侯伐衛遂伐晉”으로 되어 있다.

經의 〔莒人〕부터 〔牟婁〕까지

○ 正義曰 : ≪世族譜≫에서 “杞나라는 姒姓이니 夏禹의 후손이다. 武王이 殷나라를 이기고 禹의 후손을 찾아 東樓公을 얻은 뒤에 杞에 봉하였으니, 지금 陳留 雍丘縣이 이곳이다. 9세가 내려와 成公에 이르러 緣陵으로 천도하고, 文公은 淳于에 거하였다. 성공이 처음으로 ≪春秋≫에 보인다. 湣公 6년은 기린을 사로잡은 해이고, 민공의 아우 哀公 3년은 ≪춘추≫의 傳이 끝나고, 애공 6년에 卒하였다. 애공 이후로 2세가 내려와 13년에 楚나라가 기나라를 멸망시켰다.”라고 하였다.

고찰하건대 기나라는 이해에 이미 經에 보이고, 桓公 2년에 “杞侯가 魯나라에 와서 朝見(조현)하였다.”라고 하였고, 莊公 27년에 “杞伯이 와서 조현하였다.”라고 하였는데, 傳에는 모두 謚號를 쓰지 않았으며 또한 卒한 것을 기록하지 않았다. 僖公 23년에 杞 成公이 卒하였을 적에 그 시호가 비로소 傳에 보인다. 그러하니 이해의 기나라가 바로 어떤 군주인지 알 수 없지만 응당 성공의 조상일 것이다. 牟婁는 杞나라의 고을인데 莒人이 쳐서 취하였다. 이때 이후로 항상 莒나라의 고을이 되었다. 昭公 5년에 “莒牟夷가 牟婁를 가지고 魯나라로 도망해왔다.”라고 한 것이 이것이다.

文公 3년 經에 “秦人이 晉나라를 쳤다.〔秦人伐晉〕”라고 한 것에 대해, 傳에서 “王官을 취하고 晉나라의 近郊에까지 갔다.”라고 말하였고, 襄公 23년 經에 “齊侯가 晉나라를 쳤다.〔齊侯伐晉〕”라고 한 것에 대해, 傳에서 “朝歌를 취하였다.”라고 하였으니 〈經에〉 모두 ‘伐’로 기록하고 ‘取’로 기록하지 않았다. 여기서 ‘伐’과 ‘取’ 두 가지로 기록한 것은 저기서는 ‘伐’을 고하고 ‘取’를 고하지 않았기 때문이고, 여기서는 ‘伐’과 ‘取’를 모두 고했기 때문이다. 昭公 원년에 거나라를 쳐서 鄆을 취했을 적에 〈경문에 ‘取鄆’이라고 하여〉 ‘取’는 기록하고 ‘伐’은 기록하지 않았으며, 소공 10년에 거나라를 쳐서 郠을 취했을 적에 〈경문에 ‘伐莒’라고 하여〉 ‘伐’은 기록하고 ‘取’는 기록하지 않았으니, 이는 원년에 군대가 거나라를 치기 전에 鄆이 미리 항복했으므로 '取'만 기록하고 '伐'은 기록하지 않은 것이며, 10년에 晉이 魯나라가 郜을 취한 일로 晉나라가 소공을 토벌했기 때문에 '伐'만 기록하고 '取'는 기록하지 않은 것이다. 나라를 쳐서 고을을 포위한 일에 대해서 '圍'를 기록하는 여부 또한 고했는지의 여부를 따른다.

【疏】○ 注'書取'至'婁鄕' ○ 正義曰：襄十三年傳例曰"凡書取, 言易(이)也." 知此書取亦言易也. 地理志云"陳留郡雍丘縣, 故杞國, 武王封禹之後東樓公." 是杞本都陳留雍丘縣也. 志又云"北海郡淳于縣." 應劭曰"春秋'州公如曹', 左氏傳曰'淳于公如曹.' 臣瓚案州, 國名, 淳于, 國之所都. 此淳于縣於漢屬北海郡, 晉時屬東莞郡. 故釋例土地名云'州國都於東莞淳于縣'. 以雍丘・淳于雖郡別而竟連也. 桓五年傳稱'淳于公如曹, 度(탁)其國危, 遂不復', 六年春'實來', 雖知其國必滅, 不知何國取之. 襄二十九年晉帥(솔)諸侯'城杞'. 昭元年祁午數趙文子之功云'城淳于'. 是知淳于卽杞國之都也. 僖十四年'諸侯城緣陵而遷杞', 不知從何而遷, 故云'淳于公亡國, (疑)〔紀〕[1]似幷之', 而遷居其地. 僖十四年又從淳于而遷於緣陵, 襄二十九年又從緣陵而遷於淳于. 以無明文, 疑不敢質, 故言'推尋事跡', 似當然也. 若然淳于爲杞所幷, 定似不虛, 而遷都淳于未有事跡. 自雍丘而遷緣陵, 亦可知矣. 而且必言遷都淳于, 又從淳于遷緣陵者, 以桓六年淳于公亡國, 襄二十九年又杞都淳于, 則淳于始末是杞之所有, 又杞之所都, 故疑未都緣陵之前, 亦都淳于也. 取國易者則直言取, 若取邿(시)・取鄟(전)之類是也, 故不須加伐於上. 若其伐國取邑, 其邑旣小, 不得名通, 若不加伐於上, 不知得何國之邑. 是以雖易亦加伐, 文則'伐杞取牟婁'・'伐邾取須句'之類是也. 成二年'取汶陽田', 乞師盟主, 興兵伐齊, 得邑旣難, 而亦書取者, 因其伐齊, 晉使還汶陽之田, 魯不加兵, 故書'取', 從易也. 劉君或疑此意, 遂云'上言伐, 下言取者, 非易', 以規杜氏, 非也."

1) (疑)〔紀〕: 저본에는 '疑'로 되어 있으나, 阮元의 〈校勘記〉에 의거하여 '紀'로 바로잡았다.

○ 注의 〔書取〕부터 〔婁鄕〕까지

○ 正義曰：襄公 13년 傳의 例文에서 "'取'라고 기록한 것은 힘들이지 않고 쉽게 얻었다는 말임을 알 수 있다."라고 하였으니, 여기서 '取'라고 기록한 것 또한 쉽게 얻었음을 말한 것이다. ≪漢書≫ 〈地理志〉에서 "陳留郡 雍丘縣은 옛날의 杞나라이니 武王이 禹의 후손 東樓公을 봉하였다."라고 하였으니, 기나라의 本都는 陳留 雍丘縣이다. ≪한서≫ 〈지리지〉에서 또 "北海郡 淳于이다."라고 하였다. 應劭의 注에서 다음과 같이 말했다.

"'≪春秋≫에서 州公이 曹나라로 가서 朝見하였다.'라고 하였는데, 이에 대해 ≪左氏傳≫에서 '淳于公이 曹나라로 가서 조현하였다.'라고 하였다. 臣瓚이 살펴보건대 州는 國名이고 淳于는 나라가 도읍한 곳이다. 여기 淳于縣은 漢나라에 속한 北海郡이고, 晉나라 때 東莞郡에 소속되었다. 그러므로 ≪春秋釋例≫ 〈土地名〉에서 '州國은 東莞 淳于縣에 도읍하였다'.라고 하였다. 雍丘와 淳于가 비록 다른 고을이지만 그 경계가 이어져 있다. 桓公 5년의 傳에서 '순우공이 曹나라로 가서 조현하고는 자기 나라가 위태로워질 것을 헤아리고서 드디어 돌아가지 않았다.'라고 하였고 桓公 6년 봄에 '진실로 왔다.'라고 하였는데, 그 나라가 필시 멸망한 것은 알 수 있지만 어떤 나라가 취했는지는 알 수 없다.

襄公 29년에 晉나라가 제후를 거느리고 '杞에 성을 쌓았다.'라고 하였고, 昭公 원년에 祁午가 趙文子의 공적을 꼽으면서 '淳于에 성을 쌓았다'라고 하였다. 이를 통해 순우가 곧 杞나라의 도읍임을 알 수 있다. 僖公 14년에 '제후가 緣陵에 성을 쌓아 기나라를 옮겼다.'라고 하였는데, 어디로부터 옮겼는지는 알 수 없으므로 '순우공이 나라를 망치자 紀似가 순우를 합병하였다.'라고 말하고 그곳에 천도하여 거한 것이다. 희공 14년에 또 순우에서부터 연릉으로 천도하였고, 양공 29년에 또 연릉에서부터 순우로 천도하였다. 분명한 글이 없기에 의심나지만 감히 질정하지 못하였기 때문에 '사적을 더듬어보았다.'라고 말했으니 당연한 일인 듯하다. 순우가 기나라에게 병합된 것처럼 보는 것이 터무니없는 일이 아닌 듯하지만, 순우로 천도한 일에 대해서는 사적이 있지 않다. 雍丘에서부터 연릉으로 천도한 일은 또한 알 수 있다. 게다가 굳이 순우로 천도하였다고 말하고 또 순우에서부터 연릉으로 천도했다는 것은, 桓公 6년에 순우공이 나라를 망치고 양공 29년에 또 기나라가 순우에 도읍하였으니, 순우에 대한 전말은 기나라가 소유한 곳이고 또 기나라가 도읍한 것이라는 것이다. 그러므로 연릉 이전에는 도읍하지 않았고 또한 순우에 도읍한 듯하다.

나라를 쉽게 취한 경우에는 다만 '取'라고 말하니, 邿를 취하고 鄟을 취한 부류가 이것이다. 그래서 그 위에 '伐'을 보탤 필요가 없다. 나라를 쳐서 고을을 취한 경우에 그 고을이 작으면 이름만으로 이해할 수 없기 때문에, 만약 그 위에 '伐'을 보태지 않으면 어떤 나라의 고을인지를 알 수 없는 것이다. 이 때문에 쉽게 얻긴 했지만 또한 그 위에 '伐'을 보탠 것이니, 글에서 '伐杞取牟婁(杞를 쳐서 牟婁를 취하였다.)'·'伐邾取須句(邾를 쳐서 須句를 취하였다.)'와 같은 부류가 이것이다. 成公 2년에 '汶陽의 토지를 취하였다.'라고 하였으니, 맹주에게 군대를 요청하여 군사를 일으켜 제나라를 쳐서 고을을 어렵게 얻었는데도 '取'라고 기록한 것은, 제나라를 친 일에 연유하여 晉나라가 문양의 토지를 魯나라에 돌려주게 했으므로 노나라는 〈문양을 얻기 위해〉 군사를 사용하지 않았다. 그러므로 '取'라고 기록하여 쉽게 얻은 뜻을 따른 것이다. 劉君(劉炫)이 이 뜻을 의심하여 마침내 말하기를 '위에서는 伐을 말하고 아래에서는 取을 말하지 않은 것은 얻은 것이 쉽지 않아서이다.'라고 하여 杜預의 뜻을 따랐으니 이는 잘못된 것이다."

戊申에 衛州吁弑其君完하다

戊申日에 衛나라 州吁가 그 임금 完을 시해하였다.

【注】 稱臣弑君은 臣之罪也라 例在宣四年이라 戊申三月十七日이니 有日而無月이라

신하가 임금을 弑害했다고 칭한 것은 신하의 죄를 드러낸 것이다. 그 例가 宣公 4년에 보인다. 戊申日은 3월 17일이니, 날짜만 기록하고 달은 기록하지 않았다.

【疏】 注'稱臣'至'無月' ○ 正義曰：宣四年傳例曰"凡弑君稱君, 君無道也, 稱臣, 臣之罪也." 注云"稱君, 謂唯書君名, 而稱國以弑, 言衆所共絶也, 稱臣者, 謂書弑者之名, 以示來世, 終爲不義." 然則此稱州吁之名, 稱臣弑君, 是臣之罪也. 言完非無道, 而州吁爲賊也. 州吁實公子, 而不稱公子者, 傳文更(갱)無褒貶, 直是告辭不同, 史有詳略耳. 公子雖復非族, 而文當族處, 春秋書族以否, 大有乖異, 故杜備言之. 釋例曰"尋案春秋諸氏(於)〔族〕[1]之稱, 甚多參差, 而先儒皆以爲例, 欲託之於外赴, 則患有人身自來者, 例不可合, 因以辟陋未賜族爲說. 弑君不書族者四事, 州吁・無知不稱公子・公孫, 賈氏以爲弑君取國, 故以國言之. 案公子商人亦弑君取國, 而獨稱公子宋督, 賈氏以爲督有無君之心, 故去氏. 案傳自以先書弑君見義, 不在於氏也. 宋萬, 賈氏以爲未賜族. 案傳稱南宮長萬, 則爲已氏南宮, 不得爲未賜族也. 執殺大夫不書族者二事, 楚殺得臣與宜申, 賈氏皆以爲陋. 案楚殺大夫公子側・大夫成熊之等六七人, 皆稱氏族, 無爲獨於此二人陋也. 欲以爲通例, 則有若此之錯. 欲以爲無義例, 則傳曰'嘉之, 故不名', '書曰仲孫, 嘉之', '書曰崔氏, 非其罪', '翬・溺帥師, 皆曰疾之', '稱族, 尊君命', '舍族, 尊夫人', '尊晉罪己'之文, 炳然著明, 以此推之, 知亦非仲尼所遺也. 斯蓋非史策舊法, 故無凡例. 當時諸國, 以意而赴, 其或自來聘使者, 辭有詳略. 仲尼脩春秋, 因采以示義.

義之所起, 則刊而定之, 不者卽因而示之, 不皆刊正也. 故蔡人嘉赴, 而經從稱季, 傳曰'蔡人嘉之'. 書崔氏, 傳亦曰'且告以族', 明皆從其本也. 書司馬華孫來盟, 亦無他比, 知非大例也. 然則摠而推之, 春秋之義, 諸侯之卿, 當以名氏備書於經, 其加貶損, 則直稱人. 若有褒異, 則或稱官, 或稱氏. 若內卿有貶, 則特稱名, 文不直言魯人, 故異於外也. 若無褒無貶, 傳所不發者, 則皆就舊文, 或未賜族, 或時有詳略也. 推尋經文, 自莊公以上, 諸弑君者, 皆不書氏, 閔公以下皆書氏, 亦足明時史之異同, 非仲尼所皆刊也". 是杜解州吁不稱公子之意. 杜知然者, 正以經之所書無常比例. 褒則或書官, 或書氏, 貶則或稱人, 或去族. 旣無定例, 明非舊典. 仲尼有所起發, 則刊正舊史, 無所褒貶, 則因循故策. 仲尼改者, 傳辨其由. 傳所不言, 則知無義, 正是史官自有詳略故耳. 戊申在癸未之後二十五日, 更盈一周, 則八十五日. 往年十二月癸未葬宋穆公, 則此年二月不得有戊申. 雖承二月之下, 未必是二月之日. 故長歷推此年二月癸亥朔, 十日壬申, 二十二日甲申, 不得有戊申也. 三月壬辰朔, 則十七日有戊申也. 此經上有二月, 下有夏, 得在三月之內, 不是字誤, 故云'有日而無月'. 僖二十八年冬下無月, 而經有"壬申公朝于王所", 有日而無月, 經有比類, 故知此亦同之. 凡如此者有十四事.

1) (於)〔族〕: 저본에는 '於'로 되어 있으나, 阮元의 〈校勘記〉에 의거하여 '族'으로 바로잡았다.

注의 〔稱臣〕에서 〔無月〕까지

○ 正義曰: 宣公 4년 傳의 例文에서 "임금을 시해한 경우에 君의 이름을 기록하는 것은 君이 道가 없기 때문이며, 신하의 이름을 기록하는 것은 신하의 罪임을 드러내기 위함이다."라고 하였다. 그 注에 "稱君은 오직 임금의 이름만을 기록하여 國家가 弑害한 것으로 稱하는 것을 이르니, 이는 大衆이 함께 그를 버렸다〔絕〕는 뜻을 말한 것이고, 稱臣은 시해한 자의 이름을 기록해 來世에 보이는 것을 이르니, 끝내 〈용서할 수 없는〉 不義라는 뜻이다."라고 하였다. 그렇다면 여기에서 州吁의 이름을 기록한 것은 임금을 시해한 신하의 이름을 기록한 것이니, 신하의 죄임을 드러내기 위함이다. 完이 道가 없었던 것이 아닌데, 주우가 시해하였음을 말한 것이다. 주우는 실제 公子였는데 공자라 기록하지 않은 것은 傳文에 다시 褒貶이 없으며 다만 告辭가 같지 않으니, 史書에 자세함과 소략함이 있을 뿐이다. 공자가 비록 더 이상 族이 아니지만 문장에서 族에 해당시켰으니, ≪春秋≫에서 族의 기록 여부는 크게 乖異가 있기 때문에 杜預가 자세히 말한 것이다. ≪春秋釋例≫에서 다음과 같이 말했다.

"≪춘추≫에서 여러 氏族을 기록한 것을 살펴보면 몹시 차이가 많지만, 先儒는 모두 例로 삼아서 外赴의 요인으로 의탁하고자 하였으니, 환란이 자신으로부터 온 경우에는 例가 합치하지 않아 그로 인해 편벽되고 비루한 사람은 族을 하사하지 않았다는 說을 주장하였다. 임금을 시해하였는데 族을 기록하지 않은 경우가 네 가지 일이니, 〈그중〉 州吁와 無知를 公子와 公孫으로 기록하지 않은 것에 대하여, 賈氏(賈逵)는 임금을 시해하고 나라를 빼앗았기 때문에 나라로 말한 것이라고 여겼다. 살펴보건대 公子 商人 역시 임금을 시해하고 나라를 빼앗았는데 유독 公子 宋督을 기록한 것을, 가씨가 송독이 임금을 무시하는 마음이 있었기 때문에 氏를 쓰지 않은 것이라고 여겼다. 살펴보건대 傳에서 먼저 임금을 시해했다고 기록하여 의리를 드러낸 것은 〈포폄의 방식이〉 氏에 있는 것이 아니다. 宋萬은 가씨가 族을 하사받지 않았다고 여겼다. 살펴보건대 傳에는 南宮長萬이라고 기록하였으니, 이미 南宮이라는 氏가 있어 族을 하사받지 못한 것이다.

大夫를 잡아 죽였는데 族을 기록하지 않은 경우가 두 가지 일이니, 楚나라가 得臣과 宜申을 죽였는데, 가씨는 모두 비루하다고 여겼다. 살펴보건대 초나라가 대부 公子 側과 대부 成熊 등 6~7명을 죽였는데 모두 氏族을 기록하였으니, 이 두 사람에 대해서는 유독 비루하다고 여기지 않은 것이다. 통상적인 例로 삼고자 하면 이와 같은 혼란함이 있다. 義例가 없다고 여기고자 한다면 傳에 '아름답게 여겼기 때문에 이름을 기록하지 않은 것이다.', '仲孫이라고 〈字를〉 기록한 것도 그를 아름답게 여긴 것이다.', '崔氏라고 기록하였으니, 이는 그의 罪가 아니다.', '翬와 溺이 군대를 거느렸다고 기록했으니, 이는 모두 그들을 미워한 뜻이다.', '族을 기록한 것은 君命을 존중한 것이다.', '族을 기록하지 않은 것은 夫人을 존중한 것이다.', '晉나라를 높이고 罪를 魯나라에 돌린 것이다.' 등의 문장에 분명히 드러났으니, 이러한 사실로 미루어보면 역시 仲尼가 빠뜨리지 않았음을 알 수 있다. 그러나 이는 史策의 옛 법도가 아니므로 凡例가 없다.

당시의 諸侯國은 의도를 가지고 赴告를 하였으니, 스스로 와서 聘問하는 자의 경우에는 말에 자세하고 소략함이 있다. 중니가 ≪춘추≫를 편수하면서 그로 인해 일을 채택하여 義理를 보였다. 의리가 일어나는 곳은 바로잡아 정하고 그렇지 않은 곳은 그대로 보여주어 모두 刊正하지는 않았다. 그러므로 蔡人이 부고한 것을 아름답게 여겨 經에서 〈蔡季의 字인〉 季를 기록한 것을 따랐고, 傳에 '蔡人을 아름답게 여겼다.'라고 하였다. 〈崔杼를〉 崔氏라고 기록하고 傳에도 '또 族으로 通告하였다.'라고 하였으니, 모두 그 근본을 따른 것을 밝힌 것이다. 司馬 華孫이 와서 결맹하였다고 기록한 것 역시 다른 곳과 비교할 것이 없으니, 큰 例가 아님을 알 수 있다.

그렇다면 종합해서 미루어보면 ≪춘추≫의 義理는 諸侯의 卿의 경우에 마땅히 經에 名氏를 갖추어 기록하고, 貶損을 가할 때에는 곧바로 '人'이라고 기록한다. 만일 특별히 포상할 경우가 있으면 官을 기록하기도 하고 氏를 기록하기도 하였다. 만일 內卿을 폄손할 경우에는 이름만 기록하였으니, 문장에서 다만 魯人이라고 말하지 않았기 때문에 외부 사람과는 차이가 나는 것이다. 만일 포폄할 것이 없어 傳에서 드러내지 않은 경우는 모두 舊文에 의거하여 〈기록하였으니,〉 族을 하사받지 않은 경우도 있고, 때에 따라 자세하고 소략함이 있는 경우도 있다. 經文을 찾아보면 莊公 이전으로 임금을 시해한 자들은 모두 氏를 기록하지 않았고, 閔公 이하는 모두 氏를 기록하였으니, 역시 당시 史書의 차이가 있는 것은 중니가 모두 刊正하지 않았음을 알 수 있다."

仲尼(孔子)

이것이 州吁를 公子라고 기록하지 않은 뜻을 杜預가 해석한 것이다. 두예가 그러한 줄 알 수 있는 것은 바로 經에서 기록한 것이 일정한 例가 없기 때문이다. 포상을 할 때는 官을 기록하기도 하고 氏를 기록하기도 하며, 폄하할 때에는 人을 기록하기도 하고 族을 기록하지 않기도 하였다. 이미 일정한 例가 없으니, 舊典이 아님을 밝힌 것이다. 중니가 일으켜 드러낸 곳은 舊史를 刊正한 것이고, 포폄할 것이 없는 곳은 옛 史策을 그대로 따른 것이다. 중니가 고친 곳은 傳에서 그 이유를 분명히 말하였다. 傳에서 말하지 않은 것은 의리가 없음을 알 수 있으니, 바로 史官이 스스로 자세히 기록하고 생략하는 경우가 있기 때문이다.

戊申日은 癸未日로부터 25일 뒤이니, 다시 1周를 채우면 85일이다. 지난해 12월 계미일에 宋 穆公을 장사 지냈으니, 이해의 2월에는 무신일이 있을 수 없다. 비록 2월의 아래에 이었으나 필시 2월의 날짜일 리가 없다. 그러므로 ≪春秋長歷≫으로 이해의 2월 癸亥朔을 推算하면 10일이 壬申日이고, 22일이 甲申日이니 무신일이 있을 수가 없다. 3월 壬辰朔은 17일에 무신일이 있다. 이는 經의 위에는 2월이 있고, 아래에는 여름이 있어 3월 안에 있다는 것이니, 글자의 오류가 아니다. 그러므로 '날짜만 기록하고 달은 기록하지 않았다.'라고 한 것이다. 僖公 28년 겨울 아래에 달을 기록하지 않았는데, 經에는 "壬申日에 公이 王이 계신 곳으로 가서 朝見하였다."라고 하였으니 날짜만 기록하고 달은 기록하지 않은 것은 經에 이러한 종류가 있는 것이다. 그러므로 이 역시 동일하게 한 것임을 알 수 있다. 이와 같은 경우가 14건이 있다.

夏에 公及宋公遇于淸하다

여름에 隱公이 宋 殤公과 淸에서 만났다.

【注】 遇者는 草次之期라 二國各簡其禮하야 若道路相逢遇也라 淸은 衛邑이라 濟北東阿縣에 有淸亭이라

'遇'는 갑자기 만나는 것이다. 두 나라가 각기 그 禮節을 간소히 하여 도로에서 서로 만난 것처럼 한 것이다. 淸은 衛나라 邑이다. 濟北 東阿縣에 淸亭이 있다.

【疏】 注'遇者'至'淸亭' ○ 正義曰：曲禮下云"諸侯未及期相見曰遇, 相見於郤地曰會". 然則會者豫謀間地, 克期聚集, 訓上下之則, 制財用之節, 示威於衆, 各重其禮. 雖特會一國, 若二國以上, 皆稱會也. 遇者或未及會期, 或暫須相見, 各簡其禮, 若道路相逢遇然. 此時宋・魯特會, 欲尋舊盟, 未及會期, 衛來告亂, 故二國相遇. 若三國簡禮亦曰遇, 故莊四年"齊侯・陳侯・鄭伯遇于垂"是也. 曲禮稱"未及期而相見", 指此類也. 周禮"冬見曰遇", 則與此別. 劉賈以遇者用冬遇之禮, 故杜難之. 釋例曰"遇者, 倉卒簡儀, 若道路相逢遇者耳. 周禮'諸侯冬見天子曰遇', 劉氏因此名以說春秋, 自與傳違. 案禮'春曰朝, 夏曰宗, 秋曰覲, 冬曰遇'. 此四時之名. 今者春秋不皆同之於禮. 冬見天子, 當是百官備物之時, 而云遇禮簡易(이), 經書'季姬及鄫子遇于防', 此婦呼夫共朝, 豈當復(부)用

見天子之禮. 於理皆違". 是言春秋之遇與周禮冬遇異也. 草次, 猶造次. 造次, 倉卒, 皆迫促不暇之意.

注의 〔遇者〕에서 〔清亭〕까지

○ 正義曰 : ≪禮記≫ 〈曲禮 下〉에 "제후가 약속을 하지 않고 만나는 것을 '遇'라고 하고, 국경 사이의 빈 땅에서 만나는 것을 '會'라고 한다."라고 하였다. 그렇다면 '會'는 미리 빈 땅을 도모하고 만나기를 기약하여, 상하의 법칙을 訓導하고 財用의 절도를 제정함으로써 백성들에게 위엄을 보여 각기 그 예를 무겁게 하는 것이다. 비록 다만 한 나라에서 會合하더라도 〈모이는 대상이〉 만일 두 나라 이상이면 모두 '會'라고 기록한다.

'遇'는 미처 회합할 시기를 정하지 못한 경우도 있고, 잠시 만나보는 경우도 있는데, 각기 그 예를 간략히 하여 마치 도로에서 서로 만나는 것처럼 하는 것이다. 이때에 宋나라와 魯나라가 단 둘이 회합하여 옛 盟約을 다지려고 하다가 회합할 시기를 정하지 못하였는데, 衛나라가 와서 亂을 고하였기 때문에 〈위나라 邑인 淸에서〉 두 나라가 서로 만난 것이다. 세 나라가 예를 간략히 하여 만난 경우에도 '遇'라고 한다. 그러므로 莊公 4년에 "齊侯・陳侯・鄭伯이 垂에서 만났다."는 것이 이 경우이다. ≪예기≫ 〈곡례 하〉에 "약속을 하지 않고 만난다."라는 것은 이러한 종류를 가리킨다.

≪周禮≫ 〈春官 大宗伯〉에 "겨울에 조회하는 것을 '遇'라고 한다."라고 하였으니, 이와는 구별된다. 劉歆과 賈逵는 '遇'가 겨울에 조회하는 예를 썼다고 여겼기 때문에 杜預가 힐난한 것이다. ≪春秋釋例≫에 "'遇'는 갑자기 만나 예의를 간략히 하는 것이니, 도로에서 서로 만나는 것과 같을 뿐이다. ≪주례≫에 '諸侯가 겨울에 천자를 알현하는 것을 遇라고 한다.'라고 하였는데, 劉氏는 이 명분을 끌어와 ≪춘추≫를 설명하였으니, 절로 傳과는 어긋난다. 살펴보건대 ≪주례≫ 〈춘관 대종백〉에 '봄에 조회하는 것을 朝라고 하고, 여름에 조회하는 것을 宗이라고 하며, 가을에 조회하는 것을 覲이라고 하고, 겨울에 조회하는 것을 遇라고 한다.'라고 하였으니, 이것이 四時의 명칭이다. 지금 ≪春秋≫의 경우는 ≪주례≫의 경우와 모두 같지는 않다. 겨울에 天子를 알현할 적에는 당시 百官들이 예물을 갖추었을 때인데도 '遇'의 예를 써서 간략하게 한다고 하였으며, 經에는 '季姬가 鄫子와 防에서 만났다.'라고 하였으니, 이는 부인이 남편을 불러 함께 조회한 것이니, 어찌 당시에 다시 천자를 알현하는 禮를 썼겠는가. 이치에 모두 어긋난다."라고 하였다. 이는 ≪춘추≫의 '遇'와 ≪주례≫의 '冬遇'가 다른 것임을 말한다.

草次는 造次와 같다. 造次는 갑작스럽다는 뜻이니, 모두 촉박하여 겨를이 없다는 뜻이다.

宋公陳侯蔡人衛人伐鄭하다

宋公・陳侯・蔡人・衛人이 鄭나라를 토벌하였다.

秋에 翬帥(솔)師會宋公陳侯蔡人衛人伐鄭하다

가을에 翬가 군사를 거느리고 가서 宋公・陳侯・蔡人・衛人과 연합하여 鄭나라를 토벌하였다.

【注】 公子翬는 魯大夫라 不稱公子는 疾其固請하야 强君以不義也라 諸外大夫貶皆稱人이요 至於內大夫貶하야는 則皆去族稱名이라 於記事之體에 他國可言某人이나 而己(魯)〔國〕[1]之卿佐를 不得言魯人하니 此所以爲異也라 翬溺去族을 傳曰疾之라하고 叔孫豹則曰言違命이라하니 此其例也라

1) (魯)〔國〕: 저본에는 '魯'로 되어 있으나, 阮元의 〈校勘記〉에 의거하여 '國'으로 바로잡았다.

公子 翬는 魯나라 大夫이다. '公子'라고 칭하지 않은 것은 그가 굳이 청하여 不義의 일로 임금에게 강요한 것을 미워해서이다. 모든 외국의 大夫를 貶下하는 경우에는 모두 '人'이라고 칭하고, 內國의 大夫를 貶下하는 경우에는 모두 族을 없애고 이름을 칭한다. 記事의 體制에 他國의 대부는 '某人'이라고 말할 수 있지만 자기 나라의 卿佐를 '魯人'이라고 말할 수 없으니, 이 점이 기록이 다른 이유이다. 翬와 溺이라고 기록하고 族을 없앤 것을 傳에는 "미워서 그런 것이다."라고 하고, 叔孫豹에 대해서는 "命을 어겼기 때문이다."라고 하였으니, 이것이 그 예이다.

【疏】 注'他國'至'魯人' ○ 正義曰：案"鄭伯使宛來歸祊, 庚寅我入祊"及"齊侯伐我北鄙"及"我師敗績", 然魯事皆得稱我, 則己之卿佐被貶, 亦可稱我人, 所以不然者, 凡云我者皆上有他國之辭, 故對他稱我, 魯人出會他國, 上未有他國之文, 不可發首言我人故也.

注의 〔他國〕에서 〔魯人〕까지

○ 正義曰 : 살펴보건대 "鄭伯이 宛을 魯나라에 보내어 祊을 주었다. 庚寅日에 우리나라가 祊으로 들어갔다."라고 하고, "齊侯가 우리나라의 북쪽 邊境을 侵伐하였다."라고 하고, "우리나라 군대가 大敗하였다."라고 하였다. 그렇다면 魯나라의 일은 모두 '我'라고 칭하였으니, 자기 나라의 卿佐가 폄하를 당했을 때 역시 '我人'이라고 칭해야 하는데 그렇게 하지 않은 것은 일반적으로 '我'라고 한 경우는 모두 위에 他國에 대한 말이 있기 때문에 '他'에 상대하여 '我'라고 칭한 것이며, 魯人이 〈국경을〉 나가서 타국에서 회합할 때에는 위에 타국에 대한 글이 없기 때문에 먼저 '我人'이라고 말을 꺼낼 수가 없기 때문이다.

九月에 衛人殺州吁于濮하다

9월에 衛人이 州吁를 濮에서 죽였다.

【注】州吁弑君而立이나 未列於會라 故不稱君이라 例在成十六年이라 濮은 陳地水名이라

州吁가 임금을 시해하고서 즉위하였으나 會盟에 참여하지 않았기 때문에 君이라고 칭하지 않은 것이다. 그 例가 成公 16년에 보인다. 濮은 陳나라 땅에 있는 水名이다.

【疏】注'州吁'至'水名' ○ 正義曰 : 春秋之世, 王政不行, 賞罰之柄, 不在天子, 弑君取國, 爲罪雖大, 若已列於諸侯會者, 則不復(부)討也. 其有臣子殺之, 卽與弑君無異, 未必禮法當然, 要其時俗如是. 宣公殺惡取國, 納賂於齊以請會, 傳曰"會于平州以定公位", 杜云"簒立者, 諸侯旣與之會, 則不得復討, 臣子殺之, 與弑君同, 故公與齊會而位定". 是其義也. 釋例又云"諸侯簒立, 雖以會諸侯爲正, 此列國之制也. 至於國內, 策名委質, 卽君臣之分定, 故諸殺不成君者, 亦與成君同義". 然杜前注云"簒立者, 諸侯旣與之會, 臣子殺之, 與弑君同", 則若未會諸侯, 臣子殺之, 不與弑君同, 似與釋例違者. 釋例所云"諸弑不成君亦成君同義"者, 卽莊九年齊人殺無知, 及此年衛人殺州吁. 以其未會諸侯, 故不書爵, 猶不從兩下相殺之例, 故云亦與成君同義. 若旣會諸侯, 則臣弑稱爵, 則文十八年"齊人弑其君商人", 是也. 曹伯負芻殺其大(태)子而自立, 成十五年諸侯"同盟于戚". 曹伯旣列於會, 然後晉人執之. 十六年傳稱"曹人請于晉曰'若有罪, 則君列

諸會矣.'", 是列會卽成君矣. 此州吁未列於會, 故不稱君, 曹人之辭, 卽是成例, 故云例在成十六年. 殺之於濮, 謂死於水旁也. 釋例土地名此濮下注云'闕'. 哀二十七年傳濮下注云"濮自陳留酸棗縣受河, 東北經濟陰, 至高平鉅野縣入濟". 彼濮與此名同實異, 故杜於此不言闕, 直云"濮陳地水名".

注의 〔州吁〕에서 〔水名〕까지

○ 正義曰 : 春秋時代에 王政이 시행되지 않고, 賞罰의 권한이 天子에게 존재하지 않았으니, 임금을 시해하고 나라를 빼앗는 것이 죄가 비록 크지만 만일 이미 諸侯의 회합에 참여하였다면 다시 토벌을 할 수 없었다. 臣子가 그를 죽이면 임금을 시해한 것과 같았으니, 필시 예법 상 당연한 일이 아니지만 요컨대 時俗이 이와 같았다. 宣公이 惡人을 죽이고 나라를 빼앗고 나서 齊나라에 賂物을 바치고 會盟하기를 요청하였는데, 傳에 "平州에서 회맹하여 宣公의 君位를 안정시켰다."라고 하였으며, 이에 대해서 杜預는 "남의 자리를 簒奪해 임금이 된 자라 하더라도 제후가 이미 그와 회맹하였으면 다시 그를 討伐할 수 없고, 신자가 그를 죽이면 임금을 시해한 것과 같다. 그러므로 선공이 齊侯와 회맹하자, 군위가 안정되었다."라고 하였으니, 이것이 그 義理이다.

≪春秋釋例≫에 또 "남의 자리를 찬탈하여 제후가 된 자는 비록 〈다른〉 제후와 회맹하는 것을 올바름으로 삼지만, 이는 列國의 제도이다. 國內의 경우에는 簡策에 이름을 올리고 몸을 바치면 임금과 신하의 분수가 정해지기 때문에, 임금이 되기 전에 죽은 모든 자는 역시 임금의 지위에 오른 경우와 의리가 동일하다."라고 하였다. 그러나 杜預의 이전 注에 "남의 자리를 찬탈해 임금이 된 자라 하더라도 제후가 이미 그와 회맹하였을 경우, 신자가 그를 죽이면 임금을 시해한 것과 같다."라고 하였으니, 만일 제후와 회맹하기 전에 신자가 그를 죽이면 임금을 시해한 것과 같지 않으니, ≪춘추석례≫와 어긋나는 듯하다. ≪춘추석례≫에서 "임금이 되기 전에 죽은 모든 자는 역시 임금의 지위에 오른 경우와 의리가 동일하다."라고 한 경우는 바로 莊公 9년에 齊人이 公孫 無知를 죽인 일과 이해에 衛人이 州吁를 죽인 일이다. 제후와 회맹하기 전이기 때문에 爵을 기록하지 않았으니, 오히려 두 臣下가 서로 다투다가 한 신하가 다른 한 신하를 죽인 例를 따르지 않았다. 그러므로 임금의 지위에 오른 경우와 의리가 동일하다고 말한 것이다. 이미 제후와 회합을 했으면 신하가 시해한 경우에 爵을 기록하니, 文公 18년에 "齊人이 그 임금 商人을 시해하였다."는 것이 이 경우이다.

曹伯 負芻가 太子를 죽이고 스스로 임금이 되었는데, 成公 15년에 제후가 "戚에서 同

盟하였다."라고 하였다. 조백이 이미 회맹에 참여한 뒤에 晉人이 그를 잡아 가두었다. 성공 16년 傳에 "曹人이 晉나라에 요청하기를 '만약 罪가 있었다면 君(晉侯를 가리킴)께서 무엇 때문에 회맹의 隊列에 참여시켰습니까?' 하였다."라고 하였으니, 이는 회맹에 참여하였으면 바로 임금의 지위에 오른 것이기 때문이다. 여기에서 州吁는 아직 회맹에 참여하지 않았기 때문에 君이라고 기록하지 않은 것이니, 曹人의 말이 바로 임금의 지위에 오른 것으로 여기는 例이다. 그러므로 例가 成公 16년에 있다고 말한 것이다.

濮에서 죽였다는 것은 물가에서 죽었다는 말이다. ≪춘추석례≫ 〈土地名〉에는 여기 濮의 아래에 '闕(빠졌다)'이라는 注가 있다. 哀公 27년 傳에 濮 아래의 注에 이르기를 "濮은 陳留 酸棗縣 受河에서 동북으로 흘러 濟陰을 지나 高平 鉅野縣에 이르러 濟水로 들어간다."라고 하였는데, 저 濮은 이 濮과 지명은 동일하지만 실제로는 다른 곳이다. 그러므로 두예가 '빠졌다〔闕〕'라고 말하지 않고, 곧바로 '濮은 陳나라 땅에 있는 水名이다.'라고 한 것이다.

冬十有二月에 衛人立晉하다

겨울 12월에 衛人이 晉을 임금으로 세웠다.

【注】 衛人逆公子晉而立之라 善其得衆이라 故不書入於衛하야 變文以示義라[1] 例在成十八年[2]이라

1) 不書入於衛 變文以示義 : '晉入於衛'라고 쓰지 않고 '衛人立晉'이라고 써서 그가 대중의 마음을 얻었다는 의리를 드러낸 것이다.
2) 例在成十八年 : ≪春秋左氏傳≫ 成公 18년 傳에 "凡例에 의하면 그 나라를 떠난 사람을 國人이 맞이해 원래의 직위에 세우는 것을 '入'이라 하고, 그를 원래의 직위로 회복시키는 것을 '復歸'라 하고, 제후가 그를 도와 그 나라로 들여보내는 것을 '歸'라 하고, 무력을 사용해 들어가는 것을 '復入'이라 한다.〔凡去其國 國逆而立之曰入 復其位曰復歸 諸侯納之曰歸 以惡曰復入〕"라고 하였다.

衛人이 公子 晉을 맞이하여 임금으로 세웠다. 그가 대중의 마음을 얻은 것을 훌륭하게 여겼기 때문에 衛나라에 들어갔다고 기록하지 않아, 문장을 변경하여 의리를 드러내었다. 그 例가 成公 18년에 보인다.

【疏】 注'衛人'至'八年' ○ 正義曰：成十八年傳例曰"凡去其國, 國逆而立之曰入". 此公子晉去衛居邢, 衛人迎而立之, 於法正當書入, 宜與齊小白同文. 傳言"書曰衛人立晉, 衆也", 是仲尼善其得衆, 故改常例, 變文以示義也.

注의 〔衛人〕에서 〔八年〕까지

○ 正義曰：成公 18년 傳의 例에 "凡例에 의하면 그 나라를 떠난 사람을 國人이 맞이해 원래의 職位에 세우는 것을 '入'이라 한다."라고 하였다. 이는 公子 晉이 衛나라를 떠나 邢에 거처하였는데, 衛人이 맞이하여 그를 세운 것이다. 법식에 따르면 응당 '入'이라 기록해야 하니 齊나라 小白의 경우와 글을 같게 해야 한다. 傳에 "經에 '衛人이 晉을 임금으로 세웠다.'고 기록한 것은 〈宣公을 세운 것이〉 대중의 뜻이었음을 말한 것이다."라고 하였으니, 이는 仲尼가 〈선공이〉 대중의 뜻을 얻은 것을 아름답게 여겼기 때문에 常例를 고쳐 문장을 변경하여 義理를 드러낸 것이다.

【傳】 四年이라 春에 衛州吁弑桓公而立하다 公與宋公爲會하야 將尋宿之盟이러니 未及期하야 衛人來告亂하다

4년이다. 봄에 衛나라 州吁가 桓公을 시해하고서 스스로 임금이 되었다. 隱公이 宋 殤公과 회합하여 宿에서의 결맹을 다시 회복하려 했었는데, 기일이 되기 전에 衛人이 와서 반란이 일어났음을 고하였다.

【傳】 夏에 公及宋公遇于清하다

여름에 隱公이 宋 殤公과 淸에서 만났다.

【注】 宿盟在元年이라

宿에서의 결맹은 隱公 원년에 있었다.

【傳】 宋殤公之卽位也에 公子馮出奔鄭하니 鄭人欲納之하다 及衛州吁立에 將修先君之怨于鄭하야

宋 殤公이 즉위함에 公子 馮이 鄭나라로 도망가니, 鄭人이 그를 도와 귀국시켜

〈임금이 되게 하려 하였다.〉 州吁가 衛나라의 임금이 된 뒤에 정나라에 대한 先君의 원한을 보복함으로써

【注】 謂二年鄭人伐衛之怨이라

隱公 2년에 鄭人이 衛나라를 친 원한을 말한다.

【疏】 注'謂二'至'之怨' ○ 正義曰：二年伐衛見經, 故以屬之, 未必往前更(갱)無怨也. 衛世家稱桓公十六年, 乃爲州吁所弑, 則隱之二年, 當桓之世. 服虔以先君爲莊公, 非也, 何則. 宣公烝夷姜生急子, 公納急子之妻生壽及朔, 朔能構兄, 壽能代死, 則是年皆長矣. 宣公以此年卽位, 桓十二年卒, 終始二十〔年〕[1]矣. 雖壽之死, 未知何歲, 急子之娶, 當在宣初. 若隱之二年, 莊公猶在, 豈於父在之時已得烝父妾生急子也. 史記雖多謬誤, 此當信然.

1)〔年〕: 저본에는 '年'이 없으나, 阮元의 〈校勘記〉에 의거하여 보충하였다.

注의 〔謂二〕에서 〔之怨〕까지

○ 正義曰：隱公 2년에 鄭人이 衛나라를 친 것이 經에 보이기 때문에 〈이곳에〉 이어 놓은 것이니, 반드시 이전에 다시 원한이 없었던 것은 아니다. ≪史記≫ 〈衛世家〉에 "桓公은 재위 16년에 州吁에 의해 시해당하였다."라고 기록하였으니, 은공 2년은 衛 桓公의 시대이다. 服虔이 先君을 衛 莊公으로 여긴 것은 잘못된 것이니, 어째서인가? 衛 宣公(晉)이 夷姜과 姦淫하여 急子를 낳고, 선공은 급자의 아내를 취하여 壽와 朔을 낳았는데, 朔은 兄인 급자를 誣陷하고 壽는 그를 대신해 죽었으니, 이해에는 모두 장성해 있었다. 선공이 이해에 즉위하였고 魯 桓公 12년에 죽었으니, 처음과 끝이 20년이다. 비록 壽가 몇 살 때 죽었는지 알 수 없지만, 급자가 장가를 든 것은 선공 초기이다. 만일 은공 2년에 장공이 여전히 살아 있었다면 어찌 아버지가 살아 있을 때 이미 아버지의 첩과 간음하여 급자를 낳을 수 있겠는가. ≪사기≫에 비록 오류가 많다 하더라도 이는 당연히 믿어야 한다.

【傳】 而求寵於諸侯하야 以和其民이라

제후들에게 총애를 구하여 민심을 안정시키려 하였다.

【注】 諸簒立者는 諸侯旣與之會則不復討라 故欲求此寵이니라

임금의 자리를 찬탈한 사람들은 諸侯가 이미 그와 회합을 하면 다시 토벌할 수 없기 때문에 이렇게 총애를 구하고자 한 것이다.

【傳】 使告於宋曰 君若伐鄭以除君害면

그래서 사신을 보내어 宋나라에 고하였다.
"君께서 만약 鄭나라를 쳐서 君의 걱정거리를 제거하신다면

【注】 害謂宋公子馮이라

害(걱정거리)는 宋나라 公子 馮을 이른다.

【傳】 君爲主하야 敝邑以賦與陳蔡從이 則衛國之願也라하니

君을 맹주로 모시고서 蔽邑이 군대를 일으켜 陳나라·蔡나라와 함께 종군하겠습니다. 이렇게 하는 것이 바로 우리 衛나라의 소원입니다."

【注】 言擧國之賦調[1)]라

1) 賦調 : 田地의 면적에 따라 徵收하는 租稅를 가리키는데, 여기서는 '군대'의 뜻으로 쓰였다. ≪論語≫ 〈公冶長〉에 "軍政을 다스리게 할 수 있다.〔可使治其賦也〕"라고 한 곳의 朱熹 注에 "賦는 兵이니, 옛날에는 田賦를 계산해 兵士를 差出했기 때문에 兵을 賦라 한다.〔賦 兵也 古者以田賦出兵 故謂兵爲賦〕"라고 하였다.

온 나라의 賦調를 이름이다.

【傳】 宋人許之하다 於是陳蔡方睦於衛라

宋人이 허락하였다. 이때에 陳나라와 蔡나라가 바야흐로 衛나라와 화목하였다.

【注】 蔡는 今汝南上蔡縣이라

蔡는 지금의 汝南 上蔡縣이다.

【疏】注'蔡今'至'蔡縣' ○ 正義曰：蔡國，侯爵．譜云"蔡，姬姓，文王子叔度之後也．武王封之於汝南上蔡，爲蔡侯，作亂，見誅．其子蔡仲，成王復(부)封之於蔡．至平侯，徙新蔡，昭侯徙九江下蔡．宣侯二十八年，魯隱公之元年也．昭侯子成侯十年，獲麟之歲也．成侯子聲侯四年，春秋之傳終矣．聲侯十四年卒．自聲侯以下，二世，二十八年，而楚滅蔡"．地理志云"汝南上蔡縣，故蔡國，周武王弟叔度所封"．

注의 〔蔡今〕에서 〔蔡縣〕까지

○ 正義曰：蔡나라는 侯爵이다．≪世族譜≫에 "蔡는 姬姓이니，文王의 아들 叔度의 후예이다．武王이 〈숙도에게〉 汝南 上蔡를 봉해주어 蔡侯로 삼았는데，난을 일으켜 죽임을 당하였다．그의 아들 蔡仲을 成王이 다시 蔡나라에 봉해주었다．平侯에 이르러 新蔡로 옮겼고，昭侯에 이르러 九江 下蔡로 옮겼다．宣侯 28년은 魯 隱公 원년이다．소후의 아들 成侯 10년은 기린을 잡은 해이다．成侯의 아들 聲侯 4년은 ≪春秋≫의 傳이 끝났다．聲侯는 재위 14년에 죽었다．聲侯 이하는 2代 28년간 이어졌는데，楚나라가 蔡나라를 멸망시켰다．"라고 하였다．≪漢書≫ 〈地理志〉에 "汝南 上蔡縣은 옛날의 蔡나라이니，周 武王의 아우 숙도가 봉해진 곳이다．"라고 하였다．

【傳】故宋公陳侯蔡人衛人伐鄭하야 圍其東門이라가 五日而還하다 公問於衆仲曰 衛州吁其成乎아

그러므로 宋公·陳侯·蔡人·衛人이 鄭나라를 쳐서 그 東門을 包圍하였다가 5일 만에 돌아왔다．隱公이 衆仲에게 물었다．
"衛나라 州吁가 성공하겠는가?"

【注】衆仲은 魯大夫라

衆仲은 魯나라 大夫이다．

【傳】對曰 臣聞以德和民이요 不聞以亂이니이다

〈衆仲이〉 다음과 같이 대답하였다．
"신은 德으로써 백성을 화합시킨다는 말은 들었으나 亂으로써 〈백성을 화합시킨다는 말은〉 듣지 못했습니다．

【注】亂謂阻兵而安忍이라

亂은 군대의 威力을 믿고 잔인한 짓을 편안히 한다는 말이다.

【傳】以亂은 猶治絲而棼(분)之也니이다

亂으로써 〈백성을 화합시키려는〉 것은 실을 정리하려다가 엉키게 하는 것과 같습니다.

【注】絲見棼緼하면 益所以亂이라

실이 엉키면 더욱 어지러워진다.

【傳】夫州吁는 阻兵而安忍하니 阻兵이면 無衆이요 安忍이면 無親이니 衆叛親離면 難以濟矣리이다

州吁는 군대의 威力을 믿고 잔인한 짓을 편안히 하니, 군대의 위력을 믿으면 大衆을 잃고 잔인한 짓을 편안히 하면 친근한 사람을 잃게 됩니다. 대중이 배반하고 친근한 사람이 떨어져 나간다면 성공하기 어려울 것입니다.

【注】恃兵則民殘하고 民殘則衆叛하며 安忍則刑過하고 刑過則親離라

군대의 위력을 믿으면 백성이 衰殘하고 백성이 쇠잔하면 대중이 배반하며, 잔인한 짓을 편안히 하면 刑罰이 지나치고 형벌이 지나치면 친근한 사람이 떨어져 나간다.

【疏】'阻兵而安忍' ○ 正義曰：阻恃諸國之兵以求勝, 而征伐不已. 安忍, 行虐事, 刑殺過度也.

傳의 〔阻兵而安忍〕

○ 正義曰 : 여러 나라 군대의 위력을 믿고 승리를 구하여 정벌을 그치지 않는 것이다. 安忍은 잔혹한 일을 행하여 형벌과 살인을 과도하게 하는 것이다.

【傳】夫兵은 猶火也하야 弗戢(집)이면 將自焚也리이다 夫州吁弑其君而虐用其民하고 於是乎不務令德而欲以亂成하니 必不免矣리이다

군대의 威力은 불과 같아서 억제하지 않으면 장차 자신을 태우게 될 것입니다. 州吁는 그 임금을 시해하고 그 백성을 포학하게 부리면서 令德을 힘쓰지 않고 도리어 亂으로써 성공하고자 하니, 반드시 禍難을 면하지 못할 것입니다.”

【傳】秋에 **諸侯復**(부)**伐鄭**할새 **宋公使來乞師**어늘

가을에 제후가 다시 鄭나라를 토벌할 때, 宋 殤公이 〈魯나라에〉 사신을 보내어 출병해주기를 요청하였는데

【注】乞師不書는 非卿이라

經文에 ‘乞師’를 기록하지 않은 것은 〈宋나라의 使臣이〉 卿이 아니었기 때문이다.

【傳】公辭之하다

隱公이 사절하였다.

【注】從衆仲之言이라

衆仲의 말을 따른 것이다.

【傳】羽父(보)**請以師會之**어늘

그러자 羽父가 군사를 거느리고 가서 제후의 군대와 연합하기를 청하였는데

【注】羽父는 公子翬라

羽父는 公子 翬이다.

【傳】公弗許하다 **固請而行**이라 **故書曰 翬帥**(솔)**師**라하니 **疾之也**라

隱公이 허락하지 않았다. 그러나 〈羽父는〉 굳이 청하여 군사를 거느리고 갔다. 그러므로 經에 “翬가 군대를 거느렸다.”고 기록했으니, 이는 그를 미워하는 뜻에서 그러한 것이다.

【疏】 '故書'至'疾之也' ○ 正義曰：案元年傳"邾人鄭人盟于翼. 公子豫請往, 公不許, 遂行." 彼則不書, 又不加貶責, 此公子翬之行, 公亦不許, 而書於經, 又加貶責者, 公子豫, 公不許, 私竊而行, 翬(師)〔則〕[1]强梁, 固請公, 事不獲已, 令其出會. 故以君命而書, 又加貶責.

1) (師)〔則〕: 저본에는 '師'로 되어 있으나, 阮元의 〈校勘記〉에 의거하여 '則'으로 바로잡았다.

傳의 〔故書〕에서 〔疾之也〕까지

○ 正義曰: 살펴보건대 隱公 원년 傳에 "邾人이 鄭人과 翼에서 結盟하였다. 公子 豫가 〈군대를 거느리고〉 가기를 청하였는데, 은공이 허락하지 않으니 마침내 군대를 거느리고 갔다."라고 하였다. 저기에서는 經文에 기록하지 않고 또 貶責을 가하지도 않았는데, 이곳에서는 公子 翬의 출병을 隱公이 또한 허락하지 않았음에도 경문에 기록하고 또 폄책을 가하였다. 그 이유는 공자 예는 은공이 허락하지 않았는데도 제멋대로 군사를 거느리고 갔으며, 翬는 힘을 믿고 제멋대로 굴어 은공에게 굳이 청하여 〈군대를 거느리고 갔으니,〉 일이 부득이하여 그에게 나아가 회합을 하도록 한 것이다. 그러므로 君命이라고 기록하고 또 폄책을 가한 것이다.

【傳】 諸侯之師 敗鄭徒兵하고 取其禾而還하다

제후의 군대가 鄭나라 步兵을 패퇴시키고서 〈정나라의〉 벼를 베어 가지고 돌아왔다.

【注】 時鄭不車戰이라

당시에 鄭나라는 車戰을 하지 않았다.

【傳】 州吁未能和其民하니 厚問定君於石子라

州吁가 그 백성을 화합시키지 못하니, 石厚가 石子에게 君位를 안정시킬 방법에 대해 물었다.

【注】 石子는 石碏也라 以州吁不安諸其父라

石子는 石碏이다. 州吁의 君位가 불안하기 때문에 〈石厚가〉 그 아비에게 〈안정시킬 방법을〉 자문한 것이다.

【傳】石子曰 王覲爲可니라

石子가 말하였다.

"天王께 朝覲하여 〈諸侯로 인증을 받는다면 君位을 안정시킬 수〉 있을 것이다."

【疏】'王覲爲可' ○ 正義曰：於王處行覲禮, 此事是爲可也.

傳의 〔王覲爲可〕

○ 正義曰：天王이 있는 곳으로 가서 朝覲하는 禮를 행한다면, 이 일을 할 수 있다는 것이다.

【傳】曰 何以得覲이리잇가 **曰 陳桓公方有寵於王**하고 **陳衛方睦**하니 **若朝陳使請**이면 **必可得也**리라 **厚從州吁如陳**이어늘 **石碏使告于陳曰 衛國褊小**하고 **老夫耄(모)矣**하야 **無能爲也**라 **此二人者 實弑寡君**하니 **敢卽圖之**하라

〈石厚가〉 물었다.

"어떻게 해야 天王께 朝覲할 수 있겠습니까?"

〈石子가〉 말하였다.

"陳 桓公이 바야흐로 천왕의 총애를 받고 있고, 陳나라와 衛나라의 사이가 바야흐로 화목하니, 만약 진 환공에게 朝見(조현)하여 진나라를 시켜 대신 천왕에게 요청하게 한다면 반드시 천왕의 허락을 받을 수 있을 것이다."

석후가 〈아비의 말에 따라〉 주우를 隨從하여 진나라로 갔다. 그러자 石碏이 진나라로 사람을 보내어 고하였다.

"우리 위나라는 지역이 협소하고 저는 이미 늙어서 아무 일도 할 수 없습니다. 이 두 사람은 실로 우리 임금을 시해한 자들이니, 〈저들이 진나라에 가거든 그 기회를 이용해〉 저들을 처치하소서."

【注】八十曰耄라 稱國小已老는 自謙以委陳하야 使因其往就圖之라

80세를 '耄'라 한다. 나라는 작고 자신은 늙었다고 칭한 것은 스스로 겸양하여 陳나

라에 맡겨 그들이 가는 기회를 이용해 처치하게 한 것이다.

【傳】陳人執之하야 而請涖於衛어늘

陳人이 〈石碏의 말에 따라〉 그들을 체포하고서 衛나라에서 사람을 보내어 처치하기를 청하니,

【注】請衛人自臨討之라

衛人이 직접 와서 討罪하기를 청한 것이다.

【傳】九月에 衛人使右宰醜涖殺州吁于濮하고 石碏使其宰獳羊肩涖殺石厚于陳하다 君子曰 石碏은 純臣也라 惡(오)州吁而厚與焉하니 大義滅親이 其是之謂乎인저

9월에 衛人이 右宰 醜를 보내어 濮에서 州吁를 죽이고, 石碏이 자기의 宰 獳羊肩을 보내어 石厚를 陳나라에서 죽였다.

군자가 다음과 같이 論評하였다. "석작은 忠純한 신하이다. 주우를 미워하여 〈자기 아들〉 석후까지 죽였으니, '大義滅親'이란 이런 경우를 두고 한 말일 것이다."

大義滅親

【注】子從弑君之賊도 國之大逆이니 不可不除라 故曰 大義滅親이라하야 明小義則常兼子愛之라

임금을 시해한 역적을 따르는 아들도 나라의 大逆이니 제거하지 않을 수 없다. 그러므로 '大義滅親'이라고 말하여, 小義라면 일반적으로 아들을 慈愛함을 밝힌 것이다.

【傳】衛人逆公子晉于邢하다 冬十二月에 宣公卽位하다

衛人이 邢에서 公子 晉을 맞이하였다.
겨울 12월에 宣公이 즉위하였다.

【注】公子晉也라

〈宣公은〉 公子 晉이다.

【疏】'宣公卽位' ○ 正義曰 : 賊討乃立, 自繼前君, 故不待踰年也.

傳의 〔宣公卽位〕

○ 正義曰 : 역적을 토벌하고 나서 즉위하여 스스로 이전 임금을 계승하였기 때문에 해를 넘기기를 기다리지 않은 것이다.

【傳】書曰 衛人立晉이라하니 衆也니라

經에 "衛人이 晉을 세웠다."고 기록하였으니, 〈宣公을 세운 것이〉 대중의 뜻이었음을 말한 것이다.

【 隱公 5년(B.C. 718) 】

五年이라 春에 公矢魚于棠(당)하다

5년이다. 봄에 隱公이 棠에 가서 漁具를 진열하고 구경하였다.

【注】書陳魚하야 以示非禮也요 書棠하야 譏遠地也라 今高平方與縣北에 有武唐亭하니 魯侯觀魚臺라

漁具를 진열했다고 기록하여 禮가 아님을 보였고, 棠을 기록하여 먼 곳까지 간 일을 비난하였다. 지금 高平 方與縣 북쪽에 武唐亭이 있는데, 바로 魯侯의 觀魚臺이다.

【疏】注'書陳'至'魚臺' ○正義曰：陳魚者，獸獵之類，謂使捕魚之人，陳設取魚之備，觀其取魚以爲戲樂，非謂既取得魚而陳列之也．其實觀魚而書陳魚者，國君爵位尊重，非蒐狩[1]大事則不當親行．公故遣陳魚而觀其捕獲，主譏其陳，故書陳魚，以示非禮也．傳曰"非禮也"，且言"遠地"，故知書棠，譏遠地也．

1) 蒐狩 : '蒐'는 봄철에 하는 사냥이고, '狩'는 農閑期인 겨울철에 하는 사냥으로 農繁期를 피하여 사냥하면서 講武하는 행사이다. 또한 宗廟 제사에 쓸 犧牲을 마련하는 일도 포함하였다 한다.

注의 〔書陳〕에서 〔魚臺〕까지

○ 正義曰 : '陳魚'는 짐승을 사냥하는〔獸獵〕 것과 같은 종류이니, 물고기를 잡는 사람을 시켜 물고기를 잡는 설비(漁具)를 진열하게 하여 물고기 잡는 일을 구경하는 것으로 즐거움을 삼은 것이지, 이미 잡은 물고기를 진열했다고 말한 것은 아니다. 그 실상은 물고기 잡는 것을 구경하는 것인데 '陳魚'라고 기록한 것은, 國君은 爵位가 존귀하여 蒐狩의 큰일이 아니면 몸소 가지 않는다. 그런데 隱公이 특별히 사람을 파견하여 어구를 진열하여 물고기 잡는 일을 구경하였으니, 어구 진열한 것을 위주로 비난하였기 때문에 '陳魚'라고 기록하여 禮가 아님을 보였다.

傳에 "예가 아니다."라고 말하고, 또 "먼 곳까지 갔다."고 말하였기 때문에 棠을 기록한 것은 먼 곳까지 간 데 대한 비난임을 알 수 있다.

夏四月에 葬衛桓公하다

여름 4월에 衛 桓公을 장사 지냈다.

秋에 衛師入郕하다

가을에 衛나라 군대가 郕나라에 침입하였다.

【注】將卑師衆이면 但稱師하니 此史之常也라

장수의 계급은 낮지만 군사가 많으면 단지 '師'라고만 일컬으니, 이것이 史書의 常例이다.

九月에 **考仲子之宮**하고 **初獻六羽**하다

9월에 仲子의 宮(사당)을 완공하고 처음으로 六羽를 바쳤다.

【注】 成仲子宮하고 安其主而祭之라 惠公以仲子手文으로 娶之하야 欲以爲夫人이나 諸侯無二嫡이라 蓋隱公成父之志하야 爲別立宮也라 公問羽數라 故書羽하니라 婦人無諡일새 因姓以名宮하니라

仲子의 宮을 완성하고 그 神主를 奉安하여 제사를 지낸 것이다. 惠公은 仲子의 손바닥에 글자 모양의 무늬가 있었기 때문에 그를 맞이하여 夫人으로 삼고자 하였으나, 제후는 두 嫡夫人을 둘 수 없었다. 隱公은 그런 아버지의 뜻을 이루어주기 위해 〈죽은 뒤〉 따로 仲子의 宮을 세운 것이다. 은공이 羽의 수를 물었기 때문에 '羽'를 기록한 것이다. 婦人은 諡號가 없으므로 그의 姓을 따라 宮의 이름을 지었다.

【疏】 '九月'至'六羽' ○ 正義曰：三年之內, 木主特祀於寢宮. 廟初成, 木主遷入其中, 設祭以安神也. 祭則有樂(악), 故初獻六羽. 初, 始也. 往前用八, 今乃用六也. 獻者, 奏也, 奏進聲樂以娛神也. 六羽謂六行(항)之人, 秉羽舞也.

經의 〔九月〕에서 〔六羽〕까지

○ 正義曰：〈새로 죽은 사람은〉 3년 동안 木主(나무로 만든 神主)를 寢宮에 모시고 단독으로 제사 지낸다. 그러다가 사당이 처음 완성되면 목주를 사당 안에 옮겨놓고 제사를 지내면서 신주를 安置한다. 제사를 지내게 되면 음악이 있어야 되기 때문에 처음으로 六羽를 바친 것이다.

'初'는 처음이다. 종전에는 八羽를 썼으나 지금 비로소 육우를 썼다. '獻'은 연주함이니, 聲樂을 연주해 바쳐서 鬼神을 즐겁게 하는 것이다. '六羽'는 여섯 줄로 늘어선 사람이 깃〔羽〕을 잡고 춤추는 것을 이른다.

【疏】 ○ 注'成仲'至'名宮' ○ 正義曰：考, 成, 釋詁文也. 言初獻六羽者, 謂初始而獻, 非在後恒用. 知者, 案宣十五年"初稅畝", 杜云"遂以爲常, 故云初". 杜於此不解初義, 明不與彼同. 故春秋之經有文同事異, 如此之類是也. 注以祭文不見, 故辨之云"成仲子宮, 安其主而祭之." 以其與獻羽連文, 知考謂祭以成之, 非謂始築宮成也. 又解立宮之意, 惠公以仲子手有夫人之文, 因卽娶之, 雖不以爲夫人, 有欲以爲夫人之意. 禮"諸侯

不再娶", 於法無二適. 孟子入惠公之廟, 仲子無享祭之所. 蓋隱公成父之志, 爲別立宮. 仲子以二年十二月薨, 四年十二月已再期矣, 喪畢卽應入廟. 至此始成宮者, 仲子立廟本非正法. 喪服旣終, 將爲吉祭[1], 主無祭處, 始議立之, 故晚成也. 傳云'始用六佾', 不書佾而書羽者, 以公問羽數, 故書羽也. 婦人法不當諡, 仲子無諡, 故因姓以名宮也. 立宮必書於策, 羽則非當所書, 善其復正, 故書之. 傳載衆仲之對, 而言公從之, 是其善之意也. 爲書六羽, 故言考宮, 言其因考以獻羽也. 若不爲羽, 當云'立仲子之宮', 如立武宮・煬宮然, 不須言考也. 禮雜記下云"成廟則釁之", "路寢成則考之而不釁", 以廟則當釁, 寢則當考. 此廟言考者, 考是成就之義. 廟者鬼神所居, 祭祀以成之, 寢則生人所宅, 飮食以成之. 雜記注云"路寢者, 生人所居, 不釁者, 不神之也. 考之者, 設盛食以落之", 是也. 廟成釁之者, 尊而神之, 蓋木主未入之前, 已行釁禮也. 案雜記釁廟之禮云"祝・宗人・宰夫・雍人皆爵弁純衣, 雍人拭羊, 宗人視之, 宰夫北面于碑南, 東上. 雍人擧羊升屋, 自中, 中(至)〔屋〕[2]南面, 刲羊, 血流于前, 乃降. 門・夾室皆用雞, 先門而後夾室, 其衈(이)皆於屋下. 割雞, 門, 當門, 夾室, 中室. 有司皆鄕室而立, 門則有司當門北面. 旣事, 宗人告事畢, 乃皆退." 是釁廟之禮. 此言考宮獻羽, 自爲主已入廟, 則祭以成之, 非釁禮, 與彼異也. 故公羊傳曰"考宮者何. 考猶入室也, 始祭仲子也." 是謂祭爲考也. 服虔云"宮廟初成, 祭之, 名爲考. 將納仲子之主, 故考成以致其五祀[3]之神, 以堅之." 其意謂考卽是釁也. 案雜記, 釁廟之禮, 止有雞羊, 旣不用樂, 何由獻羽. 言將納仲子之主, 則是仍未入宮. 然則作樂獻羽, 敬事何神. 考仲子之宮, 唯當祭仲子耳. 又安得致五祀之神乎. 蘇氏[4]云 "不稱夫人宮者, 桓宮・僖宮不言公, 則仲子例不合稱夫人宮也." 不稱廟而言宮者, 於經例周公稱大(태)廟, 群公稱宮, 故仲子依例稱宮也. 若然, 案文十三年"大(태)室屋壞", 大廟稱室者, 謂大廟之室屋壞耳. 若傳文, 則大廟或稱宮, 卽"大(태)宮之椽"[5], 是也, 群公或稱廟, 卽"同宗於祖廟, 同族於禰廟"[6]是也.

1) 吉祭 : 삼년상을 마치고 禫祭를 지낸 다음 神主를 사당에 들여 모시고 吉禮로 지내는 제사이다. 이때부터 喪祭를 바꾸어 길례로 지내기 때문에 길제라고 한다.
2) (至)〔屋〕: 저본에는 '至'로 되어 있으나, 北京大本에 의거하여 '屋'으로 바로잡았다.
3) 五祀 : 주택 안의 다섯 神에게 지내는 제사이다. 다섯 신에 대하여 두 가지 설이 있다. 鄭玄은 대문〔門〕・방문〔戶〕・방의 중앙〔中霤〕・부뚜막〔竈〕・길〔行〕의 신이라 하였고, 王充은 門・戶・우물〔井〕・竈・中霤의 신이라고 하였다.

4) 蘇氏 : 蘇寬이다. ≪春秋左傳義疏≫ 1권을 지었으나 逸失되었는데, ≪玉函山房輯佚書≫에 收載되었다.
5) 大(태)宮之椽 : 桓公 14년 傳에 "宋人이 諸侯의 군대를 거느리고 鄭나라를 침공하여……정나라 祖廟의 서까래를 뽑아가서 송나라 城門의 서까래로 썼다.〔宋人以諸侯伐鄭……以大宮之椽歸 爲盧門之椽〕"라고 보인다.
6) 同宗於祖廟 同族於禰廟 : 襄公 12년 傳에 "모든 諸侯의 喪에, 異姓의 喪에는 城外에서 그 나라를 향해 哭하고, 同姓의 喪에는 宗廟에서 곡하고, 同宗의 喪에는 祖廟에서 곡하고, 同族의 喪에는 禰廟에서 곡하는 것이다.〔凡諸侯之喪 異姓臨於外 同姓於宗廟 同宗於祖廟 同族於禰廟〕"라고 보인다.

○ 注의 〔成仲〕에서 〔名宮〕까지

○ 正義曰 : '考'를 '완성하다〔成〕'로 해석한 것은 ≪爾雅≫ 〈釋詁〉의 글이다. '初獻六羽'라고 말한 것은 처음으로 바친 것을 이른 것이지, 이후에도 항상 이를 쓴다는 뜻이 아니다. 이를 아는 것은, 살펴보건대 宣公 15년에 "비로소 농지에 대한 세금을 징수하였다〔初稅畝〕"라 하였는데, 杜注에 "마침내 이를 常規로 삼았기 때문에 '비로소'라고 한 것이다."라고 하였다. 杜氏가 여기에서 '初'의 뜻을 해석하지 않았으니 저 〈'初稅畝'와는〉 같지 않음을 밝힌 것이다. 그러므로 ≪春秋≫의 經文에 글자는 같으나 일은 다른 경우가 있으니 이와 같은 類가 이것이다.

注에서 '祭'자가 보이지 않기 때문에 辨析하여 "仲子의 宮을 완성하고 그 神主를 奉安하여 제사를 지냈다."라고 하였다. 그 일을 '獻羽'와 연결하여 글을 만들었기 때문에 '考'는 제사를 지내어 완성한 것을 이른 것이지 처음으로 궁을 지어서 완성한 것을 이른 말이 아님을 알았다. 또 궁을 세운 뜻을 해석하여 惠公이 仲子의 손바닥에 '夫人'이라는 무늬가 있었기 때문에 아내로 바로 맞이하였으니, 부인으로 삼지는 못했으나 부인으로 삼으려고 한 뜻은 있었다.

禮에 "제후는 두 번 부인을 맞이하지 못한다."라고 하였으니, 예법에 두 適夫人은 둘 수 없다. 孟子(惠公의 元妃)가 혜공의 사당에 들었으니 중자는 제사를 지낼 장소가 없다. 아마 隱公은 그런 아버지의 뜻을 이루어주기 위해 〈죽은 뒤〉 따로 중자의 宮을 세운 것이다. 중자가 은공 2년 12월에 薨하였으니 4년 12월은 이미 만 2년이어서 喪期를 마치고 곧장 사당에 들어감이 당연하다. 이때에 이르러 비로소 궁을 완성한 것은 중자의 사당을 세우는 일은 본래 정당한 법도가 아니다. 상복을 이미 마치고 吉祭를 지내야 하는데 神主를 모시고 제사 지낼 장소가 없어서 비로소 의논하여 궁을 세웠기 때문에 늦게 완성한 것이다.

傳에 '처음으로 六佾을 사용하였다.'라고 하였는데, 經에 '佾'을 쓰지 않고 '羽'를 쓴 것은 은공이 羽의 수를 물었기 때문에 羽를 쓴 것이다.

婦人은 謚號를 정하는 것이 법도에 부당하므로 중자는 시호가 없기 때문에 姓을 따라 궁의 이름으로 삼은 것이다. 궁을 세우면 반드시 策에 쓰지만 羽는 당연히 쓰지 않는 법인데, 그가 正道를 회복한 것을 좋게 여겼기 때문에 이를 기록한 것이다. 傳에 衆仲이 대답한 말을 기록하면서 은공이 〈그 의견을〉 따른 일을 말하였으니 이것이 바로 좋게 여긴 뜻이다. 이를 위해 '六羽'라고 썼기 때문에 '考宮'이라고 말했으니, 궁이 완성됨을 따라 羽를 바쳤음을 말한 것이다. 만일 羽를 하지 않았다면 응당 '立仲子之宮(중자의 궁을 건립하였다.)'이라고 써서 마치 武宮과 煬宮을 건립한 것처럼 하였을 것이고, 반드시 '考'라고 말하지 않았을 것이다.

≪禮記≫ 〈雜記 下〉에 "사당이 완공되면 피를 바른다."라 하고, "路寢이 완공되면 考를 하고 피를 바르지 않는다."라고 하였으니, 사당은 당연히 피를 바르고 노침은 당연히 考를 하는 것이다. 그런데 이 사당에 '考'라고 말하였으니 '考'는 성취한다는 뜻이다. 사당은 귀신이 거주하는 곳이니 제사를 지내어 완성하고, 寢은 산 사람이 사는 집이니 먹고 마시면서 완성한다. 〈잡기〉의 鄭玄 注에 "노침은 산 사람이 거주하는 곳이니 피를 바르지 않는 이유는 神으로 여기지 않기 때문이다. 考를 하는 것은 성대한 음식을 진설하고 落成하는 것이다."라고 한 것이 이것이다.

사당을 완공하고 피를 바르는 것은 죽은 이를 神으로 높이는 의식이니, 木主를 들이기 전에 피를 바르는 의식을 마치는 것이다. 〈잡기〉의 사당에 피를 바르는 의식을 살펴보면 "祝·宗人·宰夫·雍人이 모두 爵弁과 純衣를 착용하고 옹인이 羊을 닦을 적에 종인이 이를 감시하고 재부는 〈양을 붙들어 맨〉 碑의 남쪽에서 북쪽을 향하되 동쪽을 위로 삼는다. 옹인이 양을 들고 집에 오르되 중앙 계단으로부터 올라 지붕의 중앙에서 남쪽을 향하여 양을 찔러 피가 앞으로 흐르면 곧 내려온다. 門과 夾室에는 모두 닭의 피를 쓰는데 문을 먼저 칠하고 협실은 나중에 칠하는데, 피를 바르는 일은 모두 〈문과 협실의〉 지붕 아래에서 한다. 닭을 잡을 적에, 문은 문의 중앙〔當門〕에서 하고, 협실은 협실의 중앙에서 한다. 有司는 모두 방을 향하여 서는데 문은 유사가 문의 정면에서 북쪽을 향해 선다. 일을 마치고 종인이 일을 마쳤다고 고하면 비로소 모두 물러간다."라고 하였으니, 이것이 사당에 피를 칠하는 의식이다.

여기에서 '考宮獻羽'라고 말한 것은, 스스로 神主를 만들어 이미 사당에 들였으면 제사를 지내어 완성하는 것이지 피를 바르는 의식이 아니니, 저 〈새로 지은 사당에 피를 바르는〉 것과는 다르다. 그러므로 ≪春秋公羊傳≫에 "考宮이란 무엇인가? 考는 〈神主를〉 사당에 들이는 것과 같으니, 처음으로 仲子에게 제사를 지낸 것이다."라고 하였으니, 이것이 제사를 일러 考라고 한 것이다. 服虔은 "宮廟를 처음 완성하면 제사를 지내는데, 이름을 考라고 한다. 중자의 신주를 사당에 들이려고 하였기 때문에 考成하면서 五祀의 神을 불러 견고하게 한 것이다."라고 하였으니, 그의 뜻은 考가 바로 피를 바르는 의식임을 이른 것이다.

〈잡기〉를 살펴보면 사당에 피를 바르는 의식에는 단지 닭과 양의 피만을 쓰고 음악은 쓰지 않는데 무슨 연유로 羽를 바치겠는가. 중자의 신주를 〈사당에〉 들이려 한다고 말했으면 이는 아직 신주를 宮에 들이지 않은 것이다. 그렇다면 음악을 연주하면서 羽를 바치는 일이 어떤 神을 공경히 섬기는 것인가. 중자의 궁을 완성하였으면 다만 중자에게 제사를 지내는 것이 마땅하다. 또 어찌 오사의 신을 부른단 말인가?

蘇氏는 "夫人宮이라고 일컫지 않은 것은 桓宮과 僖宮에 '公'을 붙여 말하지 않았으니, 중자의 例에만 부인궁이라고 일컫는 것은 합당치 않았기 때문이다."라고 하였다. '廟'라고 일컫지 않고 '宮'이라고 말한 것은, 經의 기록한 例에 周公의 사당을 '太廟'라고 일컫고 여러 公의 사당을 '宮'이라고 일컬었기 때문에 중자의 사당도 예에 따라 '宮'이라고 일컬은 것이다. 이와 같은 경우를 살펴보면 文公 13년에 "太室의 지붕이 무너졌다."라고 하였는데, 太廟를 室이라고 말한 것은 태묘의 방 지붕이 무너진 것이다. 傳文은 태묘를 宮이라고도 말하였으니, 바로 〈桓公 14년에〉 "太宮의 서까래"라고 한 것이 이것이다. 여러 公의 사당은 廟라고도 말하였으니, 바로 〈襄公 12년에〉 "同宗의 喪에는 祖廟에서 哭하고, 同族의 상에는 禰廟에서 곡한다."라고 한 것이 이것이다.

邾人·鄭人이 伐宋하다

邾人과 鄭人이 宋나라를 토벌하였다.

【注】 邾主兵이라 故序鄭上하니라

邾나라가 兵權을 주도하였기 때문에 순서를 鄭나라 위에 두었다.

【疏】注'郲主'至'鄭上' ○ 正義曰：天下有道，諸侯不得專行征伐．春秋之時，專行征伐，以其不稟王命，故以主兵爲首．雖小國主兵，卽序於大國之上，欲見(현)伐由其國，善惡所歸故也．雖大夫爲主，國君從之，亦序主兵於上．僖二十七年"楚人・陳侯・蔡侯・鄭伯・許男圍宋"，注云"傳言楚子使子玉去宋．經書'人'者，恥不得志．以微者告，猶序諸侯之上，楚主兵故．"是微人主兵，亦序國君之上，史策之常法也．

注의 〔郲主〕에서 〔鄭上〕까지

○ 正義曰：천하에 질서가 있을 때에는 諸侯가 마음대로 征伐을 시행하지 못하였다. 춘추시대에 제후가 정벌을 마음대로 시행한 것은 王命을 받지 않았기 때문이니 兵權을 장악하는 것을 으뜸으로 삼는다. 작은 나라가 병권을 장악하더라도 순서를 큰 나라의 위에 두는 것은 그 나라의 일에 연유하여 정벌함으로써 善惡의 귀추를 드러내려고 하는 까닭에서이다. 大夫가 주관하여 國君이 따르더라도 병권을 장악한 대부의 순서를 국군의 위에 둔다. 僖公 27년에 "楚人・陳侯・蔡侯・鄭伯・許男이 宋나라를 포위하였다."라고 하였는데, 注에 "傳에 楚子가 子玉을 보내어 송나라에 가게 한 것이다. 經에 '人'이라고 기록한 것은 뜻을 이루지 못한 것을 수치로 여겼기 때문이다. 미천한 사람(子玉)이 〈주관한 것으로〉 통고하였으나 여전히 순서를 제후의 위에 둔 것은 楚나라가 병권을 장악했기 때문이다."라고 하였다. 이것이 미천한 사람이 병권을 장악하였더라도 순서를 國君의 위에 둔 것이니, 역사책의 통상적인 준칙이다.

螟하다

螟蟲의 재해가 발생하였다.

【注】無傳이라 蟲食苗心者爲災라 故書하니라

傳이 없다. 벼 줄기의 속을 파먹는 벌레로 인한 재해가 발생했기 때문에 기록한 것이다.

螟

【疏】注'蟲食'至'故書' ○ 正義曰：釋蟲云"食苗心，螟，食葉，蟘(특)，食節，賊，食根，蟊．"舍人曰"食苗心者名螟，言冥冥然難知也．"李巡曰"食禾心爲螟，言其姦冥冥難知

也, 食禾葉者, 言其假貣(특)[1]無厭, 故曰蟘也, 食其節者, 言其貪狼, 故曰賊也, 食其根者, 言其稅取萬民財貨, 故曰蟊也.” 孫炎曰“皆政貪所致, 因以爲名.” 郭璞曰“分別蟲啖食禾所在之名耳.” 李巡・孫炎以政致爲名, 舍人・郭璞以食處爲名. 陸機疏云“舊說螟・蟘・蟊・賊, 一種蟲也, 如言寇・賊・姦・宄, 內外言之耳. 故犍爲文學[2]曰‘此四種蟲皆蝗也.’ 實不同, 故分別釋之.” 然則螟, 非以蟲名, 以食苗之處爲名耳.

1) 假貣(특) : 빌려서 먹는다는 뜻이다.

2) 犍爲文學 : 犍爲는 漢나라 때 두었던 郡 이름이다. 治所는 현재의 四川省 宜賓市에 있었다. 犍爲文學은 ≪爾雅≫에 注를 낸 舍人을 지칭한다.

注의 〔蟲食〕에서 〔故書〕까지

○ 正義曰 : ≪爾雅≫ 〈釋蟲〉에 “벼 줄기의 속을 파먹는 벌레를 ‘螟’이라 하고, 벼의 잎을 갉아먹는 벌레를 蟘이라 하며, 벼의 마디를 파먹는 벌레를 ‘賊’이라 하고, 벼의 뿌리를 파먹는 벌레를 ‘蟊’라고 한다.”라고 하였다. 舍人은 “벼 줄기의 속을 파먹는 벌레의 이름을 ‘螟’이라 한 것은, 깜깜하여 알기 어려움을 말한 것이다.”라 하였다. 李巡은 “벼 줄기의 속을 파먹는 벌레를 ‘螟’이라고 하니 그 간악함이 깜깜하여 알기 어려움을 말한 것이고, 벼의 잎을 갉아먹는 벌레는 빌려 먹어 만족함이 없기 때문에 ‘蟘’이라 말한 것이며, 벼의 마디를 파먹는 벌레는 이리처럼 탐욕스럽기 때문에 ‘賊’이라 말한 것이고, 벼의 뿌리를 파먹는 벌레는 만백성의 재물을 세금으로 가져가는 것과 같기 때문에 ‘蟊’라 말한 것이다.”라고 하였다.

孫炎은 “〈이런 해충의 발생은〉 모두 정권에 대한 탐욕이 불러온 것으로, 그 때문에 이름을 삼은 것이다.”라고 하였다. 郭璞은 “벌레가 벼의 파먹고 있는 곳을 분별하여 이름 지은 것이다.”라고 하였다. 이순과 손염은 정권에 대한 탐욕이 불러온 것으로 이름을 삼았고, 사인과 곽박은 벌레가 벼의 파먹은 곳으로 이름을 삼았다. 陸機의 ≪毛詩草木鳥獸蟲魚疏≫에 “舊說에 ‘螟・蟘・蟊・賊은 한 종류의 벌레이니, 마치 寇・賊・姦・宄를 안팎을 기준으로 말한 것과 같을 뿐이다.’라고 하였다. 그러므로 犍爲文學이 ‘이 네 종류의 벌레는 모두 蝗(누리)이다.’라고 하였다. 그러나 실제는 같지 않기 때문에 분별하여 해석하였다.”라고 하였다. 그렇다면 螟은 벌레의 이름이 아니고 벼 줄기의 파먹은 곳으로 이름을 삼은 것일 뿐이다.

冬이라 **十有二月辛巳**에 **公子彄卒**하다

겨울 12월 辛巳日에 公子 彄가 卒하였다.

【注】大夫書卒하고 不書葬하나니 葬者는 臣子之事니 非公家所及이니라

大夫는 죽음은 기록하고 葬事는 기록하지 않는다. 장사는 臣子의 일이니 公家에서 관여할 일이 아니기 때문이다.

【疏】注'大夫'至'所及' ○正義曰：檀弓下云"君於大夫, 將葬, 弔於宮." 君親弔之而不書者, 弔喪問疾, 人道之常, 假有得失, 不足褒貶, 如此小事, 例皆不書. 葬若國家所營, 則亦不可不書, 大夫之葬, 皆臣子自爲, 非公家所及, 事不關國, 無以得書葬也. 他國之君書葬者, 遣使往會, 須書君命故耳.

注의 〔大夫〕에서 〔所及〕까지

○ 正義曰：≪禮記≫ 〈檀弓 下〉에 "군주가 大夫에 대하여 장사를 지내려 할 적에 宮에서 弔喪한다."라고 하였다. 군주가 직접 조상했는데도 이를 기록하지 않는 것은, 조상하고 문병하는 일은 사람의 떳떳한 도리인데, 가령 잘잘못이 있더라도 褒貶하기에 부족하면 이처럼 작은 일은 으레 모두 기록하지 않는다. 장사를 만일 국가에서 경영하였다면 또한 기록하지 않을 수 없지만 대부의 장사는 모두 臣子가 스스로 하는 것이지 公家에서 관여할 바가 아니니, 국가에 관한 일이 아니므로 그 장사를 기록할 이유가 없다. 다른 나라 군주의 장례를 기록하는 것은 사신을 파견하여 장사에 참여하도록 보낼 적에 반드시 군주의 명령을 쓰기 때문이다.

宋人伐鄭하야 **圍長葛**하다

宋나라 사람이 鄭나라를 침공하여 長葛을 포위하였다.

【注】潁川長社縣北에 有長葛城이라

潁川 長社縣 북쪽에 長葛城이 있다.

【傳】五年이라 春에 公將如棠觀魚者하니 臧僖伯諫曰 凡物不足以講大事하고

5년이다. 봄에 隱公이 棠에 가서 물고기 잡는 것을 구경하려고 하니, 臧僖伯이 諫하였다.

"물건이 大事를 講習하기에 적합하지 않고,

【注】臧僖伯은 公子彄也니 僖는 謚也라 大事는 祀與戎이라

장희백은 公子 彄이니, 僖는 謚號이다. 大事는 제사와 전쟁이다.

【傳】其材不足以備器用이면 則君不擧焉하나니이다

그 材料가 器用을 만들기에 적합하지 않으면 君主는 擧動하지 않는 법입니다.

【注】材는 謂皮革齒牙骨角毛羽也라 器用은 軍國之器라

材는 皮革・齒牙・骨角・毛羽이다. 器用은 軍國의 그릇과 用具이다.

【傳】君은 將納民於軌物者也라 故講事以度(탁)軌量을 謂之軌요 取材以章物采를 謂之物이요 不軌不物을 謂之亂政이니 亂政亟(기)行이 所以敗也니이다

군주는 백성을 '軌'와 '物'에 들도록 하는 사람입니다. 그러므로 大事를 강습하여 軌量을 헤아리는 것을 '軌'라 하고, 재료를 취하여 物采를 드러내는 것을 '物'이라 하고, 軌와 物에 맞지 않는 것을 亂政이라 하니, 난정을 자주 행하는 것이 禍敗의 원인입니다.

【注】言器用衆物不入法度면 則爲不軌不物이니 亂敗之所起라

器用 등의 여러 물품이 맞는 법도에 들지 않으면 不軌・不物이 되니, 이것이 亂政으로 禍敗가 되는 일임을 말한 것이다.

【疏】'觀魚者' ○正義曰：說文云"漁, 捕魚也." 然則捕魚謂之魚. 天官"𩵚人, 掌以時𩵚爲梁", "凡𩵚者, 掌其政令", 是謂捕魚爲魚. 魚者, 猶言獵者也.

傳의 〔觀魚者〕

○ 正義曰：≪說文解字≫에 "'漁'는 물고기를 잡는 것이다."라고 하였다. 그렇다면 물고기 잡는 일을 '魚'라고 하는 것이다. ≪周禮≫ 〈天官〉에 "䱷人은 철을 따라 물고기를 잡기 위해 魚梁을 만드는 일을 주관한다."라고 하였고, "䱷者는 〈물고기 잡는 일에 관한〉 政令을 주관한다."라고 하였으니, 이것이 물고기 잡는 일이 '魚'가 됨을 이른 것이다. 〈經文의〉 '魚者'는 '獵者'라는 말과 같다.

【疏】 ○'臧僖'至'敗也' ○ 正義曰：'凡物不足以講大事'者, 物謂事物, 旌旗車服之屬. 若其爲教戰祭祀等大事, 故布設陳列則可, 如其細碎盤遊, 雖陳其物, 不堪足以講習大事. 止謂不爲大事而陳此物, 故云'不足以講大事'也. '其材不足以備器用'者, 材謂皮革齒牙之屬. 若其爲飾器用, 故狩獵取材則可, 如其因遊宴戲樂, 所得之材不堪足以備飾器用. 止謂不爲器用而取此材, 故云'不足以備器用'也. 人君一國之主, 在民之上, 當直己而行之, 以法敺民而納之於善, 故云'人君將納民於軌物者也', 言當爲軌・爲物, 納民於其中也. 旣言民歸軌物, 更(갱)解軌物之名. 故講習大事, 以準度(탁)軌法度量, 謂之爲軌, 準度軌量, 卽謂習戰・治兵[1]・祭祀之屬是也. 取鳥獸之材, 以章明物色采飾, 謂之爲物, 章明物采, 卽取材以飾軍國之器是也. 劉炫云"捕魚獵獸, 其事相類. 此諫大意, 言人君可觀獵獸, 不可觀捕魚. 凡物者, 廣言諸物, 鳥獸魚鱉之類也, 材謂所有皮革毛羽之類也, 器謂車馬兵甲, 軍國所用之物也. 凡此諸物, 捕之不足以講習兵事, 其材不足以充備器用, 如此者則人君不親擧焉." 其意言獵之坐作進退, 可以教戰陳, 獸之齒牙皮革, 足以充器用, 人君可以觀之. 捕魚不足以教戰陳, 鱗甲不足以爲器用, 人君不宜觀之. 人君以下云云同, 今若人君所行不得其軌, 擧動不順器服, 不當其物, 上下無章, 如是則謂之荒亂之政也. 亂政數(삭)行, 國家之所以禍敗也. 其意言魚非講事, 是不軌, 材不充用, 是不物. 今君觀魚, 是爲亂國之政, 禍敗之本, 故不用使公行也. 事度軌量, 正謂順時狩獵以教習戎事也, 材章物采, 正謂取其皮革以修造器物也. 下云"四時田獵, 治兵振旅[2], 以習威儀", 覆此講事也. "肉不登俎, 材不登器, 則公不射", 覆此章物也. 別言川澤之實, 非君所及, 指言不可觀魚, 辭有首引, 自相配成也.

1) 治兵：들어오는 것을 振旅라 하니, 治兵의 禮를 마치고서 군사를 정돈하여 돌아오는 것이다.

2) 振旅：출동했던 군대를 정돈하여 돌아오는 것이다. 振은 정돈하는 것이고 旅는 군사이다.

○ 傳의 〔臧僖〕에서 〔敗也〕까지

○ 正義曰：〔凡物不足以講大事〕 '物'은 事物을 이르니 旌旗와 車服 따위이다. 만일 전쟁을 교습하고 제사를 지내는 등의 大事 때문에 이런 사물을 배치하여 진열하는 것은 괜찮지만 盤遊 같은 사소한 경우에는 그런 사물을 진열하더라도 대사를 강습하는 데 적합하지 않다. 단지 대사를 행하기 위하여 이런 사물을 진열하지 않은 점을 말하였기 때문에 '不足以講大事'라고 한 것이다.

〔其材不足以備器用〕 '材'는 皮革・齒牙 따위이다. 예컨대 器用을 장식하기 위한 경우에는 이 때문에 사냥을 하여 재료를 취하는 일은 괜찮지만, 행락과 오락 같은 일로 인해 장만한 재료는 기용을 만드는 데 적합하지 않다. 단지 기용을 만들기 위하여 이런 재료를 장만하지 않은 점을 말하였기 때문에 '不足以備器用'이라고 말한 것이다.

임금은 한 나라의 주인이고 백성의 위에 군림하고 있으니, 자신의 행동을 바르게 행하여 법으로 백성을 길러서 善에 들게 하는 것이 마땅하다. 그러므로 '人君將納民於軌・物者也'라고 한 것이니, 이는 응당 軌에 맞게 하고 物에 맞게 하여 백성을 그 안에 들게 해야 함을 말한 것이다. 이미 백성을 軌와 物에 돌아가게 해야 함을 말하고 다시 軌와 物의 이름을 풀이하였다. 그러므로 大事를 강습함은 軌法과 度量을 헤아려 표준을 삼음으로써 軌가 됨을 이른 것이니, 법도를 헤아리는 일은 곧 戰事를 강습하고〔習戰〕 군대를 점검하며〔治兵〕 제사를 행하는 따위를 이른 것이 이것이다. 鳥獸의 재료를 취함은 物色과 采飾을 밝힘으로써 物이 됨을 이른 것이니, 物采를 밝히는 일은 곧 재료를 취하여 軍國의 기물을 꾸미는 것이 이것이다.

劉炫이 "물고기를 잡고 짐승을 사냥하는 것은 그 일이 서로 비슷하다. 여기서 諫한 大意는 임금은 짐승을 사냥하는 일을 구경할 수 있으나 물고기 잡는 일은 구경하면 안 되는 점을 말한 것이다. 대저 物이란 여러 사물을 넓은 범위로 말한 것으로 조수와 魚鼈 따위이고, 재료는 그것들이 가지고 있는 皮革과 毛羽 따위를 이르며, 기물은 車馬와 兵甲 등의 군국에 소용되는 물건이다. 이 여러 사물을 잡더라도 兵事를 강습하기에 부족하고 그 재료가 器用을 갖추기에 부족한 이와 같은 경우는 임금이 직접 擧動하지 않는 것이다."라고 하였다.

그 뜻은 다음과 같음을 말하였다. 사냥할 때의 앉고 일어서며 나아가고 물러나는 동작은 戰陣을 가르칠 수 있고, 짐승의 치아와 피혁이 기용을 충당할 수 있으면 임금이 구경할 수가 있다. 그러나 물고기 잡는 일은 전진을 가르칠 수가 없고 비늘과 껍데

기가 기용이 될 수 없으면 임금이 이를 구경하는 것은 마땅치 않다는 것이다. '人君' 아래의 云云한 내용도 이와 같으니, 지금 만일 임금의 所行이 그 軌를 얻지 못하거나 거동이 器服에 순조롭지 못하고, 그 사물에 합당치 못하여 위아래에 드러남이 없으면 이와 같은 경우를 혼란한 政事라고 이른다. 이런 亂政을 자주 행하는 것이 국가가 禍敗하는 원인이다.

그 뜻은 다음과 같음을 말하였다. 물고기 잡는 일은 兵事를 강습하지 못하니 이는 不軌이고, 재료에 충당해 쓰지 못하니 이는 不物이다. 지금 임금이 물고기 잡는 일을 구경하려는 것은 바로 나라를 혼란시키는 정사이고 화패의 근본이다. 그러므로 반드시 隱公이 가지 못하도록 한 것이다. 일을 헤아려 軌量을 바로잡는 것은 바로 철을 따라 사냥하여 병사를 교습하는 일을 이르고, 재료를 취하여 物采를 드러내는 것은 바로 짐승의 피혁을 취하여 기물을 수선하고 만드는 일을 이른다.

아래의 "네 철에 사냥하여 병사를 강습하고 부대를 정돈하여 威儀를 익힌다."라고 한 것은, 大事를 강습함을 되풀이하여 말한 것이다. "고기를 祭器에 올리지 못하고 재료가 기물에 쓰이지 못하면 公이 짐승을 쏘아 잡지 않는다."라고 한 것은 物采를 드러냄을 되풀이하여 말한 것이다.

川澤에서 생산되는 물체는 임금이 하는 일이 아님을 따로 말한 것은 임금은 물고기 잡는 일을 구경해서는 안 됨을 가리켜 말한 것이니, 말을 첫머리에 두어 절로 어울려 완성되게 한 것이다.

【疏】 ○ 注'臧僖'至'與戎' ○ 正義曰：僖伯名彄, 字子臧. 世本[1]云"孝公之子", 卽此冬書"公子彄卒", 是也. 謚法"小心畏忌曰僖." 是僖爲謚也. 諸侯之子稱公子, 公子之子稱公孫. 公孫之子不得祖諸侯, 乃以王父之字爲氏. 計僖伯之孫始得以臧爲氏, 今以僖伯之上已加臧者, 蓋以僖伯是臧氏之祖, 傳家追言之也. 成十三年傳曰"國之大事, 在祀與戎." 故知大事, 祀與戎也. 必知兼祀者, 以下云"鳥獸之肉, 不登於俎"故也. 劉炫云"田獵止教戎, 而言祀者, 獵狩主以祭祀, 故竝祀言之. 下注云'俎, 祭宗廟器', 見此意也."

1) 世本：≪漢書≫ 〈藝文志〉에 보이는 "≪世本≫은 모두 15篇이다."라는 구절의 주석에 의하면 "고대 史官이 黃帝 이래로 春秋시대의 諸侯와 大夫에 이르기까지 기록한 책이다."라고 하였다. 지금은 진하지 않으며 여러 서적에 인용된 구절이 있을 뿐이다.

○ 注의 〔臧僖〕에서 〔與戎〕까지

○ 正義曰：臧僖伯의 이름은 彄이고, 字는 子臧이다. ≪世本≫에 "孝公의 아들이다." 라고 하였으니, 곧 이해 겨울에 "공자 彄가 卒하였다.〔公子彄卒〕"라고 기록한 것이 이 사람이다. 諡法에 "삼가서 두려워하는 태도를 僖라 한다."라고 하였으니, 여기에서 僖는 시호가 된다. 諸侯의 아들을 '公子'라 일컫고 공자의 아들을 '公孫'이라 일컫는다. 공손의 아들은 제후를 祖로 할 수 없기 때문에 곧 조부의 字로 氏를 삼는다. 따져보면 희백의 손자가 비로소 臧으로 씨를 삼아야 하는데, 지금 희백의 앞에 벌써 臧을 추가한 것은 희백이 바로 臧氏의 시조로서 傳家함을 소급하여 말한 것이다.

成公 13년 傳에 "나라의 大事는 제사와 전쟁에 있다."라고 하였기 때문에 대사는 제사와 전쟁임을 알 수 있다. 대사가 반드시 제사와 겸하는 것을 알 수 있는 이유는 아래에서 "鳥獸의 고기를 제기〔俎〕에 올리지 못하거나."라고 하였기 때문이다. 劉炫은 "사냥은 武事를 교습하는 일에만 그쳤는데 제사를 말한 것은, 사냥은 제사를 위주로 하였기 때문에 제사를 아울러 말한 것이다. 아래의 注에서 '俎는 종묘에서 제사 지낼 때 사용하는 그릇이다.'라 하였으니, 이 뜻을 보인 것이다."라고 하였다.

【疏】 ○ 注'言器'至'所起' ○ 正義曰：車馬・旌旗・衣服・刀劒, 無不皆有法度. 器用衆物不入法度, 廣言之也. 器不當法, 用非其物, 則爲不軌不物, 政不在君, 則亂敗之所起也.

○ 注의 〔言器〕에서 〔所起〕까지

○ 正義曰：車馬・旌旗・衣服・刀劍에 모두 법도를 두지 않는 경우가 없으니, 器用 등의 여러 물품이 맞는 법도에 들지 않는다는 것은 넓은 범주로 말한 것이다. 기물이 법도에 맞지 않거나 법도에 맞지 않는 물품을 사용하면 不軌・不物이 되니, 政事가 君主에게 있지 않으면 亂政으로 敗亡이 일어나는 것이다.

【傳】 故春蒐夏苗秋獮(선)冬狩를

그러므로 봄 사냥, 여름 사냥, 가을 사냥, 겨울 사냥을

【注】 蒐는 索이니 擇取不孕者요 苗는 爲苗除害也요 獮은 殺也니 以殺爲名은 順秋氣也요 狩은 圍守也니 冬物畢成일새 獲則取之하야 無所擇也라 ○ 穀梁傳云 春曰田이요 秋曰蒐라

'蒐'는 찾는 것이니 새끼를 배지 않은 짐승을 가려서 잡는 것이고, '苗'는 곡식의 싹을 위해 害蟲을 제거하는 것이고, '獮'은 죽이는 것이니 죽이는 것으로 사냥의 이름을

삼은 것은 가을의 肅殺하는 기운을 따른 것이고, '狩'는 포위해 지키는 것이니 겨울에는 動物이 모두 成長하였기 때문에 잡히는 대로 잡아서 가리는 것이 없다는 의미이다.

○ ≪春秋穀梁傳≫에는 "봄 사냥은 田이라 하고, 가을 사냥은 蒐라 한다."라고 하였다.

【疏】 注'蒐索'至'擇也' ○ 正義曰：爾雅釋天四時之獵名與此同, 說者皆如此注, 故杜依用之. 周禮大司馬職"中春教振旅", "遂以蒐田", "中夏教茇舍[1]", "遂以苗田", "中秋教治兵", "遂以獮田", "中冬教大閱", "遂以狩田", 其名亦與此同. 鄭玄解苗田與此小異, 言"擇取不孕任者, 若治苗去不秀實者", 孫炎亦然. 桓四年公羊傳曰"春曰苗, 秋曰蒐, 冬曰狩", 三名旣與禮異, 又復夏時不田. 穀梁傳曰"四時之田, 皆爲宗廟之事也, 春曰田, 夏曰苗, 秋曰蒐, 冬曰狩", 皆與禮異者, 良由微言旣絶, 曲辨妄生. 丘明親受聖師, 故獨與禮合. 漢代古學不行, 明帝集諸學士作白虎通義, 因穀梁之文爲之生說, 曰"王者・諸侯所以田獵何. 爲苗除害, 上以共宗廟, 下以簡集士衆也[2]. 春謂之田何. 春, 歲之本, 擧本名而言之也. 夏謂之苗何. 擇(其)〔去〕[3]懷任者也. 秋謂之蒐何. 蒐索肥者也. 冬謂之狩何. 守地而取之也. 四時之田, 總名爲田何. 爲田除害也." 案苗非懷任之名, 何云"擇去懷任". 秋獸盡皆不瘦, 何云"蒐索取肥". 雖名通義, 義不通也. 故先儒皆依周禮・左傳・爾雅之文而爲之說, 其名亦有意焉. 雖復春獵, 獲則取之, 不能擇取不孕, 夏獵所取無多, 不能爲苗除害, 爲因時異而變文耳. 謂之獵者, 蔡邕月令章句云"獵者, 捷取之名也."

1) 茇舍：군대가 잡초를 제거하고 군영을 설치하여 野營하는 일이다.
2) 明帝集諸學士作白虎通義……下以簡集士衆也：孫詒讓의 ≪十三經注疏校記≫에 "현재의 ≪白虎通≫에는 이 내용이 없으니 아마 逸篇 안에 있는 듯하다."라고 하였다.
3) (其)〔去〕：저본에는 '其'로 되어 있으나, 阮元의 〈校勘記〉에 의거하여 '去'로 바로잡았다.

注의 〔蒐索〕에서 〔擇也〕까지

○ 正義曰：≪爾雅≫ 〈釋天〉의 사철 사냥의 명칭이 여기와 같고 해설한 내용도 모두 여기의 注와 같기 때문에 杜預가 이를 따라 썼다. ≪周禮≫ 〈夏官 大司馬職〉에 "中春에 振旅를 가르치고……마침내 봄 사냥을 하며", "中夏에 茇舍를 가르치고……마침내 여름 사냥을 하며", "中秋에 治兵을 가르치고……마침내 가을 사냥을 하며", "中冬에 대규모의 검열을 가르치고……마침내 겨울 사냥을 한다."라고 하였으니 그 명칭 역시 이

곳과 같다. 鄭玄의 '苗田'에 대한 해석은 여기서 말한 것과 조금 달라서 "새끼를 배지 않은 짐승을 가려서 잡는다는 것은, 마치 곡식의 싹을 다스려 열매를 맺지 못하는 것을 제거하는 것과 같다."라고 말하였는데, 孫炎의 해석도 이와 같다.

≪春秋公羊傳≫ 桓公 4년에 "봄 사냥을 苗라 하고, 가을 사냥을 蒐라 하며, 겨울 사냥을 狩라고 한다."라고 하여 세 명칭이 이미 ≪주례≫와 다르고, 또 여름철에는 사냥하지 않는다. ≪春秋穀梁傳≫에 "네 철의 사냥은 모두 종묘의 제사를 위하여 하는 일이니, 봄 사냥을 田이라 하고, 여름 사냥을 苗라 하고, 가을 사냥을 蒐라 하고, 겨울 사냥을 狩라고 한다."라고 하여 모두 ≪주례≫와 다른 것은, 참으로 은미한 말이 이미 단절되어 曲辯을 함부로 만들어낸 데에 연유한다.

左丘明은 聖師(孔子)에게 직접 전수받았기 때문에 홀로 ≪주례≫와 부합한다. 漢代에 古學이 세상에 시행되지 않자 明帝가 여러 學士를 모아서 ≪白虎通義≫를 지었는데, ≪춘추곡량전≫의 글을 이용하여 다음과 같이 말을 지어냈다.

"王者와 諸侯가 사냥하는 까닭은 무엇 때문인가? 곡식의 싹을 위해 해충을 제거하여 위로는 종묘 제사에 공급하고 아래로는 군대를 집합시켜 검열하기 위함이다. 봄 사냥을 田이라고 이르는 것은 무엇 때문인가? 봄은 한 해의 근본이니 本名을 들어 말한 것이다. 여름 사냥을 苗라고 이르는 것은 무엇 때문인가? 새끼 밴 짐승을 가려 잡는다는 뜻이다. 가을 사냥을 蒐라 이르는 것은 무엇 때문인가? 살진 짐승을 찾아 잡는다는 뜻이다. 겨울 사냥을 狩라고 이르는 것은 무엇 때문인가? 〈일정한〉 지역을 지켜서 잡는다는 뜻이다. 사철의 사냥을 모두 田이라 이름 붙인 것은 무엇 때문인가? 농사짓는 田地를 위하여 해충을 제거한다는 뜻이다."

그러나 살펴보건대 苗는 새끼를 배었다는 명칭이 아닌데 왜 "새끼 밴 짐승을 가려 잡는다."고 하는가? 가을철의 짐승은 모두 야위지 않는데 왜 "살진 짐승을 가려 잡는다."고 하는가? 명칭은 뜻과 통하지만 내용의 뜻은 통하지 않는다. 그러므로 先儒들은 모두 ≪周禮≫·≪春秋左氏傳≫·≪爾雅≫의 글을 따라 말을 하였으니, 그 명칭에도 뜻이 있다. 봄에 다시 사냥을 하더라도 잡히는 대로 잡을 뿐이지 새끼 배지 않은 짐승을 가려 잡지는 못하고, 여름 사냥은 잡는 짐승이 많지 않아서 곡식의 싹을 위해 해충을 제거하지 못하니, 계절의 다름을 따라 글을 변경하여 말했을 뿐이다.

'獮'이라고 말하는 것은 蔡邕의 ≪月令章句≫에 "獮은 신속히 잡는다는 명칭이다."라고 하였다.

【傳】 皆於農隙以講事也니이다

모두 농한기에 실시하여 武事를 강습하는 것입니다.

【注】 各隨時事之間이라

각각의 철에 해당하는 일을 하고 난 여가를 따라 하는 것이다.

【疏】 注'各隨時事之間' ○ 正義曰：隙訓間也. 四仲之月, 自是常期, 就其月中, 簡選間日. 雖則農月, 必有間時, 故曰'隨時事之間'也. 仲冬, 農之最隙, 故大備禮也.

注의 〔各隨時事之間〕

○ 正義曰：'隙'의 새김〔訓〕은 여가이다. 네 계절마다 중간 달〔四仲月〕은 일정한 기간인데, 그달에 가운데 여가가 있는 날을 고르는 것이다. 농사일이 바쁜 달이라도 반드시 여가가 있는 때가 있기 때문에 '철에 해당하는 일을 하고 난 여가를 따라 하는 것이다.'라고 한 것이다. 仲冬(음력 11월)은 농사일에 가장 여가가 있기 때문에 빈틈없이 禮儀를 갖추는 것이다.

【傳】 三年而治兵하고 入而振旅하며

3년마다 治兵하고, 〈치병을 마친 뒤에〉 國都로 들어와 振旅하고

【注】 雖四時講武나 猶復三年而大習이라 出曰治兵이니 始治其事요 入曰振旅니 治兵禮畢하고 整衆而還이라 振은 整也요 旅는 衆也라

네 철마다 武事를 강습하였으나, 다시 3년마다 대규모로 訓練한다. 〈국경을〉 나가는 것을 治兵이라 하니 처음 그 일을 다스리는 것이고, 〈국도에〉 들어오는 것을 振旅라 하니 치병의 禮를 마치고 군사를 정돈하여 돌아오는 것이다. 振은 정돈하는 것이고, 旅는 군사이다.

【疏】 注'雖四'至'衆也' ○ 正義曰：雖每年常四時講武, 猶復三年而一大習, 猶如四時常祀, 三年而復爲禘祭, 意相類也. '出曰治兵'者, 以其初出, 始治其事也. '入曰振旅'者, 以治兵禮畢, 整衆而還. 振(訊)〔訓〕[1]是整理之義, 故振爲整也. '旅, 衆也', 釋詁文. 治兵振旅, 坐作進退, 其禮皆同, 所異者, 唯長幼先後耳. 釋天云"出爲治兵, 尙威武也, 入爲振旅, 反尊卑也." 孫炎曰"出則幼賤在前, 貴勇力也, 入則尊老在前, 復常法也." 莊八年穀梁傳曰"出曰治兵, 習戰也, 入曰振旅, 習戰也." 公羊傳曰"出曰治兵, 入曰振旅, 其禮一也, 皆習戰也, 是其禮同也." 何休公羊爲"出曰祠兵[2)]", 休云"殺牲饗士卒." 鄭玄詩箋引公羊亦作治兵, 是其所見本異也. 此治兵振旅, 亦四時敎之, 但於三年大習, 詳其文耳. 周禮"春敎振旅"·"秋敎治兵"者, 四時敎民各以其宜. 春卽止兵收衆, 專心於農, 秋卽繕甲厲兵, 將威不軌, 故異其文耳.

1) (訊)〔訓〕: 저본에는 '訊'으로 되어 있으나, 北京大本에 의거하여 '訓'으로 바로잡았다.
2) 祠兵 : 옛날 군대가 출전하려고 할 때 近郊에 군대를 진열하고 희생을 잡아 士卒을 푸짐하게 먹이는 행사를 이른다.

注의 〔雖四〕에서 〔衆也〕까지

○ 正義曰 : 해마다 고정적으로 네 철에 武事를 강습하고 다시 3년에 한 번 대규모로 강습하는 일이, 마치 네 철에 고정적으로 제사를 지내고 3년에 다시 禘제사를 지내는 일과 같으니 그 뜻이 서로 비슷하다.

'出曰治兵'은 처음 〈국경을〉 나갔을 때 비로소 그 〈군대의〉 일을 다스리는 것이다. '入曰振旅'는 治兵하는 禮를 마치고 나서 군사를 정돈하여 돌아오는 것이다. '振'의 새김은 바로 '정리하다'의 뜻이기 때문에 振은 정돈함이 된다. 〈注에서〉 '旅는 군사이다.'라고 한 것은 ≪爾雅≫ 〈釋詁〉의 글이다. 치병과 진려에서 坐作進退(앉고 일어서며 나아가고 물러가는 동작)는 그 준칙이 모두 동일하니, 다른 것은 다만 노인과 젊은이의 先後 차례일 뿐이다. ≪이아≫ 〈釋天〉에 "나갈 적에 치병하는 것은 威武를 숭상하는 일이고, 들어올 적에 진려하는 것은 尊卑의 차례를 되돌리는 일이다."라고 하였다. 孫炎은 "나갈 적에 젊은이와 미천한 사람을 앞에 두는 것은 勇力을 귀중하게 여기는 것이고, 들어올 적에 존귀한 사람과 노인을 앞에 두는 것은 통상의 법도를 회복하는 것이다."라고 하였다.

≪春秋穀梁傳≫ 莊公 8년에 "나가는 것을 치병이라 하는 것은 전쟁을 연습하는 일이고, 들어오는 것을 진려라 하는 것은 전쟁을 연습하는 일이다."라고 하였고, ≪春秋公羊傳≫에는 "나가는 것을 치병이라 하고, 들어오는 것을 진려라 하는데, 그 준칙이 동일하니 모두 전쟁을 연습하는 일이다. 이것이 그 준칙이 동일한 것이다."라고 하였다. 何休의 ≪春秋公羊傳解詁≫에는 '出曰祠兵(나가는 것을 사병이라 한다)'이라고

되어 있는데, 이에 대하여 하휴는 "犧牲을 잡아 士卒을 먹이는 것이다."라고 하였다. 鄭玄의 ≪毛詩箋≫에 ≪춘추공양전≫을 인용하면서 역시 '治兵'이라 하였으니, 이는 그가 본 ≪춘추공양전≫이 다른 本인 것이다. 이 치병·진려 또한 네 철에 教習하되 다만 3년마다 대규모로 강습한다 하여 그 글을 상세히 하였다.

≪周禮≫ 〈夏官 大司馬〉에 "봄에는 진려를 교습하고", "가을에는 치병을 교습한다."라는 것은, 네 철에 각각 알맞게 백성을 교습한 것이다. 봄에는 兵事를 멈추고 민중을 수합하여 농사일에 전념하고, 가을에는 갑옷을 수선하고 병기를 갈아서 반란하려는 자를 두렵게 하기 때문에 그 글을 다르게 썼을 뿐이다.

【傳】 歸而飮至하야 **以數軍實**[1)]하니이다

1) 實 : 군대의 兵車·武器 및 전쟁에서 노획한 각종 戰利品을 이른다.

돌아온 것을 宗廟에 고하고〔至〕 술을 마시고 나서 軍實을 계산하는 것입니다.

【注】 飮於廟하야 以數車徒器械及所獲也라

종묘에서 술을 마시고 나서 車兵·步兵의 무기 및 노획한 물품을 계산한다.

【疏】 注'飮於'至'獲也' ○ 正義曰 : 桓二年傳例曰"凡公行, 告于宗廟, 反, 行飮至." 彼飮至在廟, 知此言飮至, 亦飮於廟也. 軍之資實, 唯有車徒器械, 獵則有所獲. 詩序[1)]車攻美宣王"脩車馬, 備器械", "因田獵而選車徒", 故知數軍實者, 數車徒器械及所獲也. 說文云"械, 器之總名." 虞喜[2)]云"器械謂鎧甲·兜鍪也." 宣十二年傳言楚國"無日不討軍實而申儆之". 襄二十四年傳曰"齊社蒐軍實, 使客觀之." 二注竝云'軍器', 不言車徒及所獲者, 彼無獵事, 故不言也.

1) 詩序 : '毛詩序'의 준말이다. 현재 '詩序'는 大序와 小序의 구분이 있다. 각 시의 앞에 배열하여 각 篇의 主題를 해석한 것을 '小序'라 하고, 첫 편인 〈關雎〉의 小序 뒤에 시의 전체를 槪說한 내용을 '大序'라 한다. '대서'는 子夏가 지었고, '소서'는 자하와 毛公이 지었다는 설과 後漢의 衛宏이 지었다는 설이 있으며, 이 밖에도 여러 설이 있다.

2) 虞喜 : 東晉의 會稽 餘姚(지금의 浙江省 慈溪) 사람이다. 천문학자로 操行이 있고 박학하였다. 벼슬에 나가지 않고 학문 연구에 전념하여 많은 저술을 남겼다. 하늘은 끝없이 높고 안정되어 日月星辰이 각각 운행한다는 ≪安天論≫을 지었고, 또 冬至 때의 태양 위치가 50년마다 서쪽으로 1도씩 이동한다는 歲差를 최초로 發現하여 천문학

발전에 영향을 미쳤다. 經學에도 조예가 깊어 ≪毛詩略≫·≪孝經注≫·≪志林≫ 등 많은 저술을 하였으나 대부분 散逸되었다.

注의 〔飮於〕에서 〔獲也〕까지

○ 正義曰：桓公 2년 傳例에 “公이 出行할 때엔 종묘에 출행을 고하고, 돌아와서는 종묘에 歸還을 고하고 나서 飮至한다.”라고 하였다. 저곳에서 음지를 종묘에서 행하였기 때문에 여기에서 말한 음지도 종묘에서 술을 마셨음을 알 수 있다.

軍中의 물자는 다만 車兵과 步兵의 병기가 있고 사냥에는 획득한 짐승이 있다. ≪詩經≫ 〈小雅 車攻〉의 毛序에 周 宣王을 찬미하여 “수레와 말을 마련하고 병기를 완비하여……사냥을 이용하여 거병과 보병을 선발하였다.”라고 하였다. 그러므로 軍實을 계산한 것은 거병과 보병의 병기와 노획한 물품임을 알 수 있다. ≪說文解字≫에 “械는 기구의 총칭이다.”라고 하였고, 虞喜는 “器械는 갑옷과 투구를 이른 것이다.”라고 하였다. 宣公 12년 傳에 楚나라는 “〈軍中에서〉 군실을 다스리고 거듭 경계하지 않은 날이 없다.”라고 하였고, 襄公 24년 傳에 “齊나라가 軍中에서 社에 祭祀를 지내고 군실을 檢閱하면서 楚나라의 사신에게 參觀하게 하였다.”라고 하였는데, 이 두 곳의 杜預 注에 모두 〈군실을〉 ‘軍器’라 하고 거병·보병 및 노획한 물품을 말하지 않은 것은, 저곳에는 사냥한 일이 없기 때문에 말하지 않은 것이다.

【傳】昭文章하야

文章을 밝게 드러내어

【注】車服旌旗라

車服과 旌旗이다.

【疏】注‘車服旌旗’ ○ 正義曰：周禮巾車職曰“革路[1)]建大白以卽戎”, “木路[2)]建大麾以田”. 司服職曰“凡兵事, 韋弁服[3)]”, “凡甸, 冠弁服[4)]”. 鄭玄云“甸, 田獵也.” 計田獵當乘木路, 服冠弁, 但三年治兵, 乃習兵大禮, 不宜乘田車, 服田服. 天子蓋乘革路, 服韋弁也. 在軍君臣同服, 公卿以下蓋亦乘兵車·服兵服也. 其旌旗, 則尊卑異建, 治兵之禮, 爲辨旗物, 必不建大白·大麾. 大司馬職曰“中秋敎治兵”, “辨旗物[5)]之用, 王載大(태)常[6)], 諸侯載旂[7)], 軍吏載旗[8)], 師都載旜(전)[9)], 鄕遂載物[10)], 郊野載旐[11)], 百官載旟(여)[12)]”, “遂以獮田.” 鄭

玄云"軍吏, 諸軍帥也, 師都, 遂大夫也, 鄕遂, 鄕大夫也. 或載旜, 或載物. 衆屬軍吏, 無所將也. 郊, 謂鄕遂之州長縣正以下也, 野, 謂公邑大夫. 載旐者, 以其將羨卒[13]也. 百官, 卿大夫也, 載旟者, 以其屬衛王也. 凡旌旗, 有軍衆者畫異物, 無者帛而已." 然則治兵旌旗, 當如司馬職文也. 按司常職云"及國之大閱, 贊司馬頒旗物. 王建大(태)常, 諸侯建旂, 孤卿建旜, 大夫士建物, 師都建旗, 州里建旟, 縣鄙建旐, 道車[14]載旞(수)[15], 斿(유)車載旌." 計大閱治兵, 俱是敎戰, 而旌旗之物所建不同者, 鄭玄云"凡頒旗物, 以出軍之旗則如秋, 以尊卑之常則如冬", "大閱備軍禮, 而旌旗不如出軍之時空辟(피)實." 然則大閱所建, 尊卑之常, 治兵所建, 出軍之禮. 此'三年治兵'與'秋敎治兵', 其名旣同, 建當不異. 故服虔解此亦引司馬職文, 明是旌旗所建, 用秋辨旗物之法. 案大司馬職"敎治兵", "王載大常", 所以巾車云"大麾以田", 又云"大白以卽戎"者, 先儒以爲王田, 春夏則大麾, 秋冬則大常, 旌旗所用, 雖如治兵之時, 然王若親軍, 則建大白.

1) 革路 : 옛날 제왕이 타던 五路의 한 가지이다. 兵車의 일종이니 가죽으로 위를 덮고 다른 장식이 없다. 전쟁을 하거나 諸侯의 국토 혹은 사방의 국경을 순시할 때 쓴다. 路는 輅로도 쓴다.
2) 木路 : 옛날 제왕이 타던 수레의 한 가지이다. 단지 漆만 바른 채 가죽을 덮지 않고 金·玉·象牙 따위로 장식하지도 않았다. 사냥을 하거나 지역을 순시할 때 쓴다.
3) 韋弁服 : 冠 위에 붉은 가죽으로 만든 모자를 덧씌우고 붉은 가죽으로 만든 옷을 입는 것을 말한다.
4) 冠弁服 : 冠弁은 검정 비단으로 만든 委貌冠이고, 服은 검정 베로 지은 옷이다.
5) 旗物 : 사물의 형상을 그려서 만든 旗이다.
6) 大(태)常 : 九旗의 하나이다. 日月·星辰·交龍을 그린 제왕의 기이다.
7) 旂 : 두 마리 용〔交龍〕을 그려넣고 깃대 꼭대기에 방울을 단 기이다.
8) 旗 : 곰과 범의 형상을 그려넣은 기이다.
9) 旜(전) : 정폭〔縿〕과 기드림〔斿〕을 붉은 천〔通帛〕으로 수식이 없이 만든, 깃대가 구부정한 기이다.
10) 物 : 雜帛의 旗를 말한다. 잡백은 기의 정폭과 기드림의 색깔을 다르게 만든 것이다.
11) 旐 : 거북과 뱀을 그려넣어 만든 기이다.
12) 旟(여) : 새매의 형상을 그려넣어 만든 기이다.
13) 羨卒 : 正軍 이외의 병사를 말한다.
14) 道車 : 天子가 타는 수레의 한 가지인 象路로, 왕이 道德을 행할 때 타는 수레라고 한다.

15) 旞(수) : 깃대 꼭대기에 완전한 오색의 새깃으로 장식한 기이다. 導車에 꽂는다.

注의 〔車服旌旗〕

○ 正義曰 : ≪周禮≫ 〈春官 巾車職〉에 "革路에는 大白旗(백색의 기)를 꽂고 군대에 나간다.……木路에는 大麾(대장기)를 꽂고 사냥을 한다."라고 하였고, ≪주례≫ 〈춘관 司服職〉에 "모든 兵事에는 韋弁服을 하고……모든 甸에는 冠弁服을 한다."라고 하였는데, 鄭玄은 "甸은 사냥이다."라고 하였다. 고찰하건대 사냥을 할 때는 당연히 목로를 타고 관변복을 착용하는데, 다만 3년마다 행하는 治兵은 곧 兵事를 강습하는 大禮이니 田車(사냥할 때 타는 수레)를 타고 田服을 입는 것은 마땅치 않다. 天子는 혁로를 타고 위변복을 착용하는데, 軍中에 있을 때에는 임금과 신하가 같은 복장을 하니 公卿 이하는 역시 兵車를 타고 軍服을 입어야 한다.

旌旗는 尊卑의 신분에 따라 다른 깃발을 세우는데, 치병의 禮에는 旗物(物象을 그린 기)을 분별하여 반드시 대백기와 대휘를 세우지 않는다. ≪주례≫ 〈夏官 大司馬職〉에 "中秋에 치병의 예를 가르치는데……旗物의 사용을 분별하여 王은 太常을 달고〔載〕 諸侯는 旂를 달고 軍吏는 旗를 달고 師都는 旜을 달고 鄕遂는 物을 달고 郊野는 旐를 달고 百官은 旟를 단다.……마침내 獮田의 예를 행한다."라고 하였다. 鄭玄은 "군리는 여러 軍帥이고, 사도는 遂大夫이고, 향수는 鄕大夫이다. 旜을 달기도 하고 物을 달기도 하는 것은 군대가 군리에게 소속되어 통솔하는 군대가 없기 때문이다. 郊는 향수의 州長과 縣正 이하를 이르고, 野는 公邑(君主의 직할지)의 大夫를 이른다. 旐를 다는 것은 羨卒을 통솔하기 때문이다. 백관은 卿大夫이니, 旟를 다는 것은 王을 衛守하는 데 소속하기 때문이다. 무릇 정기는 군대를 통솔하는 자가 있는 경우 다른 사물을 그리고, 〈군대를 통솔하는 자가〉 없는 경우 帛으로 할 뿐이다."라고 하였다. 그렇다면 치병할 때의 정기는 당연히 ≪주례≫ 〈하관 대사마직〉에 기록한 글과 같아야 한다.

살펴보건대 ≪주례≫ 〈춘관 사상직〉에 "나라의 大閱(대규모 군대 검열)을 할 적에 司馬를 도와 기물을 頒給한다. 왕은 太常을 꽂고 제후는 旂를 꽂고 孤卿은 旜을 꽂고 大夫와 士는 物을 꽂고 師都는 旗를 꽂고 州里는 旟를 꽂고 縣鄙는 旐를 꽂고 道車는 旞를 꽂고 斿車(木路)는 旌을 꽂는다."라고 하였다.

고찰하건대 대열과 치병은 모두 전쟁을 가르치는 일인데 꽂는 깃발이 똑같지 않은 것은, 鄭玄이 "旗物을 나누어줄 경우에 出軍할 때의 기는 가을의 〈치병 때와〉 같게 하고, 尊卑를 드러내는 평상시의 기는 겨울의 〈대열 때와〉 같이 한다……대열할 경우에

軍禮를 완비하기는 하지만 정기는 출군할 때와 같지 않아서 정기를 비워서 軍實을 회피하는 것이다."라고 하였다. 그렇다면 대열할 때 꽂는 기는 존비를 드러내는 常道이고, 치병할 때 꽂는 것은 출군할 때의 예인 것이다.

이곳의 '三年治兵'과 '秋教治兵'은 그 명칭이 이미 같으니 꽂는 기도 당연히 다르지 않다. 그러므로 服虔이 이를 해석할 적에도 〈대사마직〉의 글을 인용하여 이 정기를 꽂는 데 대하여 가을에 기물을 구분하는 법을 따라 밝혔다. 〈대사마직〉을 살펴보건대 "治兵을 가르칠 적에……왕은 태상을 단다."라 하였다. 이 때문에 ≪주례≫ 〈춘관 巾車〉에 "大麾를 꽂고 사냥을 한다."라 하고, 또 "大白을 꽂고 兵事에 나아간다."라고 하였으니 이것을 先儒가 왕이 사냥을 할 때 봄과 여름에는 대휘를 꽂고 가을과 겨울에는 태상을 꽂아서 사용하는 정기가 치병할 때와 같으나 왕이 만일 직접 군대를 지휘하면 대백을 꽂는다고 하였다.

【傳】 明貴賤하고 辨等列하야

貴賤을 밝히고 등급〔等列〕을 변별하여

【注】 等列은 行(항)伍라

等列은 군대의 대오이다.

【傳】 順少長은

어른과 젊은이의 차례를 짓는 것은

【注】 出則少者在前하고 還則在後 所謂順也라

나갈 때에는 젊은이가 앞서 나가고 돌아올 때에는 뒤따라오는 것이 이른바 順理이다.

【傳】 習威儀也니이다 鳥獸之肉이 不登於俎어나

威儀를 익히는 것입니다. 鳥獸의 고기가 祭器에 올릴 수 없거나

【注】 俎는 祭宗廟器라

俎는 宗廟에 제사할 때 사용하는 器物이다.

【傳】皮革・齒牙・骨角・毛羽 不登於器면

가죽・이빨・뼈와 뿔, 털과 깃 등이 器用의 材料로 쓰지 못하면

【注】謂以飾法度之器라

법도에 정한 기용을 장식함을 말한다.

【疏】'鳥獸'至'於器' ○ 正義曰：說文云"革, 獸皮治去其毛, 革更之." 然則有毛爲皮, 去毛爲革. 周禮掌皮"秋斂皮, 冬斂革", 以其小異, 故別時斂之, 散文[1]則皮・革通也. 頷(함)上大齒謂之爲牙, 鳥翼長毛謂之爲羽. 齒・牙・毛・羽各自小異, 故歷言之也. '登於俎', 謂升俎以共祭, '登於器', 謂在器以爲飾, 諸器之飾, 有用此材者.

1) 散文：對文과 상대적 개념의 訓詁術語이다. 대문은 두 개념의 차이를 분석하는 것이고, 散文은 두 개념의 상통하는 점을 설명하는 것이다.

傳의 〔鳥獸〕에서 〔於器〕까지

○ 正義曰：≪說文解字≫에 "革은 짐승의 가죽을 무두질하여 털을 제거한 것이니, '바꾼다〔革更〕'는 뜻이다."라고 하였다. 그렇다면 털이 있으면 皮가 되고, 털을 제거하면 革이 되는 것이다. ≪周禮≫ 〈春官 掌皮〉에 "가을에는 皮를 거두고, 겨울에는 革을 거둔다."라고 하였으니, 그것이 조금 다르기 때문에 때를 달리하여 거두지만 散文에서는 皮와 革을 통용한다.

턱 위의 큰 이를 牙라 하고, 새 날개의 긴 털을 羽라고 한다. 齒・牙・毛・羽가 각자 조금 다르기 때문에 낱낱이 말한 것이다.

'登於俎'는 제기〔俎〕에 올려서 제사를 지내는 것을 이르고, '登於器'는 기물에 두어 장식하는 것을 이르니, 여러 기물을 장식하는 데 이 재료를 쓰는 것이다.

【疏】○ 注'俎祭宗廟器' ○ 正義曰：饗燕之饌, 莫不用俎, 獨言宗廟器者, 明田獵取禽, 主爲祭祀, 若止共燕食, 則公亦不爲. 下注云'法度之器', 其義亦然, 非法之器, 公亦不擧. 登訓爲升, 服虔以上登爲升, 下登爲成, 二登不容異訓. 且云'不成於器', 爲不辭矣. 又器以此物爲飾, 寧復待之乃成也. 周禮䱷人"凡祭祀, 共其魚之鱻薧(선고)", 特牲[1]・少牢[2], 祭祀之禮, 皆有魚爲俎實. "肉登於俎, 公則射(석)之",[3] 而以觀魚爲非禮者, 此

言'不登於俎'者, 謂妄出遊獵, 雖取鳥獸, 元不爲祭祀. 不登於器, 亦謂盤遊, 元不爲取材, 以飾器物. 今公觀魚, 乃是遊戲, 故以非之. 然登俎・登器之物, 雖君所親, 至於庶羞雜物, 細小之倫, 雖爲祭祀, 亦君不射. 禮水土之品, 籩豆之物, 苟可薦者, 莫不咸在, 豈皆公親之也. 劉炫云"此言田獵之時, 小鳥・小獸, 則公不射. 雖講事而田, 尙不射小物, 況魚非講事, 不宜輒擧." 不謂登俎之物, 皆公所親射. 祭祀水土云云同.

1) 特牲 : 祭禮나 宴饗에 쓰는 소나 돼지 중 한 종류의 가축을 이른다.
2) 少牢 : 祭禮에 羊과 돼지의 두 종류 가축을 이른다.
3) 肉登於俎 公則射(석)之 : 劉炫의 說이다.

注의 〔俎祭宗廟器〕

○ 正義曰 : 饗禮와 燕禮의 음식에 俎(禮器)를 쓰지 않는 경우가 없는데 종묘의 祭器만을 말한 것은 사냥하여 짐승을 잡는 일은 주로 제사를 지내기 위해 하는 것이니, 단지 향례와 연례의 음식을 제공하기 위해서라면 公은 또한 〈사냥을〉 하지 않음을 밝힌 것이다. 아래 注에 '法度之器'라고 한 그 뜻도 그러하니, 법도가 아닌 기물은 공이 역시 거동하지 않는다.

登의 새김은 '오르다' 인데, 服虔은 위의 登은 '오르다' 이고, 아래의 登은 '이루다'라고 하였으나, 두 '登'자는 두 가지 새김을 허용하지 않는다. 또 "기물에 이루지 못한다.〔不成於器〕"라고 하였으니, 말이 되지 않는다. 또 기물은 이 물건으로 장식을 하는 것이니, 어찌 다시 〈사냥하기를 기다리고〉 나서야 이루어지겠는가? ≪周禮≫ 〈天官 𩶛人〉에 "모든 제사에 말린 물고기 공급한다."라고 하였으니, 特牲과 小牢 같은 제사의 예에 모두 물고기를 제기에 담아 올리는 제물이 있다. "고기가 제기에 올릴 정도면 공은 그 짐승을 쏘아 잡는다."라고 하여 漁具를 구경하는 것은 예가 아님으로 여겼다. 여기서 '제기에 올릴 수 없다.'고 말한 것은 함부로 나가서 사냥하여 조수를 잡았더라도 원래 제사를 위한 일이 아님을 말한 것이다.

'기용의 재료로 쓰지 못한다.'는 것도 遊樂한 일로써 원래 재료를 취하여 기물을 장식하기 위함이 아님을 이른다. 지금 隱公이 어구를 구경하는 것은 바로 遊戲를 하는 것이기 때문에 비난한 것이다. 그러나 제기에 올리는 것과 기물을 장식하는 물건은 君主가 직접 하는 것이지만 여러 가지 맛있는 음식과 잡다한 물건은 미미한 종류이니, 제사를 위해서라도 역시 군주는 쏘아 잡지 않는다. 禮에 물과 흙에서 나는 祭品과 籩과 豆에 올리는 제물 중에 진실로 〈제수로〉 바칠 만한 것이 모두 있지 않은 것이 없는데 어찌 모든 〈제수를〉 公이 직접 마련하겠는가.

劉炫은 "이는 사냥할 때 작은 새나 작은 짐승은 공이 쏘아 잡지 않음을 말한 것이다. 武事를 강습하기 위해 사냥을 하더라도 오히려 작은 사물은 쏘아 잡지 않는 것인데, 하물며 물고기 잡는 일은 무사를 강습하는 일이 아니니 갑자기 그 일을 거행하는 것은 마땅치 않다."라고 하였으니, 제기에 올리는 물건을 모두 公이 직접 쏘아 잡는다고 이른 것은 아니다. "祭祀水土"라고 云云한 것도 뜻이 같다.

【傳】則公不射(석)이 **古之制也**니이다 **若夫山林川澤之實**과 **器用之資**는 **皁隷之事**요 **官司之守**니 **非君所及也**니이다

君主가 쏘아 잡지 않는 것이 옛날의 制度입니다. 예컨대 저 山林 川澤에서 생산되는 物品과 器物을 만드는 재료 같은 것은 皁隷(官奴)가 하는 일이고 官司가 맡은 職務이니, 군주가 할 일이 아닙니다."

【注】士臣皁하고 皁臣輿하며 輿臣隷라 言取此雜猥之物하야 以資器備는 是小臣有司之職이요 非諸侯之所親也라

士는 皁를 부리고, 皁는 輿를 부리며, 輿는 隷를 신하 삼아 부린다. 이런 잡다한 물건을 취하여 기용의 재료를 마련하는 일은 담당하는 하급 관리가 맡아 할 일이고 제후가 직접 하는 일이 아님을 말한 것이다.

【疏】'若夫'至'及也' ○ 正義曰：山林之實, 謂材木樵薪之類, 川澤之實, 謂蔆芡魚蟹之屬. 此皆器用之所資, 須賤人之所守掌, 非人君所宜親及之也. 此雖意諫觀魚, 而廣言小事, 故注云"取此雜猥之物以資器備, 非諸侯所親也." 雜猥, 謂諸雜猥碎也. 資, 謂器之資財待此而備, 器之所用及所盛皆是也. 穀梁傳曰"禮, 尊不親小事, 卑不尸大功. 魚, 卑者之事也, 公觀之, 非正." 與此同也. 若然月令季冬"命漁師始漁, 天子親往嘗魚, 先薦寢廟[1)]". 彼禮"天子親往", 此譏公者, 彼以"時魚絜美", 取之以薦宗廟, 特重其事. 天子親行, 意在敬事鬼神, 非欲以爲戲樂. 隱公觀魚, 志在遊戲, 故譏之也.

1) 寢廟 : 宗廟의 통칭이다. 고대 종묘의 앞에 있는 正殿을 廟라 하고 뒤에 있는 後殿을 寢이라고 하였다. 廟는 接神하는 곳이기 때문에 앞에 두고, 寢은 衣冠을 보관하는 곳이기 때문에 뒤에 두었다.

傳의 〔若夫〕에서 〔及也〕까지

○ 正義曰 : 山林에서 생산되는 물품은 재목과 땔나무 따위를 말하고, 川澤에서 생산되는 물품은 마름과 가시연밥, 물고기와 게 따위를 말한다. 이런 것은 모두 기물을 만드는 재료로써 반드시 賤人이 맡아 하는 것이지 임금이 직접 해야 하는 것은 아니다. 이는 漁具를 구경하는 일을 諫한 뜻이나 작은 일을 광범위하게 말하였기 때문에, 注에서 "이런 잡다한 물품을 취하여 기물의 재료를 마련하는 것은 諸侯가 직접 하는 일은 아니다."라고 말하였다. '雜猥'는 여러 잡다하고 번쇄한 것을 말한다. '資'는 기물의 재료가 이런 물건을 얻어 마련함을 말하니, 기물에 소용되는 것과 그 안에 담는 것이 모두 이것이다. ≪春秋穀梁傳≫에 "禮에 존귀한 사람은 직접 작은 일을 하지 않고, 비천한 사람은 큰 功을 주관하지 않는다. 물고기를 잡는 일은 비천한 사람의 일이니, 公이 그것을 구경하는 일은 바른 행위가 아니다."라고 하였으니, 여기서 말한 뜻과 같다.

그렇다면 ≪禮記≫ 〈月令〉의 季冬에 "漁師에게 명하여 처음 물고기를 잡게 하고, 天子가 직접 그곳에 가서 물고기를 맛보고 먼저 寢廟에 올린다."라고 하였다. 저 ≪예기≫에서 "천자가 직접 그곳에 간다."라고 하였는데 여기서 〈棠에 가려고 하는〉 隱公을 비난한 것은, 저곳의 "그때의 물고기가 깨끗하고 맛이 좋다."고 하여 잡아다가 종묘에 올리기 때문에 그 일을 특별히 중요하게 여긴다. 天子가 직접 그곳에 가는 것은 귀신을 공경히 섬기는 데 뜻이 있는 것이지 오락을 하고자 하는 것은 아니다. 은공이 어구를 구경하려는 것은 行樂에 뜻이 있었기 때문에 비난한 것이다.

【傳】 公曰 吾將略地焉이니라

隱公이 말하였다.
"나는 그 지역을 순행하려는 것이다."

【注】 孫辭以略地라 略은 總攝巡行之名이니 傳曰 東略之不知어니와 西則否矣라하니라

겸손한 말로 그 지역을 순행하려 한다고 말한 것이다. 略은 그 일을 주재하여 巡行하는 명칭이니, 〈僖公 9년〉 傳에 "東方을 순행하게 될지는 알 수 없으나 西方은 아니다."라고 하였다.

【疏】 注'孫辭'至'否矣' ○ 正義曰 : 僖九年傳曰"東略之不知, 西則否矣." 又十六年傳曰

"謀鄫, 且東略也." 略者, 巡行之名也. 公曰'吾將略地焉', 言欲案行邊竟, 是孫辭也. 若國竟之內, 不應譏公遠游, 且言'遠地', 明是他竟也. 釋例曰"舊說棠, 魯地, 據傳公辭欲略地, 則非魯竟也." 釋例土地名"棠在魯部內, 云本宋地, 蓋宋・魯之界上也."

注의 〔孫辭〕에서 〔否矣〕까지

○ 正義曰 : 僖公 9년 傳에 "東方을 순행하게 될지는 알 수 없으나 西方은 아니다."라고 하였다. 또 희공 16년 傳에 "鄫나라를 구원하고 또 동방을 순행하는 일을 모의하였다."라고 하였으니, '略'은 순행한다는 명칭이다. 隱公이 '나는 그 지역을 순행하려는 것이다.'라고 하여 변경을 순시하고자 한다고 말한 것이니, 이것이 겸손히 말한 것이다. 〈棠이〉 만일 국경 내의 지역이라면 응당 은공이 멀리 遊樂한다고 비난하지 못할 것이지만, 다시 '遠地'라고 말하였으니 이는 다른 경내임을 밝힌 것이다. ≪春秋釋例≫에 "舊說에 棠을 魯나라 땅이라고 하였으나 傳에서 은공이 '지역을 순행하고자 한다.'라고 한 말에 의거하면 노나라 경내가 아니다."라고 하였다. ≪춘추석례≫ 〈土地名〉에 "棠은 노나라 部內에 있는데 본래 宋나라 땅이라 하니 아마 송나라와 노나라의 경계 부근일 것이다."라고 하였다.

【傳】 遂往하야 陳魚而觀之하다

마침내 棠에 가서 물고기 잡는 기구를 늘어놓고 구경하였다.

【注】 陳은 設張也니 公大設捕魚之備而觀之라

陳은 늘어놓는 것이니, 隱公이 물고기 잡는 기구를 크게 늘어놓고 구경한 것이다.

【傳】 僖伯稱疾하고 不從하다 書曰 公矢魚于棠이라하니 非禮也요 且言遠地也라

臧僖伯은 병이 났다고 핑계하고 따라가지 않았다. 經에 '公矢魚于棠'이라고 기록하였으니, 이는 〈隱公의 행위가〉 禮에 맞지 않고, 또 먼 곳까지 갔다는 것을 말한 것이다.

【注】 矢亦陳也라 棠은 魯地竟이라 故曰 遠地라하니라

矢도 늘어놓는 것이다. 棠은 노나라와 〈다른 나라의〉 경계 지역이기 때문에 먼 곳이라고 말한 것이다.

【疏】注'矢亦陳也' ○ 正義曰：釋詁云"矢，陳也".

注의〔矢亦陳也〕

○ 正義曰：≪爾雅≫〈釋詁〉에 "矢는 늘어놓다"라고 하였다.

【傳】曲沃莊伯이 以鄭人邢人伐翼한대

曲沃 莊伯이 鄭人과 邢人을 거느리고 翼을 공격하자

【注】曲沃은 晉別封成師[1]之邑이니 在河東聞喜縣이라 莊伯은 成師子也라 翼은 晉舊都니 在平陽絳邑縣東이라 邢國은 在廣平襄國縣이라

1) 成師：晉 穆侯의 둘째 아들이다. 목후가 西戎과의 전쟁에서 승리한 뒤 이를 기념하기 위하여 당시에 태어난 아들의 이름을 成師라 하였다. 뒤에 晉 昭侯가 성사를 曲沃에 따로 封해주었는데, 그가 曲沃 桓叔이다. 그 후 100여 년 뒤에 그의 자손이 晉나라를 차지하였다.

曲沃은 晉나라가 따로 成師에게 봉해준 邑이니, 河東 聞喜縣에 있다. 莊伯은 成師의 아들이다. 翼은 晉나라 옛 都邑이니, 平陽 絳邑縣 동쪽에 있다. 邢나라는 廣平 襄國縣에 있다.

【疏】注'曲沃'至'國縣' ○ 正義曰：晉國，侯爵. 譜云"姬姓，武王子唐叔虞之後也. 成王滅唐而封之，今大(태)原晉陽縣是也. 燮父(보)改之曰晉，燮父孫成侯徙都曲沃，今河東聞喜縣是也. 穆侯徙都絳. 鄂侯二年，魯隱公之元年也. 定公三十一年，獲麟之歲也. 出公[1]八年，而春秋之傳終矣，出公十七年卒. 自出公以下，五世，八十二年，而韓·趙·魏滅晉也." 地理志云"河東聞喜縣，故曲沃也"，"武帝元鼎六年行過，改名." 應劭曰"武帝於此聞南越破，改曰聞喜." 志又曰"趙國襄國縣，故邢國." 然則於漢屬趙國，於晉屬廣平.

1) 出公：전국시대 晉 定公의 아들 鑿을 말한다. 出公 17년(B.C. 458)에 韓氏·趙氏·魏氏가 智伯 瑤와 함께 范氏·中行氏(중항씨)의 땅을 나누어 자기들의 邑으로 삼았다. 출공이 노하여 齊·魯나라에 이를 통고하고 이들을 공격하려고 하자 이들이 두려워하여 도리어 출공을 공격하니, 출공이 제나라로 달아나다가 길에서 죽었다.

注의 〔曲沃〕에서 〔國縣〕까지

○ 正義曰 : 晉나라는 侯爵이다. ≪世族譜≫에 "〈晉나라는〉 姬姓이니 武王의 아들 唐叔虞의 후예이다. 成王이 唐나라를 멸하고 봉하였으니, 지금의 太原 晉陽縣이 이곳이다. 燮父가 〈國號인 唐을〉 고쳐서 晉이라 하였고, 섭보의 손자 成侯가 國都를 曲沃으로 옮겼으니, 지금의 河東 聞喜縣이 이곳이다. 穆侯는 국도를 絳(지금의 山西省 侯馬市)으로 옮겼다. 鄂侯 2년은 魯 隱公의 원년이다. 定公 31년은 〈노나라에서〉 기린을 잡은 해이다. 出公 8년에 ≪春秋≫의 傳이 끝났는데, 출공은 17년에 죽었다. 출공 이후로 5대 82년을 지나 韓나라・趙나라・魏나라가 晉나라를 멸하였다.

≪漢書≫ 〈地理志〉에 "하동 문희현은 옛 곡옥이다."라 하고, 또 "漢 武帝 元鼎 6년에 이곳을 지나다가 이 이름으로 고쳤다."라고 하였다. 應劭는 "武帝가 이곳에서 南越을 격파했다는 소식을 듣고 聞喜라고 고쳤다."라고 하였다. 〈지리지〉에 또 "趙國의 襄國縣은 옛 邢나라이다."라고 하였다. 그렇다면 漢나라 때에는 趙國에 속하였고, 晉나라 때에는 廣平에 속한 곳이다.

【傳】 王使尹氏武氏로 **助之**하니 **翼侯奔隨**하다

周王이 尹氏・武氏를 보내어 〈莊伯을〉 도우니, 翼侯가 隨로 도망하였다.

【注】 尹氏武氏는 **皆周世族大夫也**라 **晉內相攻伐**하야 **不告亂**이라 **故不書**어늘 **傳具其事**하야 **爲後晉事張本**하니라 **曲沃及翼本末**은 **見**(현)**桓二年**하니라 **隨**는 **晉地**라

尹氏와 武氏는 모두 周나라의 선대에 공이 있는 官族 大夫이다. 晉나라가 國內에서 자기들끼리 서로 공격하면서 亂이 일어난 일을 고하지 않았기 때문에 經에 기록하지 않았는데 傳에 그 일을 구체적으로 기록하여 後日 晉나라에 事變이 일어나게 된 근원으로 삼았다. 曲沃과 翼에 관한 전 과정은 桓公 2년에 보인다. 隨는 晉나라 땅이다.

【傳】 夏에 **葬衛桓公**하니 **衛亂**이라 **是以緩**하니라

여름에 衛 桓公을 장사 지냈으니, 위나라에 난이 있었기 때문에 장례를 늦게 치른 것이다.

【注】有州吁之亂하야 十四月乃葬하니 傳明其非慢也라

州吁의 난리가 있어서 14개월 만에 비로소 장사 지냈으니, 傳에 〈늦게 장사 지낸 것이〉 태만해서가 아님을 밝혔다.

【傳】四月에 鄭人侵衛牧하야

4월에 鄭人이 衛나라의 牧에 침입하여

【注】牧은 衛邑이라 經書夏四月葬衛桓公이어늘 今傳直言夏하고 而更(갱)以四月附鄭人侵衛牧者는 於下事宜得月이라야 以明事之先後라 故不復備擧經文하니라 三年君氏卒도 其義亦同하니 他皆倣此하니라

牧은 衛나라 邑이다. 經文에 '夏四月葬衛桓公'이라고 기록하였는데, 지금 傳에서 다만 '夏'라고 기록하고, 다시 '四月'을 '鄭人侵衛牧' 앞에 붙인 것은, 아래의 記事에 당연히 달을 밝혀야 사건의 선후를 밝힐 수 있기 때문이다. 그러므로 다시 경문을 구체적으로 거론하지 않았다. 隱公 3년의 '君氏卒'도 그 뜻이 같다. 다른 곳도 모두 이와 같다.

【傳】以報東門之役하니

東門의 전쟁에 대한 보복을 하니

【注】東門役在四年이라

동문의 전쟁은 隱公 4년에 있었다.

【傳】衛人以燕師伐鄭하니

衛人이 燕나라 군대를 거느리고 鄭나라를 공격하니,

【注】南燕國이니 今東郡燕縣이라

〈燕은〉 南燕國이니, 지금의 東郡 燕縣이다.

【疏】注'南燕'至'燕縣' ○ 正義曰：燕有二國, 一稱北燕, 故此注言南燕以別之. 世本"燕國姞姓." 地理志, 東郡燕縣, "南燕國, 姞姓, 黃帝之後"也. 小國無世家[1), 不知其君號

謚. 唯莊二十〔年〕[2], 燕仲父(보)見傳耳.

1) 世家 : 諸侯의 世系를 기록한 것이다. 처음 봉해진 제후로부터 그 아래의 자손까지 항상 나라를 소유하였기 때문에 세가라고 한다.
2) 〔年〕 : 저본에는 '年'이 없으나, 阮元의 〈校勘記〉에 의거하여 보충하였다.

注의 〔南燕〕에 〔燕縣〕까지

○ 正義曰 : 燕나라는 두 나라가 있으니 하나는 北燕이라 일컫는다. 그러므로 이곳의 注에서 南燕이라고 말하여 〈북연과〉 구별한 것이다. ≪世族譜≫에 "연나라는 姞姓이다."라고 하였다. ≪漢書≫ 〈地理志〉의 東郡燕縣에 "남연국은 길성이니 黃帝의 후예이다."라고 하였다. 小國은 世家가 없어서 그 나라의 君號와 謚號를 알지 못한다. 다만 魯 莊公 20년에 燕 仲父가 傳에 보일 뿐이다.

【傳】鄭祭(채)足・原繁・洩駕는 **以三軍軍其前**하고 **使曼伯與子元**[1]으로 **潛軍軍其後**하니 **燕人畏鄭三軍**이나 **而不虞制人**하다

1) 曼伯與子元 : 曼伯은 鄭 莊公의 아들로 후일 昭公이 되는 忽의 字이고, 子元 역시 정장공의 아들로 후일 厲公이 되는 突의 자이다.

鄭나라 祭足・原繁・洩駕는 三軍을 거느리고 가서 燕軍의 전면을 공격하고, 曼伯・子元을 시켜 군사를 은밀히 전진하여 그 후면을 공격하게 하였다. 그러자 燕人은 〈앞에서 공격하는〉 정나라의 삼군은 두려워하였으나 〈후면의〉 制人의 공격은 豫測하지 못하였다.

【注】 北制는 鄭邑으로 今河南城皐縣也니 一名虎牢라

北制는 鄭나라의 邑으로 지금의 河南 城皐縣이니, 일명 虎牢라고도 한다.

【傳】六月에 **鄭二公子以制人**으로 **敗燕師于北制**하다

6월에 鄭나라의 두 公子가 制人을 거느리고 燕나라 군대를 北制에서 패배시켰다.

【注】 二公子는 曼伯・子元也라

두 公子는 曼伯과 子元이다.

【傳】君子曰 不備不虞면 不可以師니라

君子는 다음과 같이 論評하였다.
"의외의 사태에 대비하지 않으면 군대를 지휘할 수 없다."

【傳】曲沃叛王이어늘 秋에 王命虢公하야 伐曲沃하고 而立哀侯于翼하다

曲沃이 周王을 背叛하자, 가을에 주왕이 虢公에게 명하여 곡옥을 토벌하고 哀侯를 翼의 君主로 세우게 하였다.

【注】春에 翼侯奔隨라 故立其子光하니라

봄에 翼侯가 隨로 달아났기 때문에 그의 아들 光을 군주로 세운 것이다.

【傳】衛之亂也에 郕人侵衛라 故衛師入郕하다

衛나라에 內亂이 일어났을 적에 郕人이 위나라를 침공하였다. 그러므로 위나라 군대가 郕나라를 공격하여 들어간 것이다.

【注】郕은 國也니 東平剛父(보)縣西南에 有郕鄕하니라

郕은 나라 이름이니, 東平 剛父縣 서남쪽에 郕鄕이 있다.

【疏】注'郕國'至'郕鄕' ○ 正義曰：史記管蔡世家, 稱郕叔武, 文王子, 武王之母弟, "後世無所見". 旣無世家, 不知其君號謚. 唯文十二年, 郕大(태)子朱儒奔魯, 書曰"郕伯來奔", 見於經・傳, 則郕國伯爵也.

注의 〔郕國〕에서 〔郕鄕〕까지

○ 正義曰：≪史記≫〈管蔡世家〉에 郕叔武는 文王의 아들이고 武王의 母弟인데, 〈성숙무의〉 "후세는 보이는 곳이 없다."라고 하였다. 이미 기록된 世家가 없어서 그 나라의 君號와 謚號를 알지 못한다. 다만 文公 12년에 郕나라 太子 朱儒가 魯나라로 도망쳐왔는데, 이를 "郕伯來奔(성백이 노나라로 도망쳐 왔다.)"라고 써서 經과 傳에 보이니, 그렇다면 郕나라는 伯爵이다.

【傳】九月에 考仲子之宮하고 將萬焉할새

9월에 仲子의 宮을 落成하고 萬舞를 추려고 할 적에

【注】萬은 舞也라

萬은 춤이다.

【疏】注'萬舞也' ○ 正義曰：案公羊傳曰"萬者何. 干舞[1]也. 籥者何. 羽舞[2]也." 則萬與羽不同. 今傳云"將萬焉", "問羽數於衆仲", 是萬與羽爲一者. 萬・羽之異, 自是公羊之說. 今杜直云"萬, 舞也", 則萬是舞之大名也. 何休云 所以仲子之廟唯有羽舞無干舞者, "婦人無武事, 獨奏文樂"也. 劉炫云"公羊傳曰'萬者云云, 籥者云云', 羽者爲文, 萬者爲武. 武則左執朱干, 右秉玉戚, 文則左執籥, 右秉翟. 此傳將萬問羽, 卽似萬・羽同者, 以當此時萬・羽俱作. 但將萬而問羽數, 非謂羽卽萬也. 經直書羽者, 與傳互見之."

1) 干舞：춤추는 사람이 방패를 잡고 추는 武舞의 일종이다. 周나라 때 小舞의 한 가지이다.

2) 羽舞：춤추는 사람이 새의 깃을 잡고 추는 文舞의 일종이다. 周나라 때 小舞의 한 가지이다.

注의 〔萬舞也〕

○ 正義曰：≪春秋公羊傳≫을 살펴보면 "萬이란 무엇인가? 干舞이다. 籥이란 무엇인가? 羽舞이다."라고 하였으니, 만과 우는 같지 않다. 지금 傳에서 "萬舞를 추려고 한다.……衆仲에게 羽數를 물었다."라고 하였으니, 이는 만무와 우무를 하나로 여긴 것이다. 만무와 우무가 다르다는 것은 바로 ≪춘추공양전≫의 說이다. 지금 杜預는 곧바로 "萬은 舞이다."라고 하였으니, 그렇다면 萬은 바로 舞의 總名이다. 何休는 중자의 사당에 우무만 있고 간무가 없는 까닭에 대하여 "婦人은 武에 관한 일이 없기 때문에 단지 文樂(雅樂)만을 연주한다."라고 하였다.

劉炫은 "≪춘추공양전≫에 '萬은……, 籥은……다'라고 하였으니, 羽는 文舞가 되고 萬은 武舞가 된다. 무무는 왼손에는 붉은 방패를 잡고 오른손에는 옥도끼〔玉戚〕를 잡고 〈춤을 추며〉, 문무는 왼손에는 籥(피리의 일종)을 잡고 오른손에는 꿩 깃을 잡고 〈춤을 춘다는 것이다.〉 이 傳에서 '만무를 추려고 할 적에 羽數를 물었다.'고 하여 곧 만무와 우무가 같은 것처럼 여긴 것은, 이때를 당해 萬과 羽가 함께 만들어진 듯하다. 단지 만무를 추려고 하면서 우수를 물은 것이지, 羽가 곧 萬임을 이른 것은 아니다. 經文에 羽만을 썼으니 傳과 서로 참고해 보아야 한다.

【傳】公問羽數於衆仲한대

隱公이 衆仲에게 羽數를 묻자

【注】問執羽人數라

깃을 잡고 춤을 추는 사람의 수를 물은 것이다.

【傳】對曰 天子用八이요

衆仲이 대답하였다.
"천자는 八佾을 쓰고,

【注】八八六十四人이라

8×8 64인이다.

【傳】諸侯用六이요

제후는 六佾을 쓰고,

【注】六六三十六人이라

6×6 36인이다.

【疏】注'六六三十六人' ○ 正義曰：何休說如此. 服虔以用六爲六八四十八, 大夫四爲四八三十二, 士二爲二八十六. 杜以舞勢宜方, 行列旣減, 卽每行人數亦宜減, 故同何說也. 或以襄十一年, 鄭人賂晉侯以"女樂二八", 爲二佾之樂, 知自上及下, 行皆八人, 斯不然矣. 彼傳見晉侯減樂之半, 以賜魏絳, 因"歌鐘二肆", 遂言"女樂二八", 爲下半樂張本耳, 非以二八爲二佾. 若二八卽是二佾, 鄭人豈以二佾之樂賂晉侯, 晉侯豈以一佾之樂賜魏絳.

注의〔六六三十六人〕

○ 正義曰：何休의 설도 이와 같다. 服虔은 '用六'은 6×8 48, 大夫 '四'는 4×8 32, 士 '二'는 2×8 16이 된다 하였다. 杜預는 춤의 대형은 당연히 方形이 되어야 하고 줄 수가 이미 줄었으면 줄마다 사람의 수도 당연히 줄어야 되기 때문에 하휴의 설과 같이 한 것이다. 혹자는 襄公 11년에 鄭人이 晉侯에게 뇌물을 헌상한 일에 대하여 '女樂二八'을 '二佾의 樂'으로 여겨 위에서 아래로 내려갈 적에 줄마다 모두 8인임을 알 수 있다고 하였는데 이는 그렇지 않다. 저 傳에 진후가 받은 樂의 반을 떼어 魏絳에게 하사하되 '歌鐘二肆'를 통해 마침내 '女樂二八'이라고 말하였으니, 이는 아래의 樂의 반을 주었다는 사실의 근원을 보인 것일 뿐이고 '二八'을 '二佾'로 여긴 것은 아니다. 만일 이팔이 바로 이일이라면 정인은 어찌 이일의 樂을 진후에게 뇌물로 헌상했겠으며, 진후는 어찌 一佾의 樂을 위강에게 하사했겠는가?

【傳】 大夫四요

대부는 四佾을 쓰고,

【注】 四四十六人이라

4×4 16인이다.

【傳】 士二니이다

士는 二佾을 씁니다.

【注】 二二四人이라 士有功이면 賜用樂이라

2×2 4인이다. 士는 功이 있으면 제사에 음악을 쓰도록 〈特典을〉 하사하였다.

【傳】 夫舞所以節八音而行八風이라

춤은 八音으로 박자를 삼아 八方의 風氣를 전파하는 것입니다.

【注】 八音은 金·石·絲·竹·匏·土·革·木也요 八風은 八方之風也라 以八音之器로 播八方之風하야 手之舞之하고 足之蹈之하야 節其制而序其情이라 ○ 八音은 金鐘·石磬·

絲琴瑟·竹簫管·土塤·木柷敔(축어)·匏笙·革鼓也라 八方之風은 謂東方谷風·東南淸明風·南方凱風·西南涼風·西方閶闔風·西北不周風·北方廣莫風·東北方融風이라

八音은 金·石·絲·竹·匏·土·革·木이고, 八風은 八方의 風氣이다. 팔음의 樂器로 八方의 풍기를 傳播하면서, 손은 내젓고 발은 율동하여 감정을 節制하면서 우울한 情緖를 표현하는 것이다.

○ 팔음은 金은 鐘, 石은 磬, 絲는 琴·瑟, 竹은 簫·管, 土는 塤, 木은 柷·敔, 匏는 笙, 革은 鼓이다. 팔방의 풍기는 동방의 谷風, 동남의 淸明風, 남방의 凱風, 서남의 涼風, 서방의 閶闔風, 서북의 不周風, 북방의 廣莫風, 동북방의 融風이다.

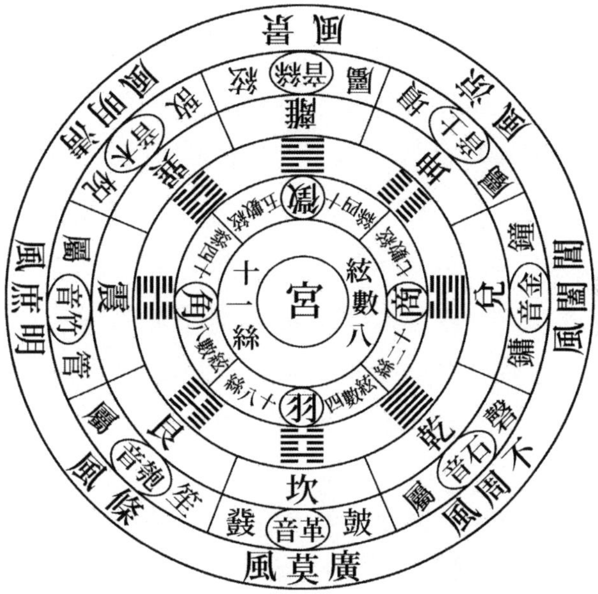

八音八風圖

【疏】'夫舞'至'八風' ○ 正義曰：舞爲樂主, 音逐舞節, 八音皆奏, 而舞曲齊之, 故舞所以節八音也. 八方風氣寒暑不同, 樂能調陰陽, 和節氣, 八方風氣由舞而行, 故舞所以行八風也.

傳의 〔夫舞〕에서 〔八風〕까지

○ 正義曰：舞는 음악의 주체이니 音을 따라 춤의 절도를 맞추므로 八音을 모두 연주하되 舞曲이 이를 가지런히 하기 때문에 舞가 팔음으로 박자를 삼는 것이다. 팔방의 風氣는 추위와 더위가 같지 않으나 음악이 陰陽을 조절하고 節氣를 조화하니, 팔방의 풍기는 舞를 따라 전파하기 때문에 무가 팔방의 풍기를 전파하는 것이다.

【疏】○ 注'八音'至'其情' ○ 正義曰：八音爲"金·石·土·革·絲·木·匏·竹", 周禮大師職文也. 鄭玄云"金, 鐘鎛也, 石, 磬也, 土, 塤也, 革, 鼓鼗也, 絲, 琴瑟也, 木, 柷

敔也, 匏, 笙也, 竹, 管簫也.” 八風, 八方之風者, 服虔以爲“八卦之風, 乾音石, 其風不周, 坎音革, 其風廣莫, 艮音匏, 其風融, 震音竹, 其風明庶, 巽音木, 其風淸明, 離音絲, 其風景, 坤音土, 其風涼, 兌音金, 其風閶闔.” 易緯通卦驗云“立春調風至, 春分明庶風至, 立夏淸明風至, 夏至景風至, 立秋涼風至, 秋分閶闔風至, 立冬不周風至, 冬至廣莫風至.” 風體一也, 逐天氣・隨八節而爲之立名耳. 調與融一風(一)〔二〕[1]名. 昭十八年傳曰“是謂融風”, 是其調・融同也. 沈氏[2]云“案樂緯云‘坎主冬至, 樂用管, 艮主立春, 樂用塤, 震主春分, 樂用鼓, 巽主立夏, 樂用笙, 離主夏至, 樂用絃, 坤主立秋, 樂用磬, 兌主秋分, 樂用鐘, 乾主立冬, 樂用柷敔.’” 此八方之音, 旣有二說, 未知孰是, 故兩存焉. 更(갱)說制樂之本, 節音行風之意, 以八音之器, 宣播八方之風, 使人用手以舞之, 用足以蹈之, 節其禮制, 使不荒淫, 次序人情, 使不蘊結也. 蟋蟀詩曰“無已大(태)康, 職思其居.” 是節其制也, 舜歌南風曰“南風之時兮, 可以阜吾人之財兮. 南風之薰兮, 可以解吾人之慍兮.” 是序其情也.

1) (一)〔二〕: 저본에는 ‘一’로 되어 있으나, 北京大本에 의거하여 ‘二’로 바로잡았다.

2) 沈氏 : 南朝 陳 吳興 사람 沈文阿이다. 三禮와 ≪春秋≫ 三傳을 전공하였다. 南朝 梁에서 孝廉에 선발되어 五經博士・步兵校尉를 지내고, 陳나라에 들어와 文帝 때 通直 散騎常侍 兼國子博士에 올랐다. 저서로 ≪儀禮≫・≪經傳大義≫ 등이 있다.

注의 〔八音〕에서 〔其情〕까지

○ 正義曰 : 八音을 “金・石・土・革・絲・木・匏・竹”이라고 한 것은, ≪周禮≫ 〈春官 大師職〉의 글이다. 鄭玄은 “금은 鍾鎛이고, 석은 경쇠이고, 토는 질나팔이고, 혁은 鼓・鼗(북 종류)이고, 사는 琴・瑟이고, 木은 柷・敔이고, 포는 笙簧이고, 죽은 管・簫이다.”라고 하였다.

八風이 팔방의 風氣라는 것을 服虔은 “八卦의 바람이니, 乾의 音은 石인데 그 바람은 不周風이고, 坎의 음은 革인데 그 바람은 廣莫風이고, 艮의 음은 匏인데 그 바람은 融風이고, 震의 음은 竹인데 그 바람은 明庶風이고, 巽의 음은 木인데 그 바람은 淸明風이고, 離의 음은 絲인데 그 바람은 景風이고, 坤의 음은 土인데 그 바람은 涼風이고, 兌의 음은 金인데 그 바람은 閶闔風이다.”라고 하였다. ≪易緯≫ 〈通卦驗〉에 “立春에는 調風이 불어오고, 春分에는 명서풍이 불어오고, 立夏에는 청명풍이 불어오고, 夏至에는 경풍이 불어오고, 立秋에는 양풍이 불어오고, 秋分에는 창합풍이 불어오고, 立冬에는 불주풍이 불어오고, 冬至에는 광막풍이 불어온다.”라고 하였는데, 바람의 本體는 동일하지만 天氣와 八節(여덟 절기)을 따라 이름을 정했을 뿐이다.

조풍과 융풍은 하나의 바람에 이름이 둘이다. 昭公 8년 傳에 "是謂融風(이 바람을 융풍이라 이른다.)"이라고 하였으니, 이는 조풍과 융풍이 같은 것이다. 沈氏는 "≪樂緯≫를 살펴보니 '坎은 동지를 주관하는데 음악은 관악기를 쓰고, 艮은 입춘을 주관하는데 음악은 壎을 쓰고, 震은 춘분을 주관하는데 음악은 북을 쓰고, 巽은 입하를 주관하는데 음악은 생황을 쓰고, 離는 하지를 주관하는데 음악은 현악기를 쓰고, 坤은 입추를 주관하는데 음악은 경쇠를 쓰고, 兌는 추분을 주관하는데 음악은 종을 쓰고, 乾은 입동을 주관하는데 음악은 柷·敔를 쓴다.'고 하였다."라고 하였다. 이 八方의 음악에 대해 이 두 설이 있으니 어느 설이 옳은지 알지 못하기 때문에 두 설을 존치한다.

다시 음악을 만든 근본을 말하자면 음악을 가락으로 삼아 풍기를 전파하는 뜻으로, 팔음의 악기를 가지고 팔방의 풍기를 전파하여 사람들에게 손을 써서 내젓고 발을 써서 율동하게 하되 禮制로 절제하여 荒淫하지 않도록 하고, 사람의 감정을 표현하여 맺히지 않게 하는 것이다. ≪詩經≫ 〈唐風 蟋蟀〉에 "너무 즐겁게 지내지 않는가. 지금 처한 일을 주로 생각할지어다."라고 하였으니 이는 예제로 절제한 것이고, 舜이 〈南風〉을 노래하여 "남풍이 때맞게 불어옴이여, 우리 백성의 재물을 풍부하게 할 수 있겠네. 남풍이 훈훈함이여, 우리 백성의 노여움을 풀어줄 수 있겠네."라고 하였으니, 이는 그 감정을 표현한 것이다.

【傳】 故自八以下니이다

그러므로 〈樂舞는 天子가 사용하는〉 八佾에서 〈官爵에 따라 2佾씩〉 줄어드는 것입니다."

【注】 唯天子得盡物數라 故以八爲列이요 諸侯則不敢用八이라

오직 天子만 사물의 數를 다 사용할 수 있으므로 八列을 할 수 있지만 제후는 감히 팔렬을 사용하지 못한다.

【傳】 公從之라 於是에 初獻六羽하니 始用六佾也니라

隱公이 衆仲의 말을 따랐다. 이에 처음으로 六佾舞를 올렸으니, 〈魯나라가〉 처음으로 六佾을 사용한 것이다.

【注】 魯唯文王・周公廟에 得用八이어늘 而他公遂因仍僭而用之라 今隱公特立此婦人之廟하고 詳問衆仲하니 〔衆仲〕[1]因明大典이라 故傳亦因言始用六佾하니라 其後季氏舞八佾於庭[2]하니 知唯在仲子廟用六이라

1)〔衆仲〕: 저본에는 '衆仲'이 없으나, 阮元의 〈校勘記〉에 의거하여 보충하였다.
2) 季氏舞八佾於庭 : ≪論語≫ 〈八佾〉에 보인다.

魯나라는 오직 文王과 周公의 宗廟에만 八佾을 사용할 수 있었는데, 다른 公의 종묘에도 마침내 인습하여 참람하게 팔일을 사용하였다. 지금 隱公이 특별히 이 婦人의 사당을 세우고 衆仲에게 자세히 물으니 중중이 이를 따라 중요한 典禮를 밝혔다. 그러므로 傳에서도 '처음으로 六佾을 사용하였다.'고 하였다. 그 뒤에 季氏가 자기 家廟의 뜰에서 八佾舞를 추었으니, 〈이것으로써〉 오직 仲子의 사당에만 육일을 사용했음을 알 수 있다.

【疏】 注'魯唯'至'用六' ○ 正義曰 : 襄十二年傳曰"魯爲諸姬, 臨於周廟", 是魯立文王之廟也. 文王, 天子自然用八. 禮記祭統曰"昔者周公旦有勳勞於天下", "成王康王", "賜之以重祭", "朱干・玉戚以舞大武[1], 八佾以舞大夏[2]. 此天子之樂也, 康周公故以賜魯." 明堂位曰"命魯公世世祀周公以天子之禮樂", 是周公之廟用八也. 傳曰"始用六佾", 則知以前用八. 何休云"僭, 齊也, 下效上之辭." 魯之僭以必有所因, 故本其僭之所由, 言由文王・周公廟用八佾, 他公之廟遂因仍僭而用之. 今隱公詳問衆仲, 衆仲因明大典, 公從其言, 於仲子之廟, 初獻六羽, 故傳亦因言始用六佾. 謂仲子之廟用六佾, 他公則仍用八也. 至襄・昭之時, 魯猶皆亦用八, 故昭二十五年公羊傳稱"昭公謂子家駒曰'吾何僭哉.' 答曰'朱干・玉戚以舞大夏, 八佾以舞大武, 此皆天子之禮也.'" 是昭公之時僭用八也. 此減從正禮, 尙書於經, 若更僭非禮, 無容不書. 自此之後, 不書僭用八佾, 知他廟僭而不改. 故杜自明其證, '其後季氏舞八佾於庭, 知唯在仲子廟用六'也.

1) 大武 : 周 武王이 제정했다는 舞樂의 이름이다. 周나라 시대 六舞의 하나이다.
2) 大夏 : 夏 禹王이 제정했다는 舞樂의 이름이다. 周나라 시대 六舞의 하나이다.

注의 〔魯惟〕에서 〔用六〕까지

○ 正義曰 : 襄公 12년 傳에 "魯나라가 여러 姬姓을 위해 周廟에서 臨哭하였다."고 하

였으니, 이는 노나라가 文王의 종묘를 세운 것이다. 문왕은 天子이기에 자연히 八佾舞를 쓴다. ≪禮記≫ 〈祭統〉에 "예전에 周公 旦이 천하에 대한 공로가 있어서……成王과 康王이……隆重한 제사를 하사하였다.……朱干과 玉戚을 가지고 大武를 춤추고, 팔일로 大夏를 춤추게 하였다. 이는 천자가 사용하는 음악이니, 주공을 크게 표창하였기 때문에 이 음악을 노나라에 하사한 것이다."라고 하였다. ≪예기≫ 〈明堂位〉에 "魯公에게 명하여 대대로 천자가 사용하는 禮樂으로 주공을 제사 지내게 하였다."라고 하였으니, 이것이 주공의 사당에 八佾을 쓰게 된 까닭이다. 傳에 "처음으로 六佾을 썼다."고 하였으니, 그렇다면 이전에는 팔일을 썼음을 알 수 있다.

何休는 "僭은 '똑같이 하다'라는 뜻이니, 아랫사람이 윗사람을 본받는다는 말이다."라고 하였다. 노나라가 참람한 예악을 쓴 것은 반드시 연유한 바가 있기 때문에 그 참람함의 유래를 탐구하여, 문왕과 주공의 사당에서 팔일을 쓴 일을 따라서 다른 公의 사당에도 마침내 인습하여 참람한 예악을 썼음을 말한 것이다. 지금 隱公이 衆仲에게 〈羽數에 대해〉 자세히 묻자 중중이 이를 따라 융중한 典禮를 밝혔고, 은공이 그의 말을 따라 仲子의 사당에 처음으로 六羽를 바쳤기 때문에 傳에서도 따라서 처음으로 육우를 썼다고 말하였다. 이는 중자의 사당에는 육일을 썼지만 다른 공의 사당에는 그대로 팔일을 썼음을 말한다.

襄公과 昭公 때에 이르도록 노나라는 여전히 모두 팔일을 썼기 때문에 ≪春秋公羊傳≫ 소공 25년에 "소공이 子家駒에게 '우리가 무슨 일을 참람히 했는가?'라고 물으니, 자가구가 '朱干과 玉戚으로 대하를 춤추고 팔일로 大武를 춤추고 있으니 이는 모두 천자의 禮입니다.'라고 대답했다."라고 하였으니, 이는 소공 때에 팔일을 참람하게 썼음을 말한 것이다. 여기에서 〈羽數를 줄여〉 正禮를 따른 일을 오히려 經에 기록하였으니, 만일 다시 非禮를 참람히 썼다면 기록하지 않는 것을 허용하지 않았을 것이다. 이후로부터 팔일을 참람하게 쓴 일을 기록하지 않았으니, 다른 공의 사당에는 참람한 예를 바꾸지 않았음을 알 수 있다. 그러므로 杜預가 스스로 그 증거를 밝혀서, '그 뒤에 季氏가 자기 家廟의 뜰에서 팔일무를 추었으니, 〈이것으로써〉 오직 仲子의 사당에만 육일을 사용했음을 알 수 있다.'라고 한 것이다.

【傳】 宋人取邾田하니 邾人告於鄭曰 請君釋憾於宋이면 敝邑[1]爲道호리이다

1) 敝邑 : 자기 나라를 謙辭로 일컫는 말이다.

宋人이 邾나라 땅을 奪取하니, 邾人이 鄭나라에 고하였다.

"君主께서 宋나라에 대한 원한을 풀기 위해 報復하신다면 우리나라가 嚮導가 되겠습니다."

【注】釋四年再見伐之恨이라

隱公 4년에 〈鄭나라가 宋나라에게〉 두 차례 侵攻당한 원한을 풀려는 일을 말한다.

【傳】**鄭人以王師會之**하다

鄭人이 周王의 군대를 거느리고 가서 邾軍과 연합하였다.

【注】王師不書는 不以告也라

周王의 군대를 〈經에〉 기록하지 않은 것은 〈魯나라에〉 通告하지 않았기 때문이다.

【傳】**伐宋**하야 **入其郛**하야 **以報東門之役**하다

宋나라를 공격하여 外城까지 쳐들어가서 東門에서의 전쟁을 報復하였다.

【注】郛는 郭也라 東門役은 在四年하니라

郛는 外城이다. 東門에서의 전쟁은 隱公 4년에 있었다.

【傳】**宋人使來告命**하니

宋人이 〈魯나라에〉 使臣을 보내어 策書로 〈송나라와의 전쟁을〉 알리니,

【注】告命은 策書[1)]라

1) 策書 : 竹簡이나 木簡에 史實을 기록한 冊이다.

告命은 策書이다.

【傳】**公聞其入郛也**하고 **將救之**하야 **問於使者曰 師何及**고 **對曰 未及國**이니이다

隱公은 〈鄭나라 군대가〉 외성까지 쳐들어왔다는 말을 듣고 〈宋나라를〉 救援하

려고 하면서 사신에게 물었다.

"〈정나라〉 군대가 어디까지 왔는가?"

사신이 대답하였다.

"아직 都城에는 이르지 않았습니다."

【注】忿公知而故問하야 責窮辭라

〈使臣은〉 은공이 알면서 고의로 묻는 것을 분하게 여겨 군색한 말로 나무란 것이다.

【傳】公怒하야 乃止하고 辭使者曰 君命寡人하야 同恤社稷之難이어늘 今問諸使者한대 曰 師未及國이라하니 非寡人之所敢知也로다

隱公은 노하여 곧 〈구원하려는 일을〉 중지하고 사신에게 이렇게 사절하였다.

"君主께서 寡人에게 社稷의 어려움을 함께 근심하자고 명하시기에 지금 사신에게 〈현재의 상황을〉 묻자 '적군이 아직 都城까지는 이르지 않았다.'고 하니, 〈구원하는 일은〉 과인이 감히 알 바가 아니오."

【注】爲七年公伐邾傳이라

隱公 7년에 은공의 邾나라 공격을 기록한 傳의 원인이다.

【傳】冬十二月辛巳에 臧僖伯卒하다 公曰 叔父有憾於寡人하니

겨울 12월 辛巳日에 臧僖伯이 卒하였다. 隱公이 말하였다.

"叔父가 寡人에게 유감이 있으니,

【注】諸侯稱同姓大夫에 長曰伯父요 少曰叔父라 有恨은 恨諫觀魚不聽이라

諸侯가 同姓 大夫를 呼稱할 때 나이가 자기보다 많으면 伯父라 하고, 자기보다 적으면 叔父라 한다. 유감이 있다는 것은 觀魚를 만류하는 諫言을 따르지 않은 일을 유감으로 여겼다는 말이다.

【疏】注'諸侯'至'不聽' ○ 正義曰：詩伐木篇毛傳曰"天子謂同姓諸侯, 諸侯謂同姓大夫,

皆曰父, 異姓則稱舅.” 覲禮載天子呼諸侯之稱曰“同姓大國則曰伯父, 其異姓則曰伯舅, 同姓小邦則曰叔父, 其異姓則曰叔舅.” 然則諸侯之國有大小之異, 大夫無地之大小, 明以年之長少爲異. 莊十四年傳稱鄭厲公謂原繁爲伯父, 禮記祭統稱衛莊公呼孔悝(회)爲叔舅. 諸侯呼異姓大夫爲伯舅, 同姓大夫爲叔父者, 雖則無文, 明亦然矣. 僖伯者, 孝公之子, 惠公之弟. 惠公立四十六年而薨, 則子臧此時年非幼少, 呼曰叔父者, 是隱公之親叔父也. 此注自言臣之大法耳.

注의 〔諸侯〕에서 〔不聽〕까지

○ 正義曰 : ≪詩經≫ 〈小雅 伐木〉의 毛亨 傳에 “天子가 同姓 제후를 부를 때와 제후가 동성 大夫를 부를 때 모두 父라 하고, 異姓일 때는 舅라고 일컫는다.”라고 하였다. ≪儀禮≫ 〈覲禮〉에 천자가 제후를 부를 때의 칭호를 기재하였는데 “동성 大國의 제후에게는 伯父라 하고 이성 대국의 제후에게는 伯舅라고 하며, 동성 小國의 제후에게는 叔父라 하고 이성 소국의 제후에게는 叔舅라 한다.”라고 하였다. 그렇다면 제후의 나라는 크고 작은 차이가 있지만 대부는 땅의 크고 작은 차이가 없어서 나이의 많고 적음으로써 다르게 부름을 밝혔다. 莊公 14년 傳에 鄭 厲公이 原繁을 '백부'로 불렀다고 하였고, ≪禮記≫ 〈祭統〉에 衛 莊公이 孔悝를 '숙구'라고 불렀다고 하였다. 제후가 이성 대부를 백구라 부르고 동성 대부를 숙부라 부른 사례를 기록한 글은 없으나 역시 그렇게 부른 것이 분명하다.

僖伯은 孝公의 아들이고 惠公의 아우이다. 혜공이 즉위한 지 46년에 薨하였으니, 그렇다면 이때 子臧(희백의 字)의 나이가 어리지 않았고, 〈隱公이〉 숙부라고 불렀으니 이는 은공의 친숙부이다. 이 注는 〈군주가〉 스스로 신하를 부르는 기본 법칙을 말한 것이다.

【傳】寡人弗敢忘이로라하고 **葬之加一等**하다

과인은 이것을 감히 잊을 수 없다.”
〈그리고는 命服을〉 한 등급 올려 장사 지내게 하였다.

【注】加命服[1)]之等이라

1) 命服 : 周나라 때 天子가 元士에서부터 上公에 이르기까지 차등을 두어 다르게 만든 아홉 가지 爵位의 衣服이다. 후대에는 官員과 그 부인의 등급에 의거하여 입는 옷을

일반적으로 이르는 말로 썼다.

命服의 등급을 올린 것이다.

【傳】宋人伐鄭하야 **圍長葛**하니 **以報入郛之役也**라

宋人이 鄭나라를 공격하여 長葛을 포위하니, 〈이는 지난 4월에 정나라가 송나라의〉 外城에까지 쳐들어갔던 전쟁을 보복한 것이다.

杜氏 注 孔穎達 疏

【隱公 6년(B.C. 717)】

六年이라 春에 鄭人來渝(투)平하다

6년이다. 봄에 鄭人이 魯나라에 와서 원한을 버리고 다시 강화하였다.

【注】 和而不盟曰平이라

講和만 하고 맹약하지 않는 것을 平이라 한다.

【疏】 注'和而不盟曰平' ○ 正義曰 : 宣十五年, 宋人及楚人平, 傳載其盟辭, 昭七年燕暨齊平, 傳稱"盟於濡上". 似平皆有盟, 而云不盟者, 平實解怨和好之辭, 非要盟也. 彼自旣平之後, 別爲盟耳, 此與定十年"及齊平", 皆傳無盟事. 定十一年"及鄭平", 下乃云"叔還如鄭涖盟", 平後乃盟, 知平非盟也.

注의 〔和而不盟曰平〕

○ 正義曰 : 宣公 15년에 宋人과 楚人이 강화하였는데 傳에 그때의 맹약한 말을 기재하였고, 昭公 7년에 燕나라와 齊나라가 강화하였는데 傳에 "濡水 가에서 맹약하였다."라고 하였다. 이는 강화할 적에는 모두 맹약하는 일이 있는 것인 듯한데 〈注에서〉 맹약하지 않는다고 말한 것은, 平은 실상 원한을 해소하고 우호를 회복한다는 말이지 맹약을 요구하는 것은 아니기 때문이다. 저곳의 일은 이미 강화를 한 뒤에 별도로 맹약을 한 것이고, 이곳의 일과 定公 10년에 "제나라와 강화하였다."는 것은 모두 傳에 맹약한 일을 기록한 것이 없다. 정공 11년에 "鄭나라와 강화하였다."라 하고, 아래에 "叔還이 정나라에 가서 맹약에 참가하였다."라고 말하여 강화를 하고 난 뒤에 비로소 맹약하였으니, 여기에서 平은 맹약한 것이 아님을 알 수 있다.

夏五月辛酉에 **公會齊侯**하야 **盟于艾**하다

여름 5월 辛酉日에 隱公이 齊侯와 회합하여 艾에서 맹약하였다.

【注】 泰山牟縣東南에 有艾山이라

泰山 牟縣 동남쪽에 艾山이 있다.

秋七月이라

가을 7월이다.

【注】 雖無事而書首月은 具四時以成歲니 (也)〔他〕[1]皆放此하니라

1) (也)〔他〕: 저본에는 '也'로 되어 있으나, 阮元의 〈校勘記〉에 의거하여 '他'로 바로잡았다.

사건은 없으나 〈계절의〉 첫 달을 기록한 것은 네 계절을 갖추어야 한 해를 이루는 것이니, 다른 곳도 모두 이와 같다.

【疏】 注'雖無'至'放此' ○ 正義曰：公羊傳曰"此無事何以書. 春秋雖無事, 首時過則書. 首時過則何以書. 春秋編年, 四時具, 然後爲年. 此注用公羊爲說. 釋例曰"年之四時, 雖或無事, 必空書首月, 以紀時變, 以明歷數也."

注의 〔雖無〕에서 〔放此〕까지

○ 正義曰：≪春秋公羊傳≫에 "이때에는 사건이 없는데 무엇 때문에 〈달을〉 기록하였는가? ≪春秋≫에는 사건이 없더라도 〈계절의〉 첫 달이 지나면 기록한다. 〈계절의〉 첫 달이 지나면 무엇 때문에 기록하는가? ≪춘추≫는 연대의 순서대로 엮었으니 네 계절이 갖추어지고 난 뒤에 한 해가 된다."라고 하였다. 여기서의 注는 ≪춘추공양전≫의 설을 사용한 것이다. ≪春秋釋例≫에는 "한 해의 네 계절에 간혹 사건이 없더라도 반드시 〈사건 없이〉 빈 채로 〈계절의〉 첫 달을 기록한 것은 계절의 변화를 기록함으로써 曆數를 밝힌 것이다."라고 하였다.

冬에 宋人取長葛하다

겨울에 宋人이 長葛을 탈취하였다.

【注】秋取하고 冬乃告也라 上有伐鄭圍長葛하니 長葛은 鄭邑을 可知라 故不言鄭也하니라 前年冬에 圍호되 不克而還이라가 今冬에 乘長葛無備而取之하니 言易(이)也라

가을에 탈취하고 〈이 사실을〉 겨울이 되어서야 통고하였다. 위에 〈宋人이〉 "鄭나라를 공격하여 長葛을 포위했다."는 기록이 있으니, 장갈은 정나라의 邑임을 알 수 있다. 그러므로 정나라라고 말하지 않았다. 지난해 겨울에 포위하였으나 승리하지 못하고 돌아갔다가 올해 겨울에 장갈의 防備가 없는 틈을 이용하여 탈취하였으니, 〈승리함이〉 쉬웠음을 말한 것이다.

【疏】注'秋取'至'易也' ○ 正義曰：經書冬, 傳言秋. 丘明爲傳例, 不虛擧經文, 獨以秋言此事, 明是以秋取, 冬乃告也. 冬告者, 告言冬始取耳, 故書之於冬. 若其使以冬至告, 言秋取, 亦當追書於秋. 八年傳曰"冬, 齊侯使來告, 成三國." 秋成冬告, 書之於秋. 明此以冬取告, 故書於冬也. 賈服以爲長葛不繫鄭者, 刺不能撫有其邑. 凡邑爲他國所取, 皆是不能撫有之, 何故於此獨爲惡(오)鄭. 故杜以爲上有伐鄭圍長葛, 則長葛鄭邑可知, 故不言鄭也. 旣言秋取, 取實在秋, 因其經文在冬, 遂言冬乘無備. 襄十三年傳例曰"凡書取, 言易也." 知此乘其無備而取之也. 杜知長葛不繫鄭, 非大都[1)]以名通者, 以前年云"伐鄭, 圍長葛", 長葛之文繫於鄭故也. 劉炫以大都通名而規杜氏, 非也.

1) 大都：범위가 큰 都邑을 말하는데, 宗廟가 있는 城邑을 都라고 한다.

注의 〔秋取〕에서 〔易也〕까지

○ 正義曰：經에는 겨울이라 기록하고 傳에는 가을이라 말하였다. 左丘明이 지은 傳의 凡例에 〈經과 傳의 기록이 다를 경우〉 經文을 거론하는 일을 빼놓지 않았는데 이 일에만 유독 가을이라 말하였으니, 이는 가을에 탈취하고 겨울에 비로소 통고한 것이 분명하다. 겨울에 통고한 것은 겨울이 되어서야 탈취했음을 통고하여 말한 것이기 때문에 겨울에 하였다고 기록한 것이다. 만일 그 사신이 겨울에 와서 통고하되 가을에 탈취하였다고 말했다면 당연히 가을이라고 소급하여 기록해야 한다. 隱公 8년 傳에 "겨울에 齊侯가 魯나라에 사신을 보내어 〈宋·衛·鄭〉 세 나라가 講和한 일을 通告하

였다."라고 하였으니, 이는 가을에 강화를 하고 겨울에 통고한 것인데, 〈經에는〉 이를 가을에 강화하였다고 기록하였다. 그렇다면 이 일은 겨울에 탈취하였다고 통고했기 때문에 겨울이라고 기록한 것이 분명하다.

賈逵와 服虔은 長葛의 일에 정나라를 연계하여 기록하지 않은 것은 자기의 고을을 점유하지 못했음을 비난한 것이라고 하였다. 자기의 고을이 다른 나라에 탈취당하게 되면 이는 모두 점유하지 못한 것인데, 무엇 때문에 이 일에서만 유독 정나라를 미워하는가? 그러므로 杜預는 윗글에 〈송나라가〉 정나라를 공격하여 장갈을 포위하였다는 기록이 있으니, 그렇다면 장갈은 정나라의 고을임을 알 수가 있기 때문에 정나라를 말하지 않았다고 하였다. 이미 가을에 탈취하였다고 말하였으니, 탈취한 것은 실상 가을에 있었던 일인데 겨울에 있었다는 경문을 따라 마침내 겨울에 방비가 없는 틈을 이용하여 〈승리했다고〉 말한 것이다.

襄公 13년 傳의 凡例에 "모든 '取'라고 기록한 것은 〈승리하기가〉 쉬웠음을 말한 것이다."라고 하였으니, 여기에서 그들의 방비가 없는 틈을 이용하여 탈취했음을 알 수 있다. 두예는 장갈의 일에 정나라를 연계하여 기록하지 않은 것은, 大都는 이름만으로도 통하는 것이 아니고 지난해에 "〈송나라가〉 정나라를 공격하여 장갈을 포위했다." 라고 하였으니, 장갈에 대한 글을 정나라에 연계하여 기록했음을 알 수 있기 때문이다. 劉炫은 대도는 이름으로 통한다는 것으로 두예의 주장을 糾正하였으니 잘못이다.

【傳】六年이라 **春**에 **鄭人來渝平**하니 **更**(갱)**成也**라

6년이다. 봄에 鄭人이 와서 원한을 버리고 다시 강화하였으니, 옛 우호를 다시 회복한 것이다.

【注】渝는 **變也**라 **公之爲公子**에 **戰於狐壤**이라가 **爲鄭所執**이나 **逃歸**하야 **怨鄭**하다 **鄭伐宋**에 **公欲救宋**이나 **宋使者失辭**어늘 **公怒而止**하다 **忿宋則欲厚鄭**일새 **鄭因此而來**라 **故經書渝平**이어늘 **傳曰更成**이라하니라

渝는 變更함이다. 隱公이 公子였을 때 狐壤에서 전쟁하다가 鄭나라의 포로로 잡혔으나 도망쳐 돌아와서 정나라에 원한을 가졌다. 정나라가 宋나라를 공격할 때 은공은 송나라를 구원하고자 하였으나, 송나라에서 온 使臣이 말을 잘못하자 은공이 노하여

〈구원하려던 계획을〉 중지하였다. 송나라에 분노하여 정나라를 厚待하고자 하였기 때문에 정나라가 이런 연유로 온 것이다. 그러므로 經에 '渝平'이라고 기록하였는데, 傳에서는 이를 '更成'이라고 하였다.

【疏】 (傳)[1]注'渝變'至'更成' ○ 正義曰：渝, 變也, 釋言文. 變平者, 變更前惡而復(부)爲和好. 變卽更之義, 成則平之訓, 故傳解渝平謂之更成. 自狐壤以來與鄭不和, 今日復和, 故曰'更成', 言更復狐壤以前之好也. 服虔云"公爲鄭所獲, 釋而不結平, 於是更爲約束以結之, 故曰渝平." 案傳, 公賂尹氏而與之逃歸[2], 非鄭所釋, 安得釋而結平也.

1) (傳)：저본에는 '傳'이 있으나, 十三經注疏의 체제에 의거하여 衍文으로 처리하였다.
2) 公賂尹氏而與之逃歸：隱公 11년 傳에 보인다.

注의 〔渝變〕에서 〔更成〕까지

○ 正義曰：'渝는 變이다.'라는 말은 ≪爾雅≫ 〈釋言〉의 글이다. 變平은 전일의 나쁜 관계를 다시 강화하여 우호하는 일이다. 變은 고친다는 뜻이고, 성은 강화한다는 풀이이다. 그러므로 傳에서 '渝平'을 해석하여 '更成'이라고 하였다.

狐壤에서 〈交戰한〉 이후로 鄭나라와 不和하였다가 오늘에 와서 다시 강화하였기 때문에 '更成'이라고 말하여 나빴던 관계를 다시 호양에서 〈교전한〉 이전의 우호로 고쳤다고 말하였다. 服虔은 "隱公이 정나라에 포로로 잡혔다가 석방되어 강화를 맺지 않았다가, 이때에 다시 약속하여 강화를 맺었기 때문에 투평이라 하였다."라고 하였다. 傳을 살펴보건대 은공이 尹氏에게 뇌물을 주고 그와 함께 도망쳐 돌아왔다고 하였으니, 정나라가 석방한 것이 아닌데 어떻게 석방되어 강화를 맺었겠는가.

【傳】 **翼九宗[1]五正[2]頃父(보)之子嘉父(보)逆晉侯[3]于隨**하야

1) 九宗：同姓의 아홉 종족을 이른다. 춘추시대 魯나라는 六族을 봉하였고, 衛나라는 七族을 봉하였고, 唐나라는 九宗을 봉하였다고 한다.
2) 五正：五官의 長이다. 오관은 ≪禮記≫ 〈曲禮 下〉에는 司徒·司馬·司空·司士·司寇라 하였고, ≪周禮≫ 〈春官 小宗伯〉에는 司徒·宗伯·司馬·司寇·司空이라 하였다.
3) 晉侯：隱公 5년에 隨로 도망갔던 翼侯를 말한다.

翼의 九宗 五正인 頃父의 아들 嘉父가 隨에 가서 晉侯를 맞이해 와서

【注】 翼은 晉舊都也라 唐叔始封에 受懷姓九宗과 職官五正하야 遂世爲晉强家하니라 五正은 五官之長이요 九宗은 一姓爲九族也라 頃父之子嘉父는 晉大夫라

翼은 晉나라의 舊都이다. 唐叔이 처음 〈唐(후일의 晉)에〉 封해질 때 懷姓 九宗과 職官 五正을 받아 마침내 대대로 晉나라의 막강한 宗族이 되었다. 五正은 五官의 長이고, 九宗은 한 姓이 〈분파되어〉 九族이 된 것이다. 頃父의 아들 嘉父는 晉나라 大夫이다.

【疏】 注'翼晉'至'大夫' ○ 正義曰 : 唐叔始封, 受懷姓九宗, 職官五正者, 謂周成王滅唐, 始封唐叔, 以懷氏一姓九族, 及是先代五官之長子孫賜之. 言五官之長者, 謂於殷時爲五行官長, 今褒寵唐叔, 故以其家族賜之耳. 今云'頃父之子嘉父'者, 以頃父舊居職位, 名號章顯, 嘉父新爲大夫, 未甚著見(현), 故繫之於父. 諸繫父爲文者, 義皆同此也.

注의 〔翼晉〕에서 〔大夫〕까지

○ 正義曰 : 唐叔이 처음 봉해질 때 懷姓 九宗과 職官 五正을 받았다는 것은, 周 成王이 唐을 멸하고 처음 당숙을 봉할 때 懷氏 同姓 九族과 선대 五官의 우두머리 자손을 하사한 일을 말한다. 오관의 長이라고 말한 것은 殷나라 때에 五行의 官長이 됨을 이르니, 지금 당숙을 포상하고 총애하기 때문에 그 가족을 하사한 것이다. 지금 '頃父의 아들 嘉父'라고 말한 것은 경보가 예전에 직위에 있었으므로 名號를 드러내어 빛내준 것이고, 가보는 새로 大夫가 되어서 많이 드러나지 않았기 때문에 아버지 밑에 달아 놓은 것이다. 모든 아버지에게 달아서 글을 쓴 경우는 그 뜻이 모두 이와 같다.

【傳】 納諸鄂(악)하니 晉人謂之鄂侯라하다

鄂에 머물게 하니, 晉人이 그를 鄂侯라 하였다.

【注】 鄂은 晉別邑이라 諸地名疑者는 皆言有하야 以示不審하고 闕者는 不復記其闕하니 他皆放此하니라 前年에 桓王立此侯之子於翼이라 故不得復入翼하고 別居鄂하니라

鄂은 晉나라의 別邑이다. 의심스러운 모든 지명은 모두 有라고 말하여 분명하지 않음을 나타내고, 빠뜨린 것은 다시 빠뜨렸다고 기록하지 않았으니, 다른 곳도 모두 이와 같다. 지난해에 桓王이 鄂侯의 아들을 翼의 君主로 세웠기 때문에, 다시 翼으로 들어가지 못하고 별도로 鄂邑에 居住한 것이다.

【疏】注‘諸地’至‘放此’ ○ 正義曰：杜言‘不復記其闕’者，謂但言某邑而已，下不云闕．若鄂直云“晉別邑”，及翼侯奔隨，注云“隨，晉地”，鄭人侵衛牧[1)]，注云“牧，衛邑”，如此之類，皆不言闕，是也．若不知何國之地者，則言闕，若虞公出奔共池[2)]，公孫嬰齊卒於貍脤[3)]，竝注云闕，是也．亦有雖知某國之地，注亦云闕，則隱十一年蘇忿生十二邑，注陘云闕者，以餘邑皆知所在，唯此獨闕故也．

1) 鄭人侵衛牧：隱公 5년 傳에 보인다.
2) 虞公出奔共池：桓公 10년 傳에 보인다.
3) 公孫嬰齊卒於貍脤：成公 17년 經에 보인다.

注의 〔諸地〕에서 〔放此〕까지

○ 正義曰：杜預가 ‘다시 빠뜨렸다고 기록하지 않았다.’고 말한 것은, 다만 아무 邑이라고 말했을 뿐이고 아래에서 ‘빠뜨렸다〔闕〕’고 말하지 않았음을 이른다. 예컨대 鄂邑을 곧장 “晉나라의 別邑이다.”라고 한 것과 翼侯가 隨로 달아났다고 한 곳의 注에 “수는 진나라 땅이다.”라고 말한 것과 鄭人이 衛나라의 牧에 침입했다고 한 곳의 주에 “목은 위나라 땅이다.”라고 말한 것처럼 이와 같은 경우는 모두 ‘빠뜨렸다’고 말하지 않은 것이 이것이다. 만일 어느 나라의 땅인지 알지 못하면 ‘빠뜨렸다’고 말하였으니, 예컨대 虞公이 共池로 出奔하였다고 한 곳과 公孫嬰齊가 貍脤에서 卒하였다고 한 곳의 모든 주에 ‘빠뜨렸다’라고 말한 것이 이것이다. 또 아무 나라의 땅인지 아는 경우가 있더라도 주에 역시 ‘빠뜨렸다’고 말한 것은 隱公 11년의 蘇忿生에게 준 12읍 가운데 ‘陘’의 注에 ‘빠뜨렸다’라고 했으니, 이 나머지 읍들은 모두 소재지를 아는데 단지 이곳만 빠뜨렸기 때문이다.

【傳】夏에 盟於艾하니 始平于齊也라

여름에 〈魯 隱公이 齊 僖公과〉 艾에서 맹약하였으니, 〈魯나라가〉 처음으로 齊나라와 講和한 것이다.

【注】春秋前에 魯與齊不平이러니 今乃棄惡結好라 故言始平于齊라하니라

春秋 이전에는 魯나라와 齊나라가 강화하지 않았는데, 지금 비로소 과거의 원한을 버리고 友好를 맺었기 때문에 제나라와 처음으로 강화하였다고 말한 것이다.

【傳】五月庚申에 鄭伯侵陳하야 大獲하다 往歲에 鄭伯請成於陳이어늘

5월 庚申日에 鄭伯(莊公)이 陳나라를 침략하여 많은 적을 죽이고 포로로 잡았다. 지난해에 정백이 진나라에 화평을 청하였으나,

【注】成은 猶平也라

成은 平과 같다.

【疏】'五月庚申' ○ 正義曰：案經盟于艾亦在五月，傳略不言月．庚申之日，須月以統之，故別言五月．他皆放此.

傳의 〔五月庚申〕

○ 正義曰：살펴보건대 經文에 艾에서 結盟했다고 한 것도 5월에 있었는데 傳에는 생략하여 달을 말하지 않았다. 그러나 庚申日은 달로 통괄시켜야 하므로 별도로 5월이라고 말한 것이다. 다른 곳도 모두 이와 같다.

【傳】陳侯不許하니 五父諫曰 親仁善隣은 國之寶也니 君其許鄭하소서

陳侯가 허락하지 않으니, 五父가 간하였다.
"어진 이를 가까이하고 隣國과 잘 지내는 것은 나라의 보배이니, 主君께서는 鄭나라의 요청을 허락하십시오."

【注】五父는 陳公子佗라

五父는 陳나라 公子 佗이다.

【傳】陳侯曰 宋衛實難이어니와

陳侯가 말하였다.
"宋나라와 衛나라는 실로 우리에게 禍難이 될 수 있지만

【注】可畏難也라

禍難이 될까 두렵다는 말이다.

【傳】鄭何能爲리오 **遂不許**하다 **君子曰 善不可失**이요 **惡不可長**이라하니 **其陳桓公之謂乎**인저 **長惡不悛**이면 **從自及也**니

鄭나라야 우리에게 무슨 해를 끼칠 수 있겠는가?"

그러고는 끝내 허락하지 않았다. 君子가 다음과 같이 논평하였다.

"'善을 잃어서도 안 되고 惡을 길러서도 안 된다.'라고 하였으니, 아마도 陳 桓公을 두고 한 말인 듯하다. 惡을 기르고 멈추지 않으면 그 禍가 자신에게 미칠 것이니,

【注】悛은 止也요 從은 隨也라

悛은 멈춤이고, 從은 따름이다.

【傳】雖欲救之라도 **其將能乎**아 **商書曰 惡之易**(이)**也 如火之燎于原**하야 **不可鄕邇**어늘

비록 구제하고자 한들 어찌 할 수 있겠는가. 〈商書〉에 '惡이 쉽게 자라는 것이 마치 불이 들판을 태워서 가까이 다가갈 수도 없는 것과 같으니,

【注】商書는 盤庚이라 言惡易長이 如火焚原野하야 不可鄕近이라

〈商書〉는 〈盤庚〉이다. 惡이 쉽게 자라는 것이 마치 불이 들판을 태워서 가까이 다가갈 수 없는 것과 같다는 말이다.

【傳】其猶可撲滅가하다

어떻게 불을 끌 수 있겠는가.'라고 하였다.

【注】言不可撲滅이라

박멸할 수 없다는 말이다.

【傳】周任有言曰

周任은 말하기를

【注】周任은 周大夫라

周任은 周나라 大夫이다.

【傳】爲國家者는 見惡如農夫之務去草焉하야 芟夷蘊崇之하야 絶其本根하야 勿使能殖이면 則善者信矣라하니라

'국가를 다스리는 자가 惡을 보고 마치 농부가 힘써 잡초를 제거하여 베어낸 잡초를 한 곳에 모아 쌓아놓고 뿌리를 잘라 繁殖할 수 없게 하는 것처럼 한다면 善이 뻗어나갈 것이다.'라고 하였다."

【注】芟은 刈也요 夷는 殺也라 蘊은 積也요 崇은 聚也라

芟은 베는 것이고, 夷는 죽이는 것이다. 蘊은 쌓는 것이고, 崇은 모으는 것이다.

【傳】秋에 宋人取長葛하다

가을에 宋人이 長葛을 취하였다.

【傳】冬에 京師來告饑어늘 公爲之請糴於宋衛齊鄭하니 禮也라

겨울에 京師에서 사신이 와서 饑饉을 고하였다. 隱公이 周나라를 위하여 宋·衛·齊·鄭나라에 〈각 나라가〉 비축한 양곡을 사겠다고 요청하였으니, 禮에 맞는 처사였다.

【注】告饑不以王命이라 故傳言京師하고 而不書於經也라 雖非王命이나 而公共以稱命이라 已國不足하야 旁請隣國이라 故曰禮也라하니라 傳見(현)隱之賢이라

饑饉을 통고한 것이 周王의 命이 아니었으므로 傳에는 '京師'라고 말하고, 經에는 기록하지 않은 것이다. 비록 주왕의 명이 아니었으나, 隱公은 공손히 명에 부응하고자 하였다. 자기 나라에 양곡이 부족하여 널리 이웃 나라에 사겠다고 청하였으므로 '禮에 맞는 처사였다.'라고 한 것이다. 傳의 기록은 은공의 어짊을 드러낸 것이다.

【疏】注'告饑'至'之賢' ○ 正義曰：王使至魯，皆應書經，此獨不書，故解之. 以人情恕之，不得自不輸粟，空告他人. 故知己國不足，旁請隣國，故曰禮也. 定五年"歸粟于蔡"尙書於經，此不書者，魯以往歲螟災，故己國饑困，所輸不多，宋鄭輸粟，不復告魯，故皆不書. 此事無經而發，故解傳意，見(현)隱之賢. 諸無經之傳，皆意有所見，悉皆放此.

注의 〔告饑〕에서 〔之賢〕까지

○ 正義曰：周王의 사신이 魯나라에 오면 모두 經에 기록하는데 여기에서만 기록하지 않았으므로 해명한 것이다. 人情으로 미루어 생각해보면, 스스로 양곡을 보내지 않으면서 공연히 타인에게 〈양곡을 보내라고〉 고할 수는 없는 것이다. 그러므로 자기 나라에 양곡이 부족함을 알고 널리 이웃나라에 청하였으므로 '禮에 맞는 처사였다.'라고 한 것이다.

定公 5년에 "蔡나라에 양곡을 보내주었다."라고 하여 오히려 〈이 일을〉 經文에 기록하였는데, 여기서는 기록하지 않은 것은 노나라가 지난해에 螟蟲의 재해를 입었기 때문에 자기 나라에 기근이 들어 보낸 양곡이 많지 않았고, 宋나라와 鄭나라가 양곡을 보내면서 다시 노나라에 고하지 않았으므로 모두 기록하지 않은 것이다. 이 일은 경에는 기록이 없는데 전에서 기록하였으므로 전에 기록한 뜻을 해명하여 은공의 어짊을 드러낸 것이다. 經에 없는 내용을 傳에 기록한 경우들은 모두 뜻을 드러내는 바가 있으니, 이 밖에 다른 곳도 모두 이와 같다.

【傳】鄭伯如周하니 始朝桓王也라

鄭伯이 周나라에 갔으니 처음으로 周 桓王에게 朝見(조현)한 것이다.

【注】桓王卽位에 周鄭交惡(오)라가 至是乃朝라 故曰始라하니라

桓王이 즉위한 뒤 周나라와 鄭나라가 서로 미워하다가 이때에 이르러서야 朝見한 것이다. 그러므로 '처음으로〔始〕'라고 말한 것이다.

【傳】王不禮焉한대 周桓公言於王曰 我周之東遷에 晉鄭焉依하니

桓王이 그를 예우하지 않자, 周 桓公이 환왕에게 간언하였다.

"우리 周나라가 동쪽으로 천도할 때 晉나라와 鄭나라에 의지하였습니다.

【注】 周桓公은 周公黑肩也라 周는 采地니 扶風雍縣東北에 有周城이라 幽王爲犬戎所殺에 平王東徙하니 晉文侯鄭武公左右王室이라 故曰 晉鄭焉依라하니라

周 桓公은 周公 黑肩이다. 周는 그의 采地인데, 扶風 雍縣 동북쪽에 周城이 있다. 幽王이 犬戎에게 살해되자 平王이 동쪽으로 遷都하였는데, 그때 晉 文侯와 鄭 武公이 王室을 도왔다. 그러므로 '晉나라와 鄭나라에 의지하였다.'라고 한 것이다.

【疏】 注'周桓'至'焉依' ○ 正義曰：桓公是周公黑肩, 事見(현)桓十八年傳也. 幽王娶申女爲后, 生大(태)子宜臼. 後得褒姒, 嬖之, 生子伯服, 廢申后, 逐大子, 以褒姒爲后, 伯服爲大子. 宜臼奔申, 申侯乃與犬戎共攻幽王, 殺幽王於驪山之下. 於是諸侯乃與申侯共立宜臼, 是爲平王. 以西都偪戎, 晉文侯・鄭武公夾輔平王, 東遷洛邑. 毛詩・尙書・國語・史記皆略有其事.

注의 〔周桓〕에서 〔焉依〕까지

○ 正義曰：〈傳文의〉 桓公은 周公 黑肩이니, 이 일은 ≪春秋左氏傳≫ 桓公 18년 傳에 보인다. 幽王이 申女(申侯의 딸)에게 장가들어 后妃로 삼아 太子 宜臼를 낳았다. 그 뒤에 褒姒를 얻어 총애하여 아들 伯服을 낳자, 申后를 폐하고 태자 의구를 내쫓은 다음 포사를 후비로 삼고 백복을 태자로 삼았다. 이에 의구가 申나라로 도망가니 申侯가 마침내 犬戎과 함께 유왕을 공격하여 驪山 아래에서 유왕을 죽였다. 이에 제후들이 申侯와 함께 의구를 왕으로 세우니, 이가 바로 平王이다. 西都가 견융과 몹시 가까운 거리에 있다고 하여 晉 文侯와 鄭 武公이 평왕을 좌우에서 보좌하여 洛邑으로 東遷하였다. ≪毛詩≫, ≪尙書≫, ≪國語≫, ≪史記≫ 등에 모두 그 일이 간략하게 실려 있다.

【傳】 善鄭以勸來者라도 猶懼不蔇어든

鄭나라를 잘 대우해서 〈다른 제후들이〉 오도록 권장하더라도 오히려 〈제후들이〉 이르지 않을까 두려운데,

【注】 蔇는 至也라

蔇는 이르는 것이다.

【傳】 況不禮焉이리잇가 鄭不來矣리이다

하물며 예우하지 않는 경우이겠습니까. 鄭나라는 다시 오지 않을 것입니다.”

【注】 爲桓五年에 諸侯從王伐鄭傳이라

이것은 桓公 5년에 제후가 周王을 따라 鄭나라를 토벌한 배경이다.

【隱公 7년(B.C. 716)】

七年이라 春王三月에 叔姬歸于紀하다

7년이다. 봄 周王 3월에 魯나라 叔姬가 紀나라로 시집갔다.

【注】 無傳이라 叔姬는 伯姬之娣也라 至是歸者는 待年於父母國하고 不與嫡俱行이라 故書라 ○ 嫡은 本又作適하니 同이라

傳이 없다. 叔姬는 伯姬의 동생이다. 이때에 이르러 시집간 것은 부모의 나라에서 시집갈 나이가 되기를 기다렸고, 시집가는 언니를 따라 媵妾으로 함께 가지 않았기 때문에 기록한 것이다.

○ 嫡은 一本에는 또 適으로 되어 있는데, 뜻이 같은 글자이다.

【疏】 注'叔姬'至'故書' ○ 正義曰：女嫁於他國, 皆有姪娣與適俱行, 則所尊在適, 書適, 不書姪娣. 叔姬, 待年之女, 年滿特行, 故書其歸. 魯女嫁於他國之卿, 皆書之. 夫人之娣尊, 與卿同其書, 固是常例. 賈云"書之者, 刺紀貴叔姬", 傳無其事, 是妄說也.

注의 〔叔姬〕에서 〔故書〕까지

○ 正義曰：여자가 다른 나라에 시집갈 때 모두 姪娣가 시집가는 여자를 따라 媵妾으로 함께 가는데, 존귀한 바가 시집가는 여자에게 있으므로 시집가는 여자만 기록하고 姪娣는 기록하지 않는다. 叔姬는 시집갈 나이를 기다린 여자로, 나이가 차서 혼자만 갔기 때문에 그 시집감을 기록한 것이다. 魯君의 딸이 다른 나라의 卿에게 시집가면 모두 기록하였다. 夫人의 동생이 존귀하면 卿과 함께 기록하는 것이 본디 常例이

다. 賈逵는 “이 일을 기록한 것은 紀나라가 숙희를 귀히 여긴 것을 풍자한 것이다.”라고 하였는데, 傳에 그러한 일이 없으니 이것은 망령된 說이다.

滕侯卒하다

滕侯가 卒하였다.

【注】 傳例曰 不書名은 未同盟也라하니라 滕國은 在沛國公丘縣東南이라

傳例에 “이름을 기록하지 않은 것은 同盟하지 않았기 때문이다.”라고 하였다. 滕나라는 沛國 公邱縣 동남쪽에 있다.

【疏】 ‘滕侯卒’ ○ 正義曰：譜云“滕, 姬姓, 文王子錯叔繡之後. 武王封之, 居滕, 今沛郡公丘縣是也. 自叔繡至宣公十七世, 乃見春秋. 隱公以下, 春秋後六世, 而齊滅之”, 世本云“齊景公亡滕”. 案齊景之卒在滕隱之前. 世本言隱公之後, 仍有六世爲君, 而云‘齊景亡滕’, 爲謬何甚. 服虔昭四年注, 亦云“齊景亡滕”, 是不考校而謬言之. 地理志云“沛郡公丘縣, 故滕國也, 周文王子錯叔繡所封, 三十一世爲齊所滅”.

經의 〔滕侯卒〕

○ 正義曰：≪世族譜≫에 “滕나라는 姬姓이니 文王의 아들 錯叔繡의 후예이다. 武王이 제후로 봉해주어 滕에 거주하도록 하였으니, 지금 沛郡 公丘縣이 바로 이곳이다. 착숙수로부터 滕 宣公에 이르기까지가 17世인데, ≪春秋≫에 보인다. 滕 隱公 이하는 春秋 이후에도 6세가 전해졌는데, 齊나라가 등나라를 멸망시켰다.”라고 하였고, ≪世本≫에 “齊 景公이 등나라를 멸망시켰다.”라고 하였다.

살펴보건대 제 경공의 卒年은 등 은공 이전에 있다. ≪세본≫에 등 은공의 뒤에도 6세가 그대로 이어져 君主가 되었다고 말하면서 ‘제 경공이 등나라를 멸망시켰다.’고 하였으니, 잘못됨이 어찌 그리 심한가. 服虔의 昭公 4년 注에도 “제 경공이 등나라를 멸망시켰다.”라고 하였는데, 이는 고찰하지 않은 채 잘못 말한 것이다. ≪漢書≫ 〈地理志〉에 “沛郡 公丘縣은 옛 滕나라이니, 주 문왕의 아들 착숙수가 봉해진 곳으로, 31세에 이르러 제나라에 멸망되었다.”라고 하였다.

夏에 城中丘하다

여름에 中丘에 城을 쌓았다.

【注】城例는 在莊二十九年이라 中丘는 在琅邪(야)臨沂縣東北이라

築城을 기록하는 例는 莊公 29년에 실려 있다. 中丘는 琅邪 臨沂縣 동북쪽에 있다.

齊侯使其弟年來聘하다

齊侯가 그 아우 年을 〈魯나라에〉 보내어 聘問하였다.

【注】諸聘에 皆使卿執玉帛以相存問하니 例在襄九年이라

모든 聘問에는 모두 卿으로 하여금 玉帛을 잡고서 存問하게 한다. 그 例가 襄公 9년에 보인다.

【疏】注'諸聘'至'九年' ○正義曰：聘禮"使者執圭以致命, 束帛加璧以致享." 鄭玄云"享, 獻也. 旣聘又獻, 所以厚恩惠也." 是執玉帛以相存問也. 玉人職云"瑑圭璋璧琮, 八寸, 以覜聘." 注云"八寸者, 據上公之臣." 案聘禮圭以聘君, 璋以聘夫人, 旣行聘之後, 璧以享君, 琮以享夫人. 又鄭玄注小行人云"使卿大夫覜聘, 降其君瑞一等", 則侯伯之臣圭璋璧琮皆六寸, 子男之臣皆四寸. 又小行人云"圭以馬, 璋以皮, 璧以帛, 琮以錦, 琥以繡, 璜以黼." 鄭玄注云"二王之後享天子圭以馬, 享后璋以皮. 其餘諸侯享天子璧以帛, 享后琮以錦, 子男享大國之君琥以繡, 享大國夫人璜以黼." 是玉帛之文也.

注의 〔諸聘〕에서 〔九年〕까지

○ 正義曰：≪儀禮≫ 〈聘禮〉에서 "使者는 圭를 잡고 命을 전달하고 束帛(비단 묶음)에 璧玉을 추가하여 바친다."라고 하였는데, 이에 대해 鄭玄은 "享은 〈예물을〉 바친다는 뜻이다. 이미 聘禮를 행하고 또 〈예물을〉 바치는 것은 은혜를 두텁게 하기 위한 것이다."라고 하였다. 이것이 玉帛을 잡고서 存問한다는 것이다. ≪周禮≫ 〈考工記 玉人〉에서 "瑑圭와 璋, 璧과 琮의 길이는 8寸인데 覜禮와 빙례에 사용한다."라고 하였는데, 그 注에서 "길이가 8촌이라는 것은 上公의 신하의 命數에 의거한 것이다."라고 하였다.

살펴보건대 ≪의례≫ 〈빙례〉에서 圭를 사용하여 군주에게 빙례를 행하고 璋을 사용하여 君夫人에게 빙례를 행한다고 하였으며, 빙례를 행한 이후에 璧을 군주에게 바치고 琮을 군부인에게 바친다고 하였다. 또 ≪주례≫ 〈秋官 小行人〉의 정현 주에서 "卿大夫로 하여금 조례와 빙례를 행하게 할 때 자기 군주의 瑞玉에 비해 한 등급을 낮춘다."라고 하였으니, 侯와 伯의 신하가 사용하는 瑑圭와 璋, 璧과 琮의 길이는 모두 6촌이고, 子와 男의 신하가 사용하는 것들은 모두 4촌이다.

圭

璋

璧

琥

璜

또 〈소행인〉에서 "말의 정보를 기록한 문서 위에 圭를 얹어 바치고, 虎豹의 가죽 위에 璋을 얹어 바치고, 束帛 위에 璧을 얹어 바치고, 비단 위에 琮을 얹어 바치고, 수놓은 비단 위에 琥를 얹어 바치고, 黼의 무늬를 수놓은 비단 위에 璜을 얹어 바친다."라고 하였는데, 이에 대한 정현의 주에서 "二王(夏·商)의 후예는 天子에게 말의 정보를 기록한 문서 위에 圭를 얹어 바치고 皇后에게 호표의 가죽 위에 璋을 얹어 바친다. 그 외 나머지 제후는 천자에게 속백 위에 璧을 얹어 바치고 황후에게 비단 위에 琮을 얹어 바치며, 子와 男은 大國의 군주에게 수놓은 비단 위에 琥를 얹어 바치고 대국의 夫人에게 黼의 무늬를 수놓은 비단 위에 璜을 얹어 바친다."라고 하였으니, 이것이 玉帛에 대한 글이다.

圭以馬

璋以皮

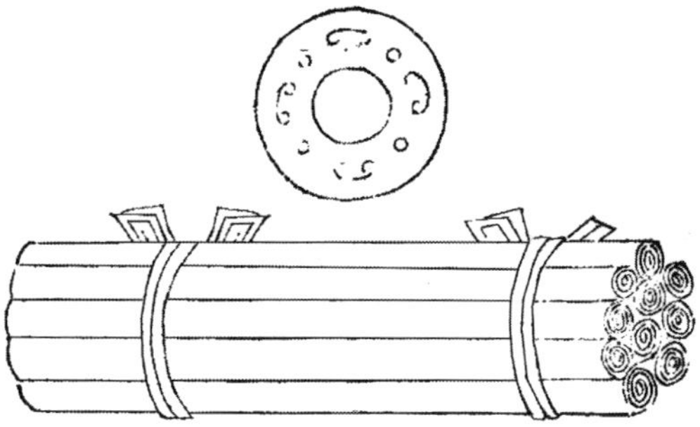

璧以帛

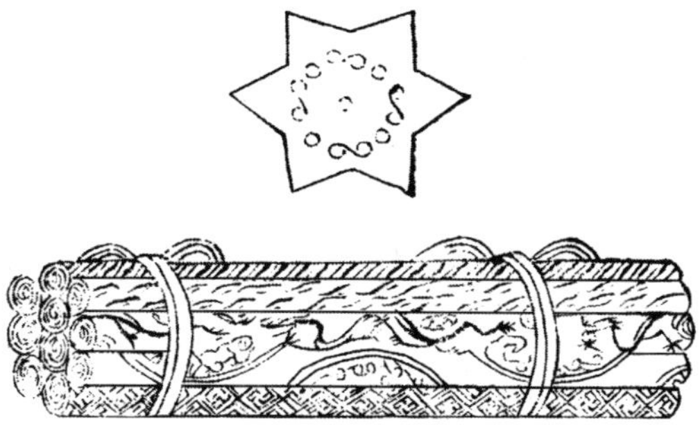

琮以錦

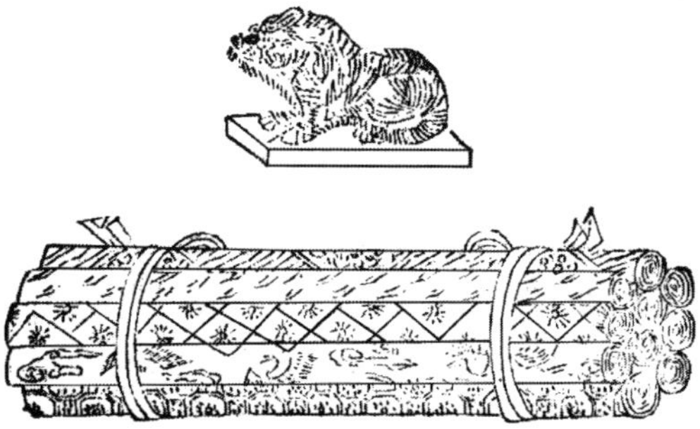

琥以繡

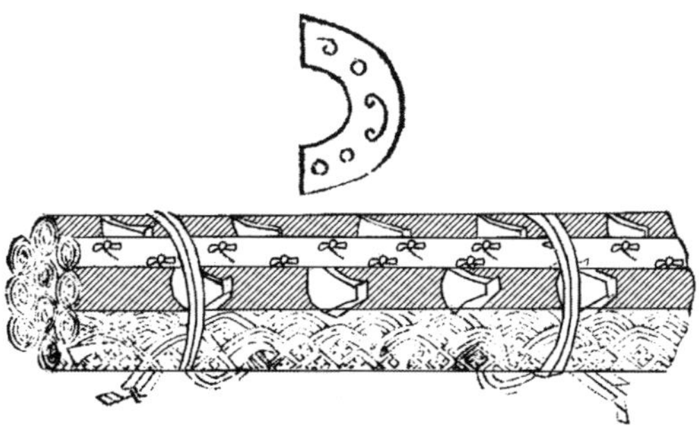

璜以黼

秋에 **公伐邾**하다

가을에 邾나라를 정벌하였다.

冬에 **天王使凡伯來聘**하다

겨울에 天王이 凡伯을 〈魯나라에〉 보내어 聘問하였다.

【注】 **凡伯**은 **周卿士**라 **凡**은 **國**이요 **伯**은 **爵也**라 **汲郡共縣東南有凡城**이라

凡伯은 周나라의 卿士이다. 凡은 國名이고 伯은 爵名이다. 汲郡 共縣 동남쪽에 凡城이 있다.

戎伐凡伯于楚丘以歸하다

戎이 楚丘에서 凡伯을 공격하여 그를 데리고 돌아갔다.

【注】 **戎鳴鍾鼓以伐天子之使**하니 **見夷狄强虣**(포)라 **不書凡伯敗者**는 **單使無衆**이요 **非戰陳也**라 **但言以歸**라하니 **非執也**라 **楚丘**는 **衛地**니 **在濟陰**(城)〔**成**〕[1]**武縣西南**이라

1) (城)〔成〕: 저본에는 '城'으로 되어 있으나, ≪水經注≫와 ≪漢書≫ 〈地理志〉에 의거하여 '成'으로 바로잡았다.

戎이 鍾鼓를 울리며 天子의 使臣을 공격하였으니, 夷狄의 강포함을 볼 수 있다. 범백이 패배한 것을 기록하지 않은 것은 따르는 군대가 없는 단출한 使行이었고 戰陣이 아니기 때문이다. 다만 '以歸'라고 하였으니, 그를 포박하여 끌고 간 것은 아니다. 楚丘는 衛나라 땅이니 濟陰 成武縣 서남쪽에 있다.

【疏】 注'戎鳴'至'西南' ○ 正義曰：傳例"有鍾鼓曰伐", 此旣言伐, 知其鳴鍾鼓也. 杜意言以歸者, 以彼隨己而已, 非囚執之辭, 故云"但言以歸非執也." 杜必知以歸非執者, 穀梁傳云"以歸猶愈乎執也." 又昭十三年"晉人執季孫意如以歸", 若以歸是執, 何須別起執文. 明直言以歸者非執也. 至如定四年"以沈子嘉歸", 經云"殺之", 哀七年"以邾子益來", 傳云"囚諸負瑕". 旣有囚殺之文, 容或是執. 若直言以歸, 無囚殺之事者, 則非執者也. 春秋有文同事異, 此卽其類也. 劉君引沈子邾子云"以歸者皆執", 以規杜氏, 非其義也.

注의 〔戎鳴〕에서 〔西南〕까지

○ 正義曰 : 〈莊公 29년〉 傳例에 "鍾鼓를 울리며 공격하는 것을 '伐'이라 한다."라고 하였는데, 여기서 이미 '伐'이라고 말했으니 〈戎이〉 종고를 울리며 공격했음을 알 수 있다. 杜預는 〈經文의〉 '以歸(데리고 돌아감)'라는 말은 그로 하여금 자신들을 따라오게 한 것이지 포박하여 사로잡은 말이 아니라고 생각했기 때문에 "다만 '以歸'라고 하였으니 그를 포박하여 끌고 간 것은 아니다."라고 한 것이다. 두예는 필시 '以歸'의 의미가 포박하여 끌고 간 것이 아님을 알았으니, ≪春秋穀梁傳≫에서 "'以歸'는 '執'보다 나은 것이다."라고 하였다. 또 昭公 13년에 "晉人이 季孫意如를 포박하여 데리고 돌아갔다."라고 하였는데, 만약 '以歸'가 '執'의 의미와 같다면 어째서 굳이 별도로 '執'자를 거론하겠는가. 그러므로 다만 '以歸'라고 말한 것은 '執'의 의미가 아님이 분명하다.

定公 4년 "沈子 嘉를 데리고 돌아가다.〔以沈子嘉歸〕"의 경우에는 經文에서 "그를 죽였다."라고 하였고, 哀公 7년 "邾子 益을 데리고 돌아왔다.〔以邾子益來〕"의 경우에는 傳文에서 "그를 負瑕(魯나라 邑)에 감금하였다."라고 하였다. 이처럼 이미 감금하거나 죽이는 일을 기술한 글에는 〈'以~歸'나 '以~來'가〉 '執'의 의미가 될 수도 있다. 그렇지만 다만 '以歸'라고 말한 것은 감금하거나 죽이는 일이 없으므로 포박하여 끌고 간 것은 아니다. ≪春秋≫에는 글을 동일하지만 일이 다른 경우가 있으니, 이것이 바로 그러한 부류이다. 劉君(劉炫)은 沈子 嘉와 邾子 益의 사례를 인용하여 "'以歸'는 모두 포박하여 끌고 간 것이다."라고 말함으로써 杜氏의 뜻을 規正하였는데, 이는 올바른 뜻이 아니다.

【傳】七年이라 **春**에 **滕侯卒**하다 **不書名**은 **未同盟也**일새니라 **凡諸侯同盟**이라야 **於是稱名**이라 **故薨則赴以名**이라

7년이다. 봄에 滕侯가 卒하였다. 〈經에 등후의〉 이름을 기록하지 않은 것은 魯나라와 同盟하지 않았기 때문이다. 동맹한 제후라야 이름을 기록한다. 그러므로 죽으면 이름을 기록해 통보한다.

【注】 盟以名告神이라 故薨亦以名告同盟이라

結盟할 때 이름을 神明에게 고하였으므로 죽은 뒤에도 이름을 기록해 同盟國에게 통보한다.

【傳】 告終嗣也하야 以繼好息民하니

〈이는 동맹국에〉 임금의 죽음과 지위를 계승한 임금을 알려 友好를 계속해 백성을 안심시키기 위함이니,

【注】 告亡者之終하고 稱嗣位之主라 嗣位之主는 當奉而不忘이라 故曰繼好요 好同則和親이라 故曰息民이라

亡者의 죽음을 고하고 지위를 계승한 임금을 칭하는 것이다. 지위를 계승한 임금은 마땅히 先君의 정책을 받들어 잊지 않기 때문에 '繼好'라고 하였고, 友好하면 和親하기 때문에 '息民'이라고 한 것이다.

【傳】 謂之禮經이라

이를 禮經이라고 한다.

【注】 此言凡例乃周公所制禮經也라 十一年不告之例하고 又曰 不書於策이라하야 明禮經皆當書於策이라 仲尼修春秋는 皆承策爲經이나 丘明之傳은 博采衆記라 故始開凡例라 特顯此二句로되 他皆放此하니라

이것은 凡例가 바로 周公이 지은 禮經임을 말한 것이다. 隱公 11년 傳에 통고하지 않은 例를 말하고, 또 "史策에 기록하지 않았다."라고 말하여 예경은 모두 사책에 기록해야 한다는 것을 밝혔다. 仲尼가 편수한 ≪春秋≫는 모두 사책의 기록에 따라 經을 만들었으나, 左丘明의 傳은 여러 기록을 널리 採集하였기 때문에 비로소 범례를 開設한 것이다. 특별히 이 두 글귀를 드러내었으되, 다른 곳도 모두 이와 같다.

【疏】 '凡諸'至'禮經' ○ 正義曰：諸侯者, 公侯伯子男五等之總號. 侯訓君也. 五等之主雖爵命小異, 而俱是國君, 故總稱諸侯也. 諸發凡者, 皆周公之垂法, 史書之舊章[1]. 丘明采合舊語, 以發明史例. 雖意是舊典, 而辭出丘明, 非全寫舊語. 同盟稱名, 薨則赴以名, 是周公之舊典. 其告終稱嗣以下, 乃是解釋赴意, 非舊語也. 僖二十三年又發例曰"凡諸侯同盟, 死則赴以名, 禮也." 直言赴名是禮, 不言繼好是禮. '繼好息民', 是禮之大意, 非禮之實, 明是丘明言此以解赴名之意. 彼云'禮也', 此云'謂之禮經', 其事一也, 言謂此赴名爲禮之常法. 丘明之意, 言周公謂之然也. '謂之禮經', 雖指此一事, 諸發凡者莫不盡然. 以此爲例之初, 故特言之.

1) 諸發凡者……史書之舊章 : 〈春秋左氏傳序〉에서 "≪春秋左氏傳≫에 '凡'자를 써서 예시를 말한 것들은 모두 나라를 다스리는 불변의 제도와 周公이 전한 법과 史書의 옛 典章을 仲尼께서 그대로 따라 編修한 것이다.〔其發凡以言例 皆經國之常制 周公之垂法 史書之舊章 仲尼從而脩之〕"라고 하였다.

傳의 〔凡諸〕에서 〔禮經〕까지

○ 正義曰 : 諸侯는 公·侯·伯·子·男 다섯 등급을 총괄하는 名號이다. 侯는 뜻이 君이다. 다섯 등급의 군주는 비록 爵命은 조금 다르지만 모두 國君이므로 제후라고 총칭한 것이다. 밝혀놓은 여러 범례는 모두 周公이 전한 법이고 史書의 옛 전장이다. 左丘明이 예전부터 전해오는 말들을 채집해 모아서 史例를 發明하였다. 비록 뜻은 舊典이지만 말은 좌구명에게서 나온 것이니, 옛 말들을 온전히 옮겨 쓴 것은 아니다. 동맹한 제후라야 이름을 칭하고 죽으면 이름을 기록해 통보하니, 이는 주공의 舊典이다.

亡者의 죽음을 고하고 지위를 계승한 임금을 칭한다는 이하의 내용은 부고하는 뜻을 해석한 것이니, 옛 말이 아니다. 僖公 23년에 또 例를 들어 말하기를 "凡例에 의하면 동맹한 제후가 죽으면 이름을 기록해 부고하는 것이 禮이다."라고 하였으니, 다만 이름을 써서 부고하는 것이 禮라고 말하였고, 우호를 계속하는 것이 예라고 말하지는 않았다. '繼好息民'은 예의 大意이지 예의 실질은 아니니, 좌구명이 이를 말해서 이름을 써서 부고하는 뜻을 해석한 것임을 밝힌 것이다. 저기서는 '禮也'라고 하고 여기서는 '謂之禮經'이라 하였으나 그 일은 한 가지인데, 곧 이는 이름을 써서 부고하는 것이 예의 떳떳한 법도임을 말한 것이다. 좌구명의 뜻은 주공이 그렇게 말했다고 말한 것이다. '謂之禮經'이라 한 것은 비록 한 가지 일을 가리킨 것이지만 여러 범례를 말한 것이 모두 그렇지 않음이 없다는 것이다. 이로써 例의 처음을 삼았으므로 특별히 말한 것이다.

【疏】○ 注'此言'至'放此' ○ 正義曰：凡例是周公所制，其來亦無所出．以傳言'謂之禮經'，則是'先聖謂之'，非丘明自謂之也．史之書策，必有舊法．一代大典，周公所制，故知凡例亦是周公所制．此言凡例則云'謂之禮經'，不言凡例則云'不書於策'．以此明所謂'禮經'，皆當書策．從傳之首至此，始開凡例，故特顯此二句．二句者，'謂之禮經'，是一句，與'不書于策'，爲二句也．然則九年"凡雨，自三日以往爲霖"，不以爲始，而遠取十一年，云'始開凡例'者，以九年唯記當國雨雪之事，史策舊文，非是赴告國家大事之例．

○ 注의 〔此言〕부터 〔放此〕까지

○ 正義曰：凡例는 周公이 제정한 것인데，그 유래는 또한 나온 바가 없다．傳에서 '謂之禮經'이라고 말하였으니，그렇다면 이는 '先聖이 말한 것이다．'라는 것이지，좌구명이 스스로 말한 것은 아니다．역사를 史策에 기록하는 것은 반드시 옛 법칙이 있다．한 시대의 큰 법도는 주공이 만든 것이므로 범례 역시 주공이 만든 것임을 알 수 있다．그래서 곧 범례를 말하는 경우는 '謂之禮經'이라 하고 범례를 말하지 않을 경우에는 '不書於策'라고 한 것이다．이로써 이른바 '禮經'은 모두 史策에 기록해야 하는 것이 분명하다．

傳의 첫머리에서부터 여기까지는 비로소 凡例를 開設하였으므로 특별히 이 두 어구를 드러낸 것이다．두 어구란 '謂之禮經'이 그 한 어구이고 '不書于策'과 함께 두 어구가 된다．그렇다면 9년의 "범례에 비가 3일 이상 내리는 것을 장마라 한다．"라고 한 것을 처음으로 하지 않고，멀리 11년의 기사를 취해서 '始開凡例'라고 한 것은 9년의 경우는 다만 나라에 눈비가 내린 일을 기록한 것으로 史策의 舊文이지 국가의 대사를 부고하는 사례는 아니기 때문이다．

【傳】夏에 城中丘하니 書는 不時也라

여름에 中丘에 성을 쌓았으니，이를 기록한 것은 때에 맞지 않았기 때문이다．

【傳】齊侯使夷仲年來聘하니 結艾之盟也라

齊侯가 夷仲年을 魯나라에 보내어 聘問하였으니，이는 艾에서 맺은 盟約을 더욱 공고히 하기 위해서였다．

【注】艾盟在六年이라

艾의 결맹은 隱公 6년에 있었다．

【傳】秋에 宋及鄭平하고 七月庚申에 盟於宿하다 公伐邾하니 爲宋討也라

가을에 宋나라가 鄭나라와 和平하고 7월 庚申日에 宿에서 결맹하였다. 隱公이 邾나라를 토벌하였으니, 이는 송나라를 위해 토벌한 것이다.

【注】公拒宋而更(갱)與鄭平하야 欲以鄭爲援이라 今鄭復(부)與宋盟이라 故懼而伐邾하야 欲以求宋이라 故曰 爲宋討라

隱公은 宋나라의 救援 요청을 거절하고 다시 鄭나라와 和平하여 정나라를 援國으로 삼고자 하였다. 지금 정나라가 다시 송나라와 동맹하였기 때문에 두려워서 邾나라를 토벌하여 송나라와의 화친을 구하고자 한 것이다. 그러므로 '송나라를 위해 토벌한 것이다.'라고 한 것이다.

【傳】初에 戎朝于周하야 發幣于公卿이로되 凡伯弗賓하다

당초에 戎이 周나라에 朝見하러 가서 公卿들에게 幣帛을 보냈으나, 凡伯이 戎을 貴賓의 禮로 대우하지 않았다.

【注】朝而發幣於公卿은 如今計獻詣公府卿寺(시)라

조현하러 가서 公卿에게 폐백을 보내는 것은 지금 회계를 담당하는 관리가 〈土產物을 가지고 天子에게 올린 다음〉 公府와 卿寺에 나아가는 것과 같다.

【疏】注'朝而'至'卿寺' ○正義曰：朝於天子, 獻國之所有, 亦發陳財幣於公卿之府寺(시). 如今者, 如晉時諸州年終遣會計之吏獻物於天子, 因令以物詣公府卿寺. 然自漢以來, 三公所居謂之府, 九卿所居謂之寺. 風俗通曰"府, 聚也. 公卿牧守府, 道德之所聚也, 藏府, 私府, 財貨之所聚也. 寺, 司也, 庭有法度, (令)〔今〕[1]官所止皆曰寺." 釋名曰"寺, 嗣也, 治事者相嗣續於其內."

1) (令)〔今〕: 저본에는 '令'으로 되어 있으나, 阮元의 〈校勘記〉에 의거하여 '今'으로 바로잡았다.

注의 〔朝而〕에서 〔卿寺〕까지

○正義曰：天子에게 조현하러 가는 것은 자기 나라에 소유한 것을 천자에게 바친

다음에 公府와 卿寺에도 재물과 폐백을 가지고 가서 주는 것이다. 지금과 같다는 것은 晉代에 여러 州에서 연말에 회계를 담당하는 관리가 천자에게 產物을 바친 다음 명령에 따라 재물을 가지고 公府와 卿寺에 나아가는 것과 같다는 것이다. 그러나 漢代 이래로 三公이 집무하는 곳을 府라 하고, 九卿이 집무하는 곳을 寺라고 하였다.

≪風俗通≫에 "府는 모임이다. 公卿과 牧守의 府는 道德을 지닌 사람이 모인 곳이고, 藏府와 私府는 財貨가 모인 곳이다. 寺는 官司이니, 官廷에는 법도가 있으며, 지금 관리들이 머무는 곳을 모두 '寺'라고 한다."라고 하였다. ≪爾雅≫ 〈釋名〉에 "寺는 이음이니, 공무를 다스리는 자들이 서로 그 관사 안에서 이어서 계속하는 것이다."라고 하였다.

【傳】 冬에 王使凡伯來聘하니 還에 戎伐之于楚丘以歸하다

겨울에 周王이 凡伯을 魯나라에 보내어 聘問하였다. 〈범백이 빙문을 마치고〉 돌아갈 때 戎이 楚丘에서 범백을 공격하여 데리고 돌아갔다.

【注】 傳言凡伯所以見伐이라

傳의 기록은 凡伯이 공격을 받게 된 까닭을 말한 것이다.

【傳】 陳及鄭平하다

陳나라가 鄭나라와 講和하였다.

【注】 六年에 鄭侵陳하야 大獲이러니 今乃平이라

隱公 6년에 鄭나라가 陳나라를 侵攻하여 大勝하였는데, 지금에서야 비로소 강화한 것이다.

【傳】 十二月에 陳五父(보)如鄭涖盟하다

12월에 陳나라 公子 五父가 맹약에 참가하기 위해 鄭나라로 갔다.

【注】 涖는 臨也라

涖는 참가함이다.

【傳】壬申에 及鄭伯盟할새 歃如忘하다

壬申日에 鄭伯과 結盟하였는데, 피를 마실 때 마음이 맹약을 잊어버린 듯하였다.

【注】(忘)〔志〕[1]不在於歃血이라

1) (忘)〔志〕: 저본에는 '忘'으로 되어 있으나, 阮元의 〈校勘記〉에 의거하여 '志'로 바로잡았다.

뜻이 歃血에 있지 않은 것이다.

【疏】'歃如忘' ○ 正義曰 : 歃謂口含血也. 當歃血之時, 如似遺忘物然, 故注云"志不在於歃血也." 服虔云"如, 而也. 雖歃而忘其盟載之辭, 言不精也." 盟載之辭在於簡策, 祝史讀以告神, 非歃者自誦之, 何言忘載辭也. 且忘否在心, 五父終不自言已忘, 洩伯安知其忘而譏之.

傳의 〔歃如忘〕

○ 正義曰 : 歃은 입에 피를 머금는 것을 말한다. 歃血할 때에 마치 물건을 잊어버린 것처럼 하였기 때문에 注에 "뜻이 歃血에 있지 않은 것이다."라고 하였다. 服虔은 "如는 而이다. 비록 삽혈을 하고 있으나 맹약으로 적힌 말은 잊어버린 것이니, 정성스럽지 않음을 말한 것이다."라고 하였다. 맹약으로 적힌 말은 簡策에 쓰여 있고 祝史가 읽어서 신에게 고하니, 삽혈하는 자가 스스로 낭송하지 않는다. 그런데 어찌 맹약으로 적힌 말을 잊었다고 말할 수 있는가. 또 잊고 말고는 마음에 달린 것이니, 五父가 끝까지 스스로 잊어버렸다고 말하지 않았는데, 洩伯이 어찌 그가 잊어버렸음을 알아서 비난하겠는가.

【傳】洩伯曰 五父(보)必不免이로다 不賴盟矣라

이에 洩伯이 말하였다.

"五父는 필시 화를 면치 못할 것이다. 맹약을 신뢰하지 않는구나."

【注】洩伯은 鄭洩駕라

洩伯은 鄭나라 洩駕이다.

【傳】 鄭良佐如陳涖盟하다

鄭나라 良佐가 맹약에 참가하기 위해 陳나라로 갔다.

【注】 良佐는 鄭大夫라

良佐는 鄭나라 大夫이다.

【傳】 辛巳에 及陳侯盟이러니 亦知陳之將亂也하다

辛巳日에 陳侯와 결맹하였는데, 그 또한 진나라가 어지러워질 것을 알았다.

【注】 入其國하야 觀其政治라 故總言之也라 皆爲桓五年六年陳亂하고 蔡人殺陳佗傳[1]이라

1) 蔡人殺陳佗傳 : 魯 桓公 5년에 陳 桓公이 죽고 陳佗가 太子 免을 죽이고 스스로 임금이 되었다. 6년에 蔡나라에서 그를 죽이고 채나라 여자의 소생인 여공을 세웠다. 陳佗가 五父이다.

그 나라에 들어가서 그 나라의 정치를 보았기 때문에 총괄해 말한 것이다. 이것이 모두 桓公 5년과 6년에 陳나라에 난리가 발생하고, 蔡人이 陳佗를 죽인 배경이 되었다.

【傳】 鄭公子忽在王所라 故陳侯請妻之하다

鄭나라 公子 忽이 周나라 王室에 가서 있었다. 그래서 陳侯가 그를 사위 삼기를 청하였다.

【注】 以忽爲王寵故라

忽이 周王의 총애를 받았기 때문이다.

【傳】 鄭伯許之하야 乃成昏하다

鄭伯이 허락하여 婚禮를 거행하였다.

【注】爲鄭忽失齊昏援以至出奔[1)]傳이라

1) 出奔 : 魯 桓公 11년에 鄭 昭公 忽이 衛나라로 出奔한 일이다.

이것이 鄭나라 忽이 齊나라와의 혼인을 거절하여 大國의 救援을 잃고 出奔한 배경이 되었다.

【隱公 8년(B.C. 715)】

八年이라 春에 宋公衛侯遇于垂하다

8년이다. 봄에 宋公과 衛侯가 垂에서 만났다.

【注】垂는 衛地라 濟陰句陽縣東北有垂亭이라

垂는 衛나라 땅이다. 濟陰 句陽縣 동북쪽에 垂亭이 있다.

三月에 鄭伯使宛來歸祊하다

3월에 鄭伯이 宛을 魯나라에 보내어 祊을 주었다.

【注】宛은 鄭大夫라 不書氏는 未賜族이라 祊은 鄭祀泰山之邑이니 在瑯邪(야)費縣東南이라

宛은 鄭나라 大夫이다. 氏를 기록하지 않은 것은 아직 族을 받지 못했기 때문이다. 祊은 정나라가 泰山에 제사 지내는 邑인데, 瑯邪 費縣 동남쪽에 있다.

【疏】注'宛鄭'至'東南' ○ 正義曰 : 內卿貶則去族, 外卿貶則稱人. 外無去族之理. 今宛無族, 傳無譏文, 故知未賜族也. 傳言"鄭釋泰山之祀, 使來歸祊", 知祊是鄭祀泰山之邑. 鄭以桓公之故, 受邑泰山之下, 天子祭泰山必從往助祭, 使共湯沐焉,[1)] 故公羊謂之湯沐之邑. 旣有此邑, 因立別廟. 劉炫云"言祀泰山之邑者, 謂泰山之旁有此邑. 邑內有鄭宗廟之祀, 蓋祀桓武之神."

1) 鄭以桓公之故……使共湯沐焉 : 祊은 周 宣王이 그 아우 鄭 桓公에게 주어, 天子가 泰

山에 제사 지낼 때 그 제사를 돕는 湯沐邑으로 삼게 한 땅이다. 탕목읍은 그 땅에서 거두는 구실로 목욕 등의 비용에 충당하도록 하는 읍이라는 뜻이다.

注의 〔宛鄭〕에서 〔東南〕까지

○ 正義曰 : 국내의 卿을 폄척할 경우에는 族을 기록하지 않고 국외의 卿을 폄척할 경우에는 人이라고 칭한다. 국외의 경우는 族을 기록하지 않을 이치는 없다. 지금 宛은 族이 없고 傳에 비판하는 글이 없으므로 族을 받지 못했음을 알 수 있다. 傳에 "鄭나라가 泰山의 제사를 폐지하고 宛을 노나라에 보내어 祊을 노나라에 주었다."라고 하였으니, 祊은 정나라가 태산에 제사를 지내는 邑임을 알 수 있다. 정나라는 桓公의 연고로 태산 아래에 있는 邑을 받아 天子가 태산에 제사를 지낼 때 반드시 좇아가서 제사를 도왔는데, 함께 목욕을 하게 하였으므로 ≪春秋公羊傳≫은 '湯沐邑'이라고 하였다. 이미 이 邑을 두고 이어 別廟를 세웠다. 劉炫은 이르기를 "태산에 제사 지내는 읍이라고 말한 것은 태산 옆에 이 邑이 있음을 말한다. 邑 안에 정나라 宗廟가 있는데, 환공・武公의 신령에게 제사 지낸다."라고 하였다.

庚寅에 我入祊하다

庚寅日에 魯나라가 祊으로 들어갔다.

【注】 桓元年에 乃卒易祊田하니 知此入祊은 未肯受而有之라

桓公 원년에 결국 〈許田을〉 祊田과 교환하였으니, 이번에 祊에 들어간 것은 그곳을 接受하여 소유하려고 한 것이 아니었음을 알 수 있다.

夏六月己亥에 蔡侯考父(보)卒하다

여름 6월 己亥日에 蔡侯 考父가 卒하였다.

【注】 無傳이라 襄六年傳曰 杞桓公卒하니 始赴以名은 同盟故也라하니라 諸侯同盟稱名者는 非唯見(현)在位二君也라 嘗與其父同盟이면 則亦以名赴其子하니 亦所以繼好也라 蔡未與隱盟이니 蓋春秋前與惠公盟이라 故赴以名이라

傳이 없다. 襄公 6년 傳에 “杞 桓公이 卒하였다. 처음으로 이름을 기록해 부고한 것은 魯나라와 동맹하였기 때문이다.” 하였다. 동맹국의 제후가 죽었을 적에 이름을 기록하는 경우는 현재 君位에 있는 두 나라 임금이 〈同盟한 경우만이〉 아니라, 일찍이 그 아비와 동맹하였으면 그 아들에게도 이름을 기록해 부고하니 또한 우호를 계속하기 위해서이다. 蔡나라가 隱公과 結盟하지 않았으니, 아마도 春秋 이전에 惠公과 결맹하였기 때문에 이름을 기록해 부고한 듯하다.

【疏】注‘襄六’至‘以名’ ○ 正義曰：同盟赴名，自有成例，而引杞桓公者，蔡自春秋以來未與魯盟，疑與惠公同盟，故引杞桓爲例．杞桓與成公同盟，而以名赴襄公，傳曰“同盟故也”，則與其父盟得以名赴其子．故疑蔡與惠盟，故以名赴隱也．同盟稱名，則兩君相知，君旣知之，則國內皆知．故彼父雖薨，得以名赴彼子，以此名嘗與彼父對稱故也．若父〔不〕[1]與彼盟，彼君雖在，此子不得以其名赴，以此名未與彼君對稱故也．

1)〔不〕：저본에는 ‘不’이 없으나，盧文弨의 校本에 의거하여 보충하였다．(阮元의 〈校勘記〉 참조)

注의 〔襄六〕에서 〔以名〕까지

○ 正義曰：同盟國에 이름을 써서 부고하는 것은 본래 전례가 있는데 杞 桓公의 경우를 끌어낸 것은, 蔡나라는 春秋 이후로는 魯나라와 결맹하지 않았고, 아마 〈그 이전〉 惠公과 동맹을 한 듯하므로 기 환공을 끌어 例를 삼은 것이다. 기 환공이 魯 成公과 동맹을 하여 이름을 기록해 襄公에게 부고하였는데 傳에 “동맹하였기 때문이다.”라고 하였으니, 그 아비와 결맹하였으므로 이름을 기록하여 아들에게 부고할 수 있었던 것이다. 그러므로 아마 채나라가 혜공과 결맹하였으므로 이름을 기록하여 隱公에게 부고한 듯하다.

동맹국이 이름을 칭하는 것은 두 임금이 서로 알기 때문이고, 임금이 이미 서로 알면 국내 사람들도 모두 안다. 그러므로 저쪽 나라의 아비가 비록 죽었어도 이름을 기록하여 저쪽 나라 아들에게 부고하는 것이니, 이쪽 나라의 이름이 일찍이 저쪽 나라 아비와 대칭되었기 때문이다. 아비가 저쪽 나라와 결맹하지 않았을 경우에 저쪽 나라 임금이 비록 살아 있어도 이쪽 나라 아들은 그 이름을 기록하여 부고할 수 없으니, 이쪽 나라의 이름이 저쪽 나라 임금과 대칭되지 않기 때문이다.

辛亥에 宿男卒하다

辛亥日에 宿男이 卒하였다.

【注】無傳이라 元年에 宋魯大夫盟于宿할새 宿與盟也라 晉荀偃禱河[1)]할새 稱齊晉君名하고 然後自稱名하니 知雖大夫出盟이라도 亦當先稱已君之名以啓神明이라 故薨皆從身盟之例하야 當告以名也라 傳例曰 赴以名이면 則亦書之어니와 不然則否니 辟(피)不敏也[2)]라하니라 今宿赴不以名이라 故亦不書名이라 諸例或發於始事하고 或發於後者하야 因宜有所異同은 亦或丘明所得記注本末不能皆備故라

1) 晉荀偃禱河：晉侯가 齊나라를 치기 위해 河水를 건너려 할 때 中行獻子(荀偃)가 붉은 실에 玉 한 쌍을 묶어 하수에 던지며 기도한 일을 이른다. 魯 襄公 18년에 보인다.
2) 傳例曰……辟(피)不敏也：僖公 23년 傳에 보인다.

傳이 없다. 隱公 원년에 宋·魯나라의 大夫가 宿에서 會盟할 때, 宿도 그 회맹에 참여하였다. 晉나라 荀偃이 河神에 祈禱할 때 齊侯와 晉侯의 이름을 칭한 뒤에 자신의 이름을 칭하였으니, 이로써 비록 대부가 外國으로 가서 회맹하더라도 먼저 자기 나라 임금의 이름을 칭하여 神明에게 고하였음을 알 수 있다. 그러므로 임금이 죽으면 모두 임금이 직접 結盟한 例에 따라 이름을 기록해 부고해야 한다.

傳例에 "이름을 기록해 부고하였으면 또한 ≪春秋≫에 그 이름을 기록하지만 그렇지 않으면 이름을 기록하지 않으니, 이는 분명치 않아 잘못 기록하는 염려를 피하기 위해서이다."라고 하였다. 지금 宿나라가 이름을 기록해 부고하지 않았기 때문에 ≪춘추≫에 이름을 기록하지 않은 것이다. 모든 例를 처음으로 보이는 곳에 드러내기도 하고, 뒤에 보이는 곳에 드러내기도 하여 편의에 따라 異同이 있는 것은 아마도 左丘明이 모은 記注에 本末을 다 갖출 수 없었기 때문인 듯하다.

【疏】注'元年'至'備故' ○ 正義曰：於例, 盟以國地, 則地主與之. 元年"盟于宿", 知宿與盟也. 魯宋俱是微人, 宿君必不親與, (之)〔知〕[1)]宿亦大夫盟也. 盟禱雖異, 俱是告神. 荀偃之禱, 先稱君名, 知大夫聚盟亦各稱君名. 臣盟旣稱君名, 則君薨得以名赴. 宿君之卒, 宜以名赴魯. 今宿男不名, 自不以名赴, 非法不得也. 故引僖二十三年傳例以明之, 言其赴不以名, 雖知亦不得書也. "諸君不親盟而以名赴魯", 注云"大夫盟於某者,義皆出此.” 衛冀隆[2]難杜云“周人以諱事神[3], 臣子何得以君之名告神. 又荀偃禱河, 一時之事耳, 非正禮也, 何得知大夫盟先稱君名乎.” 杜必爲此解者, 以諱事神, 謂諱神之名以事其神, 若祭祖而諱祖之類. 山川之神尊於諸侯, 故尙書武成, 告名山〔大〕[4]川, 云“有道周王發”[5], 則荀偃禱河自稱君名, 於理何怪. 杜云‘諸例或發於始事, 或發於後者’, 若七年“滕侯卒”, 傳曰“凡諸侯同盟, 於是稱名.” 及桓二年“公至自唐”, 凡公行, 告于宗廟, 是“或發於始事”也. 宣四年“凡弑君稱君”, 及僖二十六年“凡師能左右之曰以”, 是“或發於後”也. 云“因宜有所異同”者, 宣四年“鄭公子歸生弑君”, 嫌歸生無罪, 及宣五年“高固來逆叔姬”, 嫌“見逼成昏”, 故傳因以明之[6]是也. 云“亦或丘明所得記注本末不能皆備”者, 但杜又自疑, 以爲諸例皆應從始事而發, 在後發者, 以記注周公舊凡不繫於始事, 繫於後事, 丘明作傳因記注所繫, 遂以發之. 如杜此言, 則周公舊凡於記注之文, 散在諸事. 丘明作傳, 因記注之文發例, 故或先或後也.

1) (之)〔知〕: 저본에는 ‘之’로 되어 있으나, 北京大本에 의거하여 ‘知’로 바로잡았다.
2) 衛冀隆 : 北魏의 학자로 遼西 사람이며, 國子博士를 지냈다. 학문은 服虔 계열에서 師承하였으며, 杜預의 주를 반박하는 ≪難杜≫를 지었는데 지금은 일실되었다.
3) 周人以諱事神 : 桓公 6년 傳에 “周人은 諱함으로써 神을 섬기니, 死後에는 반드시 이름을 諱한다.〔周人以諱事神 名終將諱之〕”라고 나온다.
4) 〔大〕: 저본에는 ‘大’가 없으나, 阮元의 〈校勘記〉에 의거하여 보충하였다.
5) 有道周王發 : ≪書經≫ 〈周書 武成〉에 “商나라의 죄를 지극히 하여 皇天과 后土와 지나가는 곳의 名山大川에 告由하여 말씀하기를 ‘道가 있는 사람의 증손인 周王 發은 장차 상나라에 크게 바로잡음이 있을 것입니다.’라고 하였다.〔底商之罪 告于皇天后土所過名山大川曰 惟有道曾孫周王發 將有大正于商〕”라고 나온다.
6) 傳因以明之 : 宣公 4년에 鄭나라에서 임금 夷가 시해된 것을 公子 歸生이 시해한 것이라고 기록한 데 대해, 傳例에 “신하의 이름을 기록하는 것은 신하의 罪임을 드러내기 위함이다.”라고 하였다. 사실은 子公이 시해하였는데, 子家가 시해한 것으로 기록한 것은 자가의 權限이 부족했던 것을 罪責한 것이라고 하였다.

   또 선공 5년에 齊나라 高固가 와서 叔姬를 아내로 맞이한 일에 대해, 고고는 제나라 大夫이고, 숙희가 시집간 것을 기록하지 않은 것은 諸侯의 딸로 지위가 낮은 대부에게 시집갔기 때문이라 하였으니, 곧 선공을 억류하고 成昏하기를 강요한 것이라고 하였다.

注의 〔元年〕에서 〔備故〕까지

○ 正義曰 : 범례에 의하면 그 나라 땅에서 결맹하면 그 나라의 임금도 결맹에 참여

한다. 隱公 원년에 "宿에서 결맹하였다."라고 하였으니, 宿나라도 결맹에 참여하였음을 알 수 있다. 魯나라와 宋나라에서 〈결맹에 참여한 사람은〉 모두 지위가 낮은 사람이었으므로 宿君이 필시 직접 참여하지는 않았으니, 숙나라 역시 大夫가 결맹하였음을 알 수 있다. 盟誓와 祈禱는 다르지만 모두 神에게 고하는 것이다. 荀偃이 기도할 적에 먼저 임금의 이름을 칭하였으니, 대부가 모여 결맹할 적에도 각기 자기 나라 임금의 이름을 칭하였음을 알 수 있다. 신하가 결맹하면서 이미 임금의 이름을 칭하였다면 임금이 죽었을 때 이름을 기록하여 부고할 수 있는 것이다. 宿君의 죽음은 이름을 기록하여 노나라에 부고해야 한다. 그런데 지금 宿男의 이름을 기록하지 않은 것은 스스로 이름을 기록하지 않고 부고한 것이지 법도에 의해 할 수 없었던 것은 아니다. 그래서 僖公 23년의 傳例를 끌어다 밝혔으니, 곧 부고에 이름을 기록하지 않은 것에 대해 비록 이름을 알아도 쓸 수 없음을 말한 것이다.

"여러 군주들이 직접 동맹에 참여하지 않았어도 이름을 기록하여 魯나라에 부고한다."라고 하였는데, 그 注에 "대부가 모처에서 맹약하는 것은 義例가 모두 여기서 나왔다."라고 하였다. 衛冀隆의 ≪難杜≫에 "周人은 諱함으로써 神을 섬기는데, 신하가 어떻게 임금의 이름으로 신에게 고하겠는가. 또 荀偃이 河神에게 기도한 것은 한때의 일일 뿐이요 正禮는 아니니, 어찌 대부가 결맹할 적에 임금의 이름을 먼저 칭함을 알 수 있다고 하겠는가."라고 하였다. 杜預는 필시 이에 대한 해명으로 諱함으로써 신을 섬기는 것은 신의 이름을 諱함으로써 신을 섬기는 것을 이르니, 마치 조상에게 제사 지내면서 조상을 諱하는 類와 같다고 할 것이다. 山川의 신은 諸侯보다 존귀하기 때문에 ≪尙書≫ 〈武成〉에 名山大川에 이름을 고하면서 "有道한 사람의 증손인 周王 發"이라고 하였으니, 그렇다면 순언이 하신에게 기도하며 스스로 임금의 이름을 칭한 것이 이치상 무슨 이상할 것이 있겠는가.

杜注에 '모든 例를 처음으로 보이는 곳에 드러내기도 하고, 뒤에 보이는 곳에 드러내기도 하였다.'라고 하였다. 예를 들면 은공 7년 "滕侯가 卒하였다."의 傳에 "범례에 의하면 동맹한 제후라야 이름을 기록한다."라고 한 것과, 桓公 2년에 "公이 唐에서 돌아왔다."라고 하였는데 범례에 공이 出行해서 돌아오면 宗廟에 고한다고 한 것이 '처음으로 보이는 곳에 드러내는 경우〔或發於始事〕'이다. 宣公 4년에 "범례에 의하면 弑君을 기록함에 國君의 이름을 기록한다."라고 한 것과, 僖公 26년에 "범례에 의하면 군대를 마음대로 指揮하는 것을 '以'라 한다."라고 한 것이 '뒤의 보이는 곳에 드러내기도

하는 것〔或發於後〕'이다.

〔因宜有所異同〕 宣公 4년에 "鄭나라 公子 歸生이 그 임금을 시해하였다."라고 하여 귀생에게 죄를 주지 않음을 혐오하고, 선공 5년에 "高固가 와서 叔姬를 아내로 맞이하였다."라고 하여 "핍박당해 成婚한 것"을 혐오하였으므로 傳에서 이어 밝힌 것이 이 경우이다.

〔亦或丘明所得記注本末不能皆備〕 단지 두예가 스스로 의심하여 생각하기를, 여러 例가 모두 처음으로 보이는 일에 따라 드러내는 것인데 뒤에 보이는 일에 달아놓은 것은, 記注에서 周公의 舊凡이 처음으로 보이는 일에 달려 있지 않고 뒤에 보이는 일에 달려 있어서 좌구명이 傳을 지을 때 기주에 달려 있는 것에 따라서 마침내 드러낸 것이라고 여긴 것이다. 두예의 이 말은 기주의 글에 주공의 舊凡이 여러 일에 散在한다는 것이다. 좌구명이 傳을 지을 때 기주의 글을 인해서 例를 밝혔으므로 혹은 앞에 나오고 혹은 뒤에 나오기도 하는 것이다.

秋七月庚午에 宋公齊侯衛侯盟于瓦屋하다

가을 7월 庚午日에 宋公・齊侯・衛侯가 瓦屋에서 結盟하였다.

【注】 齊侯尊宋하야 使主會라 故宋公序齊上이라 瓦屋은 周地라

齊侯가 宋나라를 높여 盟主로 삼았기 때문에 宋公을 齊侯의 위에 기록한 것이다. 瓦屋은 周나라 땅이다.

【疏】 注'齊侯'至'周地' ○ 正義曰：春秋之例, 國以大小爲序. 外傳鄭語云"齊莊僖於是乎小伯", 此齊侯卽僖公也. 此盟平宋衛也. 齊爲會主, 則齊宜在上. 今宋在齊上, 故特解之, 由宋敬齊侯, 與衛先遇, 故齊侯尊宋使爲會主. 瓦屋旣闕, 知是周地者, 以其會于溫, 盟于瓦屋, 會盟不得相遠, 溫是周地, 知瓦屋亦周地也.

注의 〔齊侯〕에서 〔周地〕까지

○ 正義曰：≪春秋≫의 例는 나라의 大小에 따라 순서를 정한다. ≪國語≫ 〈鄭語〉에 "齊 莊公과 僖公이 이때 작은 패자가 되었다."라고 하였으니, 여기의 齊侯는 곧 僖公이다. 이 結盟은 宋나라와 衛나라를 〈鄭나라와〉 和平시키기 위한 것이다. 齊나라가 會主

가 되었으니, 제나라가 당연히 위에 놓여야 한다. 그런데 지금 송나라가 제나라의 위에 놓였으므로 특별히 해명하여 송나라가 齊侯를 공경히 받들기 위해 위나라와 먼저 만났기 때문에 齊侯가 宋使를 높여 會主로 삼은 것이다.

瓦屋은 〈자세한 정보가〉 빠져 있는데 周나라 땅임을 알 수 있는 것은, 溫에서 회합하고 와옥에서 결맹하였으니 會盟은 거리가 먼 곳에서 할 수 없고 溫은 주나라 땅이므로 와옥 역시 주나라 땅임을 알 수 있다.

八月에 葬蔡宣公하다

8월에 蔡 宣公을 장사 지냈다.

【注】無傳이라 三月而葬하니 速이라

傳이 없다. 석 달 만에 장사 지냈으니, 너무 빨랐다.

九月辛卯에 公及莒(거)人盟于浮來하다

9월 辛卯日에 隱公이 莒人과 浮來에서 結盟하였다.

【注】莒人은 微者로되 不嫌敵公侯라 故直稱公이니 例在僖二十九年이라 浮來는 紀邑이라 東莞縣北有邳鄉이요 邳鄉西有公來山이니 號曰邳來間이라

莒人은 미천한 자이지만 公·侯와 상대하는 것이 혐의가 되지 않기 때문에 바로 公이라고 칭한 것이니, 그 例가 僖公 29년에 보인다. 浮來는 杞나라의 邑이다. 東莞縣 북쪽에 邳鄉이 있고 비향 서쪽에 公來山이 있는데, 그곳을 邳來間이라 한다.

【疏】注'莒人'至'來間' ○ 正義曰：僖二十九年公會王子虎及諸侯之卿, 盟於翟泉, 沒公不言, 貶卿稱人, 直言會某人某人. 傳曰"卿不書, 罪之也. 在禮, 卿不會公侯, 會伯子男可也." 此莒人乃對會公侯, 故解之. 莒是小國, 卿當稱人, 非貶辭也. 微者不嫌能敵公侯, 故直稱公也.

注의 〔莒人〕에서 〔來間〕까지

○ 正義曰：僖公 29년에 公이 王子 虎 및 諸侯의 卿과 회합하여 翟泉에서 결맹하였는데, '公'을 없애서 말하지 않고 卿을 폄척하여 '人'이라 칭하여 바로 某人·某人과 회합하였다고 말하였다. 傳에 "卿의 이름을 기록하지 않은 것은 그들을 나무란 뜻이다. 禮에 의거하면 제후의 卿은 公·侯와는 회합할 수 없고, 伯·子·男과는 회합할 수 있다."라고 하였다. 이는 곧 莒人이 公·侯와 상대해 회합하였으므로 해명한 것이다. 莒는 작은 나라이므로 卿은 '人'이라고 칭해야 하니 貶辭는 아니다. 미천한 자는 公·侯와 상대하는 것이 혐의가 되지 않기 때문에 바로 公이라 칭한 것이다.

螟하다

螟蟲이 있었다.

【注】無傳이라 爲災라

傳이 없다. 災害가 되었기 때문에 기록한 것이다.

冬이라 **十有二月**에 **無駭卒**하다

겨울이다. 12월에 無駭가 卒하였다.

【注】公不與小斂이라 故不書日이라 卒而後賜族이라 故不書氏라

隱公이 小斂에 참여하지 않았기 때문에 죽은 날의 干支를 기록하지 않았다. 죽은 뒤에야 族을 下賜하기 때문에 氏를 기록하지 않은 것이다.

【傳】 **八年**이라 **春**에 **齊侯將平宋衛**하야

8년이다. 봄에 齊侯가 宋나라와 衛나라를 〈鄭나라와〉 和平시키고자 하여

【注】平宋衛於鄭이라

宋나라와 衛나라를 鄭나라와 和平시키려는 것이다.

【傳】 有會期러니 **宋公以幣請於衛**하야 **請先相見**하니

會合할 시기를 정하였는데, 宋公이 衛나라에 뇌물을 주어 먼저 만나기를 청하니

【注】 宋敬齊命이라

宋나라가 齊나라의 命을 공경히 받든 것이다.

【傳】 衛侯許之라 **故遇于犬丘**하다

衛侯가 허락하였다. 그러므로 〈두 나라가 먼저〉 犬丘에서 만난 것이다.

【注】 犬丘는 垂也니 地有兩名이라

犬丘는 바로 垂이니, 地名이 둘이다.

【疏】 注'犬丘'至'兩名' ○ 正義曰 : 地有兩名, 新舊改易者, 傳則言實以明之. 若二名俱存者, 傳則錯經以見之. 此犬丘與垂兩名俱存, 故傳不言實. 釋例曰"若一地二名, 當時竝存, 則直兩文互見, 黑壤犬丘時來之屬是也. 猶卿大夫名氏互見, 非例也."

注의 〔犬丘〕에서 〔兩名〕까지

○ 正義曰 : 地名이 둘인 것은 新舊로 이름이 고쳐진 것인데, 傳은 실제 이름을 말해서 밝힌다. 두 이름이 모두 남아 있는 경우에 傳은 經과 다르게 나온다. 이 경우는 犬丘와 垂 두 이름이 다 남아 있으므로 傳에서 실제 이름을 말하지 않았다. ≪春秋釋例≫에 "한 지역에 두 地名이 당시에 함께 남아 있을 경우에는 바로 두 기록을 상호 참조해보도록 하니, 黑壤・犬丘・時來의 유형이 이 경우이다. 卿大夫의 名氏를 상호 참조해보도록 하는 것과 같으니, 例가 아니다."라고 하였다.

【傳】 鄭伯請釋泰山之祀하고 **而祀周公**하야 **以泰山之祊**(팽)**易許田**하다 **三月**에 **鄭伯使宛來歸祊**하니 **不祀泰山也**러라

鄭伯이 〈鄭나라가 지내던〉 泰山의 제사를 그만두고 周公의 제사를 지내겠다고 하면서 〈정나라 소유인〉 태산 밑에 있는 祊田과 〈魯나라 소유인〉 許田을 바꾸자

고 요청하였다. 3월에 정백이 宛을 노나라에 보내어 팽전을 노나라에 주었으니, 태산에 제사를 지내지 않겠다는 〈뜻을 보인〉 것이다.

【注】成王營王城할새 有遷都之志라 故賜周公許田하야 以爲魯國朝宿之邑[1]하니 後世因而立周公別廟焉이라 鄭桓公은 周宣王之母弟로 封鄭하니 有助祭泰山湯沐之邑[2]在祊이라 鄭以天子不能復巡狩라 故欲以祊易許田하야 各從本國所近之宜라 恐魯以周公別廟爲疑라 故云已廢泰山之祀하고 而欲爲魯祀周公하야 孫辭以有求也라 許田은 近許之田이라 ○ 泰山은 東岳이라 近은 附近之近이니 下同이라

1) 朝宿之邑：來朝하는 제후의 宿泊 등의 비용으로 쓰도록 천자가 下賜하는 采地이다.
2) 湯沐之邑：諸侯가 天子를 朝見할 때 머물며 목욕하고 재계하는 비용을 공급하기 위하여 주던 采地이다.

周 成王이 王城(洛陽)을 경영할 적에 遷都할 뜻을 가졌기 때문에 周公에게 許田을 주어 魯나라의 朝宿邑으로 삼게 하였다. 그래서 후손들이 이곳에 주공의 別廟를 세웠다. 鄭 桓公은 周 宣王의 同母弟로 鄭에 봉해졌는데, 泰山의 제사를 돕는 湯沐邑이 祊에 있었다.

鄭나라는 天子가 다시는 巡狩할 수 없다고 여겼기 때문에 祊田을 許田과 바꾸어 각각 本國에서 가까운 편의를 따르고자 하였다. 그러나 노나라가 주공의 별묘가 있다는 이유로 의심할까 두려웠기 때문에, 이미 태산의 제사를 폐지하고 노나라를 위해 주공의 제사를 지내고자 한다고 겸손한 말로 요구한 것이다. 許田은 許에 가까운 토지이다.

○ 泰山은 東岳이다. 近은 附近의 근이라는 뜻이니, 아래도 같다.

【疏】注'成王'至'之田' ○ 正義曰：成王營邑於洛, 以爲居土之中, 貢賦路均, 將於洛邑受朝. 許田近於王城, 故賜周公許田, 以爲魯國朝宿之邑. 詩魯頌曰"居常與許, 復周公之宇." 是周公得許田也. 公羊傳曰"許田者何, 魯朝宿之邑也", 是許田爲魯朝宿之邑. 鄭請易許田而求祀周公, 故知後世因在許田之中而立周公別廟焉. 鄭桓公以周宣王之母弟, 故於泰山之下亦受祊田, 以爲湯沐之邑. 祊邑內亦有鄭先君別廟. 此時周室旣衰, 王不巡守. 鄭以天子不復巡守, 則泰山之祀旣廢, 祊無所用, 故欲以祊易許. 許田近鄭, 祊田近魯, 各從本國所近之宜也. 魯以許田奉周公之祀, 易其田則廢其祀. 恐魯以周公別廟爲疑, 慮將不許, 云'已廢泰山之祀, 而欲爲魯祀周公', 言鄭得許田, 周公之祀不絶也. 云

'已廢泰山之祀'者, 謂天子不復巡守, 鄭家已廢此助祭泰山祭祀之事, 無所祭祀, 故欲爲魯祀周公. 其實廢來已久, 今始云已廢者, 欲爲魯祀周公, 故云已廢耳. 方便遜辭, 以求於魯也. 定四年祝佗言康叔之受分物云"取於有閻之土以共王職, 取於相土之東都以會王之東蒐." 有閻之土, 猶魯之許田也. 相土之東都, 猶鄭之祊邑也. 鄭近京師, 無假朝宿. 魯近泰山, 不須湯沐, 各受其一. 衛以道路竝遠, 故兩皆有之. 禮記王制曰"方伯爲朝天子, 皆有湯沐之邑於天子之縣內." 然則朝宿之邑亦名湯沐. 但向京師, 主爲朝王, 從王巡守, 主爲助祭. 祭必沐浴, 隨事立名, 朝宿・湯沐, 亦互言[1]之耳. 異義, 左氏說諸侯有大功德, 乃有朝宿・湯沐之邑, 公羊說以爲諸侯皆有朝宿・湯沐之邑. 許愼以公羊爲非, 則杜意亦從許愼也. (公羊爲非則杜意亦從許愼也)[2] 公羊傳曰"此魯朝宿之邑也, 則曷爲謂之許田. 諱取周田也. 諱取周田則曷爲謂之許田. 繫之許也. 曷爲繫之許. 近許也." 杜言近許之田, 是用公羊爲說. 杜依公羊之傳邑實近許, 故以許爲名. 劉君[3]更(갱)無所馮, 直云"別有許邑, 邑自名許, 非由近許, 國始名爲許", 以規杜氏, 非其義也.

1) 互言 : 두 句 이상의 글에 同義의 말을 한 번만 사용하여 글자의 중복을 피하는 修辭法이다. 朝宿邑이라고 하든 湯沐邑이라고 하든 일에 따라 하나만 기록해도 두 가지 의미를 다 가질 수 있음을 말한다.

2) (公羊爲非則杜意亦從許愼也) : 저본에는 '公羊爲非則杜意亦從許愼也'가 있으나, 阮元의 〈校勘記〉에 의거하여 衍文으로 처리하였다.

3) 劉君 : 隋나라 학자 劉炫을 가리킨다. 景城人으로 자는 光伯이다. 젊어서부터 聰敏으로 이름이 났다. 諸儒와 더불어 五禮를 修定하였으며, 저서로 ≪論語≫・≪孝經≫・≪春秋≫・≪尙書≫・≪毛詩≫ 등의 述義와 ≪春秋攻昧≫・≪五經正名≫・≪注詩序≫・≪算術≫ 등이 있다.

注의 〔成王〕에서 〔之田〕까지

○ 正義曰 : 成王이 王城인 洛邑을 경영할 적에 영토 안에 貢賦를 길마다 균등하게 하여 장차 낙읍에서 조회를 받으려 하였다. 許田이 왕성에서 가깝기 때문에 周公에게 허전을 하사하여 魯나라의 朝宿邑으로 삼게 하였다. ≪詩經≫ 〈魯頌 閟宮〉에 "常과 許 땅을 다시 찾아 주공의 옛 강토 복구하였네."라고 하였으니, 이는 주공이 허전을 얻은 것이다. ≪春秋公羊傳≫에 "허전은 무엇인가? 노나라의 조숙읍이다."라고 하였으니, 이는 허전이 노나라의 조숙읍이라는 것이다.

鄭나라가 〈祊田을〉 허전과 바꾸어 주공의 제사를 지내기를 청하였기 때문에, 이로써 노나라의 후세에 허전 안에다 주공의 제사를 지내는 別廟를 세웠음을 알 수 있다.

鄭 桓公은 周 宣王의 母弟이기 때문에 泰山 아래에다 또 팽전을 받아 湯沐邑을 삼았다. 팽읍 안에 또한 정나라 先君의 별묘가 있었다.

이때 周 왕실이 이미 쇠퇴하여 왕이 巡守하지 않았다. 鄭나라는 천자가 다시 순수하지 않고 보면 태산의 제사는 이미 폐지되어 祊은 쓸모가 없기 때문에 팽을 허전과 바꾸고자 한 것이다. 허전은 정나라에 가깝고 팽전은 노나라에 가까우니, 각기 本國에 가까운 편의를 따르고자 한 것이다. 노나라는 허전으로 주공의 제사를 받들고 있으므로 그 토지를 바꾼다면 제사를 폐지하는 것이다. 그러나 노나라가 주공의 별묘가 있다는 이유로 의심하여 장차 허락하지 않을까 우려하였으므로 '이미 태산의 제사를 폐지하고 노나라를 위해 주공의 제사를 지내고자 한다.'고 하였으니, 곧 정나라가 허전을 얻는다면 주공의 제사가 끊어지지 않을 것이라고 말한 것이다. '이미 태산의 제사를 폐지하였다.'는 것은 천자가 다시 순수하지 않으니, 이미 鄭家에서도 태산의 제사를 도와 제사 지내는 일을 폐지하여 제사할 곳이 없기 때문에 노나라를 위해 주공의 제사를 지내고자 함을 말한 것이다. 그런데 실제로는 폐지한 지 오래되었는데, 지금 비로소 이미 폐지하였다고 한 것은 노나라를 위해 주공의 제사를 지내고자 하였기 때문에 이미 폐지하였다고 한 것일 뿐이다. 방편적으로 겸손하게 말하여 노나라에 요구한 것이다.

定公 4년 祝佗가 武王이 나누어준 물건을 康叔이 받은 것에 대해 이르기를 "有閻의 땅을 취하여 王室의 職事에 이바지하고, 相土(商나라의 祖上)의 東都를 취하여 天王이 東方을 순수할 적에 드는 비용으로 쓰게 하였다."라고 하였다. 有閻의 땅은 노나라 許田의 경우와 같고, 相土의 東都는 정나라 祊邑의 경우와 같다. 정나라는 京師에 가까워 조숙읍을 빌릴 필요가 없고, 노나라는 泰山에 가까워 탕목읍이 필요가 없는데, 각기 그 하나를 받은 것이다. 衛나라는 도로가 멀기 때문에 두 가지를 모두 가졌다. ≪禮記≫ 〈王制〉에 "方伯이 천자에게 朝見하기 위해 모두 천자의 畿內〔縣內〕에 탕목읍을 둔다."라고 하였다. 그렇다면 조숙읍 역시 탕목읍이라고 命名한 것이다. 다만 경사를 향할 적에는 왕에게 조현하는 것을 위주로 하고, 왕의 순수를 따를 적엔 제사를 돕는 것을 위주로 한다. 제사를 지낼 때는 반드시 목욕을 하니, 일에 따라 명명하여 조숙읍・탕목읍이라고 한 것 역시 互言한 것일 뿐이다.

≪五經異義≫에 의하면 ≪春秋左氏傳≫의 설은 제후에게 큰 공덕이 있으면 조숙읍과 탕목읍을 둔다고 하였고, ≪춘추공양전≫의 설은 제후는 모두 조숙읍과 탕목읍을

가진다고 하였는데, 許愼은 ≪춘추공양전≫의 설을 잘못이라고 하였으니, 杜預의 생각 역시 허신을 따른 것이다. ≪춘추공양전≫에 "이는 노나라의 조숙읍인데, 어찌 許田이라고 한 것인가. 周田을 취한 것을 숨긴 것이다. 주전을 취한 것을 숨겼다면 어찌 허전이라고 한 것인가. 許나라에 소속시킨 것이다. 어찌하여 허나라에 소속시켰는가. 허나라에 가깝기 때문이다."라고 하였다. 杜注에 허나라에서 가까운 토지라고 한 것은 ≪춘추공양전≫의 설을 수용한 것이다. 두예가 ≪춘추공양전≫에 읍이 기실 허나라에 가깝다고 한 설에 의거하였기 때문에 허나라로 명명하였다고 한 것이다. 劉君은 다시 근거한 바가 없이 단지 이르기를 "별도로 許邑이 있었는데 邑이 본래 許라는 이름이었지, 허나라에 가깝기 때문이 아니라 나라가 세워지면서 비로소 허라고 명명하였다."고 하여 杜氏를 비판하였는데, 그 의견은 틀렸다.

【傳】夏에 虢公忌父始作卿士于周하다

여름에 虢公 忌父가 비로소 周나라의 卿士가 되었다.

【注】周人於此遂畀之政이라

周人은 이때 드디어 그에게 정권을 주었다.

【傳】四月甲辰에 鄭公子忽如陳하야 逆婦嬀(규)하야 辛亥에 以嬀氏歸하야 甲寅에 入於鄭하다 陳鍼(겸)子送女러니 先配而後祖어늘 鍼子曰 是不爲夫婦로다 誣其祖矣하니 非禮也라 何以能育이리오

4월 甲辰日에 鄭나라 公子 忽이 陳나라에 가서 婦人 嬀氏를 맞이하여, 辛亥日에 규씨를 데리고 돌아와 甲寅日에 정나라 국도에 들어왔다. 진나라 鍼子가 신부를 호송해왔는데, 〈공자 홀이 규씨와〉 먼저 同寢을 한 뒤에 祖廟에 고하니, 겸자가 말하였다.

"이들은 부부라고 할 수 없다. 그 조상을 속였으니 禮가 아니다. 어찌 자손을 生育할 수 있겠는가."

【注】鍼子는 陳大夫라 禮에 逆婦必先告祖廟而後行이라 故楚公子圍稱告莊共之廟라 鄭忽

先逆歸而後告廟라 故曰 先配而後祖라하니라

鍼子는 陳나라 大夫이다. 禮에 아내를 맞이하면 반드시 먼저 祖廟에 고한 뒤에 동침하는 것이다. 그러므로 楚나라 公子 圍는 莊王・共王의 廟에 고하였다. 그런데 鄭나라 忽은 먼저 아내로 맞이해 동침한 뒤에 조묘에 고하였기 때문에 '먼저 동침한 뒤에 조묘에 고하였다.'라고 한 것이다.

【疏】注'鍼子'至'後祖' ○ 正義曰：先配後祖多有異說. 賈逵以配爲成夫婦也. 禮, 齊(재)而未配, 三月廟見(현), 然後配. 案昏禮, 親迎之夜, 衽席相連, 是士禮不待三月也. 禹娶塗山, 四日卽去, 而有啓生焉[1], 亦不三月乃配. 是賈之謬也. 鄭衆[2]以配爲同牢食也. 先食而後祭祖, 無敬神之心, 故曰'誣其祖'也. 案昏禮, 婦旣入門, 卽設同牢之饌, 其間無祭祀之事. 先祭乃食, 禮無此文. 是鄭之妄也. 鄭玄以祖爲軷道之祭也. 先爲配匹而後祖道, 言未去而行配. 案傳旣言'入于鄭', 乃云'先配而後祖', 寧是未去之事也. 若未去先配, 則鍼子在陳譏之, 何須云送女也. 此三說皆滯. 故杜引楚公子圍告廟之事, 言'鄭忽先逆婦而後告廟, 故曰先配而後祖.' 此時忽父見在, 計告廟以否, 當是莊公之事, 而譏忽者, 楚公子圍亦人臣矣, 而自布几筵, 告於莊共之廟, 不言稟君之命. 知逆者雖受父命, 當自告廟. 且忽先爲配匹而後告祖, 見其告祖方始譏之, 知忽自告祖也. 或可鄭伯爲忽娶妻, 先逆而後告廟, 鍼子見而譏之. 公子圍告廟者, 專權自由耳, 非正也.

1) 禹娶塗山……而有啓生焉：塗山은 나라 이름으로, 壽春縣 동북쪽에 있었다. ≪書經≫ 〈虞書 益稷〉에 "제가 도산의 나라에 장가들어 辛・壬・癸・甲 나흘을 지냈으며, 啓가 태어나 울었으나 저는 자식의 아름을 지을 겨를도 없었습니다.〔娶于塗山 辛壬癸甲 啓呱呱而泣 予弗子〕"라고 하였다.

2) 鄭衆：?～83. 後漢의 경학자이다. 자는 仲師로, 河南 開封 출신이다. 中郎將과 大司農 등을 역임하였다. 아버지 鄭興의 春秋左氏學을 계승하였으며, ≪周易≫과 ≪詩經≫, ≪周禮≫, ≪國語≫ 및 曆算에도 밝았다. 저서로 ≪周禮鄭司農解詁≫, ≪鄭衆春秋牒例章句≫, ≪鄭氏婚禮≫, ≪國語章句≫ 등이 있다.

注의 〔鍼子〕에서 〔後祖〕까지

○ 正義曰：'先配後祖'에 대해서는 異說이 많다. 賈逵는 '配'를 부부관계가 이루어짐이라고 하였다. 곧 禮書에 재계하며 동침하지 않고 석 달 후에 사당에 알현한 다음 동침을 한다는 것이다. 昏禮를 살펴보면 親迎한 날 밤에 이부자리를 함께하니, 바로 士禮는

석 달을 기다리지 않는다는 것이다. 禹가 塗山氏에게 장가들어 나흘 만에 떠났는데 啓가 태어났으니, 역시 석 달이 지난 뒤에야 동침한 것이 아니다. 이는 가규의 오류이다.

鄭衆은 '配'를 함께 밥을 먹는 것이라 하였다. 곧 먼저 밥을 먹은 뒤에 祖廟에 제사하는 것은 神을 경배하는 마음이 없는 것이므로 '誣其祖'라고 하였다는 것이다. 혼례를 살펴보면 부인이 남편의 집에 들어오고 나면 곧 부부가 함께 먹을 음식을 차려놓는데, 그 사이에 제사를 지내는 일은 없다. 먼저 제사를 지내고서야 먹는다는 것은 예서에 이런 내용이 없다. 정중의 견해는 엉터리이다.

鄭玄은 祖를 道臣에게 지내는 軷祭라고 하였다. 곧 먼저 동침을 한 다음 祖道하는 것은 아직 길을 나서지도 않고서 동침한다는 말이다. 傳文을 살펴보면 이미 '정나라에 들어갔다.'고 하였다. 그런데 '先配而後祖'라고 하면 어찌 길을 나서지 않은 일이 있겠는가. 만약 길을 나서지 않고서 먼저 동침했다면 겸자가 陳나라에 있으면서 나무란 것이니, 어찌 굳이 신부를 호송하였다고 말했겠는가.

이 세 가지 설은 모두 통하지 않는다. 그래서 두예는 楚나라 公子 圍가 조묘에 고한 일을 인용하여 '鄭나라 忽은 먼저 아내를 맞이해 동침한 뒤에 조묘에 고하였기 때문에 「先配而後祖」라고 한 것이다.'라고 하였다. 이때 忽의 아버지가 살아 있었으니 조묘에 고하고 말고는 응당 鄭 莊公의 일인데 忽을 나무란 것은, 초나라 공자 圍 역시 人臣임에도 스스로 几筵을 벌여놓고 莊王·共王의 廟에 고하되 임금의 명을 기다리는 것은 말하지 않았기 때문이다. 아내를 맞이하는 것은 비록 아버지의 명을 받아서 하지만, 조묘에 고하는 것은 스스로 해야 함을 알 수 있다. 또 忽은 먼저 동침을 한 뒤에 조묘에 고하였는데, 그가 조묘에 고하는 것을 보고 비로소 나무란 것이니 忽이 스스로 조묘에 고하였음을 알 수 있다. 혹은 鄭伯이 忽을 위해 장가를 보내 먼저 아내를 맞이하게 한 다음 조묘에 고하였는데, 겸자가 보고 나무랐을 가능성은 있다. 공자 圍가 조묘에 고한 것은 권한을 마음대로 한 것이니, 正禮는 아니다.

【傳】齊人卒平宋衛于鄭하다 **秋**에 **會于溫**하고 **盟于瓦屋**하야 **以釋東門之役**하니 **禮也**라

齊人이 마침내 宋나라와 衛나라를 鄭나라와 和平하게 하였다. 가을에 溫에서 회합하고 瓦屋에서 結盟하여 東門의 전쟁에서 생긴 원한을 풀게 하였으니, 禮에 맞는 일이었다.

【注】會溫不書는 不以告也라 定國息民이라 故曰禮也라 平宋衛二國忿鄭之謀로되 鄭不與盟이라 故不書라

溫의 會合을 ≪春秋≫에 기록하지 않은 것은 魯나라에 통고하지 않았기 때문이다. 나라를 안정시키고 백성들을 安息시켰으므로 禮에 맞다고 한 것인데, 宋나라와 衛나라가 鄭나라를 분노하게 하였던 일을 和平하게 한 것인데, 정나라가 결맹에 참여하지 않았기 때문에 ≪춘추≫에 기록하지 않았다.

【傳】八月丙戌에 鄭伯以齊人朝王하니 禮也라

8월 丙戌日에 鄭伯이 齊人을 데리고 周王께 朝見하였으니, 禮에 맞는 일이었다.

【注】言鄭伯은 不以虢公得政而背王이라 故禮之라 齊稱人은 略從國辭라 上有七月庚午하고 下有九月辛卯하니 則八月不得有丙戌이라

鄭伯이라 말한 것은 虢公이 정권을 잡았다 하여 周王을 배반하지 않았기 때문에 예우해 호칭한 것이다. 齊나라를 人이라고 칭한 것은 따라간 나라를 소략하게 취급한 말이다. 위에 7월 庚午日이 있고 아래에 9월 辛卯日이 있으니, 8월에 丙戌日이 있을 수 없다.

【疏】注'言鄭'至'丙戌' ○ 正義曰：庚午之後十六日而有丙戌, 二十一日而有辛卯. 七月有庚午, 九月有辛卯, 其間不容一月, 是八月不得有丙戌. 更遙一周, 則丙戌去庚午七十七日, 八月亦不得有丙戌. 是明丙戌爲日誤. 長歷推七月丁卯朔, 四日庚午, 至二十日是丙戌, 九月丙寅朔, 二十六日辛卯, 其月二十一日是丙戌. 八月小, 丁酉朔, 十日丙午, 二十日丙辰, 二日戊戌, 十四日庚戌, 二十六日壬戌. 未知丙戌二字孰爲誤也. 不直云日誤, 而檢上下者, 因傳明文, 故顯言之. 他皆放此.

注의 〔言鄭〕에서 〔丙戌〕까지

○ 正義曰：庚午日에서 16일 후가 丙戌日이고, 21일 후는 辛卯日이다. 7월에 경오일이 있고, 9월에 신묘일이 있다면 그 사이에 한 달이 들어올 수 없으니, 곧 8월에 병술일이 있을 수가 없는 것이다. 다시 먼 쪽으로 돌려서 보면 병술일은 경오일과 거리가 77일이니, 8월에 또한 병술일이 있을 수 없다. 이는 병술일이 잘못된 날짜임이 분

명하다. ≪春秋長歷≫으로 추산하면 7월 丁卯日은 15일이고 4일은 경오일이니 20일에 이르러 병술일이며, 9월 丙寅日은 15일이고 26일은 신묘일이니 그달 21일이 병술일이다. 8월은 작은 달이니 丁酉日이 15일이고 10일이 丙午日, 21일이 丙辰日, 2일이 戊戌日, 14일이 庚戌日, 26일이 壬戌日이다. '丙戌' 두 글자 중에 어느 글자가 잘못된 것인지는 알 수 없다. 단지 날짜가 잘못되었다고만 하지 않고 위아래 날짜를 검토한 것은 傳의 明文을 따라서 짐짓 드러내어 말한 것이다. 다른 곳도 모두 이와 같다.

【傳】公及莒(거)人盟于浮來하야 以成紀好也하다

隱公이 莒人과 浮來에서 결맹하여 紀나라와의 우호를 완성하였다.

【注】二年에 紀莒盟于密은 爲魯故라 今公尋之라 故曰 以成紀好라

隱公 2년에 紀나라가 莒나라와 密에서 결맹한 것은 魯나라를 위해서였다. 지금 은공이 그 결맹을 다지기 위해 거나라와 결맹하였기 때문에 '以成紀好'라고 한 것이다.

【傳】冬에 齊侯使來하야 告成三國이어늘

겨울에 齊侯가 魯나라에 사신을 보내어 세 나라(宋·衛·鄭)가 講和한 일을 통고하였는데,

【注】齊侯冬來告하야 稱秋和三國이라

齊侯가 겨울에 사람을 보내어 가을에 세 나라를 和平하게 한 일을 통고하였다.

【傳】公使衆仲對曰 君釋三國之圖하야 以鳩其民하니 君之惠也라 寡君聞命矣로니 敢不承受君之明德이리잇가

隱公이 衆仲에게 다음과 같이 대답하게 하였다.

"임금께서 세 나라가 서로 圖謀하려는 마음을 버리고 그 백성들을 安集하게 하셨으니, 이는 임금의 은혜입니다. 우리 임금께서 명을 들으셨으니, 감히 임금님의 밝으신 덕을 이어받지 않겠습니까?"

【注】 鳩는 集也라

鳩는 安集함이다.

【傳】 無駭卒커늘 羽父(보)請諡與族하다 公問族於衆仲한대 衆仲對曰 天子建德하야

無駭가 卒하자, 羽父가 諡와 族을 내려줄 것을 청하였다. 隱公이 衆仲에게 族에 대해 묻자, 중중이 대답하였다.

"천자는 德이 있는 자를 〈諸侯로〉 세워

【注】 立有德以爲諸侯라

德이 있는 자를 세워 諸侯로 삼는 것이다.

【傳】 因生以賜姓하며

그가 출생한 지명을 그의 姓으로 정해주고,

【注】 因其所由生以賜姓은 謂若舜由嬀汭(규예)라 故陳爲嬀姓이라

그가 출생한 지명을 姓으로 정해준다는 것은, 舜이 嬀水 굽이에서 출생하였기 때문에 陳나라가 嬀姓이 된 것과 같은 경우를 말한다.

【疏】 注'因其'至'嬀姓' ○ 正義曰：陳世家云, 陳胡公滿[1]者, 虞帝舜之後也. 昔舜爲庶人時, 居于嬀汭, 其後因爲氏姓, 姓嬀氏. 武王克殷, 得嬀滿, 封之於陳. 是舜由嬀汭, 故陳爲嬀姓也. 案世本, 帝舜姚姓. 哀元年傳稱虞思妻少康以二姚. 是自舜以下猶姓姚也. 昭八年傳曰"及胡公不淫, 故周賜之姓." 是胡公始姓嬀耳. 史記以爲胡公之前已姓嬀, 非也.

1) 陳胡公滿：周나라 제후국 陳나라 시조 嬀滿이다. 舜임금의 후손인데, 周 武王이 즉위하여 그를 찾아내 陳에 봉해주어 순임금의 제사를 받들게 하였다.(≪史記≫ 〈陳杞世家〉)

注의 〔因其〕에서 〔嬀姓〕까지

○ 正義曰：≪史記≫ 〈陳世家〉에 의하면 陳 胡公 滿은 虞帝 舜의 후손이다. 옛날 舜이 庶人일 때 嬀水 굽이에 거주하였으므로 그 후에 氏姓으로 삼아 嬀氏을 姓으로 하였

다. 武王이 殷나라를 멸망시키고 嬀滿을 찾아 陳에 봉하였다. 이는 舜이 규수 굽이에서 출생하였으므로 陳나라가 嬀姓이 되었다는 것이다. ≪世本≫을 살펴보면 帝舜은 姚姓이다. 哀公 원년의 傳에 虞나라 임금 思가 〈두 딸인〉 二姚를 少康에게 시집보냈다고 하였다. 이는 舜으로부터 이후로도 姚를 성으로 하였다는 것이다. 昭公 8년 傳에 "胡公 不淫에 미쳤습니다. 그러므로 周나라가 호공에게 姓을 하사하였습니다."라고 하였다. 이는 호공이 처음 嬀를 姓으로 삼았다는 것이다. ≪사기≫에 호공 전에 이미 嬀을 姓으로 삼았다고 한 것은 잘못이다.

【傳】 胙之土而命之氏하고

땅을 封해 보답하고 〈그 땅의 이름으로〉 氏를 삼도록 命하고,

【注】 報之以土而命氏曰陳이라

〈그 功德에〉 封地를 주어 보답하고 陳을 氏로 삼도록 명한 경우이다.

【疏】 注'報之'至'曰陳' ○ 正義曰：胙訓報也. 有德之人必有美報. 報之以土, 謂封之以國名, 以爲之氏. 諸侯之氏, 則國名是也. 周語曰, 帝嘉禹德, "賜姓曰姒, 氏曰有夏",[1] "胙四岳國", "賜姓曰姜, 氏曰有呂", 亦與賜姓曰嬀, 命氏曰陳, 其事同也. 姓者, 生也. 以此爲祖, 令之相生, 雖下及百世, 而此姓不改. 族者, 屬也. 與其子孫共相連屬, 其旁支別屬則各自立氏. 禮記大傳曰"繫之以姓而弗別", "百世而昏姻不通者, 周道然也", 是言子孫當共姓也. 其上文云"庶姓別於上, 而戚單於下", 是言子孫當別氏也. 氏, 猶家也. 傳稱"盟于子晳氏"[2], "逐瘈(제)狗入于華臣氏"[3], 如此之類, 皆謂家爲氏. 氏・族一也, 所從言之異耳. 釋例曰"別而稱之謂之氏, 合而言之則曰族." 例言別合者, 若宋之華元・華喜皆出戴公, 向・魚・鱗・蕩共出桓公. 獨擧其人, 則云華氏・向氏, 竝指其宗, 則云戴族・桓族, 是其別合之異也. 記謂之庶姓者, 以始祖爲正姓, 高祖爲庶姓, 亦氏・族之別名也. 姓則受之於天子, 族則稟之於時君. 天下之廣, 兆民之衆, 非君所賜皆有族者, 人君之賜姓賜族, 爲此姓此族之始祖耳. 其不賜者, 各從父之姓族, 非復人人賜也. 晉語稱"黃帝之子二十五人, 其得姓者十二人", 天子之子尙不得姓, 況餘人哉, 固當從其父耳. 黃帝之子, 兄弟異姓, 周之子孫皆姓姬者, 古今不同, 質文代革[4]. 周代尙文, 欲令子孫相親, 故不使別姓. 其賜姓者亦少, 唯外姓嬀滿之徒耳. 賜族者,

有大功德, 宜世享祀者, 方始賜之. 無大功德, 任其興衰者, 則不賜之. 不賜之者, 公之同姓, 蓋亦自氏祖字. 其異姓則有舊族可稱, 不世其祿, 不須賜也. 衆仲以天子得封建諸侯, 故云'胙土命氏', 據諸侯言耳. 其王朝大夫不封爲國君者, 亦當王賜之族. 何則. 春秋之世, 有尹氏·武氏之徒, 明亦天子賜之, 與諸侯之臣, 義無異也. 此無駭是卿, 羽父爲之請族, 蓋爲卿乃賜族, 大夫以下或不賜也. 諸侯之臣, 卿爲其極. 旣登極位, 理合建家. 若其父祖微賤, 此人新升爲卿, 以其位絶等倫, 其族不復因. 故身未被賜, 無族可稱. 魯挾·鄭宛, 皆未賜族, 故單稱名也. 或身以才擧者升卿位, 功德猶薄, 未足立家, 則雖爲卿, 竟不賜族. 羽父爲無駭請族, 知其皆由時命, 非例得之也. 華督生立華氏[5], 知其恐慮不得, 故早求之也. 由此而言, 明有竟無族者, 魯之翬·挾·柔·溺, 名見於經而其後無聞, 是或不得族也. 其士會之帑, 處秦者爲劉氏. 伍員[6]之子, 在齊爲王孫氏. 外傳稱知果知知伯之將滅[7], 自別其族爲輔氏. 如此之類, 皆是身自爲之, 非復君賜. 釋例曰"子孫繁衍, 枝布葉分, 始承其本, 末取其別, 故其流至於百姓萬姓." 其言自有百姓萬姓, 未必皆君賜也. 晉語稱炎帝姓姜, 則伯夷炎帝之後. 姜自是其本姓, 而云'賜姓曰姜'者, 黃帝之後, 別姓非一, 自以姜姓賜伯夷, 更使爲一姓之祖耳, 非復因舊姓也, 猶后稷別姓姬, 不是因黃帝姓也.

1) 周語曰……氏曰有夏 : 저본에는 '帝嘉禹德'으로 되어 있어 '帝堯가 禹의 德을 아름답게 여겼다.'라고 번역하였으나, ≪國語≫ 〈周語 下〉에는 "하늘이 그의 공적을 아름답게 여기어 福으로 천하를 주면서〔皇天嘉之 胙以天下〕"라고 되어 있어 글자의 차이가 있다. 다만 ≪尙書正義≫ 〈夏書 禹貢〉과 〈夏書 甘誓〉에도 동일한 내용을 인용하면서 '帝嘉禹德'이라고 하였으므로, 교감하지 않고 그대로 번역하였다.

2) 盟于子晳氏 : 子晳은 鄭나라 公孫 黑이다. 大夫 良霄가 술을 좋아하여 지하실을 지어놓고 술을 마시고 정사를 폐하자, 자석이 불을 질러 토벌하고 나서 許나라로 도망쳤다. 이에 子産이 子晳氏의 집에서 난을 평정하기 위한 맹약을 접수하였다.(≪春秋左氏傳≫ 襄公 30년)

3) 逐瘈(제)狗入于華臣氏 : 宋나라 華閱이 죽자 그의 아우 華臣이 자객을 사주해 화열의 아들인 皐比의 가신 華吳를 죽이고 고비에게 덮어씌웠다. 얼마 후 나라 사람들이 미친개를 쫓으니 그 개가 화신의 집으로 들어갔고, 사람들이 그 개를 따라 들어가자 화신은 겁을 먹고 陳나라로 도망쳤다.(≪春秋左氏傳≫ 襄公 17년)

4) 質文代革 : 시대에 따라 인습하고 가감하는 것을 이른다. 質文은 夏나라는 忠을, 殷나라는 質을, 周나라는 文을 숭상한 것을 말한다.(≪論語≫ 〈爲政〉)

5) 華督生立華氏 : 桓公 2년 봄에 宋 華督이 孔氏를 공격하여 孔父를 죽이고 그 아내를

취하고 宋 殤公까지 弑害하였다. 魯 桓公이 제후들과 稷에서 회합하여 임금을 시해한 역적을 제거하여 송나라의 난리를 평정시키기를 상의하였으나, 뇌물 때문에 도리어 그를 도와 華氏를 세워주었다.(≪春秋左氏傳≫ 桓公 2년)

6) 伍員 : 춘추시대 楚나라 사람으로 자는 子胥이다. 그는 아버지 奢와 형인 尙이 平王에게 죽임을 당하자 吳나라로 달아나 行人 벼슬을 하였다. 오왕 闔廬를 도와 초나라를 쳐서 초나라의 도읍인 郢에 들어가, 평왕의 무덤을 파헤치고 시체를 채찍질하여 아버지와 형의 원수를 갚았다. 합려의 아들 夫差가 서자 越나라를 쳐 크게 격파한 후 越王 句踐의 화친을 반대하였고, 월나라의 뇌물을 받은 오나라 太宰 嚭에게 참소를 받아 자결하였다.

7) 知果知知伯之將滅 : 知果는 晉나라의 대부이다. 知氏 종족이 知瑤(知伯)에 의해 멸망할 줄을 알고 太史에게 요청하여 지씨 종족에게 따로 갈라져 輔氏가 되었는데, 지씨가 망할 적에 오직 輔果만이 살아남았다.(≪國語≫ 〈晉語 9〉)

注의 〔報之〕에서 〔曰陳〕까지

○ 正義曰 : '胙'는 보답한다는 뜻이다. 德이 있는 사람은 반드시 좋은 보답을 받게 마련이다. '報之以土'는 國名으로 봉해주어 氏를 삼게 한다는 말이다. 제후의 씨는 바로 국명인 것이다. ≪國語≫ 〈周語〉에 帝堯가 禹의 덕을 아름답게 여겨 "'姒'라는 姓을 내리고 '有夏'라는 氏를 주었다."라고 하였고, "四岳에게 나라로 보답하였다."라고 하였으며, "'姜'이라는 성을 주고 '有呂'라는 씨를 주었다."라고 하였으니, 역시 '嬀'라는 성을 주고, '陳'이라는 씨를 주는 것과 동일한 사례이다.

姓은 낳음이다. 이를 조상으로 삼아 相生하게 하는 것이니, 비록 백세를 내려가더라도 이 성을 바꾸지 않는다. 族은 소속이다. 자손과 함께 서로 이어 소속시키되 그 傍系로 따로 소속되면 각기 스스로 氏를 정한다. ≪禮記≫ 〈大傳〉에 "姓으로 소속시켜 분별하지 않는다."라고 하고, "백대가 지나도 혼인을 통하지 않은 것은 周나라의 도가 그러하다."라고 하였으니, 이는 자손은 姓을 공유하는 것임을 말한 것이다. 그 위 문장에 "여러 姓이 위에서 갈라지고 친척이 아래에서 다한다."라고 하였으니, 이는 자손들은 씨를 구별해야 하는 것임을 말한 것이다. 씨는 집과 같다. 傳에서 "子晳氏의 집에서 맹약을 접수하였다."라고 하고, "미친개를 쫓으니 華臣氏의 집으로 들어갔다."라고 하였으니, 이와 같은 類는 모두 집을 씨라고 한 것이다. 氏와 族은 동일하니, 상황에 따라 말을 달리한 것일 뿐이다. ≪春秋釋例≫에 "구별해서 칭할 경우에는 氏라고 하고, 합해서 말할 경우에는 族이라고 한다."라고 하였으니, 구별해서 말한 경우와 합해서 말하는 경우를 예를 들어 말하면 이러하다. 宋나라의 華元과 華喜는 모두 戴公에게서 나왔고, 向·魚·鱗·蕩은 모두 桓公에게서 나왔다. 그 사람만을 거론할 경우에는 華氏·向氏라고 하고, 종족을 아울러 가리킬 경우에는 戴族·桓族이라고 하니, 이는 구별해서 말하는 것과 합해서 말하는 경우의 다름이다.

≪예기≫에서 '여러 姓'이라고 한 것은 시조를 正姓으로 하고, 고조를 庶姓으로 한 것이니, 또한 氏와 族의 다른 명칭이다. 姓은 천자에게서 하사받고 族은 時君에게 稟受하는 것이다. 넓은 천하와 많은 백성들이 임금이 하사해서 모두 族이 있는 것은 아니니, 임금이 성을 하사하고 족을 하사하는 것은 이 성과 이 족의 시조가 될 뿐이라는 것이다. 하사받지 못한 자는 각기 아버지의 성과 족을 따르니, 다시 사람마다 하사받은 것은 아니다. ≪국어≫ 〈晉語〉에 "黃帝의 아들 25인 중에 姓을 얻은 자는 12인이다."라고 하였으니, 천자의 아들도 오히려 성을 얻지 못하는데 나머지 사람이겠는가. 당연히 그 아버지의 姓을 따를 뿐이다. 黃帝의 아들은 형제가 성이 다르고, 周나라의 자손은 모두 姬를 성으로 하였으니, 고금에 따라 다른 것은 숭상하는 것에 따라 바뀌기 때문이다. 주나라 때는 文을 숭상하여 자손들을 서로 친목하게 하였으므로 성을 구별하게 하지 않았다. 성을 하사받은 자도 적으니, 오직 外姓인 嬀滿의 무리뿐이다. 族을 하사받는 자는 큰 功德이 있어서 대대로 제사를 받아야 하는 자라야 받는 것이다. 큰 공덕이 없고 그저 흥망성쇠에 맡기듯 지나온 자는 하사받지 못한다. 하사받지 못한 자는 公의 同姓이고, 또한 스스로 祖의 字를 氏로 한다. 그 異姓은 칭할 만한 舊族이 있더라도 녹을 대대로 받지 못하고 반드시 족을 하사받는 것은 아니다. 衆仲은 천자가 제후를 封建할 수 있으므로 '땅을 봉해주고 〈그 땅의 이름으로〉 씨를 명한다.'고 하여 제후에 근거해서 말하였을 뿐이다.

王朝의 大夫로 國君으로 봉해지지 않은 자도 왕이 族을 하사하는 것은 어째서인가. 춘추시대에 尹氏·武氏의 무리는 분명히 또한 천자가 하사하였는데, 제후의 신하와 의리상 차이가 없다. 여기에서 無駭는 卿인데 羽父가 그에게 족을 하사하기를 청하였으니, 卿에게는 역시 족을 하사하고 대부 이하는 하사하지 않을 수도 있다. 제후의 신하는 경이 가장 높은 지위이다. 이미 가장 높은 지위에 오르면 이치상 가문을 세우게 된다. 만약 그 아버지와 할아버지가 미천하였고 이 사람이 새로 경에 올랐다면 그 지위가 월등하여 그 족을 다시 계승하지 않는다. 그러므로 자신이 하사받지 않으면 일컬을 만한 족이 없는 것이다. 魯挾과 鄭宛은 모두 족을 하사받지 못했으므로 이름만 단독으로 칭하였다. 혹시라도 자신이 막 출세한 자로서 경의 지위에 올랐고 공덕이 아직 적어서 가문을 세우기에 충분하지 못하면 비록 경이라 하더라도 끝내 족을 하사받지 못한다. 우보가 무해를 위해 족을 하사해주기를 청하였으니, 모두 時君의 명을 통해서 받는 것이지 으레 얻는 것은 아님을 알 수 있다. 華督이 나와서 華氏를 세웠으니, 〈우보는〉 얻지 못할까 걱정하였으므로 일찍 청구한 것임을 알 수 있다. 이로 말해본다면 끝내 족이 없는 자도 분명히 있는데, 魯나라의 翬·挾·柔·溺은 이름이 經에 보이고 그 후대는 알려지지 않았으니, 이는 아마도 족을 얻지 못한 경우인 듯하다.

士會의 처자식 중에 秦나라에 살던 자는 劉氏가 되었다. 伍員의 아들은 齊나라에서 王孫氏가 되었다. ≪국어≫ 〈晉語〉에 知果가 知伯이 멸망하리라는 것을 알고 스스로 그 족을 구별해 輔氏가 되었다고 하였다. 이와 같은 類는 모두 스스로 한 것이고 다시 임금의 하사를 받은 것은 아니다. ≪春秋釋例≫에 "자손이 퍼지는 것은 가지가 벌어지고 잎이 나뉘는 것처럼 처음에 뿌리에서 이어지고 지엽에서 나뉘어짐을 취한다. 그러므로 그 흐름이 百姓·萬姓에 이른다."라고 하였다. 이는 백성·만성이 스스로 있는 것이지 꼭 모두 임금에게 하사받은 것은 아니라는 말이다. ≪국어≫ 〈진어〉에 炎帝는 姜姓이니 伯夷는 炎帝의 후손이라고 하였다. 姜은 스스로 그 本姓인데 '姜이라는 성을 하사하였다.'고 하였으니, 黃帝의 후손으로 다른 성이 하나가 아니다. 姜姓을 백이에게 하사하고부터는 다시 한 姓의 시조일 뿐이지 옛 성을 계승한 것은 아니니, 곧 后稷이 별도로 姬姓이 된 것이지 黃帝의 성을 계승하지 않은 것과 같다.

【傳】 諸侯以字하고

제후는 字로써 하사하고

【注】 諸侯位卑하야 不得賜姓이라 故其臣因氏其王父字라

諸侯는 지위가 낮아 신하에게 姓을 하사할 수 없으므로 그 신하는 王父(신하의 祖父)의 字를 氏로 삼는다.

【傳】 爲謚하야 因以爲族하며

謚를 가지고 그 자손들에게 族으로 삼게 합니다.

【注】 或(使)〔便〕[1]卽先人之謚稱以爲族이라

1) (使)〔便〕: 저본에는 '使'로 되어 있으나, 阮元의 〈校勘記〉에 의거하여 '便'으로 바로잡았다.

혹은 先人의 謚를 가지고 族으로 삼기도 한다.

【疏】'諸侯'至'爲族' ○ 正義曰: 杜意'諸侯以字', 言賜先人字爲族也. '爲謚, 因以爲族', 謂賜族雖以先人之字, 或用先人所爲之謚, 因將爲族. 以謚爲族者, 衛齊惡·宋戴惡之類是也. 而劉君乃稱"以謚爲族, 全無一人", 妄規杜氏, 非其義也. 死後賜族, 乃是正法. 春秋之世, 亦有非禮, 生賜族者, 華督是也. 釋例曰"舊說以爲大夫有功德者, 則生賜族, 非也. 至於鄭祭(채)仲爲祭封人[1], 後升爲卿, 經書'祭仲以生賜族'者, 檢傳旣無同華氏之文, 則祭者是仲之舊氏也." 諸侯以字, 字有二等. 檀弓曰"幼名冠字, 五十以伯仲, 周道然也." 則二十有加冠之字, 又有伯仲叔季爲長幼之字, 二者皆可以爲氏矣. 服虔云"公之母弟則以長幼爲氏, 貴適統, 伯仲叔季是也. 庶公子則以配字爲氏, 尊公族, 展氏·臧氏是也." 案鄭子人者, 鄭厲公之弟. 桓十四年, 鄭伯使其弟語來盟, 卽其人也. 而其後爲子人氏, 不以仲·叔爲氏, 則服言'公之母弟以長幼爲氏', 其事未必然也. 杜以慶父叔牙與莊公異母, 自然仲叔非母弟族矣. 其或以二十之字, 或以長幼之字, 蓋出自時君之命也. 叔肸稱叔不稱孫, 而三桓皆稱孫, 俱氏長幼之字, 自不同也. 臧氏稱孫, 展氏不稱孫, 俱氏二十之字, 自不同也. 然則稱孫與不稱孫, 蓋出其家之意, 未必由君賜也. 以字爲族者, 謂公之曾孫以王父之字爲族也. 諸侯之子稱公子, 公子之子稱公孫. 公子·公孫, 繫公之常言, 非族也. 其或貶責, 則亦與族同. 成十四年"叔孫僑如如齊逆女", 傳曰"稱族, 尊君命也". "僑如以夫人婦姜氏至自齊", 傳曰"舍族, 尊夫人也". 宣元年"公子遂如齊逆女", "遂以夫人至". 事與僑如正同, 其傳直云"尊君命"·"尊夫人", 不言"稱族"·"舍族". 旣非氏族, 則不待君賜, 自稱之矣. 至於公孫之子, 不復得稱公曾孫, 如無駭之輩直以名行, 及其死也則賜之族, 以其王父之字爲族也. 此無駭是公之曾孫, 公之曾孫必須有族, 故據曾孫爲文, 言以王父字耳. 公之曾孫, 正法, 死後賜族, 亦有未死則有族者, 則叔孫得臣是也. 公子·公孫, 於身必無賜族之理. 經書季友·仲遂·叔肸者, 皆是以字配名連言之, 故杜注竝云"字也". 其蕩伯姬者, 公子蕩之妻, 不可言公子伯姬, 故繫於夫字, 言蕩伯姬. 蕩非當時之氏. 其傳云立叔孫氏·臧僖伯·臧哀伯·叔孫戴伯之徒, 皆傳家據後追言之耳. 其公孟彄, 世本以爲"靈公之子,

字公孟, 名彄", 與季友・仲遂相似, 俱以字配名. 劉炫不達此旨, 妄規杜過, 非也. 必如劉解, 生賜族之文證在何處. 其公之曾孫玄孫以外, 爰及異姓, 有新升爲卿, 君賜之族, 蓋以此卿之字卽爲此族. 案世本"宋督是戴公之孫好父說之子, 華父是督之字", 計督是公孫耳, 未合賜族, 應死後其子乃賜族, 故杜云"督未死而賜族, 督之妄也." 沈亦云"督之子方可有族耳."

1) 鄭祭(채)仲爲祭封人 : 祭仲은 鄭나라 대부로, 자는 足이다. 祭는 정나라 땅으로 陳留長垣縣 동북쪽에 祭城이 있다. 封人은 국경을 지키는 자인데, 지키는 땅의 이름을 氏로 삼은 것이다.

傳의 〔諸侯〕에서 〔爲族〕까지

○ 正義曰 : 杜預의 생각에 '諸侯以字'라는 것은 先人의 字를 하사하여 族으로 삼는다는 말이다. '爲諡 因以爲族'이라는 것은 족을 하사함에 비록 선인의 字로써 하지만 혹은 선인의 諡를 가지고 족으로 삼기도 한다는 말이다. 諡로 족을 삼는 것은 衛나라 齊惡, 宋나라 戴惡의 類가 이 경우이다. 그런데 劉君(劉炫)은 "諡로 족이 된 경우는 한 사람도 없다."라고 하여 엉터리로 杜氏를 비판하였는데, 옳은 뜻이 아니다. 죽은 뒤에 족을 하사하는 것이 바로 正法이다. 춘추시대에도 예에 맞지 않은 경우가 있었으니, 살아 있을 때 족을 하사한 것은 華督의 경우가 이에 해당한다. ≪春秋釋例≫에 "舊說에 大夫로서 공덕이 있는 자는 살아 있을 때 족을 하사받는다고 하였는데, 잘못이다. 鄭나라 祭仲이 祭의 封人이 되어 뒤에 卿의 지위에 오른 것을 두고 經에 '채중이 살아서 族을 하사받았다.'고 쓴 것에 대해, 傳을 검토하면 이미 華氏에 대해 쓴 것과 같은 글은 없으니, 그렇다면 祭는 바로 仲의 옛 氏인 것이다."라고 하였다.

제후는 字로써 하사한다고 하였는데, 자는 두 등급이 있다. ≪禮記≫ 〈檀弓〉에 "어렸을 적에는 이름을 부르고 冠禮를 치르고 나면 字를 불렀으며, 50세가 되면 伯・仲으로 불렀으니, 周나라 道가 그러하였다."라고 하였으니, 20세에 관례를 하면서 부르는 자가 있고, 또 伯・仲・叔・季로 長幼를 나타내는 자가 있다. 두 가지는 모두 氏를 삼을 수 있다. 服虔은 "公의 母弟는 장유로 씨를 삼아 적통을 귀하게 하였으니, 伯・仲・叔・季가 이것이다. 庶公子들은 자를 배합하여 씨를 삼아 公族을 존귀하게 하였으니, 展氏・臧氏가 이 경우이다."라고 하였다.

살펴보건대 鄭나라 子人은 鄭 厲公의 아우이다. 桓公 14년에 鄭伯이 그 아우 語를 시켜 맹약하게 하였으니, 바로 그 사람이다. 그 후에 子人氏가 되어 仲・叔으로 씨를 삼지 않았으니, 복건이 '公의 모제는 장유로 씨를 삼는다.'고 한 것은 그 일이 반드시 그런 것은 아니다. 두예가 慶父와 叔牙는 莊公과 어머니가 다르다고 하였으니, 자연히 仲·叔은 모제의 족이 아닌 것이다. 혹은 20세에 자를 정하고, 혹은 장유로 자를 정하기도 하는 것은 대체로 時君의 명에서 나오는 것이다. 叔肹을 叔으로 칭하고 孫으로 칭하지 않았고, 三桓은 모두 孫으로 칭하였으니, 씨에 장유의 자를 갖추는 것은 본래 똑같지 않다. 臧氏는 孫으로 칭하고 展氏는 孫을 칭하지 않았으니, 씨에 20세 때 정한 자를 갖추는 것도 본래 똑같지 않다. 그렇다면 孫을 칭하고 칭하지 않는 것은 그 가문의 의도에서 나온 것이지, 반드시 임금이 하사한 데서 나온 것은 아니다.

字로 族을 삼는 것은 公의 증손이 王父의 자로 족을 삼는 것이다. 諸侯의 아들을 公子라고 칭하고, 공자의 아들은 公孫이라고 칭한다. 공자와 공손은 공에게 붙는 일반적인 말이니, 족이 아니다. 혹시 貶責하여 말하는 경우라면 또한 족과 같이 쓰기도 한다. 成公 14년에 "叔孫僑如가 제나라에 가서 여자를 맞이하였다."라고 하였는데, 傳에 "〈經에 叔孫이라고〉 족을 칭한 것은 君命을 존중한 것이다."라고 하였다. 〈또 經文에〉 "僑如가 부인 婦姜氏를 모시고 제나라에서 돌아왔다."라고 하였는데, 傳에 "족을 기록하지 않은 것은 부인을 존중한 것이다."라고 하였다. 宣公 원년에 "公子 遂가 齊나라로 가서 여자를 맞이하였다."라고 하고, "遂가 부인을 모시고 이르렀다."라고 하였다. 그 일은 僑如의 경우와 정확히 같은데, 그 傳에서 다만 "군명을 준중한 것이다.", "부인을 존중한 것이다."라고 하고 "족을 칭한 것이다."라거나 "족을 기록하지 않았다."라고 말하지 않았다. 이미 씨족이 아니고 보면 임금의 하사를 기다리지 않고 스스로 칭한 것이다. 공손의 아들에 이르러서는 다시 公曾孫이라고 칭할 수 없으니, 無駭의 무리는 단지 이름으로만 행하고 죽음에 이르면 족을 하사하여 王父의 자로 족을 삼은 것이다. 이는 무해는 공의 曾孫이며 공의 증손은 반드시 족이 있기 때문에, 증손에 의거하여 글을 만들어 왕부의 자로써 함을 말한 것이다.

공의 증손은 正法에 의하면 죽은 뒤에 족을 하사하는데, 또한 죽지 않은 자도 족이 있는 경우가 있으니, 叔孫得臣이 이 경우이다. 공자와 공손은 자신에게 족을 하사받는 이치는 필히 없다. 經에 季友, 仲遂, 叔肹이라고 쓴 것은 모두 자로써 이름에 배합하여 붙여 말한 것이므로 杜注에서 모두 "자이다.〔字也〕"라고 말한 것이다. 蕩伯姬는 公子 蕩의 아내인데, 公子 伯姬라고 말할 수 없으므로 남편의 자에 붙여서 탕백희라고 말한 것이다. 蕩은 당시의 씨가 아니다.

傳에 叔孫氏, 臧僖伯, 臧哀伯, 叔孫戴伯의 무리를 세웠다고 한 것은 모두 傳을 지은 사람들이 뒤늦게 追述한 것일 뿐이다. 公孟彄는 ≪世本≫에 "靈公의 아들로, 자는 公孟, 이름은 彄이다."라고 하였으니, 계우・중수의 경우처럼 모두 자로 이름에 배합한 것이다. 劉炫은 이 뜻을 알지 못하고 엉터리로 두예의 허물을 비판하였으니, 잘못이다. 반드시 유현의 견해와 같다면 살았을 적에 족을 하사한다는 문헌의 증거는 어디에 있는가. 공의 曾孫, 玄孫 이외에 異姓에 이르기까지 새로 卿의 지위에 오르면 임금이 족을 하사하는 것은 이 경의 字가 곧 이 族이 되는 것이다. 살펴보건대 ≪세본≫에 "宋督은 戴公의 손자인 好父說의 아들인데, 華父는 督의 자이다."라고 하였으니, 督은 공손일 뿐이라 족을 하사받지 못하므로 응당 죽은 뒤 그의 자식이 족을 하사받는다. 그래서 두예의 주에 "督이 죽기도 전에 족을 하사받았으니, 督의 망령됨이다."라고 한 것이다. 沈(沈文阿)도 "督의 아들에 가서야 족을 가질 수 있다."라고 하였다.

【傳】 官有世功이면 則有官族하고 邑亦如之니이다

관직에 있으면서 대대로 공로가 있으면 〈후손들이〉 그 官名을 族으로 삼기도 하고, 〈先祖가 봉해진〉 邑名도 관명을 족으로 삼는 예와 같이 합니다."

【注】 謂取其舊官舊邑之稱以爲族이니 皆稟之時君이라

그 舊官이나 舊邑의 名稱을 취하여 族으로 삼는 경우를 이르니, 모두 時君에게 稟受하는 것이다.

【疏】 注'謂取'至'時君' ○ 正義曰：舊官謂若晉之士氏, 舊邑若韓・魏・趙氏, 非是君賜, 則不得爲族. 嫌其居官邑不待公命, 故云'皆稟之時君'. 此謂同姓異姓皆然也. 服虔止謂異姓, 又引宋司城韓魏爲證. 韓與司城非異姓, 司城又自爲樂氏, 不以司城爲族也.

注의 〔謂取〕에서 〔時君〕까지

○ 正義曰：舊官은 이를테면 晉나라의 士氏와 같고, 舊邑은 韓氏・魏氏・趙氏와 같으니, 임금이 하사한 것이 아니라면 族이 될 수가 없다. 관직에 있고 읍에 살면서 公命을 기다리지 않는 것을 꺼렸으므로 '皆稟之時君'이라 한 것이다. 이는 同姓이나 異姓이나 다 그러하다는 말이다. 服虔은 단지 이성에 대해서만 말한 것이라 하고 또 宋나라 司城, 韓, 魏를 끌어서 근거로 삼았다. 韓과 司城은 이성이 아니고 사성은 또 따로

樂氏가 되었으니, 사성을 족으로 삼아서는 안 된다.

【傳】 公命以字하야 爲展氏하다

이에 隱公이 無駭의 字로써 族을 명하여 展氏로 삼았다.

【注】 諸侯之子는 稱公子하고 公子之子는 稱公孫이어늘 公孫之子는 以王父字爲氏라 無駭는 公子展之孫이라 故爲展氏라

諸侯의 아들은 公子라 칭하고, 공자의 아들은 公孫이라 칭하는데, 공손의 아들은 〈공손이라 칭할 수 없기 때문에〉 王父의 字를 氏로 삼는다. 無駭는 公子 展의 손자이기 때문에 展을 氏로 삼은 것이다.

【 隱公 9년(B.C. 714) 】

九年이라 春에 天(子)〔王〕[1)]使南季來聘하다

1) (子)〔王〕: 저본에는 '子'로 되어 있으나, 阮元의 〈校勘記〉에 의거하여 '王'으로 바로잡았다.

9년이다. 봄에 天王이 南季를 魯나라에 보내 聘問하게 하였다.

【注】 無傳이라 南季는 天子大夫也니 南은 氏요 季는 字也라

傳이 없다. 南季는 天子의 大夫이니, 南은 氏이고 季는 字이다.

三月癸酉에 大雨震電하고 庚辰에 大雨雪하다

3월 癸酉日에 크게 장맛비가 내리고 천둥 번개가 쳤으며, 庚辰日에 많은 눈이 내렸다.

【注】 三月은 今正月이라

3월은 지금의 正月이다.

【疏】'大雨震電' ○ 正義曰：說文云"震, 劈(벽)歷震物者." "電, 陰陽激曜也." 河圖云"陰陽相薄爲雷, 陰激陽爲電." 然則震是雷之劈歷, 電是雷光. 僖十五年"震夷伯之廟", 是劈歷破之. 雷之甚者爲震. 故何休云"震, 雷也."

經의〔大雨震電〕

○ 正義曰：≪說文解字≫에 "震은 벼락이 쳐서 사물을 흔드는 것이다."라고 하였고, "電은 陰陽이 부딪쳐 빛이 번득이는 것이다."라고 하였다. 河圖에 "음양이 서로 부딪치는 것이 雷(우레)이고, 음이 양을 치는 것이 電(번개)이다."라고 하였다. 그렇다면 震은 雷가 크게 울리는 것이고, 電은 雷가 번득이는 것이다. 僖公 15년에 "夷伯의 사당에 벼락이 쳤다."라고 하였는데, 이는 벼락이 친 것이다. 雷가 심한 것이 벼락이다. 그래서 何休는 "震은 벼락이다."라고 한 것이다.

【疏】○'大雨雪' ○ 正義曰：說文云"雨, 水從雲下也." 然則雨者, 天上下水之名. 旣見雨從天下, 自上下者因卽以雨言之. 雨螽亦稱爲雨, 故下雪稱'雨雪'也. 平原出水爲大水, 直書大水, "平地尺爲大雪", 不直書大雪, 而云'大雨雪'者, 水則從天入地, 出地乃爲多, 見其在地之多, 言其出水之大, 故不言大雨水. 雪則自天而下, 下卽委之於地, 見其自上而下, 言其下雪之多, 故言大雨雪. 水則俯視, 雪則仰觀, 故立文有異. 其大雨雹亦與雪同.

○ 經의〔大雨雪〕

○ 正義曰：≪說文解字≫에 "雨는 물이 구름에서 내리는 것이다."라고 하였다. 그렇다면 비는 하늘에서 내리는 물의 명칭이다. 이미 비가 하늘에서 내리는 것을 보고 따라서 위에서 아래로 내리는 것을 비라고 말하였다. 메뚜기가 내려오는 것도 비라고 칭하였으므로, 눈이 내리는 것을 '雨雪'이라고 칭한 것이다.

평원에 물이 솟는 것을 大水라고 하여 〈經文에는〉 단지 '大水'라고만 쓰는데, 〈아래 傳에서〉 "평지에 한 자의 눈이 쌓이는 것을 大雪이라 한 것이다."라고 하였으나 〈경문에서〉 단지 '大雪'이라고 하지 않고 '大雨雪'이라고 하였다. 곧 물은 하늘에서 땅으로 드는데 땅에 솟으면 많은 것이니, 땅에 물이 많은 것을 보고 크게 물이 솟는 것을 말하였으므로 '大雨水'라고 말하지 않았다. 눈은 하늘에서 내려와 아래에 땅에 붙어서 위에서 내리는 것을 보고 많이 눈이 내린다고 말하였으므로 '大雨雪'이라고 말한 것이다. 물은 굽어보고 눈은 우러러보기 때문에 글을 쓴 것이 다르다. 크게 우박이 내린 경우에도 눈이 내릴 때를 기록하는 例와 같다.

挾卒하다

挾이 卒하였다.

【注】無傳이라 挾은 魯大夫니 未賜族이라

傳이 없다. 挾은 魯나라 大夫이니, 族을 받지 못하였기 때문에 〈족을 기록하지 않은 것이다.〉

夏에 城郞하다

여름에 郞에 성을 쌓았다.

秋七月이라

가을 7월이다.

冬에 公會齊侯于防하다

겨울에 隱公이 防에서 齊侯와 會見하였다.

【注】防은 魯地니 在琅邪(야)〔華〕[1]縣東南이라

1)〔華〕: 저본에는 '華'가 없으나, 阮元의 〈校勘記〉에 의거하여 보충하였다.

防은 魯나라 땅이니, 琅邪 華縣 동남쪽에 있다.

【傳】九年이라 **春王三月癸酉**에 **大雨霖以震**은 **書始也**라

9년이다. 봄 周王 3월 癸酉日에 크게 장맛비가 내리며 천둥이 쳤다는 것은 〈비가 내리기〉 시작한 날을 기록한 것이다.

【注】 書癸酉는 (始)[1]始雨日이라

1) (始) : 저본에는 '始'가 있으나, 阮元의 〈校勘記〉에 의거하여 衍文으로 처리하였다.

癸酉日을 기록한 것은 비가 내리기 시작한 날을 기록한 것이다.

【傳】庚辰에 **大雨雪**도 **亦如之**하니 **書時失也**라

庚辰日에 크게 눈이 내렸다는 것도 〈시작한 날을 기록한 예와〉 같다. 經에 이를 기록한 것은 〈눈이 내리는 철이〉 正常을 잃었기 때문이다.

【注】 夏之正月은 微陽始出이니 未可震電이요 既震電이면 又不當大雨雪이라 故皆爲時失이라

夏曆의 正月은 微弱한 陽이 비로소 생기는 때이니 천둥이 칠 수 없고, 이미 천둥이 쳤다면 또 크게 눈이 내릴 수 없다. 그러므로 모두 철이 정상을 잃었다고 한 것이다.

【傳】凡雨自三日以往爲霖이요

범례에 따르면 비가 3일 이상 내리는 것을 '霖(장마)'이라 하고,

【注】 此解經書霖也니 而經無霖字는 經誤라

이것은 經文에 기록된 '霖'자를 해석한 것인데, 〈현재〉 경문에 '霖'자가 없는 것은 경문에 脫誤가 생긴 것이다.

【疏】 注'此解'至'經誤' ○ 正義曰 : 傳發凡以解經, 若經無霖字, 則傳無由發, 故知經誤. 然則經當如傳言'大雨霖以震', 不當云'大雨震電'. 是經脫霖以二字, 而妄加電也.

注의 〔此解〕에서 〔經誤〕까지

○ 正義曰 : 傳에서 범례를 드러내어 經文을 해설하였으니, 경문에 '霖'자가 없다면 傳에 드러낼 이유가 없기 때문에 경문에 탈오가 있음을 알 수 있다. 그렇다면 경문에

傳에서 말한 것처럼 '大雨霖以震'이라고 해야지 '大雨震電'이라고 해서는 안 된다. 이 경문에 '霖以' 2자가 탈락되었는데, 잘못 '電'을 첨가한 것이다.

【傳】平地尺爲大雪이라

눈이 평지에 한 자〔尺〕 이상 쌓이는 것을 '大雪(큰 눈)'이라 한다.

【傳】夏에 城郎하니 書는 不時也라

여름에 郎에 성을 쌓았으니, 이를 기록한 것은 알맞은 시기가 아니었기 때문이다.

【傳】宋公不王이어늘

宋公(殤公)이 周王을 朝見하지 않자,

【注】不共王職이라

周王에게 貢賦를 바치지 않은 것이다.

【傳】鄭伯爲王左卿士하야 以王命討之하다 伐宋이로되 宋以入郛之役怨公이라 不告命하니

鄭伯이 周王의 左卿士로서 왕명을 받들어 聲討하여 宋나라를 討伐하였다. 鄭나라가 송나라를 토벌하였으되, 송나라는 〈隱公 5년〉 정나라가 송나라의 外廓까지 쳐들어왔던 전쟁에서 〈魯나라가 救援兵을 보내주지 않은 일로〉 隱公을 원망하여, 이번 일을 노나라에 통고하지 않으니,

【注】入郛在五年이니 公以七年伐邾하야 欲以說(열)宋이나 而宋猶不和也라

入郛의 전쟁은 隱公 5년에 있었다. 은공이 7년에 邾나라를 토벌하여 宋나라를 기쁘게 하려고 하였으나, 송나라는 여전히 魯나라와 不和하였다.

【傳】公怒하야 絶宋使하다

隱公은 노하여 宋나라와 使臣 왕래를 끊었다.

【傳】秋에 **鄭人以王命來告伐宋**하다

가을에 鄭人이 周王의 命을 받들고 魯나라에 와서 宋나라를 토벌할 것을 통고하였다.

【注】遣使致王命也라 **伐宋未得志**라 **故復**(부)**(往)〔更〕**[1]**告之**라

1) (往)〔更〕: 저본에는 '往'으로 되어 있으나, 阮元의 〈校勘記〉에 의거하여 '更'으로 바로잡았다.

使臣을 보내어 周王의 命을 전한 것이다. 宋나라를 토벌하였으나 뜻을 이루지 못했기 때문에 다시 와서 송나라를 치라고 고한 것이다.

【傳】冬에 **公會齊侯于防**하니 **謀伐宋也**라

겨울에 隱公이 防에서 齊 僖公과 會見하였으니, 이는 宋나라 토벌하는 일을 謀議하기 위함이었다.

【傳】北戎侵鄭하니 **鄭伯禦之**할새 **患戎師曰 彼徒我車**니 **懼其侵軼**(일)**我也**하노라

北戎이 鄭나라를 침공하자, 鄭伯이 방어할 때 북융의 군대를 근심하여 말하였다.
"저들은 步兵이고 우리는 車兵이니, 저들이 〈兵車의 진퇴가 어려운 틈을 타〉 뒤에서 갑자기 우리를 공격할까 두렵다."

【注】徒는 **步兵也**라 **軼**은 **突也**라

徒는 步兵이다. 軼은 갑작스러움이다.

【傳】公子突曰 使勇而無剛者로 **嘗寇而速去之**하고

公子 突이 말하였다.
"용맹하되 굳건한 의지가 없는 戰士를 시켜 시험 삼아 敵을 공격해보게 한 뒤 신속히 물러나게 하고,

【注】 公子突은 鄭厲公也라 嘗은 試也라 勇則能往하고 無剛不恥退라

公子 突은 鄭 厲公이다. 嘗은 시험하는 것이다. 용감하면 나아갈 수 있고, 굳건한 의지가 없으면 물러나기를 부끄러워하지 않는다.

【傳】 君爲三覆以待之하소서

주군께서는 세 곳에 군대를 埋伏시키고 기다리십시오.

【注】 覆은 伏兵也라

覆은 伏兵이다.

【傳】 戎은 輕而不整하며 貪而無親하야 勝不相讓하며 敗不相救하니 先者見獲이면 必務進이요 進而遇覆이면 必速奔하리이다 後者不救면 則無繼矣리니 乃可以逞이니이다

北戎의 군대는 경솔하여 질서가 없으며 탐욕스러워 서로 친밀하지 못하여, 승리해도 전공을 양보하지 않고 패배해도 서로를 구원하지 않습니다. 선봉의 군사들이 노획을 얻을 것을 보면 반드시 힘써 전진하겠지만, 전진하다가 복병을 만나면 반드시 신속하게 달아날 것입니다. 後尾의 군사들이 구원하지 않으면 적군은 후속부대가 없을 것이니, 그렇게 되면 마침내 근심을 풀 수 있을 것입니다."

【注】 逞은 解也라

逞은 근심을 풂이다.

【疏】 '先者'至'以逞' ○ 正義曰 : 嘗寇速去, 知戎必逐之. 逐其去者, 必有所獲, 獲謂獲鄭人也. 在先者見逐有所獲, 不復顧後, 必務在速進, 謂棄其後者, 獨自先進. 進而遇覆, 必速回奔走, 後者不救, 則是無繼續矣. 無繼則易(이)敗, 如是乃可以解患. 服虔云 "先者見獲, 言必不往相救, 各自務進, 言其貪利也." 其言見獲者, 當謂戎被鄭獲也. 鄭人速去以誘之, 安得獲戎也. 在先者已被鄭獲, 重進者將復爲虜, 各自務進, 欲何所貪,

而云貪利也. 此則不言可解, 無故以解亂之.

傳의 〔先者〕에서 〔以逞〕까지

○ 正義曰 : 시험 삼아 적을 공격해보고 속히 퇴각하면 北戎의 군대가 필시 추격해 올 것임을 안 것이다. 퇴각하는 군대를 추격하는 군대는 필시 노획을 얻을 것이니, 노획은 정나라 사람을 포로로 잡는 것을 이른다. 선봉에 선 자가 추격하며 노획할 것이 있는 것을 보면 다시 뒤를 돌아보지 않고 필시 속히 전진하는 데 힘쓸 것이니, 곧 후미의 군대를 버린 자가 독자적으로 앞서 전진한다는 말이다. 전진해서 복병을 만나면 필시 속히 되돌아서 도망칠 것이고, 후미에 선 군대가 구원하지 않으면 전열이 이어질 수 없다. 전열이 이어질 수 없으면 패주시키기 쉬우니, 이렇게 되면 환란을 해결할 수가 있는 것이다.

服虔이 이르기를 "선봉의 군사들이 포로가 되었다는 것은 필시 가서 서로 구원하지 않음을 말하고, 각자 스스로 전진하기를 힘쓴다는 것은 이익을 탐함을 말한 것이다."라고 하였다. 그가 말한 포로가 되었다는 것은 당연히 북융의 군대가 정나라에 포로로 잡혔다는 것이다. 그런데 정나라 군대가 속히 퇴각해 유인을 하면서 어찌 북융의 군사를 포로로 잡을 수 있겠는가. 선봉에 선 군사가 이미 정나라에 포로로 잡히면 다시 진격해온 군대가 다시 포로가 될 것인데, 각자 스스로 전진하기를 힘써서 무엇을 탐하였기에 이익을 탐한다고 이르겠는가. 이는 말하지 않아도 해석이 되는 것인데, 까닭 없이 해석을 어지럽게 하였다.

【傳】 從之하니 戎人之前遇覆者奔이어늘 祝聃逐之하야

鄭伯이 그의 건의를 따르니, 北戎의 군사가 전진하다가 복병을 만나자 달아났는데, 祝聃이 그들을 추격하여

【注】 祝聃은 鄭大夫라

祝聃은 鄭나라 大夫이다.

【傳】 衷戎師하고 前後擊之하야 盡殪(에)하니

北戎의 군대를 중간에서 끊고 앞뒤로 〈삼면에서〉 공격하여 모두 섬멸하니,

【注】爲三部伏兵하고 祝聃帥(솔)勇而無剛者하야 先犯戎而速奔하야 以遇二伏兵하고 至後伏兵起하니 戎還走어늘 祝聃反逐之라 戎前後及中三處受敵이라 故曰衷戎師라 殪는 死也라

세 곳에 군대를 매복한 다음 祝聃이 용감하지만 굳건한 의지가 없는 군대를 거느리고 가서 먼저 융을 侵攻하고는 속히 달아나서 제2의 伏兵과 만났고, 後面의 복병이 일어나자 추격하던 융의 군사들이 되돌아 달아났는데, 축담이 군대를 돌려 공격하였다. 戎軍의 前後와 중간 세 곳을 모두 공격하였기 때문에 '衷戎師'라고 한 것이다. 殪는 죽임이다.

【疏】注'爲三'至'死也' ○ 正義曰:'前後及中三處受敵'者, 前謂第一伏逆其前也, 後謂祝聃與後伏逐其後也, 中謂第二伏擊其中也. '衷戎師'者, 謂戎師在三伏之中. '殪, 死也', 釋詁文.

注의 〔爲三〕에서 〔死也〕까지

○ 正義曰:〔前後及中三處受敵〕 前이란 제1의 복병이 戎兵의 선봉에 맞선 것이고, 後는 祝聃이 뒤의 복병과 융병의 후미를 추격하는 것이며, 中은 제2의 복병이 그 중간을 공격하는 것이다.

〔衷戎師〕 융의 군대가 세 복병 가운데 놓임을 이른다.

'殪는 죽임이다.'라고 한 것은 ≪爾雅≫ 〈釋詁〉의 글이다.

【傳】戎師大奔이라

〈후방에 주둔하고 있던〉 北戎의 군대가 아주 달아나버렸다.

【注】後駐軍不復繼也라

후방에 주둔해 있는 戎의 군대가 다시 이어 진격하지 않은 것이다.

【傳】十一月甲寅에 鄭人大敗戎師하다

11월 甲寅日에 鄭人이 北戎의 군대를 대패시켰다.

【注】此皆春秋時事라 雖經無正文이나 所謂必廣記而備言之하야 將令學者로 原始要終하고 尋其枝葉하야 究其所窮이라 他皆放此라

이는 모두 春秋 때의 일이다. 經에 正文이 없는데도 〈傳에 기록한 것은 序에〉 이른

바 "반드시 널리 기록하고 구체적으로 말하여 學者들로 하여금 그 일의 시초를 추구하여 결과를 추단하고 그 지엽을 찾아 그 근본이 끝난 곳을 탐구하게 하려고 하였다."라고 한 뜻이다. 다른 곳도 모두 이와 같다.

【疏】'十一月'至'戎師' ○ 正義曰：此卽上傳所說擊戎之事. 史官得其戰狀, 乃裁約爲之辭. 經之所陳, 皆是此類. 旣不書經, 故準經爲文以總之.

傳의 〔十一月〕에서 〔戎師〕까지

○ 正義曰：이는 바로 위의 傳에서 말한 戎을 친 일이다. 史官이 그 전쟁의 상황을 얻어서 정리해 요약하여 말을 만들었다. 經에서 진술하는 것이 모두 이런 類이다. 이미 경에 기록하지 않았기 때문에 경에 준하여 글을 만들어 총괄한 것이다.

【隱公 10년(B.C. 713)】

十年이라 **春王二月**에 **公會齊侯鄭伯于中丘**하다

10년이다. 봄 周王 2월에 隱公이 中丘에서 齊侯·鄭伯과 會合하였다.

【注】傳言正月會하고 癸丑盟이라하야늘 釋例에 推經傳日月컨대 癸丑은 是正月二十六日이라하니 知經二月誤라

傳에서 "正月에 會合하고 癸丑日에 結盟하였다."라고 하였는데, ≪春秋釋例≫에 "經과 傳의 날과 달을 推算해보면 계축일은 정월 26일이다."라고 하였으니, 經의 2월이 오류임을 알 수 있다.

夏에 **翬帥**(솔)**師**하야 **會齊人鄭人**하야 **伐宋**하다

여름에 翬가 군대를 거느리고 가서 齊人·鄭人과 연합하여 宋나라를 討伐하였다.

【注】公子翬不待公命하야 而貪會二國之君하니 疾其專進이라 故去氏라 齊鄭以公不至라 故亦更使微者從之伐宋이라 不言及하야 明翬專行이요 非鄧之謀也라 及例[1]는 在宣七年이라

1) 及例 : 모든 出兵에 있어 모의에 참여하였으면 '及'이라 하고, 참여하지 않았으면 '會'라 하는 것을 가리킨다.

公子 翬가 隱公의 명을 기다리지도 않고 가서 두 나라 임금과 회합하기를 탐하였으니, 그가 제멋대로 간 것을 미워하였으므로 氏를 쓰지 않은 것이다. 齊나라와 鄭나라는 은공이 오지 않았기 때문에 계획을 변경하여 미천한 翬를 宋나라 토벌하는 일에 따르게 한 것이다. 及이라고 말하지 않아, 翬가 멋대로 한 짓이지 鄧에서의 결맹 때 모의한 것이 아니었음을 밝혔다. 及에 대한 例는 宣公 7년에 보인다.

【疏】注'公子'至'七年' ○ 正義曰：傳稱"羽父先會齊侯鄭伯", 是'不待公命'也. 貪會二國之君, 自求其名, 時史疾其專進, 故貶去公子. 公子義與氏同, 故以氏言之. 中丘之會, 計君自親行, 今齊鄭稱人, 是使微者從之也. 於例, 師出與謀曰及, 傳稱"盟于鄧爲師期", 公旣與謀, 計當書及. 今乃言會, 明其以翬專行, 非鄧之謀. 釋例曰"王命伐宋, 羽父不匡君以速進, 而先會二國, 自以爲名, 故貶去其族. 齊爲侯伯, 鄭伯又爲王卿士, 二君奉王命以討宋. 惡(오)羽父之專進, 故使與微者同伐, 動而無功, 故無成敗也." 案四年翬"固請而行", 故貶去其氏. 此直言羽父先會齊侯鄭伯, 無固請之文, 亦貶之者. 又公子豫會邾人鄭人, 以不待公命[1], 而經不書. 此翬亦不待公命而經書者, 翬於四年傳稱"固請", 明此"先會"亦"固請"也. 傳於四年其文已詳, 故於此而略耳. 豫會邾人鄭人, 本非公卿, 故不書, 此則公會齊鄭于中丘, 已爲師期, 翬又請公先會, 先會則是君命, 故以書之.

1) 公子豫會邾人鄭人 以不待公命 : 公子 豫는 魯나라 大夫이다. 隱公 원년에, 鄭나라 共叔의 叛亂으로 도망쳐 온 公孫滑을 위해 衛人이 정나라를 치자, 정나라는 邾나라에 出兵을 요청하였다. 이에 邾子가 공자 예에게 사람을 보내어 私的으로 군대를 요청하자, 공자 예가 은공이 허락하지 않았는데도 멋대로 군사를 거느리고 가서 邾人·鄭人과 結盟하였다.

注의 〔公子〕에서 〔七年〕까지

○ 正義曰 : 傳에서 "羽父가 먼저 가서 齊侯·鄭伯과 회합하였다."라고 한 것은 '公의 명령을 기다리지 않았다.'는 것이다. 두 나라 임금과 회합하기를 탐해 스스로 그 명예

를 구하였으니, 당시 사관이 그가 제멋대로 간 것을 미워하였으므로 '公子'를 삭제하였다. 公子의 의미는 氏와 같기 때문에 씨를 〈쓰지 않았다고〉 말한 것이다. 中丘의 회합은 아마도 임금이 직접 갔을 것인데 지금 齊나라와 鄭나라를 '人'이라고 칭하였으니, 이는 미천한 자로 하여금 따르게 하였기 때문이다.

범례에 의하면 군대가 출동하여 모의에 참여할 때는 '及'이라고 하는데, 傳에서 "鄧에서 결맹하고 出兵할 날짜를 정하였다."라고 하였는데, 公이 이미 모의에 참여하였고 보면 아마도 '及'을 써야 할 것이다. 그런데 지금 '會'라고 말하였으니, 翬가 제멋대로 간 것은 鄧에서의 모의가 아님을 밝힌 것이다. ≪春秋釋例≫에 "왕이 宋나라를 정벌하도록 명하였는데, 羽父가 임금을 바로잡지 않고 신속히 진격하여 먼저 두 나라와 회합하여 스스로 명예를 삼았으므로 폄척해 그 族을 제거하였다. 齊나라는 侯伯이고 鄭伯은 또 王의 卿士인데, 두 임금이 왕명을 받들어 송나라를 토벌한 것이다. 그런데 우보가 제멋대로 나아간 것을 미워하였으므로 두 임금이 미천한 자와 함께 토벌하도록 한 것이며, 군대를 출동하였으되 공이 없었으므로 성패가 없는 것이다."라고 하였다.

살펴보건대 隱公 4년에 翬가 "군이 청하여 군사를 거느리고 갔다."라고 하였기 때문에 폄척해 그의 氏를 삭제한 것이다. 여기에서는 羽父가 먼저 가서 齊侯·鄭伯과 회합하였다고만 말하였으니, '군이 청하였다.'는 글은 없지만 역시 폄척한 것이다.

또 公子 豫가 邾人·鄭人과 회합할 적에 은공의 명을 기다리지 않고 하였는데 經에 쓰지 않았다. 여기서 翬 역시 공의 명령을 기다리지 않고 회합을 하였는데 경에서 쓴 것은 翬가 4년 傳에서 '군이 청하였다.'라고 하였으니, 여기서 '먼저 가서 회합하였다.〔先會〕'라고 한 것 역시 '군이 청한 것'임이 분명하다. 傳 4년에 그 글이 이미 상세하기 때문에 여기서는 생략한 것이다. 豫가 邾人·鄭人과 회합한 것은 본래 公卿이 아니기 때문에 쓰지 않은 것이고, 여기서는 은공이 中丘에서 齊·鄭나라와 회합하여 이미 군대를 출동할 기일을 정하였고, 翬가 또 은공에게 먼저 회합하기를 청하였으니, 먼저 회합한 것은 곧 君命이기 때문에 기록한 것이다.

六月壬戌에 公敗宋師于菅하야

6월 壬戌日에 隱公이 菅에서 宋나라 군대를 패배시키고,

【注】 齊鄭後期라 故公獨敗宋師라 書敗는 宋未陳也라 敗例[1]는 在莊十一年이라 菅은 宋地라

1) 敗例 : 전쟁에 적이 陣을 치기 전에 공격해 승리하는 것을 '敗某師(아무 군대를 패배시켰다.)'라고 하고, 모두 진을 친 뒤에 공격하는 것을 '戰'이라 하고, 크게 崩潰당하는 것을 '敗績'이라 하고, 적의 총사령관을 잡는 것을 '克'이라 하고, 伏兵으로 습격해 적을 패배시키는 것을 '取某師(아무 군대를 취하였다.)'라 하고, 天王의 군대가 패배당하는 것을 '王師敗績于某(王師가 아무에게 敗績했다.)'라고 한다.(≪春秋左氏傳≫ 莊公 11년)

齊나라와 鄭나라가 약속한 날짜에 오지 않았기 때문에 隱公이 홀로 군대를 거느리고 宋나라 군대를 패배시킨 것이다. 經에 패배시켰다고 기록한 것은 송나라 군대가 陣을 치기 전에 공격했다는 말이다. 敗에 대한 例는 莊公 11년에 보인다. 菅은 宋나라 땅이다.

【疏】 注'齊鄭'至'宋地' ○ 正義曰 : 案傳公會齊侯鄭伯于老桃, 然後公敗宋師, 則知老桃之會, 謀與宋戰. 彼與公謀戰, 而公獨敗宋師, 知齊鄭後期也.

注의 〔齊鄭〕에서 〔宋地〕까지

○ 正義曰 : 살펴보건대 傳에서 隱公이 老桃에서 齊侯·鄭伯과 회합한 다음 은공이 宋나라 군대를 패배시켰다고 하였으니, 노도의 회합에서 송나라와 싸울 것을 모의하였음을 알 수 있다. 저들이 은공과 함께 싸우기로 모의하였으나 은공이 홀로 송나라 군대를 패배시켰으니, 齊나라와 鄭나라가 기일에 늦었음을 알 수 있다.

辛未에 取郜하고 辛巳에 取防하다

辛未日에 郜를 취하고 辛巳日에 防을 취하였다.

【注】 鄭後至하야 得郜防二邑하고 歸功于魯라 故書取하야 明不用師徒也라 濟陰(城)〔成〕[1] 武縣東南有郜城하고 高平昌邑縣西南有西防城이라

1) (城)〔成〕: 저본에는 '城'으로 되어 있으나, 阮元의 〈校勘記〉에 의거하여 '成'으로 바로잡았다.

鄭나라가 약속한 날짜가 지난 뒤에 와서 郜와 防 두 邑을 점령하고 그 功을 魯나라에 돌렸다. 그러므로 經에 '取'라고 기록하여 많은 군대를 사용하지 않았음을 밝혔다. 濟陰 成武縣 동남쪽에 郜城이 있고, 高平 昌邑縣 서남쪽에 西防城이 있다.

秋에 **宋人衛人入鄭**하고 **宋人蔡人衛人伐戴**어늘 **鄭伯伐取之**하다

가을에 宋人·衛人이 鄭나라를 침입하고 나서, 宋人·蔡人·衛人이 戴나라를 공격하였는데, 鄭伯이 이들을 공격하여 쉽게 승리하였다.

【注】 三國伐戴하니 鄭伯因其不和하야 伐而取之라 書伐은 用師徒也요 書取는 克之易(이)也라 戴國은 今陳留外黃縣東南有戴城이라

세 나라가 戴나라를 공격하니, 鄭伯이 세 나라가 不和한 틈을 이용해 공격해 쉽게 승리하였다. 經에 '伐'이라고 기록한 것은 많은 군대를 사용했다는 말이고, '取'라고 기록한 것은 쉽게 승리했다는 말이다. 대나라는 지금 陳留 外黃縣 동남쪽에 戴城이 있다.

【疏】 注'三國'至'戴城' ○ 正義曰：案傳例"克邑不用師徒曰取". 然則取者, 據克邑之易(이). 今此克得軍師亦稱取者, 但取者雖據克邑之文, 其克得師衆而易者亦曰取. 是以莊十一年注云"威力兼備, 若羅網所掩覆, 一軍皆見禽制." 若非前敵之易, 何能覆而取之. 故釋例曰"如取如攜."[1] 然則凡言取者皆易辭. 劉君以取之非易而規杜氏, 非也. 沈氏亦云"今日圍, 明日取, 故知易也." 公羊傳曰"其言伐取之何, 易也." 是杜所用之義. 地理志云"梁國甾縣, 故載國." 應劭曰"章帝改曰考城." 古者甾載聲相近. 故鄭玄詩箋讀俶載爲熾菑. 是其音大同, 故漢於載國立甾縣, 於晉屬陳留.

1) 如取如攜 : ≪詩經≫ 〈大雅 板〉에 "하늘이 백성을 열어 밝혀줌이 壎 같고 篪 같으며 璋 같고 圭 같으며 취함과 같고 쥐는 것과 같으며 쥠에 더할 것이 없는지라.〔天之牖民 如壎如篪 如璋如圭 如取如携 携無曰益〕"라고 나온다.

注의 〔三國〕에서 〔戴城〕까지

○ 正義曰 : 傳例를 살펴보건대 "邑을 이겨 차지할 경우 많은 군대를 쓰지 않은 것을 '取'라고 한다."라고 하였으니, 그렇다면 '取'는 쉽게 읍을 차지한 것이다. 지금 여기서 군대를 이긴 것도 '取'라고 한 것은, 단지 취한 것이 읍을 차지하였다는 말이지만 군대를 이기되 쉽게 이긴 것도 '取'라고 한 것이다. 따라서 莊公 11년의 注에 "〈覆은〉 威嚴과 힘을 겸비하여 숨어 있는 물고기를 일망타진하듯이 全軍을 다 포로로 잡는 것을 이른다."라고 하였으니, 만약 앞에 있는 적이 상대하기 쉽지 않았다면 어찌 복병으로

쉽게 승리할 수 있었겠는가. 그래서 ≪春秋釋例≫에 "取함과 같고, 쥠과 같다."라고 하였으니, 그렇다면 대체로 '取'라고 말하는 것들은 쉽다는 말이다. 劉君(劉炫)이 취함이 쉽지 않음이라고 하여 두예를 비판한 것은 잘못이다. 沈氏(沈文阿) 또한 "오늘 포위하여 다음날 승리하였기 때문에 쉬웠음을 알 수 있다."라고 하였다. ≪春秋公羊傳≫에 "伐取라고 말한 것은 어째서인가? 쉬웠기 때문이다."라고 하였으니, 이는 두예가 수용한 뜻이다.

≪漢書≫ 〈地理志〉에 "梁나라의 甾縣은 옛 載나라이다."라고 하였는데, 應劭는 "後漢 章帝 때 '考城'으로 고쳤다."라고 하였다. 옛날에 甾와 載는 성음이 비슷하였다. 그래서 鄭玄의 詩箋에 '俶載'을 '熾菑'로 읽었다. 이는 그 음이 대체로 비슷하였기 때문에 漢代에 載나라 지역에 甾縣을 세웠고 晉代에 陳留에 소속시켰다.

冬十月壬午에 齊人鄭人入郕하다

겨울 10월 壬午日에 齊人・鄭人이 〈군대를 거느리고〉 郕나라를 침입하였다.

【傳】十年이라 春王正月에 公會齊侯鄭伯于中丘하고 癸丑에 盟于鄧하야 爲師期하다

10년이다. 봄 周王 正月에 隱公이 中丘에서 齊侯・鄭伯과 회합하고, 癸丑日에 鄧에서 結盟하여 〈宋나라 토벌을 위해〉 出兵할 날짜를 정하였다.

【注】尋九年會于防하고 謀伐宋也라 公旣會而盟이로되 盟不書는 非後也라 蓋公還하야 告會而不告盟이라 鄧은 魯地라

隱公 9년에 防에서 있었던 會盟을 다지고, 宋나라 토벌하기를 謀議한 것이다. 은공이 會合을 마치고 結盟하였는데도 經에 결맹한 일을 기록하지 않은 것은, 期日이 지난 뒤에 갔기 때문이 아니라 은공이 還國해서 회합만 고하고 결맹은 고하지 않았기 때문인 듯하다. 鄧은 魯나라 땅이다.

【疏】注'尋九'至'魯地' ○ 正義曰：九年傳稱會于防, 謀伐宋, 未及伐宋而更爲此會, 爲師伐宋之期, 知是尋防會也. 釋例曰"盟于鄧, 盟于犖, 盟于戚, 公旣在會而不書盟者, 以理推之, 會在盟前, 知非後盟也. 蓋公還告會而不告盟.

注의 〔尋九〕에서 〔魯地〕까지

○ 正義曰 : 9년의 傳에 防에서 회맹한 것은 宋나라 토벌할 일을 모의하기 위한 것이라고 말하였는데, 송나라를 토벌한 것은 언급하지 않고 다시 이 회합을 하였으니, 군대가 송나라를 토벌하는 기한을 정하기 위하여 防에서 회맹한 것을 다진 것임을 알 수 있다. ≪春秋釋例≫에 "鄧에서의 회맹, 犖에서의 회맹, 戚에서의 회맹은 은공이 이미 회합에 있었으되 결맹하였다고 쓰지 않은 것은 이치로 미루어보면 회합이 결맹 전에 있으니, 맹약한 뒤가 아님을 알 수 있다. 아마 공이 돌아와 회합은 고하되 결맹은 고하지 않은 듯하다.

【傳】夏五月에 **羽父先會齊侯鄭伯**하야 **伐宋**하다

여름 5월에 羽父가 먼저 가서 齊侯・鄭伯과 회합하여 宋나라를 토벌하였다.

【注】言先會는 **明非公本期**하고 **釋翬之去族**이라

傳에 '먼저 가서 회합하였다.'라고 말한 것은 隱公이 정한 본래의 期日이 아님을 밝히고, 〈經文에〉 翬의 族을 기록하지 않은 이유를 해석한 것이다.

【傳】六月戊申에 **公會齊侯鄭伯于老桃**하다

6월 戊申日에 隱公이 老桃에서 齊侯・鄭伯과 회합하였다.

【注】會不書는 **不告於廟也**라 **老桃**는 **宋地**라 **六月無戊申**하니 **戊申**은 **五月二十三日**이니 **日誤**라

〈經文에〉 회합을 기록하지 않은 것은 宗廟에 고하지 않았기 때문이다. 老桃는 宋나라 땅이다. 6월에는 戊申日이 없다. 무신일은 5월 23일이니, 날짜가 잘못되었다.

【疏】注'會不'至'日誤' ○ 正義曰 : 六月無戊申者, 下有辛巳取防, 亦在六月之內, 戊申在辛巳之前三十三日, 不得共在一月. 上有五月, 今別言六月, 知日誤月不誤. 長歷推六月丙辰朔, 三日戊午, 五日庚申, 未知二者孰是.

注의 〔會不〕에서 〔日誤〕까지

○ 正義曰：6월에는 戊申日이 없다는 것은 아래에 辛巳日에 防을 取한 일 역시 6월 안에 있는데, 무신일은 신사일보다 33일 앞에 있으므로 한 달 안에 함께 있을 수는 없기 때문이다. 앞에 5월이 있고 지금 별도로 6월을 말하였으니, 日이 잘못되었지 月이 잘못되지 않았음을 알 수 있다. ≪春秋長歷≫의 6월 丙辰은 朔日, 3일은 戊午, 5일은 庚申이라고 한 것을 추산하면 둘 중에 무엇이 옳은지는 알 수 없다.

【傳】壬戌에 **公敗宋師于菅**하니 **庚午**에 **鄭師入郜**하야 **辛未**에 **歸**(궤)**于我**하고 **庚辰**에 **鄭師入防**하야 **辛巳**에 **歸于我**하다

壬戌日에 隱公이 菅에서 宋나라 군대를 패배시키니, 庚午日에 鄭나라 군대가 郜에 진입하여 辛未日에 우리 魯나라에 주고, 庚辰日에 정나라 군대가 防에 진입하여 辛巳日에 우리 노나라에 주었다.

【注】 壬戌六月七日이요 庚午十五日이요 庚辰二十五日이라 鄭伯後期而公獨敗宋師라 故鄭頻獨進兵以入郜防이라 入而不有하고 命魯取之라 推功上爵하야 讓以自替하야 不有其實[1]이라 故經但書魯取하야 以成鄭志하니 善之也라

1) 其實 : 軍實을 말한다. 군실은 軍器 또는 軍糧, 그리고 戰果라는 뜻으로도 쓴다. 여기서는 전과 즉 전쟁에서 얻은 토지를 가리킨다.

壬戌日은 6월 7일, 庚午日은 15일, 庚辰日은 25일이다. 鄭伯이 약속한 기일에 오지 않았으므로 隱公이 홀로 군사를 거느리고 宋나라 군대를 패배시킨 것이다. 그러므로 정백은 자주 홀로 군대를 거느리고 진격해 郜·防에 진입하였고, 진입해서는 占有하지 않고 魯나라에게 취하도록 하였다. 功을 上爵에게 미루어 스스로 양보해 그곳을 떠나서 軍實을 차지하지 않았기 때문에 經에 단지 '魯나라가 취하였다.'라고 기록하여 정나라의 뜻을 이루어주었으니, 이는 정백의 처사를 훌륭하게 여긴 것이다.

【傳】君子謂鄭莊公於是乎可謂正矣로다 **以王命討不庭**하고

군자가 다음과 같이 論評하였다.

"鄭 莊公이 이번 일을 처리함에 있어 公正했다고 할 만하다. 王命으로 朝覲하

지 않는 제후를 토벌하고

【注】下之事上은 皆成禮於庭中이라

아랫사람이 윗사람을 섬기는 것은 모두 王庭에서 禮가 이루어진다.

【傳】**不貪其土**하야 **以勞王爵**하니 **正之體也**니라

그 土地를 탐하지 않아 〈그 토지로〉 天王에게 爵位를 받은 제후(隱公)를 위로하였으니, 政事의 本體라 하겠다."

【注】勞者는 敍其勤以答之라 諸侯相朝면 逆之以饔餼(옹희)를 謂之郊勞라 魯侯爵尊이요 鄭伯爵卑라 故言以勞王爵이라

勞는 그 사람의 공로를 敍述하여 보답하는 것이다. 제후가 朝覲하기 위해 오면 饔餼로 영접하는 것을 '郊勞'라 한다. 魯侯는 작위가 높고 鄭伯은 작위가 낮기 때문에 '以勞王爵'이라 한 것이다.

【疏】注'勞者'至'王爵' ○ 正義曰：聘禮"賓至于近郊，君使卿朝服，用束帛勞." 覲禮"至于郊，王使人皮弁，用璧勞." 周禮司儀曰"諸公相爲賓"，"主君郊勞"，皆不言以饔餼勞. 案禮，饔餼乃是旣相見致大禮，不應於郊以設之. 杜意蓋以孰食曰饔，生牲曰餼. 以勞客於郊，必有牲饌，故亦饔餼言之，非謂大禮之饔餼也. 勞禮，大行人云，上公三勞，近郊勞，一也，遠郊勞，二也，竟首勞，三也. 侯伯再勞，去竟首. 子男一勞，去遠郊. 凡近郊勞，皆君自行，遠郊使卿，竟首使大夫掌客[1]. 又云"上公五積(자)[2]，皆眡(시)飧牽"，"侯伯四積"，"子男三積"，是賓入竟之後，有致積之禮. 積雖是牽，亦或有孰，或在郊致積，故謂之郊勞. 沈依聘禮注其郊之遠近，上公遠郊五十里，侯伯三十里，子男十里，近郊各半之.

1) 掌客：周官의 이름으로, 秋官에 속한다. 賓客에 공급하는 犧牲 및 음식물 등속을 맡았다.
2) 積(자)：빈객을 위로할 적에 음식물이나 禮物 등을 쌓아두는 단위를 가리킨다.

注의 〔勞者〕에서 〔王爵〕까지

○ 正義曰：≪儀禮≫ 〈聘禮〉에 "賓이 近郊에 이르면 군주는 卿으로 하여금 朝服을 입

고 束帛을 가지고 위로하게 한다."라고 하였다. ≪의례≫ 〈覲禮〉에 "교외에 이르면 왕이 사람을 시켜 皮弁을 하고 璧을 가지고 위로하게 한다."라고 하였다. ≪周禮≫ 〈秋官 司儀〉에 "諸公이 서로 賓이 된다."라고 하고, "主君이 교외에서 위로한다."라고 하였으니, 모두 饔餼로 위로한다고 말하지는 않았다. 禮를 살펴보건대 옹희는 곧 만나고 난 뒤 행하는 大禮이지 교외에서 시행해야 하는 것은 아니다. 杜預는 익혀서 먹는 것을 '饔', 날것으로 먹는 것을 '餼'라고 여긴 듯하다. 교외에서 客을 위로할 적엔 반드시 희생과 음식물을 두기 때문에 옹희를 말하였으니, 대례의 옹희를 이른 것은 아니다.

위로하는 예는 ≪주례≫ 〈秋官 大行人〉에 의하면 三公은 三勞를 행하니, 近郊에서 위로하는 것이 첫 번째이고, 遠郊에서 위로하는 것이 두 번째이고, 수도 입구에서 위로하는 것이 세 번째이다. 侯爵과 伯爵은 두 번 위로하는데, 수도 입구에서 행하는 것을 뺀다. 子爵과 男爵은 한 번 위로를 하는데, 원교에서 행하는 것을 뺀다. 범례에 근교에서 위로할 적에는 모두 임금이 직접 가고 원교에서 위로할 적에는 卿을 보내며, 수도 입구에서 위로할 적에는 대부나 掌客을 보낸다. 또 "上公은 5積니, 모두 飧牽에 준한다."라고 하고, "후작과 백작은 4積다."라고 하며, "자작과 남작은 3積다."라고 하였으니, 이는 賓이 수도의 경계에 들어온 뒤에 積를 쌓는 禮이다. 積는 비록 싣고 오지만 또한 익히기도 하고 교외에 쌓아두기도 하므로 '郊勞'라고 한다. 沈氏(沈文阿)는 ≪의례≫ 〈빙례〉 郊의 遠近을 注한 내용에 의거하여, 상공은 원교 50리, 후작과 백작은 30리, 자작과 남작은 10리이며, 근교는 각기 그 반이라고 하였다.

【傳】 蔡人衛人郕人이 不會王命하다

蔡人・衛人・郕人이 〈宋나라를 토벌하라는〉 王命을 받고도 會合하지 않았다.

【注】 不伐宋也라

宋나라를 토벌하지 않은 것이다.

【傳】 秋七月庚寅에 鄭師入郊할새 猶在郊러니

가을 7월 庚寅日에 鄭나라 군대가 遠郊로 들어왔을 적에 그대로 원교에 주둔하였는데,

【注】鄭師還하야 駐兵於遠郊라

鄭나라 군대가 돌아와서 군대를 遠郊에 주둔시킨 것이다.

【傳】宋人衛人入鄭한대

宋人・衛人이 鄭나라를 침입하자,

【注】宋衛奇兵承虛入鄭이라

宋・衛나라가 奇襲軍으로 〈鄭나라의 國都가〉 빈 틈을 타서 정나라로 침입한 것이다.

【傳】蔡人從之하야 伐戴하다

蔡人이 뒤늦게 와서 戴나라를 쳤다.

【注】從宋衛伐戴也라

宋・衛나라를 따라 戴나라를 친 것이다.

【傳】八月壬戌에 鄭伯圍戴하고 癸亥에 克之하야 取三師焉하다

8월 壬戌日에 鄭伯이 戴나라를 포위하고, 癸亥日에 승리하여 세 나라의 군대를 포로로 잡았다.

【注】三國之軍在戴라 故鄭伯合圍之라 師者는 軍旅之通稱이라

세 나라 군대가 戴나라에 있었기 때문에 鄭伯이 그곳을 포위한 것이다. '師'는 軍旅의 通稱이다.

【疏】注'三國'至'通稱' ○ 正義曰：三國之軍在戴城下, 故鄭伯合圍之. 不言圍戴者, 本意圍三師, 不圍戴也. 不言圍三師者, 今日圍, 明日取, 圍之不久. 經以取告, 不以圍告. 三國經皆稱人, 於例爲'將卑師少'. 而傳言'三師', 故辯之, '師者, 軍旅之通稱.'

注의 〔三國〕에서 〔通稱〕까지

○ 正義曰：세 나라의 군대가 戴城 아래에 있었기 때문에 鄭伯이 그곳을 포위한 것

이다. 〈經文에〉 戴나라를 포위했다고 말하지 않은 것은 본뜻이 세 나라의 군대를 포위하는 것이고 대나라를 포위하는 것이 아니었기 때문이다. 세 나라의 군대를 포위하였다고 말하지 않은 것은 오늘 포위하고 다음날 취하여, 포위한 것이 오래되지 않았기 때문이다. 經에 '取'로 통고하였고, '圍'로 통고하지 않았다. 세 나라를 經에 모두 '人'이라고 하였으니, 例에 '장수의 품계가 낮고 군사의 수가 적은' 경우에 해당한다. 傳에서는 '세 나라의 군대'라고 말하였기 때문에 변별하여 〈注에서〉 '師는 軍旅의 通稱이다.'라고 한 것이다.

【傳】 宋衛旣入鄭하고 而以伐戴召蔡人한대

宋·衛나라가 鄭나라를 침입하여 승리하고 戴나라를 공격하는 일로 蔡人을 부르자,

【注】 伐戴에 乃召之라

戴나라를 칠 때가 되어서야 부른 것이다.

【傳】 蔡人怒라 故不和而敗하니라

蔡人이 〈鄭나라에 침입하는 功을 함께하지 않은 것에〉 노하였다. 그러므로 세 나라가 화합하지 못하여 패배한 것이다.

【注】 言鄭取之易(이)也라

鄭나라가 쉽게 취했다는 것을 말한 것이다.

【傳】 九月戊寅에 鄭伯入宋하다

9월 戊寅日에 鄭伯이 宋나라를 침입하였다.

【注】 報入鄭也라 九月無戊寅이라 戊寅은 八月二十四日이라

鄭나라에 침입하였던 것을 보복한 것이다. 9월에는 戊寅日이 없다. 무인일은 8월 24일이다.

【疏】注'報入'至'四日' ○ 正義曰：九月無戊寅者, 經有十月壬午, 長歷推壬午十月二十九日, 戊寅在壬午之前四日耳, 故九月不得有戊寅. 上有八月, 下有冬, 則誤在日也.

注의 〔報入〕에서 〔四日〕까지

○ 正義曰：9월에 戊寅日이 없다는 것은 經에 10월 壬午日이 나오고 ≪春秋長歷≫에 임오일은 10월 29일, 무인일은 임오일의 4일 전이라는 것이 추산되므로 9월에는 무인일이 없는 것이다. 앞에는 8월이 있고 뒤에는 겨울이 있으니, 잘못된 것은 日에 있는 것이다.

【傳】冬에 齊人鄭人入郕하니 討違王命也라

겨울에 齊人・鄭人이 郕나라로 쳐들어갔으니, 이는 〈성나라가〉 王命을 어긴 것에 대하여 토벌한 것이다.

【隱公 11년(B.C. 712)】

十有一年이라 春에 滕侯薛侯來朝하다

11년이다. 봄에 滕侯・薛侯가 魯나라에 와서 朝見하였다.

【注】諸侯相朝니 例在文十五年이라

諸侯가 서로 朝見한 것이니, 그 例가 文公 15년에 있다.

【疏】'十有一年'至'來朝' ○ 正義曰：十下言有者, 干寶[1]云"十盈則更始以奇, 從盈數, 故言有也." 經備文, 傳從略, 故傳不言有. 桓七年穀伯鄧侯別言來朝, 此兼言來朝者, 彼別行禮, 此同行禮. 由同時行禮, 當長者在先, 故爭之.

1) 干寶：晉나라 新蔡 사람으로, 자는 令升이다. 著作郎으로 ≪晉紀≫를 撰하였고, 설화을 모은 ≪搜神記≫를 지었다.(≪晉書≫ 〈干寶傳〉)

經의 〔十有一年〕에서 〔來朝〕까지

○ 正義曰 : '十' 아래에 '有'를 쓴 것에 대해 干寶는 "10의 수에 가득 차면 다시 奇數가 시작되니, 가득 찬 수(十)에 딸리게 하였으므로 '有'를 쓴 것이다."라고 하였다. 經은 완전하게 글을 쓰고 傳은 생략해서 쓰기 때문에 傳에는 '有'를 쓰지 않은 것이다.

桓公 7년에 穀伯과 鄧侯를 구별해서 '와서 조현하였다.'라고 하였는데, 여기서는 합쳐서 '와서 조현하였다.'라고 한 것은 저 사례는 따로 조현의 예를 행하였고 이 사례는 함께 예를 행하였기 때문이다. 함께 예를 행할 적에는 長者에게 먼저 예를 행하기 때문에 先後를 다툰 것이다.

夏에 公會鄭伯于時來하다

여름에 隱公이 鄭伯과 時來에서 會見하였다.

【注】 時來는 郲也라 滎陽縣東에 有釐城하니 鄭地也라

時來는 郲이다. 滎陽縣 동쪽에 釐城이 있으니, 鄭나라 땅이다.

秋七月壬午에 公及齊侯鄭伯入許하다

가을 7월 壬午日에 隱公이 齊侯·鄭伯과 함께 許나라로 쳐들어갔다.

【注】 與謀曰及이라 還使許叔居之라 故不言滅也라 許는 潁川許昌縣이라

모의에 참여한 것을 '及'이라 한다. 도로 〈許 莊公의 아우인〉 許叔을 그곳에 살게 하였기 때문에 滅했다고 말하지 않은 것이다. 許는 潁川 許昌縣이다.

【疏】 注'與謀'至'昌縣' ○ 正義曰 : '與謀曰及', 宣七年傳例也. 傳稱會于郲, 謀伐許, 是公與謀也. 譜云"許, 姜姓, 與齊同祖, 堯四岳,[1] 伯夷[2]之後也. 周武王封其苗裔文叔于許, 今潁川許昌是也. 靈公徙葉(섭), 悼公遷夷, 一名城父. 又居析, 一名白羽. 許男斯處容城. 自文叔至莊公十一世始見春秋. 元公子結元年, 獲麟之歲也, 當戰國初, 楚滅之." 地理志云"潁川郡許縣, 故許國, 文叔所封. 二十四世爲楚所滅也. 漢世名許縣耳, 魏武作相, 改曰許昌."

1) 堯四嶽 : 堯임금 때의 관명이다. ≪史記索隱≫에는 譙周의 설을 인용하여 "炎帝와 伯夷의 후예로서 四嶽을 관장하여 공이 있었다."라고 하였고, 일설에는 羲와 和의 네 아들이 사방의 제후를 나누어 관장했다는 설도 있다. ≪書經≫ 〈堯典〉에 "帝堯가 말씀하시기를 '아, 사악아.' 하였다.〔帝曰 咨 四嶽〕"라고 하였는데, 蔡沈의 注에 "사악은 관명이니, 한 사람으로서 사악에 있는 제후의 일을 총괄한다."라고 하였다.

2) 伯夷 : 순임금의 신하이다. ≪書經≫ 〈舜典〉에 "帝舜이 말씀하기를 '아, 四岳아. 나의 三禮를 맡을 자가 있는가.'라고 하시니, 여러 신하가 말하기를 '伯夷가 있습니다.' 하였다.〔帝曰 咨 四岳 有能典朕三禮 僉曰 伯夷〕"라고 하였다.

注의 〔與謀〕에서 〔昌縣〕까지

○ 正義曰 : '與謀曰及'은 宣公 7년 傳의 例이다. 傳에 郲에서 회합한 것은 許나라를 토벌할 계획을 모의한 것이라고 하였으니, 이는 隱公이 모의에 참여한 것이다.

≪世族譜≫에 "許나라는 姜姓으로 齊나라와 조상이 같으니, 堯임금 때 四嶽이었고, 伯夷의 후손이다. 周 武王이 그 후예 文叔을 許에 봉하였으니, 지금의 潁川 許昌이 그곳이다. 靈公 때 葉으로 천도하고 悼公 때 夷로 천도하여 일명 城父라 하였다. 또 析에 거주하여 일명 白羽라고도 하였다. 許男 斯가 容城에 옮겨 거주하였다. 문숙으로부터 11세가 지나 莊公에 이르러 비로소 ≪春秋≫에 나온다. 元公 子結 원년은 獲麟의 해(魯 哀公 14년)인데, 戰國 초엽에 이르러 楚나라에 멸망하였다."라고 하였다.

≪漢書≫ 〈地理志〉에 "潁川郡 許縣은 옛 許나라로 문숙이 봉해진 곳이다. 24세 만에 楚나라에 멸망하였다. 漢代에는 허현이라는 이름뿐이었는데, 魏 武帝(曹操)가 승상이 되어 허창으로 고쳤다."라고 하였다.

冬十有一月壬辰에 公薨하다

겨울 11월 壬辰日에 隱公이 薨하였다.

【注】 實弑書薨하고 又不地者는 史策所諱也라

사실은 弑害된 것인데 薨이라고 기록하고, 또 죽은 장소를 말하지 않은 것은 史策에 숨겨야 할 바이기 때문이다.

【疏】 注'實弑'至'諱也' ○ 正義曰 : 他君見弑則書弑, 魯君見弑則書薨. 公薨例皆地, 此

公又不地. 故解之, 言魯史策書所諱也. 不忍言君之見弑, 又不忍言其僵尸之處, 諱而不書, 故夫子因之. 傳不言書曰, 知是舊史諱之也. 董狐[1]書"趙盾(돈)弑君", 仲尼謂之"良史", 不書君弑, 則是史之不良. 夫子不改其文而因之者, 爲人臣者或心實愛君, 爲諱愆過, 或志在疾惡, 故章賊名. 雖事跡不同, 而俱是爲國. 聖賢兩通其事, 欲見仁非一涂. 僖元年傳曰"諱國惡, 禮也." 以仲尼之善董狐, 知爲史必須直也. 以丘明之禮諱惡, 知爲史又當諱也. 釋例曰"臣之事君, 猶子事父. 微諫見志, 造膝(跪)〔詭〕辭[2], 執其事而諫其非, 不必其得, 蓋匡救將然, 而將順其已然, 故有隱諱之義焉. 至於激節之士則不然, 南史執簡而累進[3], 董狐書法而不隱, 鬻拳劫君而自刖[4], 晏嬰端委而引直[5], 聖賢亦錄而善之, 所以廣義訓, 博大道. 殷有三仁[6], 此之謂也", 是言聖賢兩通之意也. 鄭伯髡頑[7]楚子麇(균)[8]齊侯陽生[9]之徒, 俱實見弑, 而以卒赴魯, 是他國之臣亦有諱國惡者, 非獨魯史也.

1) 董狐 : 춘추시대 晉나라의 史官이다. 晉 靈公이 趙盾을 죽이려 하자, 조돈이 도망갔다가 趙穿이 영공을 죽인 뒤에 돌아왔다. 동호가 "조돈이 그 임금을 죽였다.〔趙盾弑其君〕"라고 기록하여 조정에 보였는데, 조돈이 자기가 죽이지 않았다고 강변하였다. 이에 동호가 "그대는 일국의 정경으로 도망을 하면서 국경을 넘지도 않았고, 돌아와서는 역적을 토벌하지도 않았으니, 그대가 죽인 게 아니고 누구인가.〔子爲正卿 亡不越境 反不討賊 非子而誰〕"라고 하였는데, 이 일과 관련하여 공자가 "동호는 옛날의 훌륭한 사관이었다. 그의 서법은 숨기는 일이 없었다.〔董狐 古之良史也 書法不隱〕"라고 찬양하였다.(≪春秋左氏傳≫ 宣公 2년)

2) (跪)〔詭〕辭 : 저본에는 '跪'로 되어 있으나, 阮元의 〈校勘記〉에 의거하여 '詭'로 바로잡았다. 詭辭란 말한 것을 숨겨 누설하지 않는 것이다. ≪春秋穀梁傳≫ 文公 6년에 "군주를 알현하면 말씀드리고, 나와서는 다른 사람에게 말하지 않는다.〔造辟而言 詭辭而出〕"라고 하였다.

3) 南史執簡而累進 : 南史는 춘추시대 齊나라의 史官이다. 崔杼가 임금을 시해한 일을 太史가 기록하니 최저가 태사를 죽였다. 그 아우가 또 이어 기록하니 죽였고, 셋째 아우가 기록하니 단념하고 그대로 두었다. 남사는 태사가 죽었다는 말을 듣고 죽간을 들고 왔다가 이미 기록했다는 말을 듣고 돌아갔다.(≪春秋左氏傳≫ 襄公 25년)

4) 鬻拳劫君而自刖 : 鬻拳은 춘추시대 楚나라 사람이다. 楚子가 巴軍을 방어하다가 津에서 대패하고 巴人의 공격을 막다가 도리어 파인에게 패했을 때, 그가 성문을 닫고 받아들이지 않았다. 초자는 어찌 할 수 없어 발길을 돌려 드디어 黃國을 토벌하였다. 당초에 육권이 초자에게 강력히 간언하였으나 초자가 따르지 않자, 무기를 들고 위

협하니 초자는 겁이 나서 그의 말을 따랐다. 그러자 육권은 "내가 무기를 들고 임금에게 겁을 주었으니 이보다 큰 죄는 없다."라고 하고는 스스로 두 발을 잘랐다.(≪春秋左氏傳≫ 莊公 19년)

5) 晏嬰端委而引直：晏嬰은 춘추시대 齊나라 재상으로, 자는 仲이고 시호는 平이다. 齊 景公이 술을 마시다가 안영의 집으로 가서 술을 더 마시려 하자, 玄端服(조복)을 입고 문 앞에 서서 諸侯들 사이의 變故나 국가의 변고가 있는 것이 아니면 술자리를 담당하는 자에게로 가라고 거절한 고사를 가리키는 듯하다.(≪說苑≫ 권9 〈正諫〉)

6) 殷有三仁：三仁은 殷나라 마지막 임금인 紂의 庶兄인 微子와 숙부인 箕子・比干을 가리킨다. 미자는 주의 무도함을 보고 떠나가서 宗祀를 보전하였으며, 기자와 비간은 간하였는데 주가 비간은 죽이고 기자는 가두어 종으로 만들었다. ≪論語≫ 〈微子〉에 "미자는 떠나고, 기자는 종이 되고, 비간은 간하다 죽었는데, 공자가 '은나라에는 인자가 세 분이었다.'라고 말씀하였다.〔微子去之 箕子爲之奴 比干諫而死 孔子曰 殷有三仁焉〕"라고 하였다.

7) 鄭伯髡頑：髡頑은 鄭 釐公의 이름이다. ≪春秋≫ 襄公 7년에 "鄭나라 임금인 伯爵 髡頑이 회합하기 위해 갔으나 제후들을 만나보지 못한 채 丙戌日에 鄵에서 세상을 떠났다.〔鄭伯髡頑如會 未見諸侯 丙戌卒于鄵〕"라는 經文에 대해서, ≪春秋左氏傳≫에서는 僖公이 신하인 子駟에게 무례하게 굴자 자사가 희공을 시해하고는 急病으로 죽었다고 제후들에게 알렸다고 하였다.

8) 楚子麏(균)：麇은 楚나라 군주인 郟敖이다. 楚 康王의 아들로, 임금 자리에 올랐다가 자신의 삼촌인 圍에게 살해되었고, 위가 바로 靈王이다. ≪春秋≫ 昭公 원년에 "겨울 11월 己酉日에 초나라 임금인 자작 균이 세상을 떠났다.〔冬十一月己酉 楚子麇卒〕"라고 하였는데, ≪春秋左氏傳≫에 시해 사실을 자세하게 밝혀놓았다.

9) 齊侯陽生：陽生은 齊 悼公의 이름이다. 景公이 죽은 후 魯나라로 망명했다가 돌아와 즉위하였다. ≪春秋≫ 哀公 10년에 "3월 戊戌日에 제나라 임금인 후작 양생이 죽었다.〔三月戊戌 齊侯陽生卒〕"라고 하였는데, ≪春秋左氏傳≫에는 그가 재위 4년 만에 신하 鮑牧에게 시해되었다고 하였다.

注의 〔實弑〕에서 〔諱也〕까지

○ 正義曰：여타 군주는 弑害되었을 때 '弑'라고 썼는데, 魯君은 시해되었을 때 '薨'이라고 썼다. 公의 薨을 적는 例는 모두 장소를 적는데, 여기서는 '公'만 기록하고 또 장소를 적지 않았다. 그러므로 해설하여 魯나라 史策에 쓰기를 숨겨야 할 바이기 때문이라고 하였다. 임금이 시해당한 것을 차마 말하지 못하고, 또 쓰러진 시체가 있던 곳을 차마 말하지 못하여 숨기고 적지 않았으므로 夫子(孔子)도 그것을 따른 것이다. 傳

에 '≪春秋≫에 기록하기를〔書曰〕'이라고 말하지 않았으니, 舊史가 숨긴 것임을 알 수 있다.

董狐가 "趙盾이 임금을 시해하였다."라고 적자 仲尼가 "훌륭한 사관〔良史〕이다."라고 하였으니, 임금의 시해를 적지 않으면 곧 불량한 사관이다. 부자가 그 글을 바꾸지 않고 그대로 따르는 경우는 신하된 자가 혹 마음에 실로 임금을 아껴서 허물을 숨기거나, 뜻이 악을 미워하는 데 있기 때문에 賊의 이름을 드러내는 경우이다. 비록 事跡은 같지 않지만 모두 나라를 위한 것이다.

聖賢은 일을 양쪽으로 통달하여 仁을 보기를 한쪽 길로만 하지 않았다. 僖公 원년의 傳에 "나라의 나쁜 일을 숨기는 것이 禮이다."라고 하였다. 중니가 동호를 훌륭하게 여긴 것에서 사관은 반드시 곧게 적어야 함을 알 수 있다. 左丘明이 나쁜 일을 숨기는 것을 예로 여긴 것에서 사관은 또 응당 숨겨야 함을 알 수 있다. ≪春秋釋例≫에 "신하가 임금을 섬기는 것은 자식이 아버지를 섬기는 것과 같다. 은미하게 간하여 뜻을 살피고, 가까이 속마음을 토로하여 말을 발설하지 않으며 일을 집행하되 잘못은 간하여, 자기 뜻대로 하기를 고집하지 않으니, 일이 일어나기 전에 바로잡고 이미 지나간 것은 받들어 따르기 때문에 숨기고 감추는 의리가 있는 것이다. 격렬한 절조를 지닌 선비에 이르면 그렇지 않으니, 南史가 竹簡을 들고 누차 나아가고 동호가 법대로 적어 숨기지 않으며, 鬻拳이 군주를 위협해 스스로 발을 자르고, 晏嬰이 조복을 입고 강직하게 군주를 거절한 데 대해 성현은 역시 기록해서 칭찬하였으니, 義訓과 大道를 확대하기 위한 것이다. 殷나라에 三仁의 경우가 이에 해당한다."라고 하였다. 이는 성현의 양쪽으로 통달한다는 뜻이다. 鄭伯 髡頑, 楚子 麇, 齊侯 陽生의 무리는 모두 실제로 시해를 당하였으나 '卒'이라고 魯나라에 부고하였으니, 이는 다른 나라의 신하 역시 나라의 나쁜 일을 숨기는 경우가 있고, 노나라 사관만 그랬던 것은 아니다.

【傳】 十一年이라 春에 滕侯薛侯來朝하야 爭長하다

11년이다. 봄에 滕侯와 薛侯가 魯나라에 朝見(조현)하러 와서 〈禮를 행하는〉 先後를 다투었다.

【注】 薛은 魯國薛縣이라

薛은 魯나라 薛縣이다.

【疏】注'薛魯國薛縣' ○ 正義曰：譜云"薛，任姓．黃帝之苗裔奚仲封爲薛侯，今魯國薛縣是也．奚仲遷於邳，仲虺居薛，以爲湯左相，武王復以其冑爲薛侯．齊桓霸諸侯，黜爲伯．獻公始與魯同盟．小國無記，世不可知．亦不知爲誰所滅．" 地理志云"魯國薛縣，夏車正奚仲所國，後遷于邳，湯相仲虺居之．"

注의 〔薛魯國薛縣〕

○ 正義曰：≪世族譜≫에 "薛은 任姓이다. 黃帝의 후예인 奚仲을 봉해 薛侯로 삼았으니, 지금 魯나라 薛縣이 그곳이다. 奚仲이 邳로 천도하였고, 仲虺가 薛에 거주하여 湯의 左相이 되었고, 武王이 다시 그 후손을 설후로 삼았다. 齊 桓公이 諸侯의 패자가 되었을 때 축출되어 伯이 되었다. 獻公이 비로소 노나라와 동맹을 하였다. 小國은 기록이 없어서 世系는 알 수가 없다. 또한 누구에게 멸망하였는지도 알 수 없다."라고 하였다. ≪漢書≫ 〈地理志〉에 "노나라 설현은 夏나라 車正을 지낸 해중이 도읍한 곳인데, 뒤에 邳로 천도하였고 탕의 相인 중훼가 거주하였다."라고 하였다.

【傳】薛侯曰 我先封호라

薛侯가 말하였다.

"우리나라가 〈滕나라보다〉 먼저 封해졌다."

【注】薛祖奚仲이 夏所封하니 在周之前이라

薛의 조상 奚仲이 夏나라 때에 封해졌으니, 周나라가 건국되기 이전에 봉해졌다.

【疏】注'薛祖'至'之前' ○ 正義曰：定元年傳曰"薛之皇祖奚中居薛，以爲夏車正"，是夏所封也．

注의 〔薛祖〕에서 〔之前〕까지

○ 正義曰：定公 원년 傳에 "薛나라의 皇祖 奚仲께서 薛에 살면서 夏나라의 車正이 되었다."라고 하였으니, 곧 夏나라가 봉한 것이다.

【傳】滕侯曰 我周之卜正也요

滕侯가 말하였다.

"우리는 周나라의 卜官의 長을 지냈고,

【注】 卜正은 卜官之長이라

卜正은 卜官의 長이다.

【疏】 注'卜正卜官之長' ○ 正義曰：周禮春官"太卜, 下大夫二人." 其下有卜師・卜人・龜人・筮人, 大(태)卜爲之長. 正訓長也, 故謂之卜正.

注의 〔卜正卜官之長〕

○ 正義曰：≪周禮≫ 〈春官〉에 "太卜은 下大夫 2인이다."라고 하였다. 속관에 卜師・卜人・龜人・筮人이 있고, 태복이 그 長이다. 正은 長이라는 뜻이므로 '卜正'이라고 한 것이다.

【傳】 **薛庶姓也**니 **我不可以後之**니라

薛나라는 庶姓이니, 우리가 설나라보다 뒤에 禮를 행할 수 없다."

【注】 庶姓은 非周之同姓이라

庶姓은 周나라의 同姓이 아니다.

【疏】 注'庶姓'至'同姓' ○ 正義曰：周禮司儀職云"詔王儀, 南鄉見諸侯. 土揖[1]庶姓, 時揖[2]異姓, 天揖[3]同姓." 鄭玄云"庶姓, 無親者也". "異〔姓〕[4], 婚姻者也." 是庶姓非同姓也.

1) 土揖：두 손을 맞잡아 밀어 조금 아래로 내리는 禮法이다.
2) 時揖：두 손을 맞잡아 평평하게 손을 미는 예법이다.
3) 天揖：두 손을 맞잡아 들어 올리는 예법이다.
4) 〔姓〕：저본에는 '姓'이 없으나, 阮元의 〈校勘記〉에 의거하여 보충하였다.

注의 〔庶姓〕에서 〔同姓〕까지

○ 正義曰：≪周禮≫ 〈秋官 司儀職〉에 "왕의 禮儀를 도울 적에는 南向해서 제후를 본다. 庶姓에게는 土揖을 하고 異姓에게는 時揖을 하며 同姓에게는 天揖을 한다."라고

하였는데, 鄭玄은 "庶姓은 친척 관계가 없는 자이다."라고 하고, "異姓은 혼인 관계가 있는 자이다."라고 하였다. 곧 庶姓은 同姓이 아니다.

【傳】公使羽父(보)**請於薛侯曰 君與滕君辱在寡人**하니 **周諺有之曰 山有木**은 **工則度**(탁)**之**하고 **賓有禮**는 **主則擇之**라하니

이에 隱公은 羽父를 시켜 설후에게 다음과 같이 요청하게 하였다.

"임금과 滕君이 고맙게도 寡人에게 안부를 묻기 위해 오셨습니다. 周나라 속담에 '산에 있는 나무는 工匠이 헤아려 사용하고, 賓客이 행하는 예는 주인이 마땅함을 가린다.'라고 하였으니,

【注】擇所宜而行之라

마땅한 바를 가려 행하는 것이다.

【傳】周之宗盟에 **異姓爲後**라

周나라에서 會盟을 하여 盟載書(盟辭를 기록한 문서)를 기록할 적에 異姓의 제후를 同姓보다 뒤로 하였습니다.

【注】盟載書皆先同姓하니 例在定四年이라

盟載書에 모두 同姓을 먼저 기록하니, 그 例가 定公 4년에 보인다.

【疏】'周之'至'爲後' ○ 正義曰：賈逵以宗爲尊, 服虔以宗盟爲同宗之盟, 孫毓以爲"宗伯屬官, 掌作盟詛之載辭, 故曰宗盟." 杜無明解. 盟之尊卑, 自有定法, 不得言尊盟也. 周禮司盟之官乃是司寇之屬, 非宗伯也. 唯服之言得其旨也. 而孫毓難服云"同宗之盟則無與異姓, 何論先後. 若通共同盟, 則何稱於宗." 斯不然矣. 天子之盟諸侯, 令其奬王室, 未聞離逖異姓, 獨與同宗者也. 但周人貴親, 先敍同姓, 以其篤於宗族, 是故謂之宗盟. 魯人之爲此言, 見其重宗之義, 執其宗盟之文, 卽云'無與異姓'. 然則公與侯燕, 則異姓爲賓, 復言族燕, 不得有異姓也. 孟軻所云說詩者不以辭害意[1], 此之謂也. '異姓爲後'者, 謂王官之伯降臨諸侯, 以王命而盟者耳. 其春秋之世, 狎主齊盟者, 則不復先姬姓也. 踐土之盟[2), 其載書云"王若曰晉重魯申", 是用王命而盟也. 召陵之會[3), 劉子在焉, 故祝佗引踐土爲比, 爲有王官故也. 宋之盟[4), 楚屈建先於趙武, 明是大國在前, 不先姬姓. 若姬姓常先, 則楚不得競也. 且言周之宗盟, 是唯周乃然. 故釋例曰"斥周而言, 指謂王官之宰臨盟者也. 其餘雜盟, 未必皆然." 是言餘盟不先姬姓, 盟則同姓在先, 朝則各從其爵. 故鄭康成注禮記云"朝覲爵同同位." 若然, 案覲禮曰"諸侯前朝, 皆受舍于朝, 同姓西面北上, 異姓東面北上." 鄭玄云"言諸侯, 明來朝者衆矣, 顧其入覲不得竝耳", "分別同姓異姓, 受之將有先後也." 若如此言, 則似朝覲不以爵者. 但朝覲實以爵同同位, 就爵同之中先同姓後異姓. 若盟, 則爵雖不同, 先同姓也. 禮記"周公朝諸侯于明堂之位", "三公中階之前, 北面東上, 諸侯之位, 阼階之東, 西面北上, 諸伯之國, 西階之西, 東面北上, 諸子之國, 門東, 北面東上, 諸男之國, 門西, 北面(西)〔東〕[5)上." 覲禮於方明之壇[6), 鄭言諸侯見王之位, 亦引明堂位爲說. 是則諸侯總見皆以爵爲班, 雖不分別同姓異姓, 其受禮之時爵同者, 猶先同姓也. 其王官之伯臨諸侯之盟, 雖群后咸在, 常先同姓, 故此言'宗盟'耳. 取重宗之事, 以喩己也, 取譬之事, 聊擧一邊. '寡人若朝于薛, 不敢與諸任齒', 朝於彼國, 自可下主國之宗. 諸侯聚盟, 不肯先盟, 主之宗也.

1) 孟軻所云說詩者不以辭害意 : ≪孟子≫ 〈萬章 上〉에 "詩를 해설하는 자는 글자로써 말을 해치지 말며 말로써 본래의 뜻을 해치지 말아야 한다.〔說詩者 不以文害辭 不以辭害志〕"라고 하였다.
2) 踐土之盟 : 踐土는 춘추시대 鄭나라의 땅 이름이다. 지금의 河南省 原陽縣 서쪽에 있었다. 晉 文公이 城濮의 전쟁에서 楚나라에 大勝하여 霸主의 지위를 확립한 뒤 이곳에서 諸侯를 소집하여 盟約을 주관하였다.(≪春秋左氏傳≫ 僖公 28년)
3) 召陵之會 : 楚나라 토벌에 관한 일을 상의하기 劉文公이 소릉에서 제후와 회합한 일이다. 유문공은 周王의 卿士이다. 이 會盟을 祝佗가 주관하였다.(≪春秋左氏傳≫ 僖公 4년)
4) 宋之盟 : 宋나라 向戌(상술)이 諸侯間에 전쟁을 終熄시킨다는 명분으로 晉나라 趙文子, 楚나라 屈建 등을 설득하여 송나라에서 會合하여 結盟한 일을 이른다.(≪春秋左氏傳≫ 襄公 27년)
5) (西)〔東〕: 저본에는 '西'로 되어 있으나, 北京大本에 의거하여 '東'으로 바로잡았다.
6) 方明之壇 : 제후가 천자를 뵙거나 회맹을 하거나, 천자가 제사를 지낼 때 설치하는 神主이다. 鄭玄의 注에 의하면, 상하 사방 신명의 象이라고 하였다. ≪儀禮≫ 〈覲禮〉에, 제후가 천자를 뵐 때 사방 300보의 궁을 만들어 사방에 문을 설치하고, 사방 96척에 높이 4척의 단을 만들고 그 위에 方明을 설치한다고 하였다.

傳의 〔周之〕에서 〔爲後〕까지

○ 正義曰：賈逵는 宗을 '높음'이라 하였고, 服虔은 宗盟에 대해 '같은 宗族의 會盟'이라 하였으며, 孫毓은 "宗伯의 屬官으로 盟詛의 載辭를 짓는 일을 담당하기 때문에 宗盟이라고 한다." 하였다. 杜預는 분명하게 해석하지 않았다. 회맹의 尊卑는 본래 定法이 있으므로 尊盟이라고 말할 수 없다. ≪周禮≫에 의하면 맹약을 맡은 관원은 司寇의 속관이니, 종백이 아니다. 오직 복건의 설이 그 뜻을 얻었다. 그런데 손육은 복건을 비판하여 "같은 종족의 회맹이라면 異姓을 참여시키지 않았을 것인데, 어찌 선후를 논하겠는가. 만약 통합해 함께 회맹하였다면 어찌 宗을 칭하겠는가."라고 하였으나, 이 설은 옳지 않다.

天子가 諸侯와 회맹하는 것은 王室을 보좌하게 하려는 것인데, 이성을 멀리하고 같은 종족만 참여하게 한다는 것은 듣지 못하였다. 다만 周人은 친척을 귀하게 여기므로 먼저 同姓을 서술한 것이고, 종족에게 독실하게 하였기 때문에 '宗盟'이라고 한 것이다. 魯人이 이 말을 하였으니, 그 종족을 중시하는 뜻을 보고 종맹이라는 말에 집착하여 곧 '이성을 참여시키지 않았다.'라고 한 것이다. 그렇다면 公이 제후와 더불어 연회를 할 적에는 이성을 賓으로 삼는데, 다시 '族燕'이라고 한다면 이성은 있을 수 없는 것이다. 孟軻가 이른바 시를 해설하는 자가 글로써 뜻을 해치지 않는다고 한 것이 이를 두고 한 말이다.

'이성을 뒤로 한다.'는 것은 王官인 伯이 제후를 낮추어 만날 적에 王命을 가지고 會盟하는 경우일 뿐이다. 춘추시대에 번갈아 회맹을 주관하는 경우에는 다시 姬姓을 우선하지 않았다. 踐土의 맹약에서 그 載書에 "왕께서 '晉나라 重耳(文公), 魯나라 申(僖公)이다.' 하셨다."라고 하였는데, 이는 왕명을 가지고 맹약을 한 것이다. 召陵의 회맹에 劉子가 있었으므로 祝佗가 천토의 맹약을 인용해 기준으로 삼았으니, 王官이 있었기 때문이다. 宋의 맹약에서 楚나라의 屈建이 趙武보다 앞선 것은 大國을 앞에 둔 것이지 희성을 앞에 둔 것이 아님이 분명하다. 만약 희성이 늘 앞에 선다면 초나라는 경쟁할 수가 없다.

또 周나라의 宗盟이라 말한 것은 주나라에서만 그리한다는 것이다. 그래서 ≪春秋釋例≫에 "주나라를 집어 말하는 것은 王官의 宰가 맹약에 왔음을 가리킨 것이다. 기타 회맹에 반드시 다 그렇게 하는 것은 아니다."라고 하였다. 이는 여타 회맹에는 희성을 앞에 두지 않고, 맹약에는 동성을 앞에 두고 조회에는 각기 그 작위를 따른다는 것이다. 그래서 鄭康成(鄭玄)의 ≪禮記≫ 注에 "朝覲에 작위가 같으면 같은 자리에 선다."라고 한 것이다. 만약 그렇다면 살펴보건대 ≪儀禮≫ 〈覲禮〉에 "諸侯가 來朝하면 모두 朝廟에서 자리를 받는데, 동성은 서향을 하되 북쪽을 상위로 하고 이성은 동향을 하되 북쪽을 상위로 한다."라고 하였다. 정현은 "제후를 말한 것은 내조하는 자가 많아서 入覲에 한꺼번에 들어올 수 없음을 밝힌 것이다."라고 하였고, "동성과 이성을 분별하여 〈자리를〉 받는 데 선후를 두고자 한 것이다."라고 하였다. 이 말과 같다면 朝覲할 적에 작위로만 하는 것이 아니다. 다만 조근에 실상 작위가 같아서 같은 자리에 있더라도 작위가 같은 중에는 동성을 먼저 두고 이성을 뒤에 두는 것이다. 맹약을 할 경우에는 작위가 비록 같지 않다 하더라도 동성을 먼저 둔다.

≪禮記≫ 〈明堂位〉에 "周公이 明堂에서 제후에게 조회를 받았다."라고 하였고, "三公은 중간 계단 앞에서 북향을 하되 동쪽을 상위로 하고, 제후의 자리는 阼階의 동쪽에서 서향을 하되 북쪽을 상위로 하며, 諸伯의 나라는 서쪽 계단 서쪽에서 동향을 하되 북쪽을 상위로 하며, 諸子의 나라는 문 동쪽에서 북향을 하되 동쪽을 상위로 하며, 諸男의 나라는 문 서쪽에서 북향을 하되 동쪽을 상위로 한다."라고 하였다. ≪의례≫ 〈근례〉의 方明의 壇에 대해 정현은 제후가 왕을 朝見하는 자리라고 말하고, 또 ≪예기≫ 〈명당위〉를 인용하여 해설하였다. 이는 제후의 모든 조현에 다 작위로 班次를 삼으니, 비록 동성과 이성을 분별하지 않더라도 예를 받을 적에 작위가 같은 자는 동성을 먼저 한다는 것이다. 王官의 伯이 제후의 회맹에 왔을 적에는 비록 여러 군주가 다 왔어도 항상 동성을 앞에 둔다. 그래서 '宗盟'이라 하였을 뿐이다. 종족을 존중하는 일을 취하고 자신의 입장을 비유로 삼았으니, 비유를 취하는 사례는 한쪽만을 든다. '과인이 만약 薛에 조현하러 간다면 감히 任姓의 제후들과 서열을 다투지 않을 것이다.'라고 하였으니, 그 나라에 조현을 할 경우에 본래 主國의 종족에 낮출 수 있는 것이다. 제후가 모여서 맹약할 때 먼저 맹약하지 않으려 하는 것은 주국의 종족이다.

【傳】 寡人若朝於薛이면 **不敢與諸任齒**하리니

과인이 만약 薛나라에 朝見하러 간다면 감히 任姓의 제후들과 序列을 다투지 않을 것이니,

【注】 薛은 任姓이라 齒는 列也라

薛은 任姓이다. 齒는 서열이다.

【疏】 注'薛任姓齒列也' ○ 正義曰：世本(姓)[1]氏姓篇云"任姓，謝・章・薛・舒・呂・祝・終・泉・畢・過." 言此十國皆任姓也. 禮記文王世子"古者謂年齡，齒亦齡也." 然則齒是年之別名. 人以年齒相次列，以爵位相次列亦名爲齒，故云齒也.

1) (姓)：저본에는 '姓'이 있으나, 孫毓의 교감에 의거하여 衍文으로 처리하였다.

注의 〔薛任姓齒列也〕

○ 正義曰：≪世本≫〈氏姓篇〉에 "任姓은 謝・章・薛・舒・呂・祝・終・泉・畢・過이다."라고 하였으니, 이 10국은 모두 任姓임을 말한 것이다. ≪禮記≫〈文王世子〉에 "옛날에 年齡이라고 하였는데, 齒도 나이〔齡〕이다."라고 하였다. 그렇다면 齒는 나이의 다른 말이다. 사람은 나이로 서열을 정하는데, 작위의 서열도 齒라고 말하였으므로 '齒'라고 한 것이다.

【傳】 **君若辱貺寡人**이면 **則願以滕君爲請**하노이다 **薛侯許之**하니 **乃長滕侯**하다

임금께서 만약 과인에게 은혜를 베풀고자 하신다면 바라건대 滕君에게 먼저 禮를 행하도록 허락하기를 청합니다."

설후가 허락하니, 마침내 등후에게 먼저 예를 행하도록 하였다.

【傳】 **夏**에 **公會鄭伯于郲**(래)하니 **謀伐許也**라 **鄭伯將伐許**할새 **五月甲辰**에 **授兵於大**(태)**宮**이러니

여름에 隱公이 鄭伯과 郲에서 회합하였으니, 이는 許나라를 토벌할 계획을 모의하기 위함이었다. 정백이 장차 허나라를 치려고 하면서 5월 甲辰日에 太宮에서 군사들에게 兵器를 나누어주었는데,

【注】 大宮은 鄭祖廟라

大宮은 鄭나라 祖廟이다.

【傳】 **公孫閼**(알)**與穎考叔爭車**라가

이때 公孫閼과 穎考叔이 兵車를 서로 차지하려고 다투다가

【注】公孫閼은 鄭大夫라

公孫閼은 鄭나라 大夫이다.

【傳】潁考叔挾輈(주)以走어늘

潁考叔이 수레의 끌채를 겨드랑이 사이에 끼고 달아났는데

【注】輈는 車轅也라

輈는 수레의 끌채이다.

【疏】'挾輈以走' ○ 正義曰：廟內授車, 未有馬駕, 故手挾以走. 輈, 轅也. 方言云"楚·衛謂轅爲輈". 服虔[1]云"考叔挾車轅, 箠馬而走. 古者兵車一轅, 服馬[2]夾之. 若馬已在轅, 不可復挾. 且箠馬而走, 非捷步所及, 子都豈復乘車逐之".

公孫閼爭車射考叔

1) 服虔：後漢 滎陽 東北 사람으로 經學家이다. 처음 이름은 重이고 일명은 祇인데, 뒤에 虔으로 고쳤다. 일찍 太學에 들어가 수업하였고, 孝廉에 뽑혀 尚書侍郎·九江太守 등을 지냈다. 문장을 잘 짓고 ≪春秋≫에 능통하였다. 저서로 ≪春秋左氏解誼≫·≪春秋左氏音≫·≪通俗文≫·≪漢書音訓≫ 등이 있다.

2) 服馬：수레는 하나의 끌채에 네 필의 말이 멍에를 메는데, 끌채 양쪽으로 있는 중앙의 두 말을 '복마'라 하고, 양쪽 가에 있는 말을 '驂馬' 또는 '騑馬'라 한다.

傳의 〔挾輈以走〕

○ 正義曰：廟內에서 수레를 줄 때에 멍에 메는 말이 없었기 때문에 수레의 끌채를 겨드랑이 사이에 끼고 달아난 것이다. '輈'는 수레의 끌채이다. ≪方言≫에 "楚나라와 衛나라에서는 수레의 끌채를 '輈'라고 한다."라고 하였다. 服虔은 "潁考叔이 수레의 끌채를 겨드랑이 사이에 끼고서 말에 채찍질하여 달아난 것이다. 옛날에는 兵車 한 끌채에 服馬를 양쪽으로 끼웠다. 만약 말이 이미 끌채에 있었다면 다시 수레의 끌채를 겨드랑이 사이에 낄 수 없다. 또 말에 채찍질하여 달아났으니 걸음이 빠른 자들도 따

라잡을 수 있는 바가 아니다. 子都가 어찌 다시 수레를 타고 뒤쫓을 수 있겠는가."라고 하였다.

【傳】子都拔棘以逐之하야

子都가 창을 빼들고 潁考叔을 뒤쫓아

【注】子都는 公孫閼이라 棘은 戟也라

子都는 公孫閼이다. 棘은 창이다.

【傳】及大逵弗及하니 子都怒하다

큰길까지 갔으나 따라잡지 못하니, 子都가 크게 노하였다.

【注】逵는 道方九軌也라 ○ 爾雅云 九達謂之逵요 杜云 道方九軌니 此依考工記라

逵는 아홉 대의 수레가 나란히 갈 수 있는 길이다.

○ ≪爾雅≫에 "四通八達한 큰길을 逵라고 이른다."라고 하였다. 杜預가 "逵는 아홉 대의 수레가 나란히 갈 수 있는 길이다."라고 하였으니, 이것은 ≪周禮≫ 〈考工記〉에 의거한 것이다.

【疏】注'逵道方九軌也' ○ 正義曰：冬官考工記"匠人營國, 經涂九軌".[1] 軌, 車轍, 謂王城之內, 道廣竝九車也. 爾雅釋宮云"一達謂之道路, 二達謂之歧旁, 三達謂之劇旁, 四達謂之衢, 五達謂之康, 六達謂之莊, 七達謂之劇驂, 八達謂之崇期, 九達謂之逵." 說爾雅者, 皆以爲"四道交出, 復有旁通." 故劉炫[2]規過以逵爲九道交出也. 今以爲'道方九軌'者, 蓋以九出之道, 世俗所希, 不應城內得有. 此道以記有九軌, 故以逵當之. 言竝容九軌, 皆得前達, 亦是九達之義. 故李巡注爾雅, 亦取竝軌之義. 又涂方九軌, 天子之制, 諸侯之國不得皆有, 唯鄭城之內獨有其涂, 故傳於鄭國, 每言逵也. 故桓十四年"焚渠門, 入及大逵", 莊二十八年"衆車入自純門, 及逵市", 宣十二年"入自皇門, 至于逵路".[3] 劉君以爲國國皆有逵道, 以規杜氏, 其義非也.

1) 匠人營國 經涂九軌：≪周禮≫ 〈考工記 匠人〉에 "匠人이 國都를 경영하는데, 사방 9里이고, 사방에 3門을 둔다. 國中에 남북으로 아홉 갈래와 동서로 아홉 갈래의 길을 두

는데, 남북으로 난 길은 수레 아홉 대가 나란히 달린다.〔匠人營國 方九里 旁三門 國中九經九緯 經塗九軌〕"라고 한 데에서 온 말이다.

2) 劉炫 : 隋나라 河間 景城 사람으로 經學에 조예가 깊었다. 자는 光伯, 私謚는 宣德先生이다. 칙명으로 國史 編纂에 참여하였고, 뒤에 諸儒들과 五禮를 修定하여 旅騎尉에 제수되었다가 太學博士에 임명되었다. ≪連山易≫과 ≪魯史記≫ 등을 위조하여 제명되었고, 杜預의 ≪左傳集解≫에 대한 잘못 해석한 곳 150여 조를 지적하여 바로잡는 의론을 제시하여 後世에 큰 영향을 끼쳤다. 저서로 ≪論語述議≫·≪春秋攻昧≫·≪五經正名≫·≪孝經述議≫·≪春秋述議≫·≪尙書述議≫·≪毛詩述議≫·≪詩序注≫ 등이 있다.

3) 焚渠門……至于逵路 : 渠門, 純門, 皇門은 모두 鄭나라의 都城門이다. 逵市는 도성문 外廓 안의 큰길가에 있는 市場이다.

注의 〔逵道方九軌也〕

○ 正義曰 : ≪周禮≫ 〈冬官 考工記〉에 "匠人이 國都를 경영하는데, 남북으로 난 길은 수레 아홉 대가 나란히 달린다."라고 하였다. 軌는 수렛길이니, 王城 안에 도로의 폭은 아홉 대의 수레가 나란히 달릴 수 있는 정도의 너비라는 말이다. ≪爾雅≫ 〈釋宮〉에 "一達을 道路라 하고, 二達을 歧旁이라 하고, 三達을 劇旁이라 하고, 四達을 衢라 하고, 五達을 康이라 하고, 六達을 莊이라 하고, 七達을 劇驂이라 하고, 八達을 崇期라 하고, 九達을 逵라고 한다."라고 하였는데, ≪이아≫를 해설하는 자들은 모두 〈逵에 대해〉 "네 갈래의 길이 교차하여 나오고 또다시 사방으로 통하는 길이 있는 것이다."라고 하였다. 그러므로 劉炫의 ≪規過≫에는 逵를 아홉 갈래의 길이 교차하여 나온 것이라고 하였다. 그런데 지금 '〈逵는〉 아홉 대의 수레가 나란히 갈 수 있는 길이다.'라고 한 것은 대개 아홉 갈래의 길은 世俗에 드물기에 응당 도성 안에 있지 않을 것이기 때문이다. 이 길은 〈고공기〉에 '九軌'라는 말이 있기 때문에 逵로써 해당시킨 것이다. 아홉 대의 수레를 아울러 용납할 수 있다고 말한 것은 모두 앞의 達의 뜻을 얻은 것으로, 역시 九達의 뜻인 것이다. 그러므로 李巡이 ≪이아≫를 주해할 때 또한 수레를 아우르는 뜻을 취하였다.

또 아홉 대의 수레가 나란히 갈 수 있는 길은 天子의 제도이므로 諸侯의 國都에는 모두 있지 않고 오직 鄭나라 도성 안에만 그 길이 있었기 때문에 傳文에서 정나라에 대해서만 매양 逵를 말하였다. 그러므로 桓公 14년에는 "渠門을 불태우고 도성 안으로 진입하여 大逵에까지 미쳤다."라고 하고, 莊公 28년에는 "수많은 戰車가 純門으로 들어가서 逵市에 이르렀다."라고 하고, 宣公 12년에는 "皇門으로 들어가서 逵路에 이르렀다."라고 하였다. 劉君(劉炫)이 제후의 국도마다 모두 逵道가 있다고 하여 杜預의 설을 바로잡으려고 하였으나, 그의 뜻이 잘못된 것이다.

【傳】秋七月에 **公會齊侯鄭伯**하야 **伐許**할새 **庚辰**에 **傅于許**하다

가을 7월에 隱公이 齊侯・鄭伯과 회합하여 許를 공격할 때, 庚辰日에 〈군대가〉 許나라 〈城 아래에〉 바짝 붙었다.

【注】傅于許城下라

許나라 城 아래에 바짝 붙은 것이다.

【傳】潁考叔取鄭伯之旗蝥弧(무호)**以先登**한대

潁考叔이 鄭伯의 旗인 蝥弧를 들고 먼저 성에 올라가자

【注】蝥弧는 **旗名**이라

蝥弧는 旗의 이름이다.

【疏】注'蝥弧旗名' ○ 正義曰：周禮"諸侯建旂，孤卿建旜"，[1] 而左傳鄭有蝥弧，齊有靈姑銔(비)[2]**，皆諸侯之旗也，趙簡子有蜂旗**[3]**，卿之旗也．其名當時爲之，其義不可知也．**

1) 諸侯建旂 孤卿建旜：≪周禮≫〈春官 司常〉에 "왕은 太常을 세우고, 제후는 旂를 세우고, 孤卿은 旜을 세우고, 대부와 사는 物을 세운다.〔王建太常 諸侯建旂 孤卿建旜 大夫士建物〕"라고 한 데서 온 말이다. 孤卿은 三公 밑의 少師, 少傅, 少保를 이른다.
2) 靈姑銔(비)：≪春秋左氏傳≫ 昭公 10년 기사에 보인다.
3) 蜂旗：≪春秋左氏傳≫ 哀公 2년 기사에 보인다. 다만 蜂이 䗬으로 되어 있다.

注의 〔蝥弧旗名〕

○ 正義曰：≪周禮≫에 "諸侯는 旂를 세우고, 孤卿은 旜을 세운다."라고 하였다. ≪春秋左氏傳≫에 鄭나라에는 蝥弧가 있고 齊나라에는 靈姑銔(영고비)가 있었으니 이는 모두 제후의 旗이고, 趙簡子에게 蜂旗가 있었으니 이는 卿의 旗이다. 그 旗의 이름은 당시에 지어진 것인데, 그 뜻은 알 수 없다.

【傳】 子都自下射(석)之하니 顚하다

子都가 밑에서 그를 향해 활을 쏘아 맞히니, 〈潁考叔이 성에서〉 떨어져 죽었다.

【注】 顚은 隊(추)而死라

顚은 떨어져 죽은 것이다.

【傳】 瑕叔盈又以蝥弧登하야

瑕叔盈이 다시 蝥弧를 들고 성에 올라가서

【注】 瑕叔盈은 鄭大夫라

瑕叔盈은 鄭나라 大夫이다.

【傳】 周麾而呼曰 君登矣라하니

사방으로 기를 휘두르며 소리치기를 "군주께서 성에 오르셨다."라고 하니,

【注】 周는 徧也요 麾는 招也라

周는 두루이고, 麾는 부름이다.

【傳】 鄭師畢登이라 壬午에 遂入許하니 許莊公奔衛하다

鄭나라 군대가 모두 성에 올라갔다. 壬午日에 드디어 許나라 城으로 들어가니, 許 莊公이 衛나라로 달아났다.

【注】 奔不書는 兵亂遁逃라 未知所在라

달아난 것을 ≪春秋≫에 기록하지 않은 것은 兵亂 중에 도망갔으므로 있는 곳을 알 수 없기 때문이다.

【傳】 齊侯以許讓公하니 公曰 君謂許不共이라

齊侯가 許나라를 〈점거하지 않고〉 隱公에게 사양하니, 은공이 말하였다.

"임금께서 허나라가 〈職貢을〉 바치지 않는다고 하셨습니다.

【注】 不共職貢이라

職貢을 바치지 않은 것이다.

【傳】 故從君討之어늘 許旣伏其罪矣니 雖君有命이나 寡人弗敢與(예)聞이라하고 乃與鄭人하다 鄭伯使許大夫百里奉許叔以居許東偏하고

그러므로 임금을 따라 許나라를 토벌하였는데, 허나라가 이미 죗값을 치렀으니 비록 임금께서 명하셔도 寡人은 감히 따르지 못하겠습니다."

이에 齊侯가 허나라를 鄭人에게 주었다. 鄭伯이 허나라 大夫 百里에게 許叔을 모시고 허나라의 동쪽 외진 구역에 살게 하며

【注】 許叔은 許莊公之弟라 東偏은 東鄙也라

許叔은 許 莊公의 아우이다. 東偏은 동쪽 외진 구역이다.

【傳】 曰 天禍許國하고 鬼神實不逞于許君하야 而假手于我寡人이라

다음과 같이 말하였다.

"하늘이 許나라에 禍를 내리고, 귀신도 실로 허나라 군주를 만족스럽게 여기지 않아서 寡人의 손을 빌려 〈討伐하게〉 하였다.

【注】 借手于我寡德之人하야 以討許라

나처럼 德이 부족한 사람에게 손을 빌려 許나라를 토벌하게 하였다는 말이다.

【傳】 寡人唯是一二父兄도 不能共億이온

그러나 과인은 한두 명의 父兄에게도 물자를 공급하여 편안히 살게 하지 못하고 있는데,

【注】 父兄은 同姓群臣이라 (供)〔共〕[1]은 給이요 億은 安也라

1) (供)〔共〕: 저본에는 '供'으로 되어 있으나, 傳文에 의거하여 '共'으로 바로잡았다.

父兄은 同姓의 群臣이다. 共은 공급함이고, 億은 편안함이다.

【傳】 其敢以許自爲功乎아 寡人有弟로되 不能和協하야 而使餬(호)其口於四方이어든

어찌 감히 許나라를 토벌한 일을 스스로의 功勞로 삼을 수 있겠는가. 과인은 아우가 있으나 화목하게 지내지 못하여 아우에게 사방을 떠돌며 입에 풀칠하게 하고 있으니,

【注】 弟는 共叔段也라 餬는 鬻(죽)也라 段出奔은 在元年이라

아우는 共叔段이다. 餬는 죽이다. 공숙단이 出奔한 일은 隱公 원년에 있었다.

【疏】 注'弟共'至'元年' ○ 正義曰 : 莊公之弟逃於四方, 故知唯是共叔段也. 說文云"餬, 寄食也", 以此傳言餬口四方, 故以寄食言之. 昭七年傳云"饘(전)於是, 鬻於是, 以餬余口". 釋言云"餬, 饘也", 則餬是饘·鬻別名. 今人以薄鬻塗物, 謂之餬紙·餬帛, 則餬者, 以鬻食口之名, 故云'餬其口'也.

注의 〔弟共〕에서 〔元年〕까지

○ 正義曰 : 鄭 莊公의 아우가 사방으로 떠돌아다니고 있기 때문에 바로 共叔段임을 안 것이다. ≪說文解字≫에 "餬는 寄食함이다."라고 하였는데, 이 傳文에서 사방을 떠돌며 입에 풀칠하게 하고 있다고 하였으므로 '寄食'으로 말한 것이다. 昭公 7년의 傳文에 "이 鼎에서 된죽을 끓이고 묽은 죽을 끓여 내 입에 풀칠하리라."라고 하였다. ≪爾雅≫ 〈釋言〉에 "餬는 죽이다."라고 하였으니, 그렇다면 餬는 饘과 鬻의 別稱이다. 오늘날 사람들이 묽은 죽을 물건에 바른 것을 餬紙라고도 하고 餬帛이라고도 하니, 그렇다면 餬라는 것은 죽을 입에 발라 먹는 명칭이 되기 때문에 '입에 풀칠한다.'라고 한 것이다.

【傳】 其況能久有許乎아 吾子는 其奉許叔以撫柔此民也하라 吾將使獲也佐吾子호리라

더구나 어찌 오래도록 許나라를 점유할 수 있겠는가. 그대는 許叔을 모시고

이곳의 백성을 보살피고 안정시키도록 하라. 내가 장차 公孫獲에게 그대를 돕도록 하겠다.

【注】 獲은 鄭大夫公孫獲이라

獲은 鄭나라 大夫 公孫獲이다.

【傳】 若寡人得沒于地인댄

만약 寡人이 天壽를 다 누리고 땅에 묻힌다면

【注】 以壽終이라

壽命대로 살다가 죽는 것이다.

【傳】 天其以禮悔禍于許하리니

하늘이 혹 禮遇하여 許나라에 禍를 내린 것을 후회하며 〈철회할 수도 있으니,〉

【注】 言天加禮於許而悔禍之라

하늘이 허나라를 禮遇하여 禍를 내린 것을 후회한다는 말이다.

【傳】 無寧茲許公復奉其社稷[1]가

1) 無寧茲許公復奉其社稷 : 이 구문은 異說이 많은데, 우선 '茲'에서 句를 떼어, '無寧'을 '寧'으로 처리하고 '茲'를 '此地'로 보아, "어찌 이 許나라의 동쪽 외진 구역에만 머물러 있을 뿐이겠는가. 許 莊公이 다시 돌아와서 그 사직의 제사를 받들 것이다."라고 해석한 설도 있고, '無寧'을 '寧非'로, '茲'를 '使'로 보아, "어찌 허 장공으로 하여금 다시 그 사직을 받들게 하지 않겠는가."라고 해석한 설도 있다. 조선의 李恒福도 ≪魯史零言≫에서 '無寧'을 '寧非'로, '茲'를 '此地'로 해석하였다.

어찌 이 許公이 다시 허나라의 社稷을 받들지 않겠는가.

【注】 無寧은 寧也요 茲는 此也라

無寧은 寧이고, 茲는 此이다.

【傳】唯我鄭國之有請謁焉이면 **如舊昏媾**하야

그때에 가서 우리 鄭나라가 요청하는 일이 있으면, 마치 오래 전에 통혼한 사이처럼 하여

【注】謁은 告也라 婦之父曰昏이요 重昏曰媾라

謁은 告함이다. 아내의 아버지를 昏이라 하고, 겹사돈을 媾라 한다.

【疏】注'謁告'至'曰媾' ○ 正義曰 : '謁, 告也', 釋詁文. '婦之父曰昏', 釋親文也. 媾與昏同文, 故先儒皆以爲'重昏曰媾'.

注의 〔謁告〕에서 〔曰媾〕까지

○ 正義曰 : '謁은 告함이다.'라고 한 것은 ≪爾雅≫ 〈釋詁〉에서 유래한 글이다. '아내의 아버지를 昏이라 한다.'라고 한 것은 ≪이아≫ 〈釋親〉에서 유래한 글이다. 媾와 昏은 뜻이 같은 글자이기 때문에 先儒들이 모두 '겹사돈을 媾라 한다.'라고 하였다.

【傳】其能降以相從也아

마음을 낮추고 서로 따르지 않겠는가.

【注】降은 降心也라

降은 마음을 낮추는 것이다.

【傳】無滋他族[1]하야 **實逼處此**하야 **以與我鄭國爭此土也**하라 **吾子孫其覆亡之不暇**온 **而況能禋祀許乎**아

1) 無滋他族 : 滋는 使의 뜻이다. 宋나라 朱申은 이 구절에 대해 "너희는 나라를 굳게 지켜 다른 종족으로 하여금 이곳에 살도록 하여 서로 侵害하여 우리 정나라와 허나라의 땅을 다투게 하지 말라는 말이다.〔汝當固守其國 毋使其他族類 處於此地 以相逼害 與我鄭國爭許國之地也〕"라고 주해하였다.

다른 宗族에게 이곳 가까이 살게 하여 우리 鄭나라와 이 땅을 다투게 하지 말

라. 그렇게 되면 우리 자손이 장차 危亡을 구제하기에도 겨를이 없을 터인데, 하물며 許나라의 山川에 제사 지낼 수 있겠는가.

【注】絜齊(재)以享을 謂之禋이라 祀는 謂許山川之祀라

깨끗이 齋戒하고서 祭享하는 것을 禋이라 한다. 祀는 許나라 山川의 제사를 이른다.

【疏】注'絜齊'至'之祀' ○ 正義曰：釋詁云"禋, 祭也", 孫炎[1]曰"禋, 絜敬之祭", 周語曰"精意以享, 禋也",[2] 是'絜齊以享, 謂之禋'. 享訓獻也. 言絜淸齊敬, 以酒食獻神也. 禮諸侯祭山川之在其地者, 若其受許之土, 則當祭許山川, 故知'祀謂許山川之祀'.

1) 孫炎：三國時代 魏나라 樂安 사람으로, 자는 叔然이다. 鄭玄의 문하에서 수학하였으며, 東州의 大儒로 칭해졌다. 저서로 ≪爾雅音義≫, ≪周易春秋例≫ 등이 있다. ≪隋書≫ 〈經籍志〉에 의하면 "≪爾雅音義≫ 8권은 孫炎이 지었다."라고 하였다.

2) 精意以享 禋也：≪國語≫ 권1 〈周語 上〉에 보인다.

注의 〔絜齊〕에서 〔之祀〕까지

○ 正義曰：≪爾雅≫ 〈釋詁〉에 "禋은 제사의 뜻이다."라고 하고, 孫炎은 "禋은 깨끗하고 경건하게 지내는 제사이다."라고 하고, ≪國語≫ 〈周語〉에 "정성을 다해 제향하는 것이 禋이다."라고 하였는데, 이것이 바로 '깨끗이 齋戒하고서 제향하는 것을 禋이라 한다.'는 것이다. 享은 訓이 바침이니, 깨끗이 재계하고서 술과 음식을 神에게 바친다는 말이다. 禮에 의하면, 제후는 자신의 땅에 있는 山川에 제사 지내는 법이니, 만약 許나라의 땅을 받는다면 마땅히 허나라의 산천에 제사 지내야 한다. 그러므로 '祀는 허나라 산천의 제사를 이른다.'는 것임을 알 수 있다.

【傳】寡人之使吾子處此는 不唯許國之爲요 亦聊以固吾圉也니라

과인이 그대를 이곳에 거주하게 하는 것은 許나라를 위하는 처사일 뿐만 아니라 우리나라의 邊境을 鞏固히 하려는 것이기도 하다."

【注】圉는 邊垂也라

圉는 邊境이다.

【疏】注'圉邊垂也' ○ 正義曰：釋詁云"圉, 垂也". 舍人[1]曰"圉, 邊垂也".

1) 舍人：梁나라 학자 顧野王(519~581)을 가리킨다. 그의 字는 希馮이다. 梁 武帝 때 太學博士가 되었고, 벼슬이 黃門侍郞에 이르렀다. ≪說文解字≫의 體例를 본떠 ≪玉篇≫을 찬술하였다.(≪爾雅注疏≫ 〈爾雅注解傳述人〉)

注의 〔圉邊垂也〕

○ 正義曰：≪爾雅≫ 〈釋詁〉에 "圉는 가(가장자리)의 뜻이다."라고 하고, 舍人은 "圉는 邊境이다."라고 하였다.

【傳】乃使公孫獲處許西偏曰 凡而器用財賄를 無寘於許하고 我死어든 乃亟去之하라 吾先君新邑於此러니

또 鄭伯이 公孫獲을 許나라의 서쪽 구역에 거처하게 하며 말하였다.

"너〔而〕의 器用과 재물을 허나라에 두지 말고, 내가 죽거든 서둘러 그곳을 떠나라. 우리 先君께서 이곳에 새로 都邑을 세웠는데,

【注】此는 今河南新鄭이라 舊鄭은 在京兆라

'이곳'은 지금의 河南 新鄭을 이른다. 鄭나라의 옛 都邑은 京兆에 있었다.

【疏】注'此今'至'京兆' 〔○〕[1] 正義曰：地理志云"河南郡新鄭縣, 詩鄭桓公之子武公所國", 是知'新邑於此', 謂河南新鄭也. 且志又云"京兆鄭縣, 周宣王弟鄭桓公邑", 是知舊鄭在京兆也. 志又云"本周宣王弟友爲周司徒, 食采於宗周畿內, 是爲鄭桓公. 桓公問於史伯曰'王室多故, 何所可以逃死', 史伯爲桓公謀取虢・鄶之地, 令寄帑與賄, 而虢・鄶受之. 後(三)〔二〕[2]年, 幽王敗, 桓公死, 其子武公與平王東遷, 卒定虢・鄶之地." 然則傳云'先君新邑於此', 謂武公始居此也. 史記鄭世家稱虢・鄶自分十邑, 獻於桓公, 桓公竟國之. 案鄭語, 桓公始謀, 未取之也, 武公始國, 非桓公也, 全滅虢・鄶, 非獻邑也. 馬遷之言皆謬耳. 昭十六年傳子産謂韓宣子曰"我先君桓公與商人皆出自周, 以艾殺此地, 而共處之"者, 謂寄帑與賄之時, 商人卽與俱行耳, 非桓公身至新鄭.

1) 〔○〕: 저본에는 '○'이 없으나, 저본의 체제에 의거하여 보충하였다.
2) (三)〔二〕: 저본에는 '三'으로 되어 있으나, 阮元의 〈校勘記〉에 의거하여 '二'로 바로잡았다.

注의 〔此今〕부터 〔京兆〕까지

○ 正義曰：≪漢書≫ 〈地理志〉에 “河南郡 新鄭縣은 ≪詩經≫에 鄭 桓公의 아들 武公이 國都로 삼은 곳이다.”라고 하였으니, 이를 통해 ‘이곳에 새로 都邑을 세웠다.’는 것이 河南 新鄭을 이른 것임을 알 수 있다. ≪한서≫ 〈지리지〉에 또 “京兆의 鄭縣은 周 宣王의 아우 정 환공의 邑이다.”라고 하였으니, 이를 통해 鄭나라의 옛 도읍이 경조에 있었음을 알 수 있다. ≪한서≫ 〈지리지〉에 또 “본래 주 선왕의 아우 友가 周나라 司徒가 되어 宗周 畿內의 고을을 食邑으로 받았으니, 이 사람이 바로 정 환공이다. 환공이 史伯에게 묻기를 ‘王室에 변고가 많은데 어느 곳이어야 죽음을 피할 수 있겠는가.’라고 하자, 사백이 환공을 위해 虢나라와 鄶나라의 땅을 취하기를 도모하여 妻子와 재물을 보내주게 하였는데, 괵나라와 회나라가 그것을 받았다. 2년 뒤에 周 幽王이 패망하고 정 환공이 죽었는데, 정 환공의 아들 무공이 周 平王과 함께 東遷하여 마침내 괵나라와 회나라의 땅을 평정하였다.”라고 하였다. 그렇다면 傳文에 ‘先君께서 이곳에 새로 도읍을 세웠다.’라고 한 것은 무공이 처음 이곳에 거처한 일을 말한다.

≪史記≫ 〈鄭世家〉에 괵나라와 회나라가 스스로 邑 10개를 떼어 환공에게 바쳤는데, 환공이 마침내 그곳을 도읍으로 삼았다고 하였다. ≪國語≫ 〈鄭語〉를 살펴보건대, 환공이 처음으로 新鄭을 도모한 것이지 취한 것은 아니며, 무공이 처음으로 국도로 삼은 것이지 환공이 그렇게 한 것이 아니며, 괵나라와 회나라를 전멸시킨 것이지 〈괵나라와 회나라가〉 고을을 바친 것이 아니니, 司馬遷의 말은 모두 잘못되었다.

昭公 16년 傳文에 子産이 韓宣子에게 “우리 先君 桓公께서 商人들과 다 함께 周나라에서 이곳으로 나와서 이 땅을 開拓하여 함께 거주하셨다.”라고 한 것은, 妻子와 재물을 보내줄 때 商人들이 함께 갔다는 말이지 환공이 몸소 신정에 이른 것은 아니다.

【傳】 王室而旣卑矣라 周之子孫이 日失其序하니라

周나라 王室은 이미 쇠미해져서 周나라 자손들이 날로 질서를 잃고 있다.

【注】 鄭亦周之子孫이라

鄭나라도 周나라의 자손이다.

【傳】夫許는 大岳之胤也라

저 許나라는 大岳의 후손이다.

【注】大岳은 神農之後니 堯四岳[1)]也라 胤은 繼也라

1) 四岳 : 堯舜 시대에 국정을 담당하여 四方의 諸侯를 총괄했던 官名이다.

大岳은 神農의 후손이니 堯임금 때의 四岳이었다. 胤은 後繼이다.

【疏】注'大岳'至'繼也' ○ 正義曰 : 周語稱"共工·伯鯀二者, 皆黃·炎之後", 言鯀爲黃帝之後, 共工爲炎帝之後. 炎帝則神農之別號. 周語又稱"堯命禹治水, 共之從孫四岳佐之, 胙四岳國, 命爲侯伯, 賜姓曰姜, 氏曰有呂", 賈逵[1)]云"共, 共工也. 從孫, 同姓末嗣之孫. 四岳, 官名, 大岳也, 主四岳之祭焉. 姜, 炎帝之姓, 其後變易, 至於四岳, 帝復賜之祖姓, 以紹炎帝之後". 以此知大岳是神農之後, 堯四岳也. 以其主岳之祀, 尊之, 故稱大岳, 許國是其後也. '胤, 繼也', 釋詁文. 舍人云"胤, 繼世也".

1) 賈逵 : 後漢 扶風 平陵 사람으로 자는 景伯이다. 家學을 전수하여 약관의 나이에 ≪春秋左氏傳≫과 五經에 통하였다. 今文經學家 李育과 논쟁을 통하여 古文經學의 지위를 끌어올렸다는 평가를 받았다. 한편 天文에도 밝아 編訢·李梵·李崇 등과 함께 四分曆을 수정하였다. 저서로 ≪春秋左氏傳解詁≫·≪國語解詁≫가 있다.

注의 〔大岳〕부터 〔繼也〕까지

○ 正義曰 : ≪國語≫ 〈周語〉에 "共工과 伯鯀 두 사람은 모두 黃帝와 炎帝의 후손이다."라고 하였는데, 이는 백곤은 황제의 후손이 되고 공공은 염제의 후손이 됨을 말한 것이다. 염제는 神農의 別號이다. ≪국어≫ 〈주어〉에 또 "帝堯가 禹에게 治水하도록 명할 때 共의 從孫인 四岳에게 禹를 보좌하도록 하였고, 사악에게 福으로 나라를 주어 〈諸侯의 우두머리인〉 侯伯으로 임명하면서 姜이라는 姓을 주고 有呂라는 氏를 주었다."라고 하였는데, 賈逵가 이르기를 "共은 共工이다. 從孫은 同姓인 末端 後嗣의 후손이다. 四岳은 官名으로 大岳이니, 사악의 제사를 주관한다. 姜은 염제의 姓인데 그 뒤로 바뀌었다가 사악에 이르러 帝堯가 다시 先祖의 姓을 주어 염제의 뒤를 잇게 한 것이다."라고 하였다. 이로써 대악은 바로 신농의 후손으로 堯임금 때의 사악임을 알 수 있다. 사악의 제사를 주관한 까닭으로 그를 존중하였기 때문에 대악이라 칭하였으니, 許나라는 바로 그 후손이다.

‘胤은 後繼이다.’라고 한 것은 ≪爾雅≫ 〈釋詁〉에서 유래한 글이다. 舍人(顧野王)은 “胤은 先世를 계승한 후손이다.”라고 하였다.

【傳】天而既厭周德矣니 **吾其能與許爭乎**아 **君子謂 鄭莊公於是乎有禮**로다 **禮**는 **經國家**하며 **定社稷**하며 **序民人**하며 **利後嗣者也**라 **許無刑而伐之**하고 **服而舍之**하며

하늘은 이미 周나라의 德을 버렸으니, 우리가 어찌 許나라와 다툴 수 있겠느냐.”

君子가 다음과 같이 논평하였다.

“鄭 莊公이 이번 일을 처리함은 禮에 부합하였다. 예는 國家를 經營하며 社稷을 안정시키며 백성에게 長幼와 尊卑의 차례를 알게 하며 後嗣를 이롭게 하는 것이다. 허나라가 법도를 지키지 않았기 때문에 토벌하였고 罪를 인정하였기 때문에 점유하지 않고 내버려두었으며,

【注】刑은 **法也**라

刑은 法이다.

【疏】‘禮經’至‘嗣者也’ ○ 正義曰：經謂紀理之, 若詩之經營·經始[1]也. 國家非禮不治, 社稷得禮乃安, 故禮所以經理國家, 安定社稷. 以禮教民則親戚和睦, 以禮守位則澤及子孫, 故禮所以次序民人, 利益後嗣. ‘經國家’, 猶詩序之言“經夫婦”[2]也.

1) 經營經始：≪詩經≫ 〈大雅 靈臺〉에 “靈臺를 경영하기 시작하여, 이것을 헤아리고 도모하시니, 백성들이 와서 일하는지라, 하루도 못 되어 완공되었네.〔經始靈臺 經之營之 庶民攻之 不日成之〕”라고 한 데서 온 말이다.

2) 經夫婦：≪詩經≫ 〈周南 關雎〉에 대한 〈毛詩序〉에 “先王이 詩로써 夫婦를 다스리고 孝敬을 이루고 人倫을 도탑게 하고 教化를 아름답게 하고 風俗을 바꾸었다.〔先王以是經夫婦 成孝敬 厚人倫 美教化 移風俗〕”라고 한 데서 보인다.

傳의 〔禮經〕부터 〔嗣者也〕까지

○ 正義曰：經은 管理한다는 말이니, ≪詩經≫의 經營·經始와 같은 말이다. 國家는 禮가 아니면 다스릴 수 없고, 社稷은 예를 얻어야 비로소 안정되기 때문에, 예가 국가를 경영하며 사직을 안정시키는 것이다. 예로써 백성을 가르치면 親戚이 和睦해지고,

예로써 지위를 지키면 은택이 자손에게까지 미치기 때문에, 예가 백성에게 長幼와 尊卑의 차례를 알게 하며 後嗣를 이룹게 하는 것이다. '국가를 경영한다.〔經國家〕'라고 한 것은 〈毛詩序〉에 "夫婦를 다스린다.〔經夫婦〕"라고 한 말과 같다.

【傳】 **度**(탁)**德而處之**하고 **量力而行之**하고 **相時而動**하야 **無累後人**하니

德을 헤아려 처리하고 힘을 헤아려 행동하고 때를 보고 움직여서 後人에게 누를 끼치지 않았으니,

【注】 我死어든 乃亟去之는 無累後人이라

내가 죽거든 서둘러 떠나라고 한 것은 後人에게 누를 끼치지 않으려는 것이다.

【傳】 **可謂知禮矣**로다

禮를 알았다고 할 만하다."

【傳】 **鄭伯使卒出豭**(가)하고 **行**(항)**出犬雞**하야 **以詛射潁考叔者**하다

鄭伯은 卒에게 돼지를 내게 하고, 行에게 개나 닭을 내게 하여, 潁考叔을 쏘아 죽인 자를 詛呪하게 하였다.

【注】 百人爲卒이요 二十五人爲行이니 行亦卒之行列이라 疾射潁考叔者라 故令卒及行間皆詛之하니라

100人으로 이루어진 部隊가 卒이고, 25인으로 이루어진 부대가 行이니, 行 역시 卒의 行列이다. 潁考叔을 쏘아 죽인 자를 미워했기 때문에 卒과 行으로 하여금 詛呪하게 한 것이다.

【疏】 注'百人'至'詛之' ○ 正義曰：周禮夏官序制軍之法, 百人爲卒, 二十五人爲兩. 此言"二十五人爲行"者, 以傳先卒後行, 豭大於犬, 知行之人數, 少於卒也. 軍法百人之下, 唯有二十五人爲兩耳. 又大司馬之屬官行司馬是中士, 軍之屬官兩司馬亦中士, 知周禮之兩, 卽此行是也. 周禮之行, 謂軍之行列, 知此行亦卒之行列也. 詛者, 盟之細, 殺牲告神, 令加之殃咎. 疾射潁考叔者, 令卒及行間祝詛之, 欲使神殺之也. 一卒之內已用一豭, 又更令一行之間或用雞, 或用犬, 重祝詛之. 犬·雞者, 或雞或犬, 非雞·犬竝用, 何則. 盟詛例用一牲, 不用二也. 豭謂豕之牡者. 爾雅釋獸"豕牝曰豝". 豝者是牝, 知豭者是牡. 祭祀例不用牝. 且宋人謂宋朝爲艾豭,[1] 明以雄猪喩也.

1) 宋人謂宋朝爲艾豭 : 宋朝는 宋나라의 公子로, 이름이 朝이다. 얼굴이 잘생긴 미남으로 衛 靈公의 부인인 南子와 情을 통하고, 남자의 도움으로 衛나라의 大夫에 올랐다. 위영공이 일찍이 부인 남자를 위하여 송조를 초빙하였는데, 얼마 뒤에 송나라 사람들이 노래하기를 "이미 너희 씨돼지가 안정되었으니, 우리 수퇘지는 돌려보내라.〔旣定爾婁豬 盍歸吾艾豭〕"라고 한 일이 있었다. 婁豬는 씨받이 돼지로 남자를 비유한 것이고, 艾豭는 늙은 수퇘지로 송조를 비유한 것이다.(≪春秋左氏傳≫ 定公 14년)

注의 〔百人〕부터 〔詛之〕까지

○ 正義曰 : ≪周禮≫ 〈夏官 司馬〉에 군대를 編制하는 法을 서술하면서 100人으로 이루어진 부대가 卒이고 25인으로 이루어진 부대가 兩이라고 하였다. 여기에서 '25인으로 이루어진 부대가 行이다.'라고 한 것은 傳文에서 먼저 卒을 말하고 뒤에 行을 말하였으며 돼지가 개보다 큰 것으로 볼 때 行의 사람 수가 卒보다 적음을 알 수 있기 때문이다. 軍法에 100인 이하는 오직 25인으로 이루어진 兩이 있을 뿐이다. 또 大司馬의 屬官인 行司馬는 中士이고, 軍의 屬官인 兩司馬도 中士이니, ≪주례≫에 나오는 兩은 바로 이 行임을 알 수 있다. ≪주례≫에 나오는 行은 軍의 行列을 이르니, 이 行이 또한 卒의 항렬임을 알 수 있다.

詛呪는 盟誓의 작은 것으로, 犧牲을 죽여 神에게 고함으로써 재앙을 가하게 하는 것이다. 穎考叔을 쏘아 죽인 자를 미워하여 卒과 行으로 하여금 詛呪하게 한 것은 神으로 하여금 〈영고숙을 쏘아 죽인 자를〉 죽이게 하려고 한 것이다. 한 卒 안에서 이미 돼지 한 마리를 쓰고, 또다시 한 行으로 하여금 닭을 쓰거나 혹 개를 써서 거듭 저주하게 한 것이다. 犬雞는 닭을 쓰거나 혹 개를 쓴 것이지 닭과 개를 아울러 같이 쓴 것은 아니니, 어째서인가? 맹서나 저주를 행할 때에는 으레 하나의 犧牲을 쓰지, 두 개의 희생을 쓰지 않기 때문이다. 豭는 돼지의 수컷을 이른다. ≪爾雅≫ 〈釋獸〉에 "돼지의 암컷을 豝라고 한다."라고 하였다. 豝가 돼지의 암컷이니, 豭는 돼지의 수컷임을 알 수 있다. 제사 지낼 때에는 으레 암컷을 쓰지 않는다. 또 宋나라 사람은 宋朝를 '늙은 수퇘지〔艾豭〕'라고 불렀으니, 수컷 돼지로 비유한 것이 분명하다.

【傳】 君子謂鄭莊公失政刑矣로다 政以治民하고 刑以正邪하나니 旣無德政하고

又無威刑이라 **是以及邪**어늘

군자가 다음과 같이 논평하였다.

"鄭 莊公은 政事와 刑罰의 원칙을 잃었다. 정사로써 백성을 다스리고 형벌로써 邪惡을 바로잡는 법인데, 이미 어진 정사가 없고 또 위엄 있는 형벌이 없었다. 그리하여 사악한 일이 생긴 것인데,

【注】大臣不睦하고 又不能用刑於邪人이라

大臣들이 화목하지 않고, 惡人에게 刑罰도 시행하지 못하였다.

【傳】**邪而詛之**하니 **將何益矣**리오

사악한 행위를 하였는데도 〈처벌하지 않고〉 저주하였을 뿐이니, 장차 무슨 이익이 있겠는가."

【傳】**王取鄔劉**

周 桓王이 鄔·劉

【注】二邑은 在河南緱氏縣하니 西南有鄔聚하고 西北有劉亭이라

〈鄔·劉의〉 두 邑은 河南 緱氏縣에 있는데, 西南에는 鄔聚가 있고, 西北에는 劉亭이 있다.

【傳】**蔿邘之田于鄭**하고

蔿·邘 등 네 곳의 땅을 鄭나라에게서 빼앗고,

【注】蔿邘는 鄭二邑이라

蔿와 邘는 鄭나라의 두 邑이다.

【傳】**而與鄭人蘇忿生之田**하니

蘇忿生의 땅을 鄭人에게 주니,

【注】 蘇忿生은 周武王司寇蘇公也라

蘇忿生은 周 武王의 司寇였던 蘇公이다.

【疏】 注'蘇忿'至'公也' ○ 正義曰：成十一年傳曰"昔周克商, 使諸侯撫封, 蘇忿生以溫爲司寇", 尙書立政稱"周公告大(태)史曰司寇蘇公", 是其事也.

注의 〔蘇忿〕부터 〔公也〕까지

○ 正義曰：成公 11년 傳文에 "예전에 周나라가 商나라를 이기고 諸侯들에게 封地를 占有하게 하였는데, 그때 蘇忿生이 溫을 봉지로 받고 周나라의 司寇가 되었다."라고 하고, ≪尙書≫ 〈立政〉에 "周公이 太史에게 告할 때 '司寇인 蘇公'이라고 하였다."라고 하였는데, 바로 그 일이다.

【傳】 溫

〈그 땅은〉 溫,

【注】 今溫縣이라

지금의 溫縣이다.

【傳】 原

原,

【注】 在沁水縣西라

沁水縣 서쪽에 있다.

【傳】 絺

絺,

【注】 在野王縣西南이라

野王縣 西南에 있다.

【傳】 樊

樊,

【注】 一名陽樊이니 野王縣西南有陽城이라

일명 陽樊이니, 野王縣 西南에 陽城이 있다.

【傳】 隰郕

隰郕,

【注】 在懷縣西南이라

懷縣 西南에 있다.

【傳】 欑茅

欑茅,

【注】 在脩武縣〔西〕[1]北이라

1) 〔西〕 : 저본에는 '西'가 없으나, 阮元의 〈校勘記〉에 의거하여 보충하였다.

脩武縣 西北에 있다.

【傳】 向(상)

向,

【注】 軹縣西에 有地名向(상)上이라

軹縣 서쪽에 地名이 向上인 곳이 있다.

【傳】 盟

盟,

【注】今盟津이라

지금의 盟津이다.

【傳】州

州,

【注】今州縣이라

지금의 州縣이다.

【傳】陘

陘,

【注】闕[1]이라

1) 闕 : 杜預가 '闕'이라는 한 글자로 주석한 것은 어디에 있는지, 또는 어느 나라의 관할 지역인지 명확하지 않기 때문이다. 자세한 내용은 隱公 6년 傳 "納諸鄂 晉人謂之鄂侯" 아래의 注疏 참조.

빠뜨리고 注釋하지 않았다.

【傳】隤

隤,

【注】在脩武縣北이라

脩武縣 북쪽에 있다.

【傳】懷라

懷 〈등이었다.〉

【注】今懷縣이라 凡十二邑은 皆蘇忿生之田이니 欑茅隤屬汲郡하고 餘皆屬河內라

지금의 懷縣이다. 이 12邑은 모두 蘇忿生의 땅인데, 欑茅과 隤는 汲郡에 속했고, 나머지는 모두 河內에 속했다.

【傳】君子是以知桓王之失鄭也라 **恕而行之**는 **德之則**(칙)**也**요 **禮之經也**어늘 **已弗能有而以與人**하니 **人之不至 不亦宜乎**아

君子는 이 일로 周 桓王이 鄭나라와의 우호를 잃게 될 것을 알았다. 내 마음을 미루어 상대의 마음을 헤아려 행동하는 것이 德의 準則이고 禮의 常道인데, 환왕은 자기 스스로도 점유할 수 없는 땅을 남에게 주었으니, 그 사람이 來朝하지 않는 것이 당연하지 않겠는가.

【注】 蘇氏叛王하야 十二邑을 王所不能有라 爲桓五年從王伐鄭張本이라

蘇氏가 周王을 배반했으므로 12邑은 주왕이 소유할 수 없는 땅이라는 말이다. 이것이 桓公 5년에 諸侯가 주왕을 따라 鄭나라를 정벌한 張本이다.

【傳】鄭息有違言하야

鄭나라와 息나라가 말다툼을 벌인 일이 있어서

【注】 以言語相違恨이라

말이 서로 어그러진 일로 憤恨하였다는 말이다.

【傳】息侯伐鄭이어늘 **鄭伯與戰于竟**하야 **息師大敗而還**하다

息侯가 鄭나라를 공격하였는데, 鄭伯이 國境에서 교전하여 息나라 군대가 크게 패배하고 돌아갔다.

【注】 息國은 汝南新息縣이라

息나라는 汝南 新息縣이다.

【疏】 注'息國'至'息縣' ○ 正義曰：世本[1]"息國, 姬姓". 此息侯伐鄭, 責其不親親, 知與鄭國同姬姓也. 莊十四年傳楚文王滅息. 其初則不知誰之子, 何時封也. 地理志"汝南郡有新息縣, 故息國也." 應劭[2)]云"其後東徙, 故加新云." 若其後東徙, 當云'故息', 何以反加新字乎. 蓋本自他處而徙此也.

1) 世本 : ≪漢書≫ 〈藝文志〉에 보이는 "≪世本≫은 모두 15篇이다."라는 구절의 주석에 의하면 "고대 史官이 黃帝 이래로 春秋시대의 諸侯와 大夫에 이르기까지 기록한 책이다."라고 하였다. 지금은 전하지 않으며 여러 서적에 인용된 구절이 있을 뿐이다.
2) 應劭 : ?~196. 後漢 말기의 문신이자 학자로, 字가 仲遠이다. 靈帝 때 孝廉으로 천거되어 營陵令과 泰山太守 등을 지냈다. 박학다식하여 漢나라의 官職, 禮儀, 故事 등에 관한 저술을 많이 남겼다. 저서로 ≪漢官儀≫, ≪風俗通義≫, ≪漢書集解≫ 등이 있다.(≪後漢書≫ 권48 〈應劭列傳〉)

注의 〔息國〕부터 〔息縣〕까지

○ 正義曰 : ≪世本≫에 "息나라는 姬姓이다."라고 하였다. 여기에서 息侯가 鄭나라를 공격한 것은 친한 이를 친히 여기지 않음을 질책해서이니, 식나라가 정나라와 더불어 똑같이 희성임을 알 수 있다. 莊公 14년 傳文에 楚 文王이 식나라를 멸망시켰다고 하였다. 처음에는 누구의 자손인지, 언제 封해졌는지를 알지 못하였다. ≪漢書≫ 〈地理志〉에 "汝南郡에 新息縣이 있으니, 옛〔故〕 息나라이다."라고 하였다. 應劭는 "그 뒤에 동쪽으로 옮겼기 때문에 '新'을 더한 것이다."라고 하였다. 만약 그 뒤에 동쪽으로 옮겼다면 마땅히 '故息'이라고 말해야 하는데, 어째서 도리어 '新'자를 더했단 말인가? 아마도 본디 다른 곳에서 이곳으로 옮겨왔기 때문일 듯하다.

【傳】 君子是以知息之將亡也라 不度(탁)德하고

君子는 이 일로 息나라가 장차 망할 것을 알았다. 德을 헤아리지 않고,

【注】 鄭莊賢이라

鄭 莊公의 어짊을 이른 것이다.

【傳】 不量力하고

자신의 힘을 料量하지 않고,

【注】息國弱이라

息나라의 國力이 弱함을 이른 것이다.

【傳】不親親하고

친한 이를 친히 여기지 않고,

【注】鄭息은 同姓之國이라

鄭나라와 息나라는 同姓의 나라이다.

【傳】不徵辭하고 不察有罪라

말의 是非를 따지지 않고, 죄가 있는지를 살피지 않았다.

【注】言語相恨이면 當明徵其辭하야 以審曲直이요 不宜輕鬪라

말다툼으로 서로 원한이 생기면 시비를 분명히 따져 잘잘못을 살펴야 하지, 경솔히 전쟁해서는 안 된다는 말이다.

【傳】犯五不韙(위)하야 而以伐人하니 其喪師也 不亦宜乎아

이 다섯 가지 잘못을 범하고도 남을 공격하였으니, 군대를 잃는 것이 또한 당연하지 않겠는가.

【注】韙는 是也라

韙는 옳음이다.

【傳】冬十月에 鄭伯以虢師伐宋하야 壬戌에 大敗宋師하니 以報其入鄭也라

겨울 10월에 鄭伯이 虢나라 군대를 거느리고 宋나라를 공격하여 壬戌日에 송나라 군대를 대패시켰으니, 송나라가 鄭나라로 쳐들어왔던 일을 보복한 것이다.

【注】入鄭은 在十年이라

宋나라가 鄭나라를 侵入한 일은 隱公 10년에 있었다.

【傳】宋不告命이라 故不書라 凡諸侯有命에 告則書하고 不然則否하나니라

宋나라가 魯나라에 일〔命〕을 통고하지 않았기 때문에 經에 기록하지 않았다. 凡例에 따르면 諸侯의 나라에 중대한 일이 발생했을 때 통고하면 경에 기록하고, 그렇게 하지 않으면 기록하지 않는다.

【注】命者는 國之大事政令也라 承其告辭라야 史乃書之於策이니 若所傳聞行言이 非將君命이면 則記在簡牘而已요 不得記於典策하니 此蓋周禮之舊制라

命은 국가의 중대한 일에 관한 政令이다. 〈중대한 일이 발생한 나라가 통고하는〉 告辭를 받아야 史官이 비로소 史策에 기록하니, 만약 전해들은 떠도는 말이 〈실로 사실임을 안다 하더라도〉 그 나라 임금이 중대한 일로 통고한 것이 아니라면 그 일은 簡牘에 기록할 뿐이고 典策에는 기록하지 않는다. 이것이 周禮의 옛 제도였던 듯하다.

【傳】師出臧否 亦如之하니

군대가 출병하는 동기의 善惡도 이와 같으니,

【注】臧否는 謂善惡得失也라 滅而告敗하고 勝而告克은 此皆互(告)〔言〕[1)]이니 不須兩告乃書라

1) (告)〔言〕: 저본에는 '告'로 되어 있으나, 阮元의 〈校勘記〉에 의거하여 '言'으로 바로잡았다.

臧否는 善惡得失을 이른다. 멸망한 나라가 패전을 통고하고 승리한 나라가 승전을 통고한다는 것은 모두 互言한 것이니, 반드시 양쪽에서 모두 통고하여야 기록하는 것은 아니다.

【傳】雖及滅國이라도 滅不告敗하고 勝不告克이면 不書于策이니라

비록 나라를 멸망시키는 데 이르러도 멸망한 나라가 패전을 통고하지 않고,

승리한 나라가 승전을 통고하지 않으면 史策에 기록하지 않는다.

【疏】'凡諸'至'于策' ○ 正義曰：此傳雖因宋不告敗而發此例，其言'諸侯有命'，非獨爲被伐之命．故注云'命者，國之大事政令也'，謂諸國大事崩卒・會盟・戰伐・克取・君臣乖離・水火災害．經書他國之事，皆是來告則書，不告則否．'來告則書'者，或彼以實告，改其告辭而書之，或彼以虛告，因其虛言而記之，立文褒貶，章示善惡．雖復依告者多，不必盡皆依告．衛獻公之出奔也，傳稱"孫林父・寧殖出其君"，[1] 名在諸侯之策，及其書經，則云"衛侯出奔齊．"[2] 如此之類，是改告辭也．晉人之敗秦也，傳稱"潛師夜起，以敗秦于令狐．"[3] 秦實未陳，不與晉戰，晉人諱背前言，妄以戰告．及其書經，乃言"晉人及秦人戰于令狐．" 如此之類，是因虛言也．雖復或因其虛，或改其實，終是歸於勸戒，得告乃書也．'不然則否'者，雖復傳聞行言，實知其事，但非故遣來告，知亦不書，所以愼謬誤，辟(피)不審．若楚滅六蓼，臧文仲歎而爲言，[4] 魯非不知，但無命來告，故不書也．'師出臧否，亦如之'者，傳因被兵發例，嫌出師伐人，不必須告，故重明之．'雖及滅國'者，旣據侵伐發例，又嫌滅國事重，不待告命，故更明之．言'不書于策'者，明告命大事，皆書於國史正策，以見仲尼修定，悉因正策之文．

1) 孫林父寧殖出其君：衛 獻公이 出奔한 일은 ≪春秋左氏傳≫ 襄公 14년에 있고, 이 구절은 양공 20년 傳 기사에 보인다.
2) 衛侯出奔齊：이 구절은 ≪춘추좌씨전≫ 襄公 14년 經 기사에 보인다.
3) 潛師夜起 以敗秦于令狐：이 구절은 ≪춘추좌씨전≫ 文公 7년 기사에 보인다. 아래의 經文도 이와 같다.
4) 若楚滅六蓼 臧文仲歎而爲言：이 일은 ≪춘추좌씨전≫ 文公 5년 傳 기사에 보인다. 六나라와 蓼나라는 小國으로 모두 皐陶(고요)의 후손이다. 臧文仲은 魯나라 대부로, 이 일을 듣고 탄식하면서 두 나라의 임금이 덕을 세우지 않아 갑자기 망함으로써 고요의 제사가 끊기게 되어 슬프다고 말하였다.

傳의 〔凡諸〕에서 〔于策〕까지

○ 正義曰：이 傳文은 비록 宋나라가 魯나라에 패전을 통고하지 않은 것으로 말미암아 이런 例를 말하였으나, '제후의 나라에 중대한 일이 발생했을 때'라고 한 것은 비단 공격을 당하는 중대한 일뿐만 아니다. 그러므로 注에 '命은 국가의 중대한 일에 관한 政令이다.'라고 하였으니, 이는 제후국의 중대한 일인 崩卒(붕은 천자의 죽음, 졸은 대부의 죽음), 會盟, 戰伐, 克取, 君臣간의 괴리, 水火의 災害 등을 이른다.

經에 다른 나라의 일을 기록한 것은 모두 와서 통고하면 기록하고, 통고하지 않으면 기록하지 않는 것이다. '와서 통고하면 기록하였다.'는 것은 혹 저 나라가 사실로 통고하면 그 통고한 내용을 고쳐 기록하고, 혹 저 나라가 허위로 통고하면 그 허위의 말을 그대로 기록함으로써 褒貶을 글로 나타내고 善惡을 분명하게 보이는 것이다.

비록 다시 통고한 대로 기록한 경우가 많기는 하였지만, 반드시 모두 통고한 대로 기록한 것은 아니다. 衛 獻公이 出奔한 일에 대해 傳에는 "孫林父와 寧殖이 그 군주를 逐出하였다."라고 하여 그 이름이 제후의 사책에 기재되었는데, 經에 기록함에 미쳐서는 "衛侯가 齊나라로 출분하였다."라고 기록하였다. 이와 같은 부류가 바로 통고한 내용을 고쳐 기록하였다는 것이다.

晉人이 秦나라 군대를 敗退시킨 일에 대해 傳에는 "은밀히 밤에 군대를 일으켜 令狐에서 秦나라 군대를 패퇴시켰다."라고 하였는데, 秦나라는 실로 陣을 치기 전이므로 晉나라와 전쟁한 것은 아니었고, 晉人은 이전의 말을 배신한 것을 숨기려고 망령되이 전쟁한 것으로 통고하였다. 經에 기록함에 미쳐서는 "晉人과 秦人이 영호에서 전쟁하였다."라고 하였다. 이와 같은 부류가 바로 허위의 말을 그대로 기록하였다는 것이다. 비록 다시 그 허위의 말을 그대로 기록하거나 혹은 그 사실의 말을 고쳐 기록한다 하더라도, 결국에는 勸戒하는 것으로 귀결시켜 통고한 일의 〈실정을〉 얻고 나서야 기록한 것이다.

'그렇게 하지 않으면 기록하지 않는다.'는 것은 비록 다시 전해들은 떠도는 말이 실로 사실임을 안다 하더라도, 일부러 사람을 보내 통고한 것이 아니므로 알더라도 기록하지 않는 것이니, 이는 오류가 있을까 조심해서이고 세심하지 못함을 피하기 위해서이다. 예컨대 楚나라가 六나라와 蓼나라를 멸망시켰는데 臧文仲이 탄식하며 말한 일과 같은 것은, 魯나라가 이 일을 알지 못한 것은 아니지만 단지 와서 통고한 명이 없었기 때문에 기록하지 않은 것이다.

'군대가 출병하는 동기의 善惡도 이와 같다.'는 것은 傳에 군대의 공격을 받은 것으로 인하여 이 例를 말하였고, 군대가 출병하여 남의 나라를 공격하는 일은 굳이 통고할 필요가 없다고 여길까 혐의하였기 때문에 거듭 밝힌 것이다.

'비록 나라를 멸망시키는 데 이르러도'라고 한 것은 이미 침범한 일에 의거하여 이 例를 말하였고, 또 나라를 멸망시키는 일은 중대하므로 命을 통고함을 기다리지 않는다고 여길까 혐의하였기 때문에 다시 밝힌 것이다.

'史策에 기록하지 않는다.'라고 말한 것은 命을 통고한 大事는 모두 國史의 正策에 기록함을 밝힌 것이니, 이로써 仲尼의 修定한 글이 모두 正策의 글에서 비롯했음을 볼 수 있다.

【疏】 ○ 注'臧否'至'乃書' ○ 正義曰：不言勝敗而言臧否者, 明其臧否之言, 非徒勝敗之謂, 故知是'善惡得失', 總謂理有曲直, 兵有彊弱也. 狄伐邢[1]之類, 非狄能告也, 楚滅庸[2]之徒, 非庸能告也. 故知敗克互言, 不須兩告乃書也. 且哀元年傳曰"吳入越, 不書, 吳不告慶, 越不告敗也", 吳·越竝言, 知其不待兩告.

1) 狄伐邢：이 일은 ≪春秋左氏傳≫ 莊公 32년 經 기사에 보인다.
2) 楚滅庸：이 일은 ≪춘추좌씨전≫ 文公 16년 經과 傳 기사에 보인다.

○ 注의 〔臧否〕에서 〔乃書〕까지

○ 正義曰：'勝敗'를 말하지 않고 '臧否'를 말한 것은 그 장부라는 말이 비단 승패를 말할 뿐만이 아님을 밝힌 것이다. 그러므로 '善惡得失'은 이치에 曲直이 있고 군병에 彊弱이 있음을 통틀어 말한 것임을 알 수 있다.

狄이 邢나라를 공격한 따위는 狄이 통고할 수 있는 바가 아니고, 楚나라가 庸나라를 멸망시킨 부류는 庸나라가 통고할 수 있는 바가 아니다. 그러므로 패전이나 승전을 통고한다는 것은 互言한 것이니, 반드시 양쪽에서 모두 통고하여야 기록하는 것은 아님을 알 수 있다.

또 哀公 원년의 傳에 "吳나라가 越나라에 쳐들어갔는데 기록하지 않은 것은 오나라는 승전을 통고하지 않았고, 월나라는 패전을 통고하지 않았기 때문이다."라고 하였는데, 오나라와 월나라를 아울러 말한 것에서 양쪽에서 모두 통고하는 것을 기다리지 않음을 알 수 있다.

【傳】 羽父(보)請殺桓公하야 將以求大(태)宰어늘

羽父가 〈隱公에게〉 桓公을 죽일 것을 청하면서 장차 太宰로 임명해줄 것을 요구하였는데,

【注】 大宰는 官名이라

太宰는 官名이다.

【疏】注'大宰官名' ○ 正義曰：周禮天子六卿, 天官爲大宰, 諸侯則竝六爲三而兼職焉.[1] 昭四年傳稱"季孫爲司徒, 叔孫爲司馬, 孟孫爲司空", 則魯之三卿無大宰也. 羽父名見(현)於經, 已是卿矣, 而復求大宰, 蓋欲令魯特置此官以榮己耳. 以後更(갱)無大宰, 知魯竟不立之.

1) 天子六卿……諸侯則竝六爲三而兼職焉：太宰는 天官의 首長인 冢宰의 별칭이다. ≪周禮≫에 의하면, 天子國은 六卿을 두니 즉 천관의 수장인 총재, 地官의 수장인 司徒, 春官의 수장인 宗伯, 夏官의 수장인 司馬, 秋官의 수장인 司寇, 冬官의 수장인 司空이고, 諸侯國은 三卿인 司徒, 司馬, 司空을 두니 이들이 六官의 직무를 담당하여 사도가 총재의 직무를, 사마가 종백의 직무를, 사공이 사구의 직무를 겸임하였다.

注의 〔大宰官名〕

○ 正義曰：≪周禮≫에 天子는 六卿을 두는데 天官의 우두머리가 太宰가 되고, 제후는 육경을 병합하여 三卿을 두고 직무를 겸임하게 하였다. 昭公 4년 傳에 "季孫은 司徒가 되고, 叔孫은 司馬가 되고, 孟孫은 司空이 된다."고 하였으니, 그렇다면 魯나라에는 삼경만 있고 태재가 없는 것이다. 羽父의 이름이 經에 보이는데, 이미 卿이면서 다시 태재를 요구하니, 대개 노나라로 하여금 이 관직을 특별히 설치하여 자기를 영예롭게 하도록 하고자 한 것일 뿐이다. 이후에도 다시 태재가 없으니 노나라에서 끝내 태재의 관직을 세우지 않았음을 알 수 있다.

【傳】公曰 爲其少故也라 吾將授之矣리니

隱公이 말하였다.

"〈寡人이 攝政한 것은〉 그의 나이가 어렸기 때문이다. 내 장차 그에게 君位를 넘겨줄 것이니,

【注】授桓位라

桓公에게 君位를 넘겨주는 것이다.

【傳】使營菟裘(도구)하라 吾將老焉호리라

菟裘에 집을 짓도록 하라. 나는 장차 그곳에서 노년을 보낼 것이다."

【注】菟裘는 魯邑이니 在泰山梁父(보)縣南이라 不欲復居魯朝라 故別營外邑이라

菟裘는 魯나라의 邑이니, 泰山 梁父縣 남쪽에 있다. 隱公은 더 이상 魯나라 조정에 거처하고 싶지 않았기 때문에 外邑에 별도로 집을 짓도록 한 것이다.

【傳】羽父懼하야 反譖公于桓公而請弑之하다 公之爲公子也에 與鄭人戰于狐壤하야 止焉하니

우보는 〈이 일이 알려질까〉 두려워 도리어 桓公에게 隱公을 참소하여 그를 죽이자고 청하였다. 은공이 公子로 있었을 때 鄭人과 狐壤에서 싸우다가 붙잡혀 포로가 된 적이 있었다.

【注】內諱獲이라 故言止라 狐壤은 鄭地라

우리나라의 公子가 捕虜가 된 것을 숨겨야 하기 때문에 '止'라고 말한 것이다. 狐壤은 鄭나라 땅이다.

【傳】鄭人囚諸尹氏어늘

鄭人이 그를 尹氏의 집에 囚禁하자,

【注】尹氏는 鄭大夫라

尹氏는 鄭나라 大夫이다.

【傳】賂尹氏而禱於其主鍾巫하야

은공이 윤씨에게 뇌물을 주고 윤씨가 主祭하는 鍾巫神에게 祈禱하여

【注】主는 尹氏所主祭라

主는 尹氏가 主祭하는 것이다.

【傳】遂與尹氏歸하야 而立其主하니라

드디어 윤씨와 함께 魯나라에 돌아와서 鍾巫神의 神主를 세웠다.

【注】立鍾巫於魯라

魯나라에 鍾巫神의 神主를 세운 것이다.

【傳】十一月에 公祭鍾巫할새 齊(재)于社圃하고

11월에 은공이 종무신에게 제사 지낼 때 社圃에서 齋戒하고

【注】社圃는 園名이라

社圃는 園名이다.

【傳】館于寪(위)氏러니

寪氏의 집에 머물렀는데,

【注】館은 舍也라 寪氏는 魯大夫라

館은 머무르는 것이다. 寪氏는 魯나라 大夫이다.

【傳】壬辰에 羽父使賊弒公于寪氏하고 立桓公而討寪氏하니 有死者러라

壬辰日에 羽父가 자객을 보내 위씨의 집에서 은공을 弑害하게 하고, 자신은 桓公을 세우고 위씨를 공격하니 〈위씨의 宗族 중에〉 죽은 자가 있었다.

【注】欲以弒君之罪加寪氏어늘 而復不能正法誅之라 傳言進退無據라

君主를 弑害한 죄를 寪氏에게 씌우고자 하였으나 다시 正法대로 誅伐할 수 없었다. 傳文은 이러지도 저러지도 못하는 곤란한 상황〔進退無據〕을 말한 것이다.

【疏】'討寪氏, 有死者' ○ 正義曰：劉炫云"羽父遣賊弒公, 公非寪氏所弒. 公在寪氏而死, 遂誣寪氏弒君, 欲以正法誅之. 君非寪氏所弒, 故討寪氏之家, 僅有死者而已, 言不總誅之".

傳의 〔討寪氏 有死者〕

○ 正義曰 : 劉炫은 "羽父가 자객을 보내 隱公을 시해하게 하였으니, 은공은 寪氏가 시해한 것이 아니다. 은공이 위씨의 집에 있다가 죽었으니 마침내 위씨가 군주를 시해한 것처럼 誣陷하였으므로 正法대로 위씨를 誅伐하고자 한 것이다. 군주는 위씨가 시해한 것이 아니기 때문에 위씨의 집안을 공격하여 죽은 자가 약간 있었을 뿐이니, 전부 다 주벌하지 못함을 말한 것이다.

【疏】 ○ 注'欲以'至'無據' ○ 正義曰 : 劉炫云"欲以弑君之罪加寪氏, 則君非寪氏所弑, 而復不能以正法誅之. 正法, 謂滅其族, 汚其宮也. 傳言此者進退無據. 進誅寪氏, 則實非寪氏弑君, 退舍寪氏, 則無弑君之人. 是其進退無據也".

注의 〔欲以〕부터 〔無據〕까지

○ 正義曰 : 劉炫은 "군주를 시해한 죄를 寪氏에게 씌우고자 하였지만 군주는 위씨가 시해한 것이 아니므로 다시 正法대로 誅伐할 수 없었다. 정법은 그 종족을 멸족시키고 그 집을 웅덩이로 만드는 것을 이른다. 傳文은 이것이 이러지도 저러지도 못하는 곤란한 상황이라고 말하였다. 나아가 위씨를 주벌하자니 실로 위씨가 군주를 시해한 것이 아니었고, 물러나 위씨를 놓아주자니 군주를 시해한 사람이 없게 된다. 이것이 바로 이러지도 저러지도 못하는 곤란한 상황인 것이다."라고 하였다.

【傳】 不書葬은 不成喪也라

經에 隱公의 葬事를 기록하지 않은 것은 임금의 喪禮를 제대로 갖추지 못하였기 때문이다.

【注】 桓弑隱篡位라 故喪禮不成이라

桓公이 隱公을 시해하여 君位를 찬탈했기 때문에 임금의 喪禮를 제대로 갖추지 못한 것이다.

春秋左傳注疏 卷5(桓元年 盡二年)

杜氏 注 孔穎達 疏

【桓公 원년(B.C. 711)】

桓公

○ 陸曰：桓公名軌니 惠公之子요 隱公之弟요 母仲子라 史記亦名允이라 謚法辟土服遠曰桓이라

○ 陸曰：桓公의 이름은 軌로, 惠公의 아들이고 隱公의 아우이며, 모친은 仲子이다. ≪史記≫에는 또한 이름을 允이라 하였다. 謚法에 영토를 개척하고 먼 지방을 복종시키는 것을 '桓'이라 한다.

【疏】 正義曰：魯世家"桓公名允, 惠公之子, 隱公之弟, 仲子所生. 以桓王九年卽位, 莊王三年薨". 世本"桓公名軌". 世族譜亦爲軌. '謚法辟土服遠曰桓', 謚法非一, 略擧一耳, 亦不知本以何行而爲此謚. 他皆放此. 是歲, 歲在玄枵(효)[3].

1) 玄枵(효)：十二星次(별의 位置로써 하늘을 12等分으로 나눈 것)의 하나로, 二十八宿에 배속시키면 女宿・虛宿・危宿와 상응하고, 十二辰에 배속시키면 子와 상응한다.

○ 正義曰：≪史記≫ 〈魯世家〉에 "桓公의 이름은 允으로, 惠公의 아들이고 隱公의 아우이며 仲子의 소생이다. 周 桓王 9년에 卽位하고, 周 莊王 3년에 薨하였다."라고 하였다. ≪世本≫에 "환공의 이름은 軌이다."라고 하였다. ≪世族譜≫에도 〈환공의 이름이〉 軌로 되어 있다. '謚法에 영토를 개척하고 먼 지방을 복종시키는 것을 桓이라 한다.'고 한 것은, 시법은 한두 가지가 아닌데 대략 하나만 거론했을 뿐이고, 또한 본디 무슨 행적으로 이런 시호를 삼았는지 알지 못하겠다. 다른 것도 모두 이와 같다. 이해는 歲次가 玄枵에 있다.

元年이라 春王正月에 公卽位하다

원년이다. 봄 周王 정월에 桓公이 즉위하였다.

【注】嗣子位定於初喪이나 而改元必須踰年者는 繼父之業하고 成父之志하야 不忍有變於中年也라 諸侯每首歲必有禮於廟하니 諸遭喪繼位者因此而改元正位하고 百官以序라 故國史亦書卽位之事於策이라 桓公簒立而用常禮하야 欲自同於遭喪繼位者라 釋例에 論之備矣라

嗣子의 君位가 初喪 때 정해지지만 반드시 그해가 넘기를 기다려 改元하는 것은 아비의 業을 계승하고 아비의 뜻을 이루려는 심정에서 차마 年中에 年度를 바꿀 수 없기 때문이다. 諸侯는 매년 歲首에 반드시 宗廟에 가서 謁見하는 禮가 있으니, 喪을 당해 군위를 계승한 자들은 이 禮를 행하는 차에 정식으로 즉위하여 개원하고 百官의 位次를 정한다. 그러므로 國史(나라의 史官)도 史策에 즉위하는 일을 기록한다. 桓公은 簒位했으면서도 常禮를 사용하여, 喪을 당해 군위를 계승한 경우와 똑같이 하고자 하였다. ≪春秋釋例≫에 이를 자세히 논하였다.

【疏】注'嗣子'至'備矣' ○正義曰：顧命曰"乙丑成王崩, 使齊侯呂伋以二干戈逆子釗于南門之外, 延入翼室, 恤宅宗", 孔安國[1]云"明室路寢延之, 使居憂爲天下宗主". 天子初崩, 嗣子定位, 則諸侯亦當然也. 釋例曰"(商)〔尙〕[2]書顧命, 天子在殯之遺制也. 推此, 亦足以準諸侯之禮矣". 是知嗣子位定於初喪, 孝子緣生以事死,[3] 歲之首日, 必朝事宗廟, 因卽改元. 釋例曰"襄二十九年經書'春王正月, 公在楚', 傳曰'釋不朝正于廟也'", 然則諸侯每歲首必有禮於廟. 今遭喪繼(立)〔位〕[4]者, 每新年正月, 亦改元正位, 百官以序. 故國史因書卽位於策, 以表之. 此新君之常禮也. 桓之於隱, 本無君臣之義, 計隱公之死, 桓公卽合改元, 不假踰年方行卽位. 猶如晉厲被弑, 悼公卽位改.[5] 今桓雖實簒立, 歸罪寪氏, 詐言不與賊謀而用常禮, 自同於遭喪繼位者, 亦旣實卽其位. 國史依實書之, 仲尼因而不改, 反明公實簒立而自同於常, 亦足見桓之簒也.

1) 孔安國：前漢의 문신이자 학자로, 자는 子國이며 孔子의 12대손이다. 武帝 때 博士와 諫議大夫를 지냈으며 申公에게서 ≪詩經≫, 伏生에게서 ≪尙書≫를 배웠다. 孔壁에서 나온 古文으로 된 ≪상서≫·≪孝經≫·≪論語≫를 당시에 해득하는 사람이 없

었는데 공안국만이 今文으로 풀어 읽었으므로, 칙명을 받아 ≪書傳≫ 58편과 ≪孝經傳≫·≪論語解≫를 지었다.

2) (商)〔尙〕: 저본에는 '商'으로 되어 있으나, ≪春秋左傳要義≫에 의거하여 '尙'으로 바로잡았다.

3) 孝子緣生以事死 : ≪中庸章句≫ 제19장에 "죽은 이 초상 치르기를 산 사람 섬기듯이 하고, 이미 돌아간 이 제사 모시기를 생존한 이 섬기듯 하는 것이 지극한 효도이다. 〔事死如事生 事亡如事存 孝之至也〕"라고 한 데서 온 말이다.

4) (立)〔位〕: 저본에는 '立'으로 되어 있으나, 北京大本에 의거하여 '位'로 바로잡았다.

5) 晉厲被弑 悼公卽位改 : 晉 厲公이 폭정을 베풀다가 그 신하들에게 시해되자 悼公이 14세의 어린 나이로 즉위한 일을 가리키는데, 이 일은 ≪春秋左氏傳≫ 成公 18년 기사에 보인다.

注의 〔嗣子〕부터 〔備矣〕까지

○ 正義曰 : ≪尙書≫ 〈顧命〉에 "乙丑日에 成王이 崩御하자, 齊侯인 呂伋으로 하여금 干戈 두 개를 가지고 南門 밖에서 太子 釗를 맞이하여 翼室로 인도해 들어와 恤宅(여막)에 宗主가 되게 하였다."라고 하였는데, 孔安國은 "明室의 路寢으로 태자를 인도해 들어와 그로 하여금 居喪하여 天下의 종주가 되게 한 것이다."라고 하였다. 이는 천자가 처음 붕어할 때 嗣子의 君位가 정해지는 것이니, 그렇다면 諸侯 역시 마땅히 그렇게 해야 한다. ≪春秋釋例≫에 "≪상서≫ 〈고명〉은 천자가 殯所에 있을 때의 遺制이다. 이것을 미루어보면 또한 제후의 禮에도 準則으로 삼을 수 있다."라고 하였다. 이를 통해 嗣子의 군위가 初喪 때 정해지지만 孝子는 산 사람을 섬기는 방식으로 말미암아 죽은 분을 섬기는지라, 한 해의 첫날이면 반드시 아침에 宗廟에 나아가 제사 지내고 인하여 곧바로 改元하는 것을 알 수 있다.

≪춘추석례≫에 "襄公 29년 經文에 '봄 周王 正月에 襄公이 楚나라에 있었다.'라고 기록하였는데, 傳에 '〈경문은 양공이〉 종묘에 朝正(諸侯가 歲首에 종묘에 제사 지내는 일)하지 못한 이유를 解明한 것이다.' 하였다."라고 하였으니, 그렇다면 제후는 매년 歲首에 반드시 종묘에 예를 행해야 하는 것이다. 지금 상을 당해 군위를 계승한 자도 새해 정월마다 또한 정식으로 즉위하여 개원하고 百官의 위차를 정한다. 그러므로 國史도 인하여 史策에 즉위한 일을 기록하여 밝게 드러내는 것이다. 이는 새 군주의 常例이다.

桓公은 隱公에 대해서 본디 君臣間의 의리가 없으니, 은공의 죽음을 헤아려보면 환공은 곧바로 개원해야 하고, 그해가 넘기를 기다려 비로소 즉위를 행할 필요가 없다. 이는 오히려 晉나라의 厲公이 弑害를 당하자 悼公이 곧바로 즉위하고 개원한 일과 같은 경우이다. 지금 환공은 비록 실로 簒位했지만 寫氏에게 죄를 돌리고 자객과 도모하지 않았다고 거짓으로 말하면서 상례를 사용하여 喪을 당해 군위를 계승한 경우와 똑같이 하였고, 또한 이미 실로 즉위하였다. 國史는 사실에 의거하여 기록하였는데, 仲尼는 그대로 따르고 고치지 않아 도리어 환공이 실로 찬위했으면서도 일반적인 경우와 똑같이 한 것을 밝혔으니, 또한 환공이 찬위한 사실을 알 수 있다.

三月에 公會鄭伯于垂하니 鄭伯以璧假許田하다

3월에 桓公이 垂에서 鄭伯과 회합하니, 정백이 璧玉을 주고 許田을 빌려갔다.

夏四月丁未에 公及鄭伯盟于越하다

여름 4월 丁未日에 桓公이 越에서 鄭伯과 結盟하였다.

【注】公以簒立而修好於鄭하니 鄭因而迎之하야 成禮於垂하고 終易二田[1)]하야 然後結盟이라 垂는 犬丘니 衛地也라 越은 近垂地名이라 鄭求祀周公한대 魯聽受祊田하야 令鄭廢泰山之祀라 知其非禮라 故以璧假爲文하니 時之所隱이라

1) 終易二田 : 二田은 鄭나라의 소유인 祊田(팽전)과 魯나라의 소유인 許田을 가리킨다. 祊은 泰山에 제사 지내는 정나라의 邑으로 노나라 영토 안에 있고, 許는 周公의 別廟를 세워 주공에게 제사 지내는 노나라의 읍으로 정나라와 가까운 곳에 있다. 팽은 정나라와 거리가 매우 멀고, 또 허에 있는 주공의 별묘에 노나라가 제사 지내지 않고 있기 때문에 정나라가 자기들이 주공을 제사 지내겠다는 핑계로 노나라에게 멀리 있는 팽전을 가까이에 있는 허전과 바꾸고자 요청한 것이다. 이 일은 ≪春秋左氏傳≫ 隱公 8년 기사에 보인다.

桓公은 簒位한 임금으로 鄭나라와 友好를 다시 회복하려 하니, 정나라가 이로 인하여 환공을 맞이하여 垂에서 會合의 禮를 마치고 마침내 許田과 祊田을 바꾸고 난 뒤에 結盟한 것이다. 垂는 犬丘이니 衛나라 땅이다. 越은 垂와 가까운 땅의 이름이다. 정나라가 周公을 제사 지내겠다고 요구하자, 노나라는 팽전을 받아들여 정나라로 하여금 泰山의 제사를 폐지하게 하였다. 이것이 예가 아님을 알았기 때문에 '벽옥을 주고 빌렸다.'고 글을 만드니, 당시의 〈史官이〉 이 일을 숨긴 것이다.

【疏】 注'公以'至'爲文時之所隱' ○ 正義曰 : 成會禮於垂, 旣易許田, 然後盟以結之. 故先會, 次假田, 然後書盟也. 言'迎之成禮於垂'者, 垂是衛地, 沈[1]以爲"公迎鄭伯於垂", 知時史之所隱諱者. 傳不言'書曰', 知非仲尼本意也.

1) 沈 : 南朝 陳나라의 경학자인 沈文阿로, 자는 國衛이고, 三禮와 春秋三傳에 통달하였다. 梁나라 때에 五經博士, 國子博士 등을 지냈고, 陳나라 때에도 관직에 있었다.

注의 〔公以〕부터 〔爲文時之所隱〕까지

○ 正義曰 : 垂에서 會合의 禮를 마친 다음 이미 許田과 祊田을 바꾸고 그런 뒤에 結盟하였다. 그러므로 〈經에서〉 우선 회합을 기록하고 다음으로 허전을 빌려갔다고 기록하고 그런 뒤에 맹약을 기록한 것이다. '맞이하여 垂에서 회합의 예를 마쳤다.'고 한 것은 垂는 衛나라 땅이므로 沈文阿는 "桓公이 垂에서 鄭伯을 맞이한 것이다."라고 하였으니, 당시 史官이 숨긴 것임을 알 수 있다. 傳에 '書曰'이라 말하지 않았으니, 仲尼의 본뜻이 아님을 알 수 있다.

秋에 大水하다

가을에 큰물이 졌다.

【注】 書는 災也라 傳例曰 凡平原出水爲大水라

이를 기록한 것은 災害가 되었기 때문이다. 傳例에 "平原까지 물이 넘쳐흐르는 것을 '大水'라 한다."라고 하였다.

冬十月이라

겨울 10월이다.

【傳】 元年이라 春에 公卽位하야 修好于鄭하다 鄭人請復(부)祀周公하야 卒易祊(팽)田하니

원년이다. 봄에 桓公이 즉위하여 鄭나라와 友好를 다시 회복하였다. 鄭人이 다

시 周公에게 제사를 지내겠다고 하면서 〈許田과〉 祊田을 바꾸는 문제를 종결짓자고 요청하니,

【注】 事在隱八年이라

이 일은 隱公 8년에 있었다.

【傳】 公許之하다 三月에 鄭伯以璧假許田하니 爲周公祊故也라

환공이 이를 허락하였다. 3월에 鄭伯이 璧玉을 주고 許田을 빌려갔으니, 이는 周公에게 제사 지내는 일과 祊田을 〈許田과 바꾸는〉 일 때문이었다.

【注】 魯不宜聽鄭祀周公하고 又不宜易取祊田이어늘 犯二不宜以動이라 故隱其實하야 不言祊하고 稱璧假하야 言若進璧以假田이요 非久易也라

魯나라가 鄭나라에게 周公을 제사하도록 허락한 것도 마땅하지 않고, 또 〈許田을〉 祊田과 바꾼 것도 마땅하지 않다. 그런데 마땅하지 않은 두 가지 일을 범하는 행동을 하였기 때문에 당시의 史官이 그 사실을 숨기기 위해 허전을 팽전과 바꾸었다고 말하지 않고 碧玉을 주고 허전을 빌려갔다고 칭하여, 마치 정나라가 노나라에 벽옥을 바쳐 허전을 빌려간 것이지 영구히 바꾼 것은 아닌 것처럼 말하였다.

【疏】 注'魯不'至'易也'〔○〕[1] 正義曰：祊薄於許, 加之以璧, 易取許田, 非假借之也. 今經乃以'璧假'爲文. 故傳言'爲周公祊故', 解經璧假之言也. 注又解傳之意, 周公非鄭之祖, 魯不宜聽鄭祀周公. 天子賜魯以許田, 義當傳之後世, 不宜易取祊田. 於此一事, 犯二不宜以動, 故史官諱其實, 不言以祊易許, 乃稱以璧假田, 言若進璧於魯以權借許田, 非久易然. 所以諱國惡也, 不言以祊假而言以璧假者, 此璧實入於魯. 但諸侯相交, 有執圭璧致信命之理, 今言以璧假, 似若進璧以致辭然, 故璧猶可言, 祊則不可言也. 何則. 祊・許俱地, 以地借地, 易理已章, 非復得爲隱諱故也.

1)〔○〕: 저본에는 '○'이 없으나, 저본의 체제에 의거하여 보충하였다.

注의 〔魯不〕부터 〔易也〕까지

○ 正義曰：祊田이 許田보다 좁아 碧玉까지 더하여 허전과 바꾼 것이지, 벽옥을 주

고 허전을 빌려간 것이 아니다. 그런데 지금 經에서 '벽옥을 주고 허전을 빌려갔다.'고 글을 만들었다. 그러므로 傳에서 '周公에게 제사 지내는 일과 祊田을 許田과 바꾸는 일 때문이었다.'라고 하였으니, 經文의 '璧假'의 말을 해석한 것이다.

注에 또 傳文을 해석한 뜻은, 周公은 鄭나라의 선조가 아니니 魯나라가 정나라에게 주공을 제사하도록 허락하는 것은 마땅하지 않다는 것이다. 天子가 노나라에 허전을 하사하였으니 의리상 마땅히 後世에 허전을 전해주어야 하지, 팽전과 바꾸는 것은 마땅하지 않다. 이 한 가지 일에 대해서 마땅하지 않은 두 가지 일을 범하는 행동을 하였기 때문에 史官이 그 사실을 숨기기 위해 허전을 팽전과 바꾸었다고 말하지 않고 마침내 벽옥을 주고 허전을 빌려갔다고 칭하여, 마치 정나라가 노나라에 벽옥을 바쳐 허전을 임시로 빌려간 것이지 영구히 바꾼 것은 아닌 것처럼 하였다. 나라의 惡을 숨기는 방법은 팽전을 주고 허전을 빌려갔다고 말하지 않고 벽옥을 주고 허전을 빌려갔다고 말하는 것이니, 이것은 벽옥이 실로 노나라에 넘어간 것이다.

다만 諸侯가 서로 교제할 때 圭璧을 잡고 말을 고하는 이치가 있으니, 지금 '璧假'로 말을 하여 마치 벽옥을 주면서 말을 고한 것처럼 하였기 때문에 벽옥은 그래도 말할 수 있지만 팽전은 말할 수 없다. 어째서인가? 팽전과 허전은 모두 땅이니 땅을 가지고 땅을 빌리면 땅을 바꾸는 이치가 이미 환히 드러나 다시 숨길 수 있는 일이 아니기 때문이다.

【傳】 夏四月丁未에 **公及鄭伯盟于越**하니 **結祊成也**라

여름 4월 丁未日에 桓公이 鄭伯과 越에서 結盟하였으니, 이는 祊田을 〈許田과 바꾸는〉 일을 마무리 짓고자 해서였다.

【注】 結成易二田之事也라 傳以經不書祊故로 獨見祊이라

〈祊田과 許田〉 두 전을 바꾸는 일을 마무리 짓고자 한 것이다. 經文에 '祊'을 쓰지 않은 까닭으로 傳文에 유독 '팽'을 드러낸 것이다.

【傳】 盟曰 渝盟이면 **無享國**이라하다

盟誓에 이르기를 "맹약을 어기면 나라를 享有하지 못할 것이다."라고 하였다.

【注】渝는 變也라

渝는 변경하는 것이다.

【疏】注'渝變也' ○ 正義曰：釋言文也. 傳載其盟辭者, 以易田惡事, 而誓不變改, 見(현)其終無悔心, 所以深惡(오)魯也. 此時許田已入於鄭, 而詩頌僖公云"居常與許, 復周公之宇",[1] 蓋僖公之時復得之也. 齊人取讙(환)及闡(천), 及其歸也, 經復書之.[2] 自此以後不書鄭人來歸許田者, 此經書假, 言若暫以借鄭, 地仍魯物, 不得書鄭人歸之.

1) 詩頌僖公云……復周公之宇：≪詩經≫〈魯頌〉가운데 魯 僖公이 지었다고 하는〈閟宮〉을 두고 말한 것이다. 또〈毛詩序〉에는 "〈비궁〉은 희공이 周公의 집을 회복함을 칭송한 시이다."라고 하였다. '주공의 집'은 許田에 있었던 주공의 別廟를 가리킨다.

2) 齊人取讙(환)及闡(천)……經復書之：≪春秋左氏傳≫ 哀公 8년 여름 經 기사에 "齊人取讙及闡"이라고 하고, 그해 겨울 經 기사에 "齊人歸讙及闡"이라고 하였다.

注의〔渝變也〕

○ 正義曰：≪爾雅≫〈釋言〉에 보이는 글이다. 傳에 盟誓한 말을 기록한 것은 許田과 祊田을 바꾸는 것이 나쁜 일인데도 변경하지 않겠다고 맹서한 것으로써 끝내 후회 없는 마음을 드러낸 것이니, 魯나라를 깊이 미워한 것이다.

이때에 허전은 이미 鄭나라에 넘어갔는데, ≪詩經≫〈魯頌〉에 僖公이 "常 땅과 許 땅에 거처하여, 周公의 집을 회복하였도다."라고 하였으니, 아마도 희공이 당시에 허전을 다시 얻은 듯하다. 齊人이 讙 땅과 闡 땅을 취하였다가 그 두 땅을 노나라에 되돌려줌에 미쳐서는 經文에 그 일을 다시 기록하였다. 이 뒤로 '鄭人이 와서 허전을 되돌려주었다.'는 말을 기록하지 않은 것은 이 경문에서 '빌려갔다〔假〕'고 기록하여 마치 잠시 정나라에 허전을 빌려주어 땅은 그대로 노나라의 소유물인 것처럼 말하였으므로 '정인이 되돌려주었다.'는 말을 기록하지 못한 것이다.

【傳】秋에 大水하다 凡平原出水爲大水라

가을에 큰물이 졌다. 凡例에 따르면 平原까지 물이 넘쳐흐르는 것을 '大水'라 한다.

【注】廣平曰原이라

넓고 평탄한 곳을 '原'이라 한다.

【疏】 '凡平原'至'大水' ○ 正義曰：洪範云"水曰潤下", 言雨自上而下, 浸潤於土, 陂鄣下地, 可使水潦停焉, 平原高地則不宜有也. 凡平原出水則爲大水, 平原出水, 言水不入於土而出於地上, 非涌泉出也.

傳의 〔凡平原〕부터 〔大水〕까지

○ 正義曰：≪書經≫ 〈洪範〉에 "〈五行의〉 水는 윤택하고 아래로 내려감이다."라고 하였는데, 이는 빗물이 위에서 아래로 내려와 땅에 젖어드는 것을 말하니, 낮은 지대에 보를 만들어 물을 머무르게 할 수 있고, 평원의 높은 지대는 의당 보를 둘 수 없다. 凡例에 따르면 平原까지 물이 넘쳐흐르는 것을 '大水'라 하였는데, 평원까지 물이 넘쳐흐른다는 것은 물이 땅속으로 스며들어가지 않고 지상으로 넘쳐흐르는 것을 말하지, 샘물처럼 솟는 것이 아니다.

【疏】 ○ 注'廣平曰原' ○ 正義曰：釋地文也. 李巡曰"謂土地寬博而平正, 名之曰原."

○ 注의 〔廣平曰原〕

○ 正義曰：≪爾雅≫ 〈釋地〉에 보이는 글이다. 李巡은 "토지가 넓고 平正한 것을 일러 '原'이라 이름한다."라고 하였다.

【傳】 冬에 鄭伯拜盟하다

겨울에 鄭伯이 〈魯나라에 와서〉 結盟한 일에 대해 拜謝하였다.

【注】 鄭伯若自來면 則經不書하고 若遣使면 則當言鄭人이요 不得稱鄭伯이니 疑謬誤라

鄭伯이 만약 직접 온 것이라면 經에 기록하지 않았을 것이고, 만약 使臣을 보낸 것이라면 '鄭人'이라고 말해야 하고 '鄭伯'이라고 칭하지 못한다. 誤謬가 있는 것으로 의심된다.

【疏】 注'鄭伯'至'謬誤' ○ 正義曰：六年傳云"魯爲其班, 後鄭", 注云"魯親班齊饋, 則亦使大夫戍齊矣, 經不書, 蓋史闕文". 然則經所不書, 自有闕文之類. 注旣疑此事, 不云闕文而云繆誤者, 師出征伐, 貴賤皆書, 經所不書, 必是文闕. 若使事重, 使人雖賤亦書, "鄭人來渝平",[1] "齊人歸讙及闡"[2], 是也. 今以拜盟事輕, 若其使賤, 則例不合書.

故杜云"若遣使來, 傳當云鄭人, 疑傳繆誤", 知非實是鄭伯爲不見公. 不書者, 以魯鄭相親, 易田結好, 鄭伯旣拜盟而來, 魯君無容不見. 故知非實是鄭伯, 止是鄭人而已.

1) 鄭人來渝平 : ≪春秋左氏傳≫ 隱公 6년 經 기사에 보인다. 渝平은 '渝'는 '변경하다'라는 뜻으로 지난날의 원한을 버리고 다시 좋은 사이가 되는 것을 이른다.
2) 齊人歸讙及闡 : ≪春秋左氏傳≫ 哀公 8년 經 기사에 보인다.

注의 〔鄭伯〕부터 〔謬誤〕까지

○ 正義曰 : 桓公 6년 傳에 "魯나라가 犒饋物을 주는 先後의 차례를 정하였는데 鄭나라의 차례를 맨 뒤로 정하였다."라고 하였는데, 그 注에 "노나라가 친히 齊나라의 호궤물을 주는 선후의 차례를 정하였고 보면, 노나라도 大夫를 보내어 제나라를 지킨 것인데, 經에 기록하지 않은 것은 아마도 史官이 글을 빠뜨린 듯하다."라고 하였다. 그렇다면 經에 기록하지 않은 것은 본디 글을 빠뜨리는 부류가 있는 것이다. 注에 이미 이 일을 의심하면서도 '闕文'을 말하지 않고 '誤謬'를 말하였는데, 군대가 출동하여 정벌할 때는 귀한 사람이건 천한 사람이건 모두 기록하는 법이니 경에 기록하지 않은 것은 필시 글을 빠뜨린 것이다.

만약 일이 중대하다면 使臣이 비록 卑賤하더라도 또한 기록하니, "鄭人이 와서 渝平하였다."는 것과 "齊人이 讙 땅과 闡 땅을 되돌려주었다."는 것이 바로 이런 경우이다. 지금 結盟한 일에 대해 拜謝하는 일이 경미하고 만약 사신이 비천하다면 관례상 經에 기록하지 않아야 한다. 그러므로 杜預가 "만약 사신을 보낸 것이라면 '鄭人'이라고 말해야 하니, 傳에 誤謬가 있는 것으로 의심된다."라고 하였으니, 실로 鄭伯이 桓公을 만나지 않은 것은 아님을 알 수 있다. 經에 기록하지 않은 것은 노나라와 정나라가 서로 친해져 許田과 祊田을 바꾸어 友好를 맺었으니 정백이 이미 결맹한 일에 대해 배사하러 왔다면 魯君이 혹 만나지 않을 리가 없기 때문이다. 그러므로 실로 정백이 아니라 단지 정인이 왔을 뿐임을 알 수 있다.

【傳】 宋華父(보)督見孔父(보)之妻于路하고

宋나라 華父督이 孔父의 아내를 길에서 보고는,

【注】 華父督은 宋戴公孫也라 孔父嘉는 孔子六世祖라

華父督은 宋 戴公의 손자이다. 孔父嘉는 孔子의 6世祖이다.

【疏】注'華父'至'世祖' ○ 正義曰：案世本云"華父督，宋戴公之孫，好父說之子．孔父嘉生木金父，木金父生祁父，其子奔魯爲防叔，防叔生伯夏，伯夏生叔梁紇，叔梁紇生仲尼．" 是孔父嘉爲孔子六世祖．

注의 〔華父〕부터 〔世祖〕까지

○ 正義曰：살펴보건대 ≪世本≫에 "華父督은 宋 戴公의 손자이자 好父說의 아들이다. 孔父嘉는 木金父를 낳고, 목금보는 祁父를 낳고, 기보의 아들은 魯나라로 도망가서 防叔이 되었고, 방숙은 伯夏를 낳고, 백하는 叔梁紇을 낳고, 숙량흘은 仲尼를 낳았다."라고 하였으니, 바로 공보가가 공자의 6세조가 되는 것이다.

【傳】目逆而送之曰 美而豔이로다

〈시선을 떼지 못하고〉 눈으로 맞이해 눈으로 보내면서 말하였다.
"아름답고 곱구나."

【注】色美曰豔이라

얼굴이 아름다운 것을 '豔'이라 한다.

【疏】'目逆'至'而艷' ○ 正義曰：未至則目逆，旣過則目送，俱是目也，故以目冠之．美者，言其形貌美，豔者，言其顏色好，故曰'美而豔'，爲二事之辭．'色美曰豔'，詩毛傳文也．

傳의 〔目逆〕부터 〔而艷〕까지

○ 正義曰：아직 이르지 않았을 때에는 눈으로 맞이하고 이미 지나가면 눈으로 전송하니, 모두 눈으로 하는 것이기 때문에 '目'을 맨 앞에 놓았다. 美는 그 외형의 아름다움을 말한 것이고, 豔은 얼굴의 아름다움을 말한 것이기 때문에 '아름답고 곱다.'라고 한 것이니, 두 가지 일에 대한 말이 된다. '色美曰豔'은 ≪詩經≫ 毛傳에 보이는 말이다.

【桓公 2년(B.C. 710)】

二年이라 春王正月戊申에 宋督弑其君與夷及其大夫孔父하다

2년이다. 봄 周王 정월 戊申日에 宋나라 華父督이 그 군주 與夷(殤公)와 그 대부 孔父를 죽였다.

【注】 稱督以弑는 罪在督也라 孔父稱名者는 內不能治其閨門하고 外取怨於民하야 身死而禍及其君이라

華父督을 칭하여 弑害하였다고 기록한 것은 죄가 화보독에게 있기 때문이다. 孔父의 이름을 칭한 것은 안으로는 그 집안을 잘 다스리지 못하고 밖으로는 백성들에게 원망을 사서, 자신도 죽고 禍가 임금에게까지 미치게 하였기 때문이다.

【疏】 '宋督'至'孔父' ○ 正義曰：凡言其者, 是其身之所有. 君是臣之君, 故臣弑君, 則云'弑其君', 臣是君之臣, 故君殺臣, 則云'殺其大夫', 子亦君之子, 故云'殺其世子'. 稱國稱人以殺亦言其者, 人與國竝擧, 一國之辭, 君與大夫皆是國人所有, 故亦言其也. 若兩臣相殺, 死者非殺者所有, 則兩書名氏, 不得言其, 則"王札子殺召伯・毛伯"[1]是也. 與夷是督之君, 言弑其君則可, 孔父非督之大夫, 而言及其大夫者, 與君俱死. 據君爲文, 言宋督弑其君. 據督爲文, 而上弑其君也, 言及其大夫孔父. 據君爲文, 而下及其大夫, 言及與夷之大夫, 非督之大夫也. 仇牧[2]・荀息[3], 其意亦同.

1) 王札子殺召伯毛伯：≪春秋左氏傳≫ 宣公 15년 經 기사에 보인다.
2) 仇牧：宋나라 大夫이다. ≪春秋左氏傳≫ 莊公 12년 經 기사에 "가을 8월 甲午日에 宋나라 南宮長萬이 그 군주 捷과 그 대부 仇牧을 죽였다.〔秋八月甲午 宋萬弑其君捷及其大夫仇牧〕"라고 하였다.
3) 荀息：晉나라 大夫이다. ≪春秋左氏傳≫ 僖公 10년 經 기사에 "晉나라 里克이 그 임금 卓과 그 대부 荀息을 죽였다.〔晉里克弑其君卓及其大夫荀息〕"라고 하였다.

經의 〔宋督〕에서 〔孔父〕까지

○ 正義曰：무릇 '그〔其〕'를 말하는 것은 그 몸의 소유를 뜻한다. 임금은 신하의 임금이기 때문에 신하가 임금을 弑害하면 '그 임금을 시해하였다.'라고 하고, 신하는 임

금의 신하이기 때문에 임금이 신하를 죽이면 '그 大夫를 죽였다.'라고 하고, 아들도 임금의 아들이기 때문에 〈임금이 아들을 죽이면〉 '그 世子를 죽였다.'라고 한다.

나라의 이름을 칭하고 사람의 이름을 칭하여 죽였다고 기록하면서 또한 '그'를 말한 것은, 사람과 나라를 아울러 거론한 것은 한 나라에 속함을 뜻하는 文辭로, 임금과 대부는 모두 國人의 소유이기 때문에 또한 '그'를 말한 것이다. 두 신하가 서로 죽이려고 할 경우 죽은 자는 죽인 자의 소유가 아니니, 두 신하의 名氏를 써야 하고 '그'를 말할 수 없다. 바로 "王札子가 召伯과 毛伯을 죽였다."라고 한 것이 이 경우이다.

與夷는 華父督의 임금이니 그 임금을 시해했다고 말하는 것은 괜찮지만, 孔父는 화보독의 대부가 아닌데도 그 대부에게 미쳤다고 말한 것은 임금과 함께 죽었기 때문이다. 임금을 근거로 삼아 글을 만들었으니, 宋나라 화보독이 그 임금을 시해했다고 말한 것이다. 화보독을 근거로 삼아 글을 만들되 위로 그 임금을 시해하였으니, 그 대부 공보에게 미쳤다고 말한 것이다. 임금을 근거로 삼아 글을 만들되 아래로 그 대부에 미쳤으니, 여이의 대부에게 미친 것이지 화보독의 대부는 아니라고 말한 것이다. 仇牧과 荀息은 그 뜻이 또한 같다.

【疏】 ○ 注'稱督'至'其君' ○ 正義曰：宣四年傳例曰"弑君, 稱君, 君無道也, 稱臣, 臣之罪也". 故知稱督以弑, 罪在督也. 諸言父者, 雖或是字, 而春秋之世, 有齊侯祿父・蔡侯考父・季孫行父・衛孫林父, 乃皆是名, 故杜以孔父爲名. 文七年"宋人殺其大夫", 傳曰"不稱名, 衆也, 且言非其罪也". 不名者非其罪, 則知稱名者, 皆有罪矣. 杜旣以孔父爲名, 因論爲罪之狀, 內不能治其閨門, 使妻行於路, 令華督見之, 外取怨於民, 使君數(삭)攻戰而國人恨之, 身死而禍及其君, 故書名以罪孔父也. 釋例曰"經書'宋督弑其君與夷及其大夫孔父', 仲尼・丘明唯以先後見義, 無善孔父之文. 孔父爲國政則取怨於民, 治其家則無閨閫之敎, 身先見殺, 禍遂及君. 旣無所善, 仇牧不警, 而遇賊又死無忠事. 晉之荀息, 期欲復言, 本無大節. 先儒皆隨加善例, 又爲不安. 經書臣蒙君弑者有三, 直是弑死相及, 卽實爲文. 仲尼以督爲有無君之心, 改書一事而已, 無他例也". 是以孔父行無可善, 書名罪之也. 案公羊・穀梁及先儒皆以善孔父而書字, 知不然者, 案"宋人殺其大夫司馬", 傳稱"握節以死, 故書其官". 又"宋人殺其大夫", 傳以爲無罪, 不書名. 今孔父之死, 傳無善事, 故杜氏之意, 以父爲名, 言若齊侯祿父・宋公玆父之等. 父旣是名, 孔則爲氏, 猶仇牧・荀息被殺, 皆書名氏. 蓋孔父先世以孔爲氏,

故傳云"督攻孔氏"也. 婦人之出, 禮必擁蔽其面, 孔父妻行, 令人見其色美, 是不能治其閨門. 及殤公之好攻戰, 孔父須伏死而爭, 乃從君之非, 是取怨於百姓. 事由孔父, 遂禍及其君, 似公子比劫立, 加弑君之罪.[1)] 杜君積累其惡, 故以書名責之, 劉君[2)]不達此旨, 妄爲規過, 非也.

1) 似公子比劫立 加弑君之罪 : ≪春秋左氏傳≫ 昭公 13년 經에 "여름 4월에 楚나라 公子 比가 晉나라에서 楚나라로 돌아와서 그 임금 虔을 乾谿에서 弑害하였다.〔夏四月 楚公子比自晉歸于楚 弑其君虔于乾谿〕"라고 하였는데, 杜預의 注에 "靈王이 無道하였는데도 시해한 신하의 이름을 칭하고, 比가 앞장서서 일을 꾸민 것이 아닌데도 도리어 시해하였다고 쓴 것은 比가 비록 威脅을 당해 임금이 되었으나 〈영왕이 比 때문에 죽었으므로〉 오히려 罪를 씌운 것이다.〔靈王無道而弑稱臣 比非首謀而反書弑 比雖脅立 猶以罪加也〕"라고 하였다.
2) 劉君 : 隋나라 학자 劉炫이다. 그는 일찍이 잘못된 해석을 바로잡는다는 취지로 ≪規過≫라는 책을 지어 杜預의 해석을 攻駁하였는데, 孔穎達의 疏에서 유현의 설을 대부분 잘못되었다고 하였다.

注의 〔稱督〕에서 〔其君〕까지

○ 正義曰 : 宣公 4년 傳例에 "임금을 시해했을 때 임금의 이름을 칭하는 것은 임금이 無道하기 때문임을 드러낸 것이고, 신하의 이름을 칭하는 것은 신하에게 죄가 있음을 드러낸 것이다."라고 하였다. 그러므로 華父督을 칭하여 시해했다고 기록한 것은 죄가 화보독에게 있기 때문임을 알 수 있다.

모든 '父'를 말한 것은 비록 字인 경우가 있다 할지라도, 春秋 시대에 齊侯 祿父와 蔡侯 考父와 季孫 行父와 衛孫 林父가 있는데 모두 이름이기 때문에 杜預가 孔父를 이름으로 여긴 것이다. 文公 7년에 "宋人이 그 大夫를 죽였다."라고 하였는데, 傳에 "이름을 칭하지 않은 것은 〈죽이는 데 가담한 자가〉 많고, 또 죽은 자에게 죄가 없다는 것을 말한 것이다."라고 하였다. 이름을 칭하지 않은 것은 죽은 자에게 죄가 없기 때문이라면 이름을 칭한 것은 모두 죄가 있기 때문임을 알 수 있다.

두예가 이미 공보를 이름으로 여기고 이어 그의 죄상을 논하여, 안으로는 집안을 잘 다스리지 못하여 아내로 하여금 함부로 길을 다니게 함으로써 화보독이 그녀를 보도록 하였고, 밖으로는 백성에게 원망을 사서 임금으로 하여금 자주 전쟁하게 함으로써 國人이 이를 한스럽게 여기도록 하여, 자신도 죽고 禍가 그 임금에게까지 미치게 하였다. 그러므로 이름을 써서 공보에게 죄를 돌린 것이다.

≪春秋釋例≫에 "經에 '송나라 화보독이 그 군주 與夷와 그 대부 孔父를 죽였다.'라고 기록하였는데, 仲尼와 左丘明이 전후로 뜻을 드러내면서 공보를 훌륭하게 여기는 글이 없다. 공보가 國政을 담당할 때에는 백성에게 원망을 사고, 그 집안을 다스릴 때에는 가정의 가르침이 없어, 자신이 먼저 죽임을 당하고 화가 마침내 임금에게까지 미쳤다. 이미 훌륭한 바가 없는데 仇牧이 경계하지 않고 있다가 적을 만나 또 죽을 때 충성스러운 일이 없었다. 晉나라의 荀息은 기필코 약속을 실천하고자 했지만 본디 큰 절의가 없었다. 그러므로 先儒들은 모두 그들의 훌륭한 사례를 쓰는 것을 또 편치 않게 여겼다. 經에 신하가 어리석어 임금이 시해된 일을 기록한 경우가 세 가지가 있는데, 이는 단지 임금의 시해와 신하의 죽음이 서로 미친 것으로 실제의 일을 가지고 글을 만든 것이다. 중니는 화보독이 임금을 무시하는 마음을 가졌다고 하여 한 가지 일만 고쳐 기록했을 뿐 다른 例는 없었다."라고 하였다. 이 때문에 공보는 행실에 훌륭하게 여길 만한 점이 없으므로 이름을 써서 그에게 죄를 돌린 것이다.

살펴보건대 ≪春秋公羊傳≫과 ≪春秋穀梁傳≫ 및 선유들은 모두 공보를 훌륭하게 여겨 字를 썼다고 하였는데, 그렇지 않음을 알 수 있다. 살펴보건대 〈≪春秋左氏傳≫ 文公 8년 經文에〉 "宋人이 그 大夫 司馬를 죽였다."라고 하였는데, 傳에 "符節을 손에 쥐고서 죽었기 때문에 經에 그 관직을 쓴 것이다."라고 하였다. 또 〈≪춘추좌씨전≫ 문공 7년 경문에〉 "宋人이 그 대부를 죽였다."라고 하였는데, 傳에 대부에게 죄가 없어서 이름을 쓰지 않은 것이라고 하였다. 지금 공보가 죽었는데 傳에는 기록된 훌륭한 일이 없기 때문에 杜氏(杜預)의 뜻은 父를 이름으로 여기고 齊侯 祿父와 宋公 玆父 등과 같은 경우라고 말한 것이다. 父가 이미 이름이라면 孔은 姓氏가 되니, 이는 仇牧과 荀息이 죽임을 당하였는데 모두 이름과 성씨를 쓴 것과 같다. 아마도 孔父의 先世에서 孔을 성씨로 삼은 듯하다. 그러므로 傳에 "華父督이 孔氏를 공격하였다."라고 한 것이다.

부인이 외출할 때에는 禮에 의하면 반드시 그 얼굴을 가려야 하는데, 공보의 처가 다닐 때 사람들에게 자신의 美色을 보게 하였으니, 이것이 공보가 그 집안을 잘 다스리지 못한 것이다. 그리고 殤公이 전쟁을 좋아함에 이르러서는 공보가 반드시 죽음을 무릅쓰고 간쟁하여야 하는데 도리어 임금의 잘못을 따랐으니, 이것이 백성에게 원망을 산 까닭이다. 일이 공보에게 나와 마침내 화가 그 임금에게 미쳤으니, 이는 겁박을 당해 임금이 된 公子 比에게 그 임금을 시해한 죄를 씌우는 것과 비슷하다. 杜君(杜預)

은 공보가 그 악을 쌓았기 때문에 이름을 써서 공보를 질책한 것이라고 여겼는데, 劉君(劉炫)은 이 뜻을 알아채지 못하고 함부로 ≪規過≫를 지었으니 잘못되었다.

滕子來朝하다

滕子가 魯나라에 와서 朝見하였다.

【注】 無傳이라 隱十一年에 稱侯러니 今稱子者는 蓋時王所黜이라

傳이 없다. 隱公 11년 經에는 滕侯라고 칭하였는데, 지금 滕子라고 칭한 것은 아마도 당시의 周王에게 貶黜되었기 때문인 듯하다.

【疏】 注'隱十'至'所黜' ○ 正義曰：杞行夷禮, 傳每發之, 此不發傳, 非爲夷禮. 自是以下, 滕(當)〔常〕[1]稱子, 故疑爲時王所黜. 於時周桓王也, 東周雖則微弱, 猶爲天下宗主, 尙得命郳爲諸侯, 明能黜滕爲子爵.

1) (當)〔常〕: 저본에는 '當'으로 되어 있으나, 阮元의 〈校勘記〉에 의거하여 '常'으로 바로잡았다.

注의 〔隱十〕부터 〔所黜〕까지

○ 正義曰：杞나라가 오랑캐의 禮를 행하면 傳에서 매양 드러냈으니, 여기에서 傳에 드러내지 않은 것은 오랑캐의 예를 행한 것이 아니기 때문이다. 이 뒤로부터는 滕나라의 군주를 항상 子라고 칭하였기 때문에 당시의 周王에게 貶黜되었으리라고 의심한 것이다. 당시 周 桓王 때에 東周는 비록 국력이 미약하기는 하였지만 그래도 천하의 宗主國이므로 아직 郳나라를 명하여 諸侯로 삼을 수 있었으니, 등나라를 폄출하여 子爵으로 만든 것이 분명하다.

三月에 公會齊侯陳侯鄭伯于稷하야 以成宋亂하다

3월에 桓公이 稷에서 齊侯・陳侯・鄭伯과 회합하여 宋나라의 난리를 平定하려고 하였다.

【注】 成은 平也라 宋有弑君之亂이라 故爲會하야 欲以平之라 稷은 宋地라

成은 平定함이다. 宋나라에 임금을 弑害하는 난리가 일어났기 때문에 회합하여 평정하고자 한 것이다. 稷은 송나라 땅이다.

【疏】 注'成平'至'宋地' ○ 正義曰 : '成, 平', 釋詁文也. 宣十五年傳"晉侯治兵于稷", 治兵欲以禦秦, 明其不出晉竟, 故以稷爲河東之稷山. 此欲平宋, 故以稷爲宋地.

注의 〔成平〕부터 〔宋地〕까지

○ 正義曰 : '成은 平定함이다.'라고 한 것은 ≪爾雅≫ 〈釋詁〉에서 유래한 글이다. 宣公 15년 傳에 "晉侯가 稷에서 군사훈련을 하였다."라고 하였는데, 군사훈련은 秦나라 군대를 막으려고 한 것이니 晉나라 경내를 벗어나지 않음이 분명하기 때문에 稷을 河東의 稷山이라고 하였다. 여기서는 宋나라의 난리를 평정하려고 한 것이기 때문에 稷을 송나라 땅이라고 하였다.

夏四月에 取郜(고)大鼎于宋하야 戊申에 納于大(태)廟하다

여름 4월에 宋나라에서 郜大鼎을 가져와 戊申日에 太廟에 들여놓았다.

【注】 宋以鼎賂公이라 大廟는 周公廟也라 始欲平宋之亂이라가 終於受賂라 故備書之라 戊申은 五月十日이라

宋나라가 桓公에게 鼎을 뇌물로 준 것이다. 太廟는 周公의 사당이다. 당초에는 송나라의 난리를 평정하고자 하였다가 뇌물을 받는 것으로 일을 마쳤기 때문에 구체적으로 기록한 것이다. 戊申日은 5월 10일이다.

【疏】 注'宋以'至'十日' 〔○〕[1] 正義曰 : 禮記明堂位稱魯君"季夏六月, 以禘(체)禮祀周公於大廟", 文十三年公羊傳曰"周公稱大廟", 故知大廟周公廟也. 始欲平宋亂, 故會于稷, 終舍宋罪而受其賂, 故得失備書之. 始書成宋亂, 終書取郜鼎, 是其備書之也. 鄭衆[2]・服虔皆以成宋亂爲成就宋亂, 故以此言正之. 長歷[3]此年四月庚午朔, 其月無戊申, 五月己亥朔, 十日得戊申, 是有日而無月也.

1) 〔○〕 : 저본에는 '○'이 없으나, 저본의 체제에 의거하여 보충하였다.

2) 鄭衆 : 後漢 開封 사람이다. 아버지 鄭興에게 ≪春秋≫를 배우고 ≪周易≫ · ≪詩經≫에도 통달하였다. 벼슬은 給事中과 大司農을 지냈다. 후대의 鄭玄과 구별하기 위하여 先鄭이라고 하며, 또 환관 鄭衆과 구분하기 위하여 鄭司農이라고도 한다.
3) 長歷 : 杜預가 經傳에 上下의 月日을 교감하여 만든 ≪春秋長歷≫을 가리킨다.

注의 〔宋以〕부터 〔十日〕까지

○ 正義曰 : ≪禮記≫ 〈明堂位〉에 魯君이 "季夏 6월에 太廟에서 禘祭를 지내는 禮로써 周公에게 제사 지냈다."라고 하고, ≪春秋公羊傳≫ 文公 13년에 "주공의 사당을 태묘라고 칭한다."라고 하였다. 그러므로 태묘는 주공의 사당임을 알 수 있다.

당초에는 宋나라의 난리를 平定하고자 했기 때문에 稷에서 회합하였는데, 끝내 송나라의 죄를 버려두고 그 뇌물을 받았기 때문에 그 得失을 구체적으로 기록한 것이다. 처음에는 "송나라의 난리를 평정하려고 하였다."라고 기록하고, 끝에는 "郜大鼎을 가져왔다."라고 기록하였는데, 이것이 구체적으로 기록한 것이다. 鄭衆과 服虔은 모두 '成宋亂'을 송나라의 난리를 成就하려고 한 것이라고 해석하였기 때문에 이 말로써 바로잡은 것이다.

≪春秋長歷≫에 의하면 이해의 4월 庚午朔은 이달 안에 戊申日이 없고, 5월 己亥朔은 10일이 戊申日이 되니, 이것이 날짜만 기록하고 달은 기록하지 않은 것이다.

秋七月에 杞侯來朝하다

가을 7월에 杞侯가 魯나라에 와서 朝見하였다.

【注】 公卽位而來朝라

桓公이 卽位하므로 〈축하하기 위해〉 와서 조현한 것이다.

蔡侯鄭伯會于鄧하다

蔡侯와 鄭伯이 鄧에서 회합하였다.

【注】 潁川召陵縣西南에 有鄧城이라

潁川 召陵縣 서남쪽에 鄧城이 있다.

【疏】注'潁川'至'鄧城' ○ 正義曰：賈·服以鄧爲國, 言蔡·鄭會於鄧之國都. 釋例以此潁川鄧城爲蔡地, 其鄧國則義陽鄧縣是也. 以鄧是小國, 去蔡路遠, 蔡·鄭不宜遠會其都. 且蔡·鄭懼楚, 始爲此會, 何當反求近楚小國而與之結援. 故知非鄧國也.

注의 〔潁川〕부터 〔鄧城〕까지

○ 正義曰：賈逵와 服虔은 鄧을 나라로 여겨 蔡侯와 鄭伯이 鄧나라의 國都에서 회합한 것이라고 하였다. ≪春秋釋例≫에서는 이 潁川의 鄧城이 蔡나라 땅이니, 그 '鄧國'은 義陽 鄧縣이 이것이라고 하였다. 등나라는 小國으로 채나라와의 거리가 머니 채후와 정백이 의당 등나라 국도까지 멀리 가서 회합하지는 않았을 것이다. 또 채후와 정백이 楚나라를 두려워하여 처음으로 이 회합을 가졌는데, 어찌 도리어 초나라와 가까운 소국을 찾아서 함께 援助를 맺는 것이 마땅하겠는가. 그러므로 등나라의 국도가 아님을 알 수 있다.

九月에 入杞하다

9월에 魯나라가 杞나라로 쳐들어갔다.

【注】不稱主帥는 微者也라 弗地曰入이라 ○ 帥는 或作師라

主將을 칭하지 않은 것은 品階가 낮은 자였기 때문이다. 땅의 점령을 목적으로 하지 않는 것을 '入'이라 한다. ○ 帥는 혹 '師'로 되어 있기도 하다.

公及戎盟于唐하고 冬에 公至自唐하다

桓公이 戎과 唐에서 結盟하고, 겨울에 환공이 唐에서 돌아왔다.

【注】傳例曰 告于廟也라 特相會[1]라 故致地也라하니라 凡公行還不書至者는 皆不告廟也라 隱不書至는 謙不敢自同於正君書勞策勳이라

1) 特相會：주재하는 나라의 임금이 다른 한 나라의 임금하고만 회합하는 것을 이른다.

傳例에 "宗廟에 告한 것이다. 特相會였기 때문에 회합한 지명을 드러낸 것이다."라

고 하였다. 무릇 公이 出行에서 돌아온 것을 '至'라고 기록하지 않은 것은 모두 종묘에 고하지 않은 경우이다. 그러나 隱公에게 '至'라고 기록하지 않은 것은 은공이 겸양하여 감히 스스로 정식 임금처럼 종묘에 고하고서 신하들의 勤勞와 功勳을 기록하는 일을 거행하지 않았기 때문이다.

【疏】注'傳例'至'策勳' ○ 正義曰：釋例曰"凡盟有一百五, 公行一百七十六, 書至者八十二, 其不書至者九十四, 皆不告廟也. 隱公之不告, 謙也, 餘公之不告, 慢於禮也", 是言不告不書之意也. 知隱不書至爲謙者, 以隱是讓位賢君, 必不慢於宗廟, 假使惰慢宗廟, 止可時或失禮, 不應終隱之身竟不書至. 知其以謙之故, 勞非所憚, 勳無可紀, 不敢自同於正君書勞策勳, 故不告至也.

注의 〔傳例〕부터 〔策勳〕까지

○ 正義曰：≪春秋釋例≫에 "무릇 盟約은 105차례가 있었고, 公들의 出行은 176차례가 있었고, '至'라고 기록한 것은 82차례이니, '至'라고 기록하지 않은 것은 94차례로 모두 宗廟에 고하지 않은 경우이다. 隱公이 종묘에 고하지 않은 것은 謙讓했기 때문이고, 나머지 공들이 종묘에 고하지 않은 것은 禮에 태만했기 때문이다."라고 하였으니, 이는 종묘에 고하지 않아 '至'라고 기록하지 않은 뜻을 말한 것이다.

은공에게 '至'라고 기록하지 않음은 겸양하기 때문임을 알 수 있는 것은, 은공은 讓位한 賢君으로 반드시 종묘의 예에 태만하지 않았을 터이고, 설사 종묘의 예에 태만했다 해도 단지 때때로 사소한 실례를 한 것일 뿐이라서 응당 은공의 몸에 끝내 '至'라고 기록하지 않는 지경에는 이르지 않을 것이기 때문이다. 그러므로 은공이 겸양한 까닭으로 勤勞하여도 꺼리는 바가 없고 功勳을 세워도 기록할 수가 없어, 감히 스스로 정식 임금처럼 신하들의 근로와 공훈을 기록하는 일을 거행하지 못하기 때문에 종묘에 돌아옴을 고하지 않았음을 알 수 있다.

【傳】二年이라 春에 宋督攻孔氏하야 殺孔父(보)而取其妻하다 公怒하니 督懼하야 遂弑殤公하다 君子以督爲有無君之心하야 而後動於惡이라

2년이다. 봄에 宋나라 華父督이 孔氏를 공격하여 孔父를 죽이고 그 아내를 취하였다. 宋 殤公(與夷)이 크게 노하니, 화보독이 〈화가 미칠까〉 두려워서 마침내

상공을 弑害하였다.

〈화보독이 먼저 공보를 죽이고 나중에 상공을 죽였는데도 經에 임금을 시해한 일을 먼저 기록한 것에 대해〉 君子는 말하였다.

"화보독이 먼저 임금을 무시하는 마음이 있어서 그런 뒤에 〈大臣을 죽이는〉 악행을 저지른 것이다.

【注】 雖有君若無也라

비록 임금이 있으나 없는 것처럼 여긴 것이다.

【傳】 **故先書弑其君**이라 **會于稷**하야 **以成宋亂**이나 **爲賂故**로 **立華氏也**라

그러므로 그 임금을 시해한 일을 먼저 기록한 것이다."

桓公이 稷에서 제후들과 회합하여 宋나라의 난리를 平定하려 하였으나, 〈華父督이 바친〉 뇌물 때문에 華氏를 〈임금의 보좌로〉 세워주었다.

【注】 經稱平宋亂者는 蓋以魯君受賂立華氏하야 貪縱之甚이어늘 惡(오)其指斥이라 故遠言始與齊・陳・鄭爲會之本意也라 傳言爲賂故로 立華氏라하야 明經本書平宋亂은 爲公諱니 諱在受賂立華氏也라 猶璧假許田하니 爲周公祊故[1]하니 所謂婉而成章[2]이라 督未死而賜族[3]하니 督之妄也라

1) 璧假許田　爲周公祊故：≪春秋左氏傳≫ 桓公 원년 傳에 보이는 글로, 이 역시 史官이 환공의 잘

立新君華督行賂

못을 숨기기 위해 완곡하게 표현한 글이다.

2) 婉而成章 : ≪春秋左氏傳≫ 成公 14년 傳에 보인다.

3) 賜族 : 큰 공덕을 세운 신하가 죽으면 임금이 族을 하사하는 것을 이른다. 族을 하사받으면 史冊에 氏로 기록된다. 여기서는 傳에 華氏라고 기록된 것을 두고 말한 것이다.

經에 '宋나라의 난리를 평정하려고 하였다.'라고 칭한 것은 대개 魯君이 뇌물을 받고서 華氏를 〈임금의 보좌로〉 세워주어 재물을 탐하여 역적을 놓아준 잘못이 심한데, 〈史官이〉 그것을 지적해 말하기 싫었기 때문에 당초에 齊·陳·鄭나라와 회합했던 本意를 멀리에서 끌어다가 말한 것이다.

傳에 '뇌물 때문에 華氏를 〈임금의 보좌로〉 세워주었다.'라고 말하여, 經에 본래 '송나라에서 일어난 난리를 평정하려고 하였다.'라고 기록한 것은 桓公을 위해 숨긴 것이니, 숨긴 이유는 뇌물을 받아 화씨를 〈임금의 보좌로〉 세워준 데 있음을 밝힌 것이다. 이는 〈≪春秋左氏傳≫ 桓公 원년 傳에〉 "璧을 주고서 許田을 빌렸으니 이는 周公과 祊 때문이었다."라고 한 것과 같으니, 바로 이른바 '완곡하게 말을 만들어 篇章을 이룬다.'는 것이다. 華父督이 죽기도 전에 族을 下賜받았으니 화보독의 망령됨을 알 만하다.

【疏】'君子'至'其君' ○ 正義曰 : 諸傳言君子者, 或當時賢者, 或指斥仲尼, 或語出丘明之意而託諸賢者, 期於明理而已, 不復曲爲義例. 唯河陽之狩[1]·趙盾之弑[2]·洩冶之罪[3], 危疑之理, 須取聖證, 故特稱仲尼以明之, 其餘皆託諸君子. 君子者, 言其可以居上位, 子下民, 有德之美稱也. 此言先書弑君, 則是仲尼新意. 不言仲尼而言君子者, 欲見君子之人意皆然, 非獨仲尼也. 督有無君之心, 而先書弑君者, 君人執柄, 臣人畏威, 每事稟命而行, 不敢妄相殺害, 督乃專殺孔父而取其妻, 非有忌君之心, 全無敬上之意, 不臣之迹在心已久, 非爲公怒, 始興毒害. 若先書孔父, 後書弑君, 便似既殺孔父, 始有惡心. 今先書弑君, 後書孔父, 見其先有輕君之心, 以著不義之極故也.

1) 河陽之狩 : ≪春秋左氏傳≫ 僖公 28년 經에 "天王이 河陽에서 사냥하였다.〔天王狩于河陽〕"라고 한 기사를 두고 말한 것이다.

2) 趙盾之弑 : ≪春秋左氏傳≫ 宣公 2년 經에 "가을 9월 乙丑日에 晉나라 趙盾이 그 임금 夷皐를 弑害하였다.〔秋九月乙丑 晉趙盾弑其君夷皐〕"라고 한 기사를 두고 말한 것이다.

3) 洩冶之罪 : ≪春秋左氏傳≫ 宣公 9년 經에 "陳나라가 그 大夫 洩冶를 죽였다.〔陳殺其大夫洩冶〕"라고 한 기사를 두고 말한 것이다.

傳의 〔君子〕부터 〔其君〕까지

○ 正義曰 : 모든 傳에서 '君子'라고 말한 것은 당시의 賢者이거나 혹 仲尼를 가리키거나 혹 말은 左丘明의 뜻에서 나왔지만 현자에 가탁해서 기필코 이치를 밝히려고 한 것일 뿐이니, 다시 곡진하게 義例를 만들 필요가 없다. 다만 河陽에서의 사냥, 趙盾의 弑害, 洩冶의 罪는 의심스러운 이치가 있으니 반드시 聖人의 증명을 취해야 하기 때문에 특별히 중니를 칭하여 그 이치를 밝혔고, 그 나머지는 모두 군자에 가탁하였다.

군자란 윗자리에 거하여 백성을 자식처럼 사랑할 수 있는, 德이 있는 자의 美稱을 말한다. 여기에서 임금을 시해한 일을 먼저 기록하였다고 말한 것은 바로 중니의 새로운 뜻이다. 그런데 중니를 말하지 않고 군자를 말한 것은 비단 중니뿐만 아니라 군자다운 사람들의 뜻도 모두 그러함을 보이고자 한 것이다.

華父督에게 임금을 무시하는 마음이 있어서 임금을 시해한 일을 먼저 기록한 것은, 임금이 執政함에 신하가 위엄을 두려워하여 일마다 명을 여쭈어 행하고 감히 망령되이 서로 죽이지 못하는데, 화보독은 孔父를 마음대로 죽이고 그의 妻를 취하여 임금을 꺼리는 마음이 있지 않고 윗사람을 공경하는 뜻이 전혀 없어 신하답지 않은 자취가 마음속에 있은 지 이미 오래되었기 때문이지, 宋 殤公이 크게 노한 뒤에야 비로소 임금을 해치고자 하는 마음이 일어난 것은 아니기 때문이다.

만약 孔父를 〈죽인 일을〉 먼저 기록하고 임금을 시해한 일을 뒤에 기록하였다면 이미 공보를 죽인 뒤에야 비로소 악한 마음이 생긴 것처럼 보일 것이다. 지금 임금을 시해한 일을 먼저 기록하고 공보를 〈죽인 일을〉 뒤에 기록하였으니, 이는 그가 임금을 경시하는 마음을 먼저 가지고 있어서 지극히 不義한 짓을 저질렀음을 드러낸 것이다.

【疏】 ○ 注'經稱'至'妄也' ○ 正義曰 : 傳言'爲賂故, 立華氏', 解經以成宋亂之言也. 成宋亂者, 欲殺臣定宋國, 今乃受貨賂, 立華氏, 非是平亂之狀, 而傳以解經, 故注申通其義, 以成宋亂者, 是四國爲會之本謀, 及其旣會, 違背前謀, 非徒不討宋督, 乃更爲立華氏. 宋亂實不平, 而經書平宋亂者, 蓋以魯君受賂立華氏, 貪貨縱賊, 爲惡之甚, 時史惡(오)其指斥, 不可言四國爲會, 縱賊取財. 故遠言爲會之本意, 言會于稷, 欲以平宋亂也. 傳以經文不實, 解其諱之所由. 所諱者, 諱其受賂立華氏故也. '爲周公祊故', 文與此同, 故以類相明. 然案'爲周公祊故', 故字在下, 而向上結之, 此亦應云'爲賂立華氏故'也, 何以此文故字乃在立華氏之上・爲賂之下者. '以周公祊故', 其文約少, 得以故字在下, 總而

結之. 此則文句長緩, 不可總而結之, 先擧爲賂惡重, 所以云'爲賂故'也. 然後始言'立華氏', 備詳其事. 今定本有故字, 檢晉・宋古本, 往往無故字者, 妄也. 襄三十年, 諸侯之卿會于澶(선)淵, 謀歸宋財. 旣而無歸, 書曰"宋災故",[1] 尤之也. 此書"成宋亂", 知非譏受賂, 尤四國者, 澶淵之會, 貶卿稱人, 是尤之文, 此則具序君爵, 辭無貶責, 非尤過之狀. 知爲諱故, 而本其會意, 從其平文也. 文十七年, 晉會諸侯于扈, 欲以平宋之亂, 旣而不討, 受賂而還, 其事與此正同, 而經書"諸侯會于扈", 傳曰"書曰諸侯, 無功也".[2] 此亦無功, 不言諸侯會于稷, 而歷序諸國者, 扈之會, 晉爲伯, 會諸侯以討亂, 乃受賂而還. 猶如僖十四年"諸侯城緣陵", 齊桓爲伯, 城而不終, 故貶稱諸侯. 此則齊・陳・鄭自相平亂, 故不加貶文. 知不爲公諱, 不貶諸侯者, 以狄泉之諱,[3] 唯沒公文, 其餘皆貶. 此若必諱, 唯須沒公而已, 何須不貶諸國. 宣四年"公及齊侯平莒及郯", 成・平同義, 而彼言平, 此言成者, 史官非一, 置辭不同. 猶曁之與及, 更(갱)無他義, 所謂史有文質, 不必改也.[4] 文十三年傳稱"衛侯・鄭伯請平于晉, 公皆成之",[5] 是知成・平義無異也.

1) 宋災故 : ≪春秋左氏傳≫ 襄公 30년 經에 "晉人, 齊人, 宋人, 衛人, 鄭人, 曹人, 莒人, 邾人, 滕人, 薛人, 杞人, 小邾人이 澶淵에서 會合하였으니, 宋나라의 火災 때문이었다.〔晉人齊人宋人衛人鄭人曹人莒人邾人滕人薛人杞人小邾人會于澶淵 宋災故〕"라고 한 데서 보인다.

2) 書曰諸侯 無功也 : ≪春秋左氏傳≫ 文公 17년 傳에 "晉侯가 黃父에서 閱兵하고서 드디어 다시 扈에서 諸侯와 회합하였으니, 이는 宋나라의 난리를 평정하려고 해서였다. 公이 회합에 참여하지 않았으니 이는 齊나라가 쳐들어온 난리가 있었기 때문이다. 經에 '諸侯'라고 기록한 것은 功이 없었기 때문이다.〔晉侯蒐于黃父 遂復合諸侯于扈 平宋也 公不與會 齊難故也 書曰諸侯 無功也〕"라고 한 데서 보인다.

3) 狄泉之諱 : ≪春秋左氏傳≫ 定公 17년 傳에 "원년 봄 周王 正月 辛巳日에 晉나라 魏舒가 狄泉에서 諸侯의 大夫들과 會合하였으니, 이는 成周에 城을 쌓기 위해서였다.〔元年春王正月辛巳 晉魏舒合諸侯之大夫于狄泉 將以城成周〕"라고 한 것을 두고 말한 것이다.

4) 史有文質 不必改也 : 杜預의 〈春秋左傳序〉에 "그밖에는 모두 舊史를 따랐으니, 이는 史官에는 文華한 사람도 있고 質朴한 사람도 있어서 말이 자세한 경우도 있고 간략한 경우도 있으니 굳이 고칠 필요가 없기 때문이다.〔其餘則皆卽用舊史 史有文質 辭有詳略 不必改也〕"라고 한 데서 온 말이다.

5) 衛侯鄭伯請平于晉 公皆成之 : ≪春秋左氏傳≫ 文公 13년 傳에 "衛侯가 沓에서 公과 會合하여 晉나라와의 和平을 주선해주기를 청하였고, 公이 돌아올 때 鄭伯이 棐에서 공과 회합하여 晉나라와의 화평을 주선해주기를 청하니, 공은 모두 晉나라와 화평을

맺도록 도와주었다.〔衛侯會公于沓 請平于晉 公還 鄭伯會公于棐 亦請平于晉 公皆成之〕"라고 한 데서 보인다.

注의 〔經稱〕부터 〔妄也〕까지

○ 正義曰：傳에 '뇌물 때문에 華氏를 〈임금의 보좌로〉 세워주었다.'라고 한 것은 經에 '宋나라의 난리를 平定하려고 하였다.'라고 한 말을 해설한 것이다. '송나라의 난리를 평정하려고 하였다.'는 것은 〈난리를 일으킨〉 신하를 죽여 송나라를 안정시키려고 한 것인데 지금 도리어 뇌물을 받아 화씨를 〈임금의 보좌로〉 세워주었으니, 난리를 평정한 상황이 아니다. 그런데 傳은 經을 해설하는 것이기 때문에 注에서 그 뜻을 거듭 소통시켜, '송나라의 난리를 평정하려고 하였다.'는 것은 〈魯·齊·陳·鄭〉 네 나라가 會合하려는 본래의 계책이었는데, 이미 회합함에 이르러서는 이전의 계책을 위배하여 비단 송나라의 華父督을 토죄하지 않았을 뿐만 아니라 도리어 화씨를 임금의 보좌로 세워주기까지 하였다고 한 것이다.

송나라의 난리를 실제로 평정하지 않았는데 經에서는 송나라의 난리를 평정하려고 하였다고 기록한 것은 대개 魯君이 뇌물을 받고 화씨를 〈임금의 보좌로〉 세워주어 재물을 탐하여 역적을 놓아준 악행이 심하였지만, 당시 史官이 그것을 지적해 말하기 싫어하여 네 나라가 회합하여 역적을 놓아주고 재물을 취하였다고 말할 수 없었다. 그러므로 회합했던 本意를 멀리에서 끌어다가 稷에서 회합하여 송나라의 난리를 평정하려고 하였다고 말한 것이다. 傳은 經文이 사실이 아니므로 사관이 숨긴 까닭을 해설하였다. 숨긴 까닭은 뇌물을 받아 화씨를 〈임금의 보좌로〉 세워준 일을 숨기기 위해서였다.

〈傳에〉 '周公과 䓨 때문이었다.'라고 한 것은 그 文體가 여기의 글과 같기 때문에 같은 부류로 서로 뜻을 밝힌 것이다. 그러나 살펴보건대 '爲周公䓨故'는 '故'자가 아래에 있어 위를 향해 뜻을 總結하니 여기서도 응당 '爲賂立華氏故'라고 말해야 하는데, 어찌하여 여기 글의 '故'자는 '立華氏'의 위와 '爲賂'의 아래 사이에 있는가? '爲周公䓨故'는 그 文句가 짧아 '故'자를 아래에 두어 뜻을 총결할 수 있다. 그러나 여기의 글은 문구가 길어서 뜻을 총결할 수 없으므로 먼저 악행이 심한 뇌물 받은 일을 거론하였으니, 이 때문에 '爲賂故'를 말하고 그런 뒤에 비로소 '立華氏'를 말하여 그 일을 상세히 갖춘 것이다. 지금 定本에 '故'자가 있는데, 晉나라와 宋나라의 古本을 살펴보면 이따금씩 '故'자가 없으니, 이는 잘못된 것이다.

襄公 30년에 諸侯의 卿들이 澶淵에서 회합하여 송나라에 財物을 보내줄 것을 모의하였지만 회합이 끝난 뒤에 송나라에 재물을 보내주지 않았는데, 이에 經에 "송나라의 火災 때문이었다."라고 기록하였으니 이는 꾸짖은 것이다. 여기에서 '宋나라의 난리를 평정하려고 하였다.'라고 기록한 것이 뇌물 받은 것을 비난하고 네 나라를 꾸짖은 것이 아님을 알 수 있는 것은, 선연의 회합에서는 卿을 貶黜하여 '人'이라 칭하였으니 이는 그들을 꾸짖은 글이고, 여기서는 임금의 爵位를 갖추어 서술하여 말에 폄출하는 뜻이 없으니 허물을 꾸짖는 정황이 아니기 때문이다. 〈뇌물 받은〉 일을 숨기기 위하여 회합한 본뜻을 근원하여 평정하려고 했다는 글을 따랐음을 알 수 있다.

文公 17년에 晉侯가 扈에서 제후들과 회합하여 송나라의 난리를 평정하려고 하였지만 회합이 끝난 뒤에 토벌하지 않고 뇌물을 받아 돌아왔으니, 그 일이 여기의 일과 꼭 같은데, 經에 "諸侯가 扈에서 회합하였다."라고 하고, 傳에 "經에 '제후'라고 기록한 것은 功이 없었기 때문이다."라고 하였다. 여기서도 功이 없는데 '제후가 稷에서 회합하였다.'라고 말하지 않고 여러 나라를 열거한 것은, 扈의 회합은 晉侯가 侯伯이 되어 제후를 회합하여 亂賊을 토벌하려다가 뇌물을 받고 돌아왔기 때문이다. 이는 僖公 14년 經에 "諸侯가 緣陵에 城을 쌓았다."라고 한 것과 같으니, 齊 桓公이 侯伯이 되어 연릉에 성을 쌓다가 일을 끝마치지 못했기 때문에 '諸侯'라고 貶稱한 것이다. 여기서는 齊侯·陳侯·鄭伯이 스스로 난리를 평정하는 일을 도왔기 때문에 貶黜하는 글을 가하지 않았다. 魯公을 위해 숨기려고 하여 제후를 폄출하지 않은 것은 아님을 알 수 있는 것은 狄泉의 회합에서 노공을 위해 숨길 때 단지 '公' 글자만 없앴고 그 나머지 제후들은 모두 폄출하였기 때문이다. 여기에서 만약 반드시 노공을 위해 숨기려 하였다면 단지 '公' 글자만 없애면 될 뿐인데 꼭 여러 나라까지 폄출하지 않을 필요가 있겠는가.

宣公 4년에 "선공이 齊侯와 함께 莒나라와 郯나라의 사이를 和平하게 하려고 하였다."라고 하였으니, '成'자와 '平'자는 같은 뜻인데 저기서는 '平'이라 말하고 여기서는 '成'이라 말한 것은 史官이 한둘이 아니므로 措語 방식이 같지 않아서이다. 이것은 '暨'자와 '及'자가 다시 다른 뜻이 없는 경우와 같으니, 바로 이른바 '사관에는 文華한 사람도 있고 質朴한 사람도 있어서 굳이 고칠 필요가 없다.'는 것이다. 文公 13년 傳에 "衛侯와 鄭伯이 晉나라와의 화평을 주선해주기를 청하니, 공이 모두 화평을 맺도록 도와주었다."라고 하였으니, 여기에서 '成'자와 '平'자의 뜻이 다름이 없음을 알 수 있다.

【傳】 宋殤公立하야 十年十一戰하니

宋 殤公이 즉위하여 10년 동안 열한 번이나 전쟁을 하니,

【注】 殤公以隱四年立이라 十一戰皆在隱公世라

殤公은 魯 隱公 4년에 즉위하였다. 열한 번의 전쟁이 모두 은공 때에 있었다.

【疏】 注'殤公'至'公世' ○ 正義曰：服虔云"與夷, 隱四年卽位, 一戰伐鄭, 圍其東門, 再戰取其禾, 皆在隱四年. 三戰取邾田, 四戰, 邾・鄭入其郛, 五戰伐鄭, 圍長葛, 皆在隱五年. 六戰, 鄭伯以王命伐宋, 在隱九年. 七戰, 公敗宋師于菅, 八戰, 宋・衛入鄭, 九戰, 宋人・蔡人・衛人伐戴, 十戰, 戊寅鄭伯入宋, 皆在隱十年. 十一戰, 鄭伯以虢師大敗宋師, 在隱十一年", 是皆在隱公世也.

注의 〔殤公〕부터 〔公世〕까지

○ 正義曰：服虔은 "與夷(宋 殤公)는 隱公 4년에 즉위하였는데, 첫 번째 전쟁은 鄭나라를 쳐서 그 東門을 포위하였고, 두 번째 전쟁은 鄭나라의 벼를 奪取하였으니, 이는 모두 은공 4년에 있었다. 세 번째 전쟁은 邾나라 땅을 탈취하였고, 네 번째 전쟁은 邾나라와 정나라가 宋나라의 외곽까지 쳐들어왔고, 다섯 번째 전쟁은 정나라를 쳐서 長葛을 포위하였으니, 이는 모두 은공 5년에 있었다. 여섯 번째 전쟁은 鄭伯이 周王의 명으로 송나라를 쳤으니 은공 9년에 있었다. 일곱 번째 전쟁은 은공이 菅에서 송나라 군대를 패배시켰고, 여덟 번째 전쟁은 송나라와 衛나라가 정나라에 쳐들어갔고, 아홉 번째 전쟁은 宋人과 蔡人과 衛人이 戴나라를 쳤고, 열 번째 전쟁은 戊寅日에 정백이 송나라를 쳐들어왔으니, 이는 모두 은공 10년에 있었다. 열한 번째 전쟁은 정백이 虢나라 군대를 거느리고 송나라 군대를 大敗시켰으니 은공 11년에 있었다."라고 하였으니, 이것이 모두 은공 때에 있었다.

【傳】 民不堪命이라 孔父(보)嘉爲司馬하고 督爲大(태)宰라 故因民之不堪命하야 先宣言曰 司馬則然이라하다

백성들이 명령을 견더낼 수 없었다. 이때 孔父嘉가 司馬로, 華父督이 太宰로 있었기 때문에, 화보독은 백성들이 명령을 견디지 못하는 것을 핑계로 삼아 먼저 선언하기를 "사마가 그렇게 만든 것이다."라고 하였다.

【注】言公之數(삭)戰은 則司馬使爾라 嘉는 孔父字라

殤公이 자주 전쟁을 일으킨 것은 司馬가 그렇게 만든 것이라고 말한 것이다. 嘉는 孔父의 字이다.

【傳】已殺孔父而弑殤公하고 召莊公于鄭而立之하야 以親鄭하고

얼마 뒤에 華父督이 孔父를 살해하고 이어 殤公을 시해하고는, 鄭나라에 있는 莊公을 불러들여 그를 군주로 세워서 정나라와 화친하였고,

【注】莊公은 公子馮也니 隱三年에 出居于鄭이라 馮入宋을 不書는 不告也라

莊公은 公子 馮이니, 隱公 3년에 鄭나라에 나가 살았다. 馮이 宋나라로 들어온 것을 經에 기록하지 않은 것은 통고하지 않았기 때문이다.

【傳】以郜大鼎賂公하고

郜大鼎을 桓公에게 뇌물로 주었으며,

【注】郜國所造器也라 故繫名於郜라 濟陰(城)〔成〕[1]武縣東南에 有北郜城이라

1) (城)〔成〕: 저본에는 '城'으로 되어 있으나, 阮元의 〈校勘記〉에 의거하여 '成'으로 바로잡았다.

郜나라에서 주조한 器物이기 때문에 이름에 郜를 붙인 것이다. 濟陰 成武縣의 동남쪽에 北郜城이 있다.

【疏】注'郜國'至'郜城' ○ 正義曰: 穀梁傳曰"郜鼎者, 郜之所爲也. 孔子曰'名從主人, 故曰郜大鼎也'", 公羊傳曰"器從名, 地從主人", 其意言器從本主之名, 地從後屬主人. 是知郜國所造, 故繫名於郜. 劉君難杜注'郜國, 濟陰成武縣東南有北郜城', 郜, 宋邑, 濟陰成武縣東南有郜城, 俱是成武縣東南, 相去不遠, 何得所爲郜國, 所爲宋邑. 劉以南郜・北郜竝宋邑, 別有郜國以規杜氏. 知不然者, 以許田・許國相去非遙, 則郜國・郜邑何妨相近. 且杜言'有'者, 皆是疑辭, 何得執杜之疑, 以規其過. 如劉所解, 郜國竟在何處.

注의 〔郜國〕에서 〔郜城〕까지

○ 正義曰：≪春秋穀梁傳≫에 "郜鼎은 郜나라에서 주조한 것이다. 孔子는 '이름은 主人을 따르기 때문에 郜大鼎이라고 한 것이다.' 하였다."라고 하고, ≪春秋公羊傳≫에 "器物은 이름을 따르고 땅은 主人을 따른다."라고 하였으니, 그 뜻은 기물은 본래 주인의 이름을 따르고 땅은 뒤에 속한 주인을 따른다고 말한 것이다. 여기의 〈'郜大鼎'은〉 郜나라에서 만들었으므로 이름에 郜를 붙인 것을 알 수 있다.

劉君(劉炫)은 杜預의 注에 '郜나라는 濟陰 成武縣의 동남쪽에 北郜城이 있다.'라고 한 것을 힐난하면서, 郜는 宋나라의 邑이고, 제음 성무현의 동남쪽에 郜城이 있으니, 모두 성무현의 동남쪽에 있어 서로의 거리가 멀지 않을 터인데 어찌 郜나라가 되며 宋나라의 邑이 될 수 있겠느냐고 하였다. 유군은 南郜와 北郜는 모두 宋나라의 邑이고 별도로 郜나라가 있다고 하여 杜氏의 주를 바로잡았다. 그러나 그렇지 않음을 알 수 있다. 許田과 許나라의 거리는 서로 멀지 않으니, 郜나라와 郜邑의 거리가 서로 가까운 데 무슨 문제가 있겠는가. 또 두예가 '있다〔有〕'라고 말한 것은 모두 疑辭이니, 어찌 두예의 疑辭를 가지고서 그 잘못을 바로잡을 수 있겠는가. 유군의 해석과 같다면 郜나라는 끝내 어디에 있는 것인가.

【傳】齊陳鄭皆有賂라 **故遂相宋公**하다

齊・陳・鄭나라에도 모두 뇌물을 주었다. 그러므로 마침내 제후들이 〈화보독을〉 宋 莊公의 보좌로 세워주었다.

【傳】夏四月에 **取郜大鼎于宋**하야 **戊申**에 **納于大(태)廟**하니 **非禮也**라 **臧哀伯諫曰**

여름 4월에 宋나라에서 郜大鼎을 가져와 戊申日에 太廟에 들여놓았으니 禮에 맞지 않았다. 臧哀伯이 諫하였다.

【注】臧哀伯은 魯大夫僖伯之子라

臧哀伯은 魯나라 大夫 僖伯의 아들이다.

【傳】君人者는 **將昭德塞違**하야 **以臨照百官**이라도 **猶懼或失之**라 **故昭令德以示**

子孫이니이다 **是以淸廟茅屋**하며

"임금은 장차 善德을 밝히고 사특함을 막아서 百官을 糾察하더라도 오히려 혹 잘못되는 일이 있을까 두려워하기 때문에, 아름다운 덕을 밝게 드러내어 자손들에게 모범을 보이는 것입니다. 그러므로 淸廟(太廟)의 지붕을 띠로 이며,

【注】以茅飾屋은 著儉也라 淸廟는 肅然淸淨之稱也라

띠로 지붕을 꾸민 것은 儉素를 드러냄이다. 淸廟는 엄숙하고 깨끗하며 고요함의 명칭이다.

【疏】'君人'至'子孫' ○ 正義曰 : 君人, 謂與人[1]爲君也. 昭德, 謂昭明善德, 使德益章聞也. 塞違, 謂閉塞違邪, 使違命止息也. 德者, 得也, 謂內得於心, 外得於物. 在心爲德, 施之爲行, 德是行之未發者也. 而德在於心, 不可聞見, 故聖王設法, 以外物表之. 儉與度・數・文・物・聲・明, 皆是昭德之事, 故傳每事皆言昭, 是昭其德也. 自'不敢易紀律'以上, 言昭德耳, 都無塞違之事, 自'滅德立違'以下, 言違德之事. 德之與違, 義不竝立, 德明則違絶, 故'昭德'之下, 言'塞違', 違立則德滅, 故'立違'之上, 言'滅德'. '立違', 謂建立違命之臣, 知'塞違'謂遏絶違命之人也. '國家之敗', 謂邦國喪亡, 知'猶懼或失之', 謂恐失國家. 此諫辭有首尾, 故理互相見.

1) 與人 : 民意에 부합하여 人心을 얻는 것을 뜻한다. ≪國語≫ 〈越語 下〉에 "융성한 國勢를 지키려는 자는 하늘의 법도에 부합하여야 하고, 기울어지는 국세를 되돌려 안정시키려는 자는 인심에 부합하여야 하고, 政事를 절도 있게 처리하려는 자는 땅의 법도에 부합하여야 한다.〔持盈者與天 定傾者與人 節事者與地〕"라고 하였다.

傳의 〔君人〕부터 〔子孫〕까지

○ 正義曰 : 君人은 人心을 얻어 임금이 된 자를 이른다. 昭德은 善德을 밝혀 덕이 더욱 드러나게 하는 것을 이른다. 塞違는 사특함을 막아 명을 거역하는 자가 없어지게 하는 것을 이른다. 德은 얻음이니 안으로는 마음에서 얻고 밖으로는 物에서 얻음을 이른다. 마음에 있는 것이 德이 되고 밖으로 베푼 것이 行實이 되니, 덕은 바로 아직 발현되지 않은 행실이다. 덕은 마음에 있어 보고 들을 수 없기 때문에 聖王이 법도를 만들어 外物로 드러나게 하였다.

儉 및 度・數・文・物・聲・明은 모두 덕을 밝히는 일이기 때문에 傳에서 매사에

모두 '昭'를 말하였으니, 이것이 바로 그 덕을 밝히는 것이다. '不敢易紀律' 이상으로는 덕을 밝히는 일을 말했을 뿐이니 사특함을 막는 일이 전혀 없고, '滅德立違' 이하로는 덕을 거역하는 일을 말하였다. 덕과 사특함은 의리상 양립할 수 없으니 덕이 밝으면 사특함이 끊어지기 때문에 '昭德' 아래에 '塞違'를 말하였고, 사특함이 서면 덕이 없어지기 때문에 '立違' 위에 '滅德'을 말하였다.

'立違'는 명을 거역하는 신하를 세우는 것을 이르니, '塞違'가 명을 어기는 사람을 막고 끊는 것을 이르는 뜻임을 알 수 있다. '國家之敗'는 나라가 亡失되는 것을 이르니, '猶懼或失之'가 나라를 잃을까 두려워하는 것을 이르는 뜻임을 알 수 있다. 이 諫하는 말은 首尾에 상응하는 바가 있기 때문에 이치가 번갈아 서로 드러난다.

【疏】 ○ 注'以茅'至'之稱' ○ 正義曰：冬官考工記有葺屋・瓦屋, 則屋之覆(부)蓋, 或草或瓦. 傳言"淸廟茅屋", 其屋必用茅也, 但用茅覆屋, 更(갱)無他文. 明堂位曰"山節, 藻梲(절), 複廟, 重檐, 刮楹, 達鄕, 反坫出尊(준), 崇坫康圭, 疏屛, 天子之廟飾也", 其飾備物盡文, 不應以茅爲覆. 得有茅者, 杜云'以茅飾屋, 著儉也'. 以茅飾之而已, 非謂多用其茅, 總爲覆蓋. 猶童子垂髦及蔽膝之屬, 示其存古耳. 白虎通曰"王者所以立宗廟何. 緣生以事死, 敬亡若存, 故以宗廟而事之, 此孝子之心也. 宗者, 尊也, 廟者, 貌也, 象先祖之尊貌." 然則象尊之貌, 享祭之所, 嚴其舍宇, 簡其出入, 其處肅然淸靜, 故稱淸廟. 淸廟者, 宗廟之大稱. 詩頌淸廟者, 祀文王之歌, 故鄭玄以文王解之, 言天德淸明, 文王象焉, 故稱淸廟. 此則廣指諸廟, 非獨文王, 故以淸靜解之.

○ 注의 〔以茅〕부터 〔之稱〕까지

○ 正義曰：≪周禮≫ 〈冬官 考工記〉에 이엉지붕과 기와지붕이 있으니, 지붕을 덮을 때 풀을 쓰거나 혹 기와를 쓰는 것이다. 傳에 '淸廟의 지붕을 띠로 잇는다.'라고 한 것은 그 지붕에 반드시 띠를 쓴다는 것으로, 단지 띠를 써서 지붕을 이을 뿐이고 다시 다른 文彩는 없는 것이다.

≪禮記≫ 〈明堂位〉에 "기둥머리의 斗栱에 산을 새기며, 들보 위의 동자기둥에 마름을 새기며, 사당의 지붕을 이중으로 설계하며, 처마에 婦椽을 달며, 密石으로 기둥을 갈며, 창과 문을 마주보도록 내어 공기가 잘 통하도록 하며, 술잔을 되돌려놓는 받침대가 술동이 밖에 나와 있으며, 높은 받침대를 만들어서 圭를 안전하게 놓으며, 門屛을 조각하여 文理가 소통하게 하는 것은 天子 사당의 장식이다."라고 하였으니, 그 장

식이 物種을 두루 갖추고 문채를 극진히 하여 응당 띠로 사당의 지붕을 잇지는 않았을 것이다. 띠가 있을 수 있는 증거는 杜預의 注에 '띠로 지붕을 꾸민 것은 儉素를 드러냄이다.'라고 말한 것이다. 띠를 가지고 꾸몄을 뿐이지 그 띠를 많이 써서 지붕을 전부 덮음을 말한 것은 아니다. 이것은 童子의 垂髦와 蔽膝 따위가 古風을 보존하는 뜻을 보이는 것과 같다.

≪白虎通≫에 "王者가 宗廟를 세운 까닭은 무엇인가. 산 자로 말미암아 죽은 자를 섬기고 돌아가신 분을 공경하기를 살아 계신 분처럼 해야 하기 때문에 종묘를 세워 섬기는 것이니, 이것은 孝子의 마음이다. 宗은 존엄함이고, 廟는 모습이니, 선조의 존엄한 모습을 본뜬 것이다."라고 하였다. 그렇다면 존엄한 모습을 본떠 祭享하는 곳으로 舍宇를 엄숙하게 하고 出入을 드물게 하여 그 처소가 엄숙하고 깨끗하며 고요하기 때문에 淸廟라고 칭한 것이다.

청묘는 종묘의 범칭이다. ≪詩經≫ 〈周頌 淸廟〉는 周 文王을 제사하는 노래이기 때문에 鄭玄은 문왕으로 해석하여, 淸明한 하늘의 덕을 문왕이 본떴으므로 청묘라 칭한 것이라고 말하였다. 여기서는 여러 사당을 널리 가리키는 것이지 문왕의 사당만이 아니기 때문에 '淸靜'으로 해석한 것이다.

【傳】 大路越(활)**席**하며

大路의 방석을 부들로 엮어 만들며,

【注】 大路는 **玉路**니 **祀天車也**라 **越席**은 **結草**라

大路는 玉路이니, 천자가 하늘에 제사 지낼 때 타는 수레이다. 越席은 풀로 엮은 자리이다.

【疏】 注'大路'至'越席結草' ○ 正義曰：路訓大也. 君之所在, 以大爲號, 門曰路門, 寢曰路寢, 車曰路車. 故人君之車, 通以路爲名也. 周禮巾車"掌王之五路", 鄭玄云"王在焉曰路". 彼解天子之車, 故云王在耳, 其實諸侯之車亦稱爲路. 〔大路〕[1], 路之最大者, 巾車五路, 玉路爲大, 故杜以玉路爲大路. 巾車云"玉路, 鍚, 樊纓十有再就, 建大(태)常十有二斿, 以祀", 故云'祀天車'也. 越席, 結蒲爲席, 置於玉路之中以茵藉, 示其儉也. 經・傳言大路者多矣, 注者皆觀文爲說. 尙書顧命陳列器物, 有大輅・綴輅・先輅・

次輅, 孔安國以爲玉·金·象以飾車, 以其遍陳諸路, 故以周禮次之. 僖二十八年, 王賜晉文公以大輅之服, 定四年, 祝佗言先王分魯·衛·晉以大路, 注皆以爲金路. 以周禮金路同姓以封, 玉路不可以賜, 故知皆金路也. 襄十九年, 王賜鄭子蟜以大路, 二十四年, 王賜叔孫豹以大路, 二注皆云"大路, 天子所賜車之總名". 以周禮孤乘夏篆, 卿乘夏縵. 釋例以所賜穆叔·子蟜, 當是革·木二路, 故杜以大路爲賜車之總名. 服虔云"大路, 木路", 杜不然者, 以'大路越席', 猶如'清廟茅屋', 清廟之華, 以茅飾屋, 示儉, 玉路之美, 以越席示質. 若大路是木, 則與越席各爲一物, 豈清廟與茅屋又爲別乎. 故杜以大路爲玉路, 於玉路而施越席, 是方可以示儉. 故沈氏[2]云"玉路雖文, 亦以越席示儉", 而劉君橫生異義, 以大路爲木路, 妄規杜氏, 非也.

1) 〔大路〕: 저본에는 '大路'가 없으나, 阮元의 〈校勘記〉에 의거하여 보충하였다.
2) 沈氏 : 南朝 陳나라의 경학가인 沈文阿이다.

注의 〔大路〕부터 〔越席結草〕까지

○ 正義曰 : 路의 훈고는 大이다. 임금이 있는 곳을 크다는 뜻으로 호칭하니, 門을 路門이라 하고 寢所를 路寢이라 하고 수레를 路車라 한다. 그러므로 임금의 수레를 통틀어 路로써 명명한다. ≪周禮≫ 〈春官 巾車〉에 "왕의 五路를 관장한다."라고 하였는데, 鄭玄이 "王이 있는 수레를 路라고 한다."라고 하였다. 저 ≪주례≫에서는 天子의 수레를 해설하는 것이기 때문에 '王이 있는 수레'라고 말했을 뿐이니, 실제로는 諸侯의 수레도 路라 칭한다. 大路는 路車 가운데 가장 큰 것이니, 〈건거〉의 五路 중에는 玉路가 큰 것이 된다. 그러므로 杜預가 옥로를 대로라고 한 것이다. 〈건거〉에 "옥로는 當盧를 하고 樊纓을 열두 겹으로 하고, 열두 가닥의 술을 단 太常旗를 세워서 제사를 지내는 데에 쓴다."라고 하였기 때문에 '하늘에 제사 지낼 때 타는 수레'라고 말한 것이다.

越席은 부들로 엮어 자리를 만들어 옥로의 중앙에 방석으로 설치하여 검소함을 보이는 것이다. 經과 傳에서 大路라 말하는 경우가 많은데 注를 다는 자들은 모두 문맥을 보고 해설하였다. ≪尙書≫ 〈顧命〉에서 열거한 器物 가운데 大輅·綴輅·先輅·次輅가 있는데, 孔安國은 玉과 金과 象牙로 수레를 장식하여 여러 路車를 두루 나열한 것이라 여겼기 때문에 ≪주례≫의 내용을 다음에 오게 하였다.

僖公 28년에 王이 晉 文公에게 大輅의 服裝을 하사하였고, 定公 4년에 祝佗가 先王이 魯·衛·晉나라의 군주에게 大路를 나누어주었다고 말하였는데, 注에서 모두 대로를 金路라고 하였다. ≪주례≫에 의하면, 금로는 同姓을 封할 때 하사하고 옥로는 하사할 수 없기 때문에 모두 금로임을 알 수 있는 것이다. 襄公 19년에 王이 鄭子蟜에게 대로를 하사하였고, 24년에 왕이 叔孫豹에게 대로를 하사하였는데, 두 注에 모두 "대로는 천자가 하사한 수레의 총칭이다."라고 하였다. ≪주례≫에 孤는 夏篆을 타고 卿은 夏縵을 탄다고 하였다. ≪春秋釋例≫에 穆叔(숙손표)·정자교에게 하사한 것은 당시 革路와 木路 두 노거라고 하였다. 그러므로 두예가 대로를 천자가 하사한 수레의 총칭이라고 한 것이다.

服虔은 "대로는 목로이다."라고 하였는데, 杜預는 그렇지 않다고 여겼다. '大路의 방석을 부들로 엮어 만든 것'은 '청묘의 지붕을 띠로 이은 것'과 같으니, 화려한 청묘는 띠로 지붕을 장식하여 검소함을 보이고, 아름다운 옥로는 부들로 엮어 만든 방석으로 질박함을 보인 것이다. 만약 대로가 목로가 된다면 부들로 엮어 만든 방석과 각각 한 물건이 되니, 어찌 청묘와 띠로 이은 지붕이 또 별도의 물건이 되겠는가. 그러므로 두예는 대로를 옥로라 하여 옥로에 부들로 엮어 만든 방석을 설치해야 비로소 검소함을 보일 수 있다고 여겼다. 그러므로 沈氏는 "옥로는 비록 文彩가 있지만 또한 부들로 엮어 만든 방석으로 검소함을 보일 수 있다."라고 하였다. 그런데 劉君(劉炫)은 함부로 다른 뜻을 내어 대로를 목로라 하여 망령되이 杜氏(杜預)의 설을 바로잡았으니, 잘못되었다.

【傳】 大羹不致하며

大羹에 간을 맞추지 않으며,

【注】 大羹은 肉汁이니 不致五味라

大羹은 肉汁으로, 五味로 간을 맞추지 않는다.

【疏】 注'大羹'至'五味' ○ 正義曰：郊特牲云"大羹不和, 貴其質也." 儀禮士虞·特牲皆設大羹湆(읍), 鄭玄云"大羹湆, 煮肉汁也. 不和, 貴其質. 設之所以敬尸也." 是祭祀之禮有大羹也. 大羹者, 大古初, 食肉者煮之而已, 未有五味之齊, 祭神設之, 所以敬而不忘本也. 記言"大羹不和", 故知不致者, 不致五味. 五味, 卽洪範所云酸·苦·辛·鹹·甘也.

注의 〔大羹〕부터 〔五味〕까지

○ 正義曰：≪禮記≫ 〈郊特牲〉에 "大羹에 간을 맞추지 않는 것은 그 바탕을 귀히 여

기기 때문이다."라고 하였다. ≪儀禮≫의 〈士虞禮〉와 〈特牲饋食禮〉에는 모두 大羹湆을 陳設하는데, 鄭玄이 "대갱읍은 고기를 삶아서 우려낸 국물이다. 간을 맞추지 않는 것은 그 바탕을 귀히 여기기 때문이다. 대갱읍을 진설하는 것은 尸童을 공경해서이다." 라고 하였으니, 이는 제사의 禮에 대갱이 있는 것이다.

대갱은 태고 초기에 고기를 먹는 자들이 고기를 삶아 우려낼 뿐이고 五味로 간하는 것이 없었으며, 귀신에게 제사 지낼 때 대갱을 진설한 것은 공경하여 근본을 잊지 않기 위해서였다. ≪예기≫에서 "大羹에 간을 맞추지 않았다."라고 말하였기 때문에 '不致'가 五味로 간을 맞추지 않는 것임을 알 수 있다. 五味는 바로 ≪書經≫ 〈洪範〉에서 말한 신맛, 쓴맛, 매운맛, 짠맛, 단맛이다.

【傳】粢食不鑿은

粢食을 搗精하지 않는 것은

【注】 黍稷曰粢니 不精鑿이라 ○ 鑿은 精米也라 字林에 作糳(혜)하니 云 糲米는 一斛舂爲八斗라하니라

黍稷을 粢라 하는데, 도정하지 않는다. ○ 鑿은 精米함이다. ≪字林≫에는 '糳'로 되어 있는데, "정미함은 1섬을 빻으면 8말이 된다."라고 하였다.

【疏】 注'黍稷'至'精鑿' ○ 正義曰：釋草云"粢, 稷". 舍人[1] 曰"粢, 一名稷. 稷, 粟也". 郭璞云"今江東人呼粟爲粢." 士虞記云"明齊",[2] 鄭云"今文曰明粢. 粢, 稷也." 然則粢是稷之別名. 但稷是諸穀之長, 粢亦諸穀總名. 周禮小宗伯"辨六粢之名物", 鄭玄云"六粢, 謂黍・稷・稻・粱・麥・苽", 是諸穀皆名粢也. 祭祀用穀, 黍稷爲多, 故云黍稷曰粢, 飯謂之食. 傳云"粢食不鑿", 謂以黍稷爲飯, 不使細也. 九章算術"粟率五十, 鑿二十四", 言粟五斗爲米二斗四升, 是則米之精鑿.

1) 舍人：梁나라 학자 顧野王(519~581)을 가리킨다. 그의 字는 希馮이다. 梁 武帝 때 太學博士가 되었고, 벼슬이 黃門侍郎에 이르렀다. ≪說文解字≫의 體例를 본떠 ≪玉篇≫을 찬술하였다.

2) 士虞記云明齊：≪儀禮≫ 〈士虞禮〉에 "嘉薦과 普淖와 明齊와 담근 술을 사용한다.〔嘉薦普淖 明齊溲酒〕"라는 내용이 보인다.

注의 〔黍稷〕부터 〔精鑿〕까지

○ 正義曰 : ≪爾雅≫ 〈釋草〉에 "粢는 稷이다."라고 하였다. 舍人은 "粢는 일명 稷이다. 직은 粟이다."라고 하였다. 郭璞은 "지금 江東 사람들은 粟을 粢라고 부른다."라고 하였다. ≪儀禮≫ 〈士虞禮〉에 "明齊(새로운 물)"라고 하였는데, 〈이에 대하여〉 鄭玄은 "今文에는 明粢라 한다. 粢는 稷이다."라고 하였다. 그렇다면 粢는 稷의 별칭이다. 다만 稷은 여러 곡식 중의 으뜸이고, 粢는 또한 여러 곡식의 총칭이다.

≪周禮≫ 〈春官 小宗伯〉에 "六粢의 名物을 분별한다."라고 하였는데, 〈이에 대하여〉 정현은 "六粢는 黍, 稷, 稻, 粱, 麥, 苽를 이른다."라고 하였으니, 이것이 여러 곡식을 모두 粢라고 명명하는 것이다. 제사에 곡식을 쓸 때 黍稷을 많이 쓰기 때문에 서직을 粢라 하고, 飯을 食이라 한다. 傳에 '粢食을 搗精하지 않는다.'는 것은 서직을 飯으로 삼아 곱게 도정하지 않음을 이른다. ≪九章算術≫에 "대략 粟 50을 도정하면 24가 된다."라고 하였는데, 粟 5斗가 米 2斗 4升이 됨을 말한 것이니, 이는 米를 도정하는 것이다.

【傳】 昭其儉也라

검소함을 밝게 드러내기 위해서이다.

【注】 此四者는 皆示儉이라

이 네 가지는 모두 검소함을 드러내기 위함이다.

【傳】 袞冕黻珽과

袞·冕·黻·珽과

【注】 袞은 畫衣也요 冕은 冠也요 黻은 韋韠以蔽膝也요 珽은 玉笏也니 若今吏之持簿라 ○ 徐廣云 持簿는 手版也라하니라

袞은 그림이 그려진 옷이고, 冕은 冠이고, 黻은 韋韠(가죽으로 만든 슬갑)로 무릎을 가리는 것이고, 珽은 玉笏이니 오늘날 관리의 持簿(들고 다니던 판쪽)와 같은 것이다. ○ 徐廣이 말하기를 "持簿는 手版이다."라고 하였다.

【疏】注'袞畫'至'持簿' ○ 正義曰：畫衣，謂畫龍於衣. 祭服玄衣纁裳，詩稱"玄袞，是玄衣而畫以袞龍".[1] 袞之言卷也，謂龍首卷然. 玉藻曰"龍卷以祭"，知謂龍首卷也. 尙書益稷云"帝曰'予欲觀古人之象，日月星辰山龍華蟲，作會，宗彝藻火粉米黼黻絺繡.'" 言觀古人之象，謂觀衣服所象，日月以至黼黻十二物，皆衣服之所有也. 華蟲以上，言作會，宗彝以下，言絺繡，則二者雖在於服，而施之不同. 冬官考工記畫繢與繡布采異次，知在衣則畫之，在裳則刺之. 故鄭玄禮注及詩箋皆云"衣繢而裳繡"，以此知袞是畫文，故云'袞，畫衣也'. 袞衣以下章數，鄭玄注司服云"有虞氏十二章，自日月而下，至周，而日月星辰畫於旌旗，又登龍於山，登火於宗彝." 冕服自九章而下，如鄭此言，九章者，龍一，山二，華蟲三，火四，宗彝五，在衣，藻六，粉米七，黼八，黻九，在裳. 鷩冕者，去龍去山，自華蟲而下，(十)〔七〕[2]章，華蟲一，火二，宗彝三，在衣，餘四章，在裳. 毳冕者，去華蟲去火，五章，自宗彝而下，宗彝一，藻二，粉米三，在衣，餘二章，在裳. 希冕者，去宗彝去藻，三章，自粉米而下，粉米一，在衣，餘二章，在裳. 玄冕者，其衣無畫，裳上刺黻而已. 杜昭二十五年數九文，不取宗彝，[3] 則與鄭異也. 冠者首服之大名，冕者冠中之別號，故云'冕，冠也'. 世本云"黃帝作冕." 宋仲子[4]云"冕，冠之有旒者. 禮文殘缺，形制難詳." 周禮"弁師掌王之五冕，皆玄冕朱裏"，止言玄朱而已，不言所用之物. 論語云"麻冕，禮也." 蓋以木爲幹，而用布衣之，上玄下朱，取天地之色. 其長短廣狹，則經傳無文. 阮諶三禮圖漢禮器制度云"冕制，皆長尺六寸，廣八寸，天子以下皆同." 沈引董巴輿服志[5]云"廣七寸，長尺二寸." 應劭漢官儀[6]云"廣七寸，長八寸." 沈又云"廣八寸，長尺六寸者，天子之冕，廣七寸，長尺二寸者，諸侯之冕，廣七寸，長八寸者，大夫之冕." 但古禮殘缺，未知孰是，故備載焉. 司馬彪漢書輿服志云"孝明帝永平二年，初詔有司采周官禮記尙書之文制冕，皆前圓後方，朱裏，玄上，前垂四寸，後垂三寸. 天子白玉珠十二旒，三公諸侯靑玉珠七旒，卿大夫黑玉珠五旒，皆有前無後." 此則漢法耳. 古禮，鄭玄注弁師云"天子袞冕以五采繅，前後十二斿，斿有五采，玉有十二，鷩冕前後九斿，毳冕前後七斿，希冕前後五斿，玄冕前後三斿，斿皆五采，玉十有二. 上公袞冕三采繅，前後九斿，斿有三采，玉九. 侯伯鷩冕三采繅，前後七斿，斿有三采，玉七. 子男毳冕三采繅，前後五斿，斿有(二)〔三〕[7]采，玉五. 孤卿以下，皆二采繅，二采玉. 其斿及玉各依命數耳. 謂之冕者，冕，俛也，以其後高前下，有俛俯之形，故因名焉. 蓋以在上位者，失於驕矜，欲令位彌高而志彌下，故制此服，令貴者下賤也."

1) 詩稱……是玄衣而畫以袞龍 : ≪詩經≫ 〈小雅 采菽〉에서 "또 무엇을 줄것인가. 玄袞 및 黼로다.〔又何予之 玄袞及黼〕"라고 하였는데, 그 傳에서 "玄袞은 검은 옷에 머리를 숙인 용을 그린 것이다.〔玄袞 玄衣而畫以卷龍也〕"라고 하였다.

2) (十)〔七〕 : 저본에는 '十'으로 되어 있으나, 阮元의 〈校勘記〉에 의거하여 '七'로 바로잡았다.

3) 杜昭二十五年數九文 不取宗彝 : ≪春秋左氏傳≫ 昭公 25년의 傳文에 "그러므로 禮를 제정하여 본성을 奉持하게 하고 六畜·五牲·三犧의 제도를 제정하여 五味를 奉成하게 하고, 九文·六采·五章을 제정하여 五色을 봉성하게 하고, 九歌·八風·七音·六律을 제정하여 五聲을 봉성하게 한 것입니다.〔是故爲禮以奉之 爲六畜五牲三犧 以奉五味 爲九文六采五章 以奉五色 爲九歌八風七音六律 以奉五聲〕"라고 하였는데, 九文에 대한 杜預의 注에서 "九文은 山·龍·華·蟲·藻·火·粉米·黼·黻을 이른다. 華는 花草 같은 것이고, 藻는 水草이고, 火는 불꽃을 그린 것이고, 粉米는 白米 같은 것이고, 黼는 도끼 모양과 같고, 黻은 두 '己'자가 서로 등지고 있는 모양이다.〔謂山龍華蟲藻火粉米黼黻也 華若草華 藻 水草 火 畫火 粉米若白米 黼若斧 黻若兩已相戾〕"라고 하였다.

4) 宋仲子 : ≪世本注≫를 지은 漢나라 宋衷을 가리킨다. 字가 仲子이며, 자세한 행적은 미상이다.

5) 董巴輿服志 : 삼국시대 魏나라 董巴가 저술한 ≪大漢輿服志≫를 가리킨다. 漢나라의 수레와 제복을 기록하였다.

6) 應劭漢官儀 : 東漢의 應劭가 저술한 ≪漢官儀≫를 가리킨다. 漢나라의 官制를 기록하였다.

7) (二)〔三〕 : 저본에는 '二'로 되어 있으나, 孫詒讓의 교감에 의거하여 '三'으로 바로잡았다.

注의 〔袞畫〕에서 〔持簿〕까지

○ **正義曰** : 그림이 그려진 옷은 옷에 용을 그린 것을 가리킨다. 祭服은 검은색 상의와 분홍색 하의인데, ≪詩經≫ 〈小雅 采菽〉에서 말하기를 "玄袞은 검은색 옷에 머리를 숙인 용을 그린 것이다."라고 하였다. 袞은 굽은 것을 말하니 용의 머리가 굽어진 것을 가리킨다. ≪禮記≫ 〈玉藻〉에서 "龍卷을 입고서 제사를 지낸다."라고 하였으니, 용의 머리가 굽어진 것을 가리킴을 알 수 있다. ≪尙書≫ 〈益稷〉에서 "帝舜이 다음과 같이 말씀하셨다. '내가 옛사람의 象을 관찰하려고 해와 달과 별, 산과 용, 華蟲(꿩)을 채색으로 그리고 宗彝, 藻(마름), 불, 粉米, 黼黻을 수놓았다.'"라고 하였다. 이는 옛사람의 象을 관찰함을 말한 것으로, 의복에서 형상화한 것을 관찰하니 해와 달에서부터 黼黻에 이르는 12가지 사물이 모두 의복에 그려져 있음을 가리킨다. 華蟲 이상은 채

색했다는 말이고 宗彝 이하는 수놓았다는 말이니, 이 두 부류가 의복에 있지만 펼친 방식이 다른 것이다. ≪周禮≫ 〈冬官 考工記〉에서 畫繢와 繡布에 들어가는 채색의 차이를 설명하였는데, 상의에는 그림을 그리고 하의에는 수놓는 것을 알 수 있다. 그래서 鄭玄이 ≪주례≫의 注와 ≪毛詩箋≫에서 모두 "衣繢而裳繡"라고 하였으니, 이를 통해 袞이 무늬를 그린 것임을 알 수 있다. 그러므로 '袞은 그림이 그려진 옷이다.'라고 한 것이다.

袞衣 이하 章의 숫자에 대해서는 정현이 ≪주례≫ 〈春官 司服〉에 注를 내기를 "有虞氏의 12章은 해와 달에서 시작하여 그 아래로 내려가고, 周나라에 이르러서는 해와 달과 별을 깃발에 그렸으며, 또 용을 산보다 올리고 불을 宗彝보다 올렸다."고 하였다. 袞服의 9章으로부터 그 이하는 정현의 이 말과 같으니, 9장은 용이 첫째, 산이 둘째, 화충이 셋째, 불이 넷째, 宗彝가 다섯째이니 이것들은 상의에 있으며, 마름이 여섯째, 粉米가 일곱째, 黼가 여덟째, 黻이 아홉째이니 이것들은 하의에 있다. 鷩冕은 용과 산을 없애고 화충으로부터 그 이하이니, 7장은 화충이 첫째, 불이 둘째, 宗彝가 셋째이고 이것들은 상의에 있으며, 나머지 4장은 하의에 있다. 毳冕은 화충과 불을 없앤 5장이니, 宗彝로부터 그 이하는 宗彝가 첫째, 마름이 둘째, 粉米가 셋째이고 이것들은 상의에 있으며, 나머지 2장은 하의에 있다. 希冕은 宗彝와 마름을 없앤 3장이니, 분미로부터 그 이하는 분미가 첫째로 상의에 있고 나머지 2장은 하의에 있다. 玄冕은 상의에 그림이 없고 하의 위에 黻을 수놓았을 뿐이다. 杜預가 昭公 25년에서 九文을 열거하면서 宗彝는 넣지 않았으니 정현의 의견과는 다르다.

冠은 首服(모자)의 총칭이고, 冕은 冠의 다른 이름이므로 '冕은 冠이다.'라고 한 것이다. ≪世本≫에 "黃帝가 冕冠을 만들었다."라고 하였는데, 宋仲子(宋衷)는 "冕은 冠 중에 旒(珠玉을 꿰어 늘어뜨린 끈)가 있는 것이다. 그런데 禮文이 殘缺되어 그 형상과 제도를 자세히 알기 어렵다."라고 하였다. ≪주례≫ 〈夏官 弁師〉에서 "변사는 王의 다섯 종류의 면관을 관장하는데, 모두 겉은 검은색이고 안은 붉은색이다."라고 하였으니, 단지 검고 붉다는 것만 말하였을 뿐 사용되는 물건은 말하지 않았다. ≪論語≫ 〈子罕〉에서 "麻冕이 禮이다."라고 하였으니, 나무로 골격을 만들어서 입히되 위는 검고 아래는 붉으니 이는 天地의 색을 취한 것이다. 다만 그 길이와 너비에 대해서는 經과 傳에서 상고할 만한 글이 없다. 阮諶의 ≪三禮圖≫ 〈漢禮器制度〉에서 "면관의 제도는 모두 길이가 1자 6치이고 너비가 8치인데, 天子로부터 그 이하까지 모두 〈길이와 너비가〉

같다."라고 하였다. 沈約이 董巴의 ≪大漢輿服志≫를 인용하면서 "너비가 7치이고 길이가 1자 2치이다."라고 하였고, 應劭의 ≪漢官儀≫에서 "너비가 7치이고 길이가 8치이다."라고 하였다. 沈約은 또 말하기를 "너비가 8치이고 길이가 1자 6치인 것은 천자의 冕冠이고, 너비가 7치이고 길이가 1자 2치인 것은 諸侯의 면관이며, 너비가 7치이고 길이가 8치인 것은 大夫의 면관이다."라고 하였다. 다만 古禮가 잔결되어 누구의 말이 옳은지 모르기 때문에 빠짐없이 기재하였다.

司馬彪의 ≪後漢書≫ 〈輿服志〉에서 "孝明帝 永平 2년에 처음으로 有司에게 명하여 ≪周官≫·≪禮記≫·≪尙書≫ 등의 글에서 취하여 면관을 만들었는데, 모두 앞은 둥글고 뒤는 네모나며 안은 붉게 하고 겉은 검게 하며 앞쪽에 늘어뜨린 줄은 길이가 4치이고 뒤쪽에 늘어뜨린 줄은 길이가 3치이다. 천자는 白玉珠를 꿴 열두 가닥의 旒를 달고, 三公과 諸侯는 靑玉珠를 꿴 일곱 가닥의 旒를 달며, 卿과 大夫는 黑玉珠를 꿴 다섯 가닥의 旒를 다는데, 모두 앞에만 달고 뒤에는 없다."라고 하였으니, 이것은 漢나라의 法일 뿐이다.

고례에 대해서는 정현이 ≪주례≫ 〈夏官 弁師〉에 注를 내기를 "천자의 袞冕은 다섯 색깔의 실을 꼬아 앞과 뒤에 늘어뜨리는 열두 줄씩의 끈〔斿〕을 다는데, 끈마다 다섯 색깔이고 玉을 열두 개씩 단다. 鷩冕은 앞과 뒤의 늘어뜨리는 끈이 아홉 줄씩이며, 毳冕

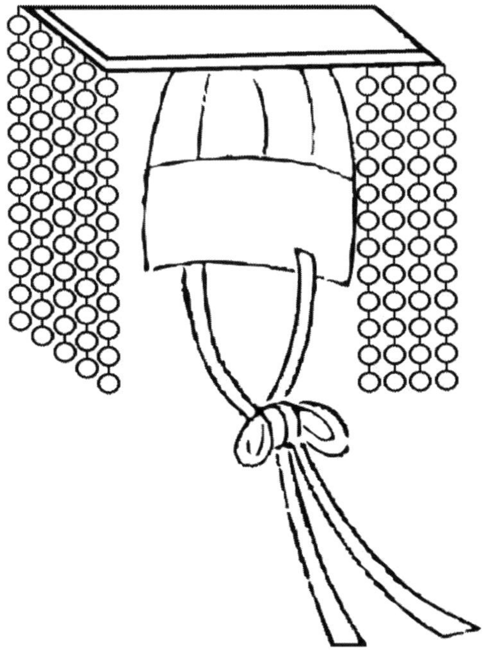

冕(12旒)

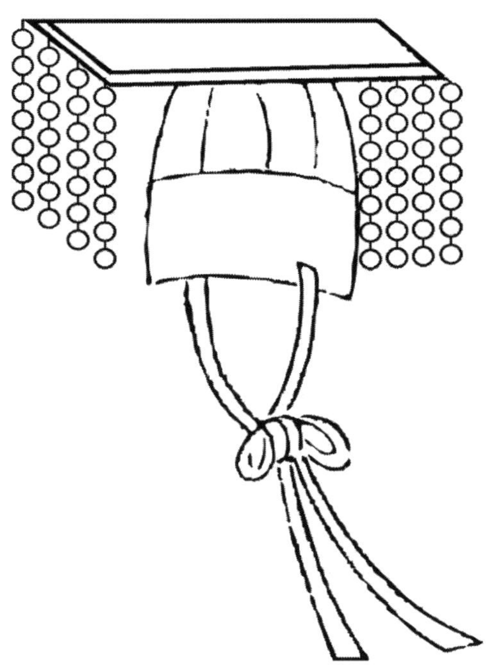

冕(7旒)

은 앞과 뒤의 늘어뜨리는 끈이 일곱 줄씩이며, 希冕은 앞과 뒤의 늘어뜨리는 끈이 다섯 줄씩이며, 玄冕은 앞과 뒤의 늘어뜨리는 끈이 세 줄씩인데, 끈마다 모두 다섯 색깔이고 玉을 열두 개씩 단다. 上公의 곤면은 세 색깔의 실을 꼬아 앞과 뒤에 늘어뜨리는 아홉 줄씩의 끈을 다는데, 끈마다 세 색깔이고 玉을 아홉 개씩 단다. 侯·伯의 별면은 세 색깔의 실을 꼬아 앞과 뒤에 늘어뜨리는 일곱 줄씩의 끈을 다는데, 끈마다 세 색깔이고 玉을 일곱 개씩 단다. 子·男의 취면은 세 색깔의 실을 꼬아 앞과 뒤에 늘어뜨리는 다섯 줄씩의 끈을 다는데, 끈마다 세 색깔이고 玉을 다섯 개씩 단다. 孤卿 이하는 모두 두 색깔의 실을 꼬아 두 색깔의 玉을 단다. 끈과 옥은 각기 그 품계를 따른 것이다. 〈이 冠을〉 冕이라 이른 것은 冕이 굽힌다는 뜻이니, 그 冠이 뒤는 높고 앞은 낮아 구부린 형상이 있기 때문에 그 형상에 따라 이름을 붙인 것이다. 대체로 높은 자리에 있는 자는 교만에 빠질 수 있기 때문에 지위가 높을수록 뜻을 더욱 겸손하게 가지게 하기 위해서 이 首服을 만들어 존귀한 자들로 하여금 비천한 사람에게 겸손하도록 한 것이다."라고 하였다.

韍韠制同而名異. 鄭玄詩箋云"芾(불), 大(태)古蔽膝之象也. 冕服謂之芾, 其他服謂之韠, 以韋爲之." 故云'韍, 韋韠'也. 詩云"赤芾在股",[1] 則芾是當股之衣, 故云'以蔽膝也'. 鄭玄易緯乾鑿度注云"古者田漁而食, 因衣其皮, 先知蔽前, 後知蔽後. 後王易之以布帛, 而獨存其蔽前者, 重古道而不忘本也." 是說韍韠之元由也. 易下繫辭曰"包犧氏之王天下也, 作爲網罟以佃以漁." 則田漁而食, 伏犧時也. 禮運說上古之時, 云"昔者先王食鳥獸之肉, 衣其羽皮", 是'田漁而食, 因衣其皮'也. 又曰"後聖有作, 治其麻絲, 以爲布帛." 易繫辭曰"黃帝堯舜垂衣裳而天下治." 然則易之布帛自黃帝始也. 垂衣裳, 服布帛, 初必始於黃帝, 其存蔽膝之象, 未知始自何代也. 禮記明堂位云"有虞氏服韍." 言舜始作韍也, 尊祭服而異其名耳, 未必此時始存象也. 知冕服謂之韍者, 易云"朱紱方來, 利用享祀." 知他服謂之韠者, 案士冠禮"士服皮弁玄端, 皆服韠", 是他服謂之韠, 以冕爲主, 非冕謂之他. 此欲以兩服相形, 故謂韍爲韋韠. 韍之與韠, 祭服他服之異名耳, 其體制則同. 玉藻說玄端服之韠云"韠, 君朱, 大夫素, 士爵韋." 發首言韠, 句末言韋, 明皆以韋爲之. 凡韠, 皆象裳色, 言君朱大夫素, 則尊卑之韠, 直色別而已, 無他飾也. 其韍則有文飾焉, 明堂位曰"有虞氏服韍, 夏后氏山, 殷火, 周龍章." 鄭玄云"韍, 冕服之韠也, 舜始作之, 以尊祭服. 禹湯至周, 增以畫文, 後王彌飾也. 山, 取其仁可仰

也, 火, 取其明也, 龍, 取其變化也. 天子備焉, 諸侯火而下, 卿大夫山, 士韎韋而已." 是說韍之飾也. 玉藻曰"韠, 下廣二尺, 上廣一尺, 長三尺. 其頸五寸, 肩革帶博二寸." 鄭玄云"頸五寸亦謂廣也, 頸中央, 肩兩角, 皆上接革帶以繫之, 肩與革帶廣同." 是說韠之制也. 記傳更無韍制, 皆是韠義, 明其制與韠同. 經傳作韍, 或作韨, 或作芾, 音義同也. 徐廣車服儀制曰"古者韨, 如今蔽膝. 戰國連兵, 以韨非兵飾, 去之, 漢明帝復(부)制韨, 天子赤皮蔽膝. 蔽膝, 古韨也. 然則漢世蔽膝, 猶用赤皮, 魏晉以來, 用絳紗爲之." 是其古今異也. 以其用絲, 故字或有爲紱者. 天子之笏以玉爲之, 故云'珽, 玉笏也'. 管子云"天子執玉笏以朝日." 是有玉笏之文也. 禮之有笏者, 玉藻云"凡有指畫於君前, 用笏, 造受命於君前, 則書於笏." 釋名曰"笏, 忽也. 君有命則書其上, 備忽忘也." 或曰"(笏)〔簿〕[2]可以簿疏物也." 徐廣車服儀制曰"古者貴賤皆執笏, 卽今手板也." 然則笏與簿, 手板之異名耳. 蜀志稱秦(密)〔宓〕[3]見大守以簿擊頰, 則漢魏以來皆執手板, 故云'若今吏之持簿'. 玉藻云"笏, 畢用也, 因飾焉." 言貴賤盡皆用笏, 因飾以示尊卑. 其上文云"笏, 天子以球玉, 諸侯以象, 大夫以魚須文竹, 士竹本象可也." 鄭玄云"球, 美玉也. 文, 猶飾也. 大夫士飾竹以爲笏, 不敢與君竝用純物, 是其尊卑異也." 大夫與士笏俱用竹, 大夫以魚須飾之, 士以象骨爲飾, 不敢純用一物, 所以下人君也. 用物旣殊, 體制亦異, 玉藻云"天子搢珽方正於天下也, 諸侯荼(서), 前詘後直, 讓於天子也, 大夫前詘後詘, 無所不讓也." 鄭玄以爲"謂之珽, 珽之言(珽)〔挺〕[4]然無所屈, 前後皆方正也. 荼謂舒儒, 所畏在前也. 圜殺其首, 屈於天子也. 大夫上有天子, 下有已君, 故首末皆圜, 前後皆讓, 是其形制異也. 其長, 則諸侯以下與天子又異." 珽, 一名大圭, 周禮典瑞云"王晉大圭以朝日", 是也. 冬官考工記, "大圭長三尺, 天子服之." 是天子之珽長三尺也. 玉藻云"笏度二尺有六寸", 短於天子. 蓋諸侯以下, 度分皆然也.

1) 詩云赤芾在股 : ≪詩經≫ 〈采菽〉에서 "붉은 슬갑〔芾〕이 다리에 있고 邪幅은 그 아래에 있도다. 저 사귐에 느리지 아니하니 天子가 허여하는 바로다.〔赤芾在股 邪幅在下 彼交匪紓 天子所予〕"라고 하였다.
2) (笏)〔簿〕: 저본에는 '笏'로 되어 있으나, 阮元의 〈校勘記〉에 의거하여 '簿'로 바로잡았다.
3) (密)〔宓〕: 저본에는 '密'로 되어 있으나, 阮元의 〈校勘記〉에 의거하여 '宓'로 바로잡았다.
4) (珽)〔挺〕: 저본에는 '珽'으로 되어 있으나, 阮元의 〈校勘記〉에 의거하여 '挺'으로 바로잡았다.

韍과 韠은 제도는 같고 이름이 다른 것이다. 鄭玄의 ≪毛詩箋≫에서 "芾이니, 태곳 적에 무릎 가리개의 형상이다. 冕服의 경우에는 芾이라 하고 다른 옷의 경우에는 韠이라고 하는데, 가죽으로 만든다."라고 하였으므로 '韍은 韋韠이다.'라고 말한 것이다. ≪詩經≫ 〈采菽〉에서 "붉은 슬갑이 다리에 있다.〔赤芾在股〕"라고 하였으니, 芾은 다리에 착용하는 옷이므로 '〈韋韠로〉 무릎을 가리는 것이다.'라고 한 것이다. 정현이 ≪易緯乾鑿度≫에 注를 내면서 "옛날에는 사냥하고 물고기를 잡아서 먹고살았기 때문에 그 가죽으로 옷을 해 입었는데, 처음에는 앞을 가릴 줄 알았고 나중에 뒤까지 가릴 줄 알았다. 훗날의 왕이 〈가죽을〉 베와 명주로 바꾸되 앞을 가리는 것만을 보존한 것은 옛날의 도를 중시하여 근본을 잊지 않은 것이다."라고 하였으니, 이 說이 韍과 韠의 유래이다.

≪周易≫ 〈繫辭傳 下〉에서 "包犧氏가 천하에 왕노릇 할 때에 노끈을 맺어 그물을 만들어서 사냥하고 물고기를 잡았다."라고 하였으니, 사냥하고 물고기를 잡아서 먹고살았던 것은 伏羲氏 때의 일이다. ≪禮記≫ 〈禮運〉에서 상고 시대를 설명하면서 "옛날에 先王이 鳥獸의 고기를 먹고 그 깃과 가죽으로 옷을 해 입었다."라고 하였으니, 이것이 '사냥하고 물고기를 잡아서 먹고살았기 때문에 그 가죽으로 옷을 해 입었다.'라는 것이다. 또 〈예운〉에서 말하기를 "뒤에 성인이 나오신 뒤에야 삼실과 명주실을 가공하여 베와 명주를 만들었다."라고 하였다. ≪주역≫ 〈계사전 하〉에서 "黃帝와 堯舜이 衣裳을 드리움에 천하가 잘 다스려졌다."라고 하였다. 그렇다면 ≪주역≫에서의 베와 명주는 황제 때부터 시작된 것이다. 의상을 드리우고 베와 명주를 입은 것은 반드시 황제 때부터 시작하였지만, 무릎 가리개의 형상이 존재했다는 것은 어느 시대부터 시작된 것인지 알지 못한다. ≪예기≫ 〈明堂位〉에서 "有虞氏는 韍을 착용했다."라고 한 것으로 보아 舜이 처음으로 韍을 만든 것으로 되어 있지만, 祭服을 높여서 그 이름을 달리한 것일 뿐 반드시 이 시대에 처음으로 〈무릎 가리개의〉 형상이 존재했다는 것이 아니다.

冕服의 경우에는 韍이라 한다는 것은 ≪周易≫ 困卦의 九二爻辭에서 "붉은 紱이 바야흐로 오니 제사를 올림이 이롭다."라고 한 것에서 알 수 있고, 다른 옷의 경우에는 韠이라 한다는 것은 살펴보건대 ≪儀禮≫ 〈士冠禮〉에서 "士는 皮弁服과 玄端服을 입는데 모두 韠을 착용한다."라고 한 것에서 알 수 있다. 다른 옷의 경우에는 韠이라 한다는 것은 면복을 중요하게 여긴 것이지 다른 어떤 면복을 말하는 것이 아니다. 이것은 이러한 두 가지 복식을 상호 대비하고자 해서 韍은 韋韠이라고 말한 것이다. 韍과 韠은 祭服과 다른 옷에 따라서 이름이 다른 것일 뿐 그 체제는 마찬가지이다. ≪예기≫

〈옥조〉에서 현단복의 韠을 설명하면서 "韠은 군주의 경우에 붉은색, 大夫의 경우에 흰색, 士의 경우에 검붉은색 가죽이다."라고 하였다. 맨 처음에 韠을 말하고 구절의 끝에서 가죽을 말하였으니, 〈군주나 대부나 士의 경우에〉 모두 가죽으로 韠을 만든 것이 분명하다. 무릇 韠은 모두 裳의 색깔을 상징하는데, 군주의 경우에 붉은색, 대부의 경우에 흰색이라고 말하였으니, 존귀하거나 비천한 자가 착용하는 韠은 다만 색깔의 구분이 있을 뿐이고 다른 장식이 없는 것이다.

韍은 꾸미는 장식이 있는 것에 대하여 ≪禮記≫ 〈明堂位〉에서 "有虞氏는 韍을 착용하고 夏后氏는 산을 그리고 殷나라는 불을 그리고 周나라는 용의 문양을 그렸다."라고 하였다. 이에 대해서 鄭玄이 말하기를 "韍은 冕服에 착용하는 韠인데 舜이 처음으로 만들어 祭服을 높였다. 禹・湯으로부터 周나라에 이르기까지 그림의 문양을 보태고 후대의 왕들이 더욱 장식하였다. 산은 우러를 만한 仁을 취한 것이고, 불은 밝음을 취한 것이고, 용은 변화를 취한 것이다. 天子는 모두 갖추고 諸侯는 불 이하로 하고 卿大夫는 山으로 하고 士는 가죽으로만 할 따름이다."라고 하였다. 이것은 韍의 장식을 설명한 것이다. ≪예기≫ 〈玉藻〉에서 "韠은 아래의 너비가 2자, 위의 너비가 1자, 길이가 3자이다. 그 목이 5치, 어깨 가죽 띠의 너비가 2치이다."라고 하였는데, 이에 대해서 정현이 말하기를 "목이 5치라는 것은 역시 너비를 말한 것이고, 목은 중앙이고 어깨는 양쪽 모서리인데 모두 위로 가죽 띠에 이어지고, 어깨와 가죽 띠의 너비는 같다."라고 하였다. 이것은 韠의 제도를 설명한 것이다. 韍의 제도에 대하여 전하는 기록에 없으니, 〈이는 韍이〉 모두 韠의 뜻이라는 것으로 그 제도가 韠과 같음이 분명하다. 經과 傳에 '韍'이나 '紱'이나 '芾'로 되어 있는 것은 그 音과 義가 같다. 徐廣의 ≪車服儀制≫에서 "옛날의 紱이라는 것은 지금의 무릎 가리개와 같다. 전국시대 서로 간에 전쟁을 벌일 적에 紱이 군대의 장식이 아니라고 해서 없앴는데, 漢 明帝 때에 다시 紱을 만들어 천자는 붉은 가죽의 무릎 가리개를 착용하였다. 그러하니 무릎 가리개는 옛날의 紱인 것이다. 그렇다면 漢나라 때는 무릎 가리개에 여전히 붉은 가죽을 사용하였고, 魏晉 이후로 붉은 깁〔絳紗〕을 사용하여 만들었다."라고 하였으니, 고금에 차이가 있는 것이다. 실을 사용한다고 했기 때문에 글자가 '紱'로 된 경우도 있다.

천자의 笏은 玉으로 만들기 때문에 '珽은 玉笏이다.'라고 한 것이다. ≪管子≫에서 "천자가 옥홀을 지니고 朝日의 예를 행한다."라고 하였으니, 이것이 '옥홀'이 들어 있는 문장이다. 禮書 가운데 '笏'이 들어 있는 경우는, ≪예기≫ 〈옥조〉에서 "무릇 군주 앞에서 지적하여 표시할 때 홀을 사용하고, 군주 앞에 나아가 명을 받으면 그것을 홀에 쓴다."라고 한 것이다. ≪爾雅≫ 〈釋名〉에서 "笏이란 것은 문득이다. 군주가 명을 내리면 그 위에 기록하여 문득 잊어버리는 것을 대비하는 것이다."라고 하였으며, 혹자는 "簿는 기록할 수 있는 조악한 물건이다."라고 하였다. 서광의 ≪거복의제≫에서 "옛날에는 귀천을 구분하지 않고 모두 笏을 지녔으니, 곧 오늘날의 手板이다."라고 하였다. 그렇다면 笏과 簿는 수판의 다른 이름일 뿐이다. ≪三國志≫ 〈蜀志〉에서 秦宓이 태수를 보자 簿로 뺨을 때렸다고 하였으니, 漢魏 이후로 모두 수판을 지니고 있었으므로 '오늘날 관리의 持簿와 같은 것이다.'라고 한 것이다.

≪예기≫ 〈옥조〉에서 "笏은 모두가 사용하고 거기에 장식한다."라고 하였다. 이것은 귀천을 구분하지 않고 모두 笏을 사용하고, 거기에 장식하여 존귀하고 비천함을 드러낸다는 말이다. 위의 글에서 "笏은 天子는 球玉으로 하고, 諸侯는 象牙로 하고, 大夫는 魚須로 장식한 대나무로 하며, 士는 대나무로 하되 그 밑부분은 상아로 해도 괜찮다."라고 하였고, 이에 대해서 정현이 말하기를 "球는 아름다운 옥이다. 文은 장식함이다. 대부와 士는 대나무를 장식하여 笏을 만들어 감히 군주와 같이 순수한 玉物을 사용하지 않으니, 이것은 존귀와 비천이 달라서이다."라고 하였다. 대부와 士의 笏은 모두 대나무를 사용하는데, 대부는 魚須로 장식하고 士는 象骨로 장식하여 감히 순수하게 한 가지 재질의 물건을 사용하지 않음으로써 군주에게 자신을 낮춘 것이다. 사용하는 물건이 이미 달라서 그 체제도 다른 것이니, ≪예기≫ 〈옥조〉에서 "천자는 반듯한 珽을 꽂는데 천하에 方正함을 보이는 것이며, 제후의 荼는 앞은 굽히고 뒤는 곧게 하는데 천자에게 겸양하는 것이며, 대부는 앞도 굽히고 뒤도 굽히는데 겸양하지 않는 곳이 없는 것이다."라고 하였고, 이에 대해서 정현이 말하기를 "〈笏은〉 珽이라 하니, 珽은 반듯하여 굽히는 곳이 없이 앞과 뒤가 모두 方正함을 말한다. 荼는 두려워하는 대상이 앞에 있어서 나약하게 풀어진다는 말이다. 그 머리 부분을 둥굴게 줄여서 천자에게 굽히는 것이다. 대부는 위로는 천자가 있고 아래로는 자신의 君父가 있으므로 머리와 밑부분을 모두 둥글게 하고 앞과 뒤로 모두 겸양하는 것이다. 이렇게 그 형상과 제도가 다르다. 그 길이는 제후 이하와 천자가 또 다르다."라고 하였다.

珽은 일명 大圭이다. ≪周禮≫ 〈春官 典瑞〉에서 "왕은 대규를 꽂고 朝日의 예를 행한다."라고 한 것이 이것이다. ≪주례≫ 〈冬官 考工記〉에서 "대규는 길이가 3자이니 천자가 착용한다."라고 하였으니, 천자의 珽 길이가 3자라는 것이다. ≪예기≫ 〈옥조〉

에서 “笏의 크기는 2자 6치이다.”라고 하였으니 천자보다 짧다. 대체로 제후 이하는 笏의 크기 정도가 모두 그러하다.

【傳】 帶裳幅舃(석)과

帶・裳・幅・舃과

【注】 帶는 革帶也라 衣下曰裳이라 幅은 若今行縢者라 舃은 複履라

帶는 革帶이다. 하의를 裳이라 한다. 幅은 지금의 行縢과 같은 것이다. 舃은 밑창을 두 겹으로 댄 신이다.

【疏】 注‘帶革’至‘複履’ ○ 正義曰：下有鞶是紳帶, 知此帶爲革帶. 玉藻“革帶博二寸”, 鄭云“凡佩繫于革帶.” 白虎通云“男子有鞶革者, 示有金革之事.” 然則示有革事, 故用革爲帶, 帶爲佩也. 昭十二年傳云“裳下之飾也.” 經傳通例, 皆上衣下裳, 故云‘衣下曰裳’. 幅與行縢, 今古之異名, 故云‘若今行縢’. 詩云“邪幅在下”,[1] 毛傳曰“幅, (偪)〔偪〕[2] 也. 所以自(偪)〔偪〕束也.” 鄭箋云“邪幅如今行縢也, (偪)〔偪〕束其脛, 自足至膝.” 縢訓緘也. 然則行而緘足, 故名行縢, 邪纏束之, 故名邪幅. 舃者, 屨之小別. 鄭玄周禮屨人注云“複下曰舃, 禪下曰屨.” 然則舃之與屨, 下有禪複爲異. 履是摠名, 故云“舃, 複履”, 謂其複下也. 鄭玄又云“天子諸侯吉事皆舃.” 赤舃者, 冕服之舃, 白舃者, 皮弁之舃, 黑舃者, 玄端之舃. 其士皆著(착)屨, 纁屨者, 爵弁之屨, 白屨者, 皮弁之屨, 黑屨者, 玄端之屨. 其卿大夫服冕者, 亦赤舃, 餘服則屨. 其王后, 褘衣玄舃, 褕狄青舃, 闕狄赤舃, 鞠衣黃屨, 展衣白屨, 褖衣黑屨. 其諸侯夫人及卿大夫之妻合衣狄者, 皆舃, 其餘皆屨. 其舃之飾, 用對方之色, 赤舃黑飾, 是也. 屨之飾用比方, 白屨黑飾, 是也.

1) 詩云邪幅在下：≪詩經≫ 〈采菽〉에서 “붉은 슬갑이 다리에 있고 邪幅은 그 아래에 있도다. 저 사귐에 느리지 아니하니 天子가 허여하는 바로다.〔赤芾在股 邪幅在下 彼交匪紓 天子所予〕”라고 하였다.

2) (偪)〔偪〕：저본에는 ‘偪’으로 되어 있으나, 阮元의 〈校勘記〉에 의거하여 ‘偪’으로 바로잡았다. 아래도 같다.

注의 〔帶革〕에서 〔複履〕까지

○ 正義曰：아래에 鞶은 紳帶라는 내용이 있으니, 이 帶가 革帶임을 알 수 있다. ≪禮

記≫ 〈玉藻〉에서 "혁대의 너비는 2치이다."라고 하였는데, 鄭玄이 "모든 佩는 혁대에 찬다."라고 하였다. ≪白虎通≫에서 "남자가 鞶革을 차는 것은 金革(전쟁)의 일이 있음을 보이려는 것이다."라고 하였다. 그러하니 금혁의 일이 있음을 보이려 것이기 때문에 가죽으로 帶를 만들고 帶에 佩를 차는 것이다.

昭公 12년 傳文에서 "裳은 하체의 복식이다."라고 하였고, 經과 傳의 통례에 모두 상의는 衣이고 하의는 裳이다. 그러므로 '하의를 裳이라 한다.'라고 한 것이다.

幅과 行縢은 古今에 이름이 다른 것이므로 '〈幅은〉 지금의 行縢과 같은 것이다.'라고 한 것이다. ≪詩經≫ 〈采菽〉에서 "邪幅은 그 아래에 있다."라고 하였는데, ≪毛詩傳≫에서 "幅은 바짝의 뜻이다. 스스로가 바짝 묶는 것이다."라고 하였고, 정현의 ≪毛詩傳≫에서 "邪幅은 지금의 行縢과 같으니, 정강이를 바짝 묶어서 발부터 무릎까지 이른다."라고 하였다. 縢의 뜻은 묶음〔緘〕이다. 그러하니 길을 가면서 발을 묶기 때문에 '行縢'이라 이름을 붙인 것이고, 비스듬히 얽어서 묶기 때문에 '邪幅'이라 이름을 붙인 것이다.

舃은 屨와는 조금 차이가 있다. 정현이 ≪周禮≫ 〈天官 屨人〉에 注를 내면서 "밑창이 겹으로 된 것을 舃이라 하고, 밑창이 홑겹인 것을 屨라 한다."라고 하였다. 그러하니 舃과 屨는 밑창이 홑겹이냐 겹이냐 차이가 있는 것이다. 履는 총칭이기 때문에 '舃은 밑창을 겹으로 댄 신이다.'라고 한 것이니, 이는 밑창이 두 겹으로 된 것을 말한다.

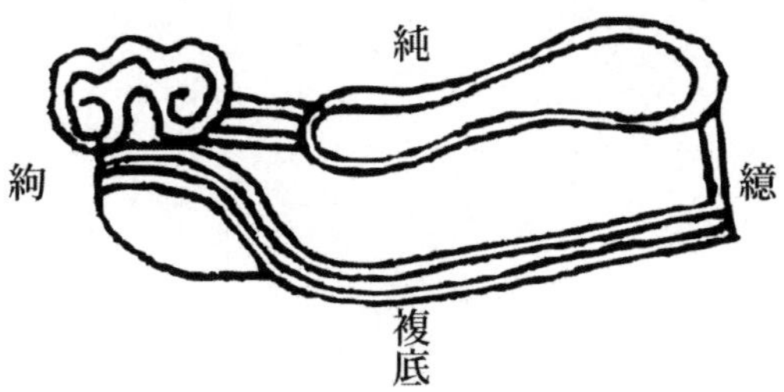

舃(겹바닥 신발)

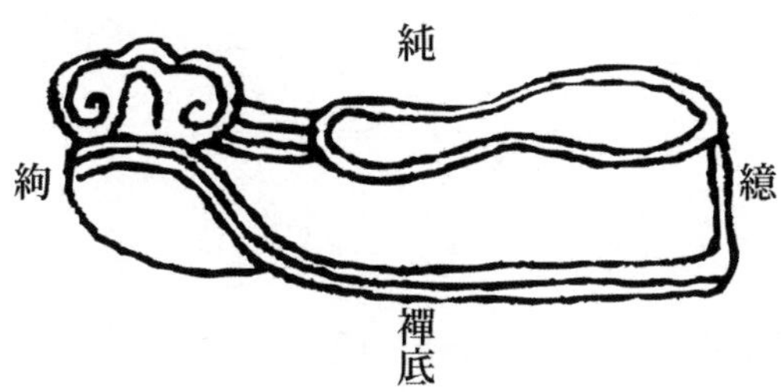

屨(홑바닥 신발)

정현이 또 말하기를 "天子와 諸侯는 吉事에 모두 舃을 신는다."라고 하였다. 赤舃은 冕服에 신는 舃이고, 白舃은 皮弁服에 신는 舃이고, 黑舃은 玄端服에 신는 舃이다. 士는 모두 屨를 신으니, 纁屨는 爵弁服에 신는 屨이고, 白屨는 피변복에 신는 屨이고, 黑屨는 현단복에 신는 屨이다. 卿大夫는 면복의 경우에 역시 赤舃을 신고, 나머지 옷에는 屨를 신는다. 王后는 褘衣의 경우 玄舃을 신고, 褕狄의 경우 青舃을 신고, 闕狄의 경우 赤舃을 신고, 鞠衣의 경우 黃屨를 신고, 展衣의 경우 白屨를 신고, 褖衣의 경우

黑屨를 신는다. 제후의 夫人과 경대부의 妻로서 유적이나 궐적을 입어야 하는 경우 모두 舃을 신고, 그 나머지의 경우에는 모두 屨를 신는다. 舃의 장식은 상대되는 색을 사용하니 赤舃에 흑색의 장식이 이것이다. 屨의 장식은 대비되는 색을 사용하니 白屨에 흑색의 장식이 이것이다.

鞠衣　展衣　褖衣

【傳】衡紞紘綖(탐굉연)은

衡・紞・紘・綖은

【注】衡은 維持冠者라 紞은 冠之垂者라 紘은 纓從下而上者라 綖은 冠上覆(부)라

衡은 冠을 잡아주는 것이다. 紞은 冠에서 아래로 드리운 것이다. 紘은 아래에서 위로 올라간 끈이다. 綖은 冠 위의 덮개이다.

【疏】注'衡維'至'上覆' ○ 正義曰：此四物者，皆冠之飾也．周禮追(퇴)師"掌王后之首

服, 追衡笄", 鄭司農云"衡, 維持冠者." 鄭玄云"祭服有衡, 垂于副之兩旁當耳, 其下以紞縣瑱." 彼婦人首服有衡, 則男子首服亦然, 冠由此以得支立, 故云'維持冠者'. 追者, 治玉之名, 王后之衡以玉爲之, 故追師掌焉. 弁師"掌王之五冕." 弁及冕皆用玉笄, 則天子之衡亦用玉, 其諸侯以下衡之所用則未聞. 紞者, 縣瑱之繩, 垂於冠之兩旁, 故云'冠之垂者'. 魯語敬姜曰"王后親織玄紞", 則紞必織線爲之, 若今之絛繩. 鄭玄詩箋云"充耳, 謂所以縣瑱者, 或名爲紞織之人. 君五色, 臣則三色", 是也. 絛必雜色, 而魯語獨言玄者, 以玄是天色, 故特言之, 非謂純玄色也. 紘纓皆以組爲之, 所以結冠於人首也. 纓用兩組, 屬之於兩旁, 結之於頷下, 垂其餘也. 紘用一組, 從下屈而上, 屬之於兩旁, 垂其餘也. 紘纓同類, 以之相形, 故云'紘, 纓從下而上者'. 弁師"掌王之五冕", 皆玉笄朱紘. 祭義稱諸侯冕而靑紘, 士冠禮稱"緇布冠靑組纓, 皮弁笄爵弁笄緇組(纓)〔紘〕."[1] 鄭玄云"有笄者, 屈組爲紘, 垂爲飾, 無笄者, 纓而結其絛." 以其有笄者用紘力少, 故從下而上屬之, 無笄者用纓力多, 故從上而下結之. 冕弁皆有笄, 故用紘, 緇布冠無笄, 故用纓也. 魯語稱"公侯夫人織紘綖", 知紘亦織而爲之. 士冠禮言"組纓組紘", 知天子諸侯之紘亦用組也. 綖, 冠上覆(부)者, 冕以木爲幹, 以玄布衣其上, 謂之綖. 論語(商)〔尙〕[2]書皆云麻冕, 知其當用布也. 弁師"掌王之五冕", 皆玄冕, 知其色用玄也. 孔安國論語注言"績麻三十升布以爲冕", 卽是綖也. 鄭玄玉藻注云"延, 冕上覆也", 此云'冠上覆者'. 冠冕通名, 故此注衡及綖皆以冠言之, 其實悉冕(冕)[3]飾也.

1) (纓)〔紘〕: 저본에는 '纓'으로 되어 있으나, 阮元의 〈校勘記〉에 의거하여 '紘'으로 바로잡았다.
2) (商)〔尙〕: 저본에는 '商'으로 되어 있으나, '麻冕'이라는 표현이 ≪尙書≫ 〈商書〉에는 보이지 않고 〈周書 顧命〉에 보이므로 이에 의거하여 '尙'으로 바로잡았다.
3) (冕): 저본에는 '冕'이 있으나, 阮元의 〈校勘記〉에 의거하여 衍文으로 처리하였다.

注의 〔衡維〕에서 〔上覆〕까지

○ 正義曰: 이 네 가지 물건은 모두 冠을 장식하는 것들이다. ≪周禮≫ 〈天官 追師〉에서 "王后의 머리 복식을 담당한다. 追師가 衡笄를 담당한다."라고 하였는데, 鄭司農(鄭衆)은 "衡은 冠을 잡아주는 것이다."라고 하였으며, 鄭玄은 "祭服에 衡笄가 있으니 副(머리를 덮어 장식하는 물건)의 양쪽에 드리워 귀에 닿게 하고 그 아래의 끈으로 瑱을 매단다."라고 하였다. 저 부인의 머리 복식에 형계가 있으니 남자의 머리 복식에도 마찬가지이다. 冠은 이것 덕분에 지탱하여 꼿꼿하게 있을 수 있기 때문에 '冠을 잡아주

는 것이다.'라고 말한 것이다. 追라는 것은 옥을 가공한다는 이름이니, 王后의 형계는 옥으로 만들기 때문에 퇴사가 그것을 담당하는 것이다. ≪주례≫ 〈夏官 弁師〉에서 "〈변사가〉 왕의 다섯 가지 冕冠을 담당한다."라고 하였다. 弁과 冕에 모두 玉笄를 사용하니 天子의 형계에도 옥을 사용하는 것이다. 諸侯 이하의 경우 형계를 사용하는지에 대해서는 듣지 못하였다.

紞은 瑱을 매다는 끈으로 冠의 양쪽에 아래로 드리워져 있기 때문에 '冠에서 아래로 드리운 것이다.'라고 말한 것이다. ≪國語≫ 〈魯語〉에서 敬姜이 말하기를 "王后가 직접 玄紞을 짠다."라고 하였으니, 紞은 반드시 실로 짜서 만든다는 것으로 지금의 絛繩(끈)과 같다. 鄭玄의 ≪毛詩箋≫에서 "充耳(귀막이)는 瑱을 매다는 것을 가리키는 것이니, 간혹 紞을 짜는 사람의 이름으로 부르기도 한다. 군주는 다섯 가지 색이고 신하는 세 가지 색이다."라고 한 것이 바로 이것이다. 조승은 반드시 색이 섞여 있는데, ≪국어≫ 〈노어〉에서 유독 '玄'이라고 말한 것은 玄이 하늘을 상징하는 색이므로 특별히 말한 것이지 순수한 검은색을 말한 것은 아니다.

紘과 纓은 모두 끈으로 만드는 것인데 冠을 사람의 머리에 연결하는 것이다. 纓은 두 가닥의 끈을 사용하되 양쪽에 붙여서 턱 아래에서 연결하고 나머지 끈은 아래로 늘어뜨린다. 紘은 한 가닥의 끈을 사용하되 아래에서 구부려 위로 올려서 양쪽에 붙이고 나머지 끈은 아래로 늘어뜨린다. 紘과 纓은 동일한 종류인데 이것들을 비교하기 위해서 '紘은 아래에서 위로 올라간 끈이다.'라고 말한 것이다. ≪주례≫ 〈夏官 弁師〉에서 "〈변사가〉 왕의 다섯 가지 冕冠을 담당한다."라고 하였는데, 〈이 다섯 가지 면관에는〉 모두 玉笄에 붉은 紘을 만든다. ≪禮記≫ 〈祭義〉에서 "諸侯의 冕冠에는 푸른 紘을 만들어 연결한다."라고 하였으며, ≪儀禮≫ 〈士冠禮〉에서 "緇布冠에는 푸른 실로 만든 纓을 사용하고, 皮弁의 笄와 爵弁의 笄에는 검은 실로 만든 紘을 사용한다."라고 하였다. 정현이 말하기를 "笄가 있는 것은 끈을 구부려 紘을 만들어 늘어뜨려 꾸미고, 笄가 없는 것은 纓을 끈에 연결한다."라고 하였다. 笄가 있는 경우에는 힘이 약한 紘을 사용하기 때문에 아래에서 위로 붙이는 것이고, 笄가 없는 경우에는 힘이 강한 纓을 사용하기 때문에 위에서 아래로 연결하는 것이다. 冕과 弁에는 모두 笄가 있으므로 紘을 사용하는 것이고, 緇布冠에는 笄가 없으므로 纓을 사용하는 것이다. ≪국어≫ 〈노어〉에서 〈敬姜이〉 말하기를 "公侯의 夫人은 紘綖을 짠다."라고 하였으니, 紘 역시 실로 짜서 만든다는 것을 알 수 있다. ≪의례≫ 〈사관례〉에서 "끈으로 纓을 만들고 끈으로 紘을 만든다."라고 하였으니, 천자와 제후의 복식에 사용하는 紘 역시 끈으로 만든다는 것을 알 수 있다.

綖은 冠 위의 덮개이다. 冕은 나무로 골격을 만들고 검은 베로 그 위를 덮는데 이것을 綖이라 한다. ≪論語≫와 ≪尙書≫에서 모두 麻冕이라고 하였으니, 응당 베로 만든다는 것을 알 수 있다. ≪주례≫ 〈하관 변사〉에서 "〈변사가〉 왕의 다섯 가지 冕冠을 담당한다."라고 하였고 이것이 모두 검은 면관이라 하였으니, 그 〈위를 덮는〉 綖의 색이 검다는 것을 알 수 있다. ≪논어≫에 대한 孔安國의 注에서 말하기를 "30升의 베를 짜서 면관을 만든다."라고 하였으니, 이것이 바로 綖이다. ≪예기≫ 〈옥조〉에 대한 정현의 注에서 말하기를 "延은 冕 위의 덮개이다."라고 하였으니, 이것이 '冠 위의 덮개이다.'라고 말한 것이다. 冠과 冕은 서로 통하는 이름이기 때문에 여기의 注에서 衡과 綖의 경우에 冠이라고 말했지만 사실은 모두 冕의 장식이다.

【傳】 昭其度也라

제도를 밝게 드러내기 위해서이다.

【注】 尊卑各有制度라

존귀함과 비천함에 따라 각각의 제도가 있다.

【疏】 注'尊卑各有制度' ○ 正義曰：此上十二物者, 皆是明其制度, 哀伯思及, 則言無次第也. 鄭玄覲禮注云"上公袞無升龍, 天子有升龍, 有降龍", 是袞有度也. 冕則公自袞以下, 侯伯自鷩以下, 是冕有度也. 韍則諸侯火以下, 卿大夫山, 是韍有度也. 珽則玉象不同, 長短亦異, 是珽有度也. 袞冕鷩冕, 裳四章, 毳冕希冕, 裳二章, 是裳有度也. 鄭玄屨人注云"王吉服, 舃有三等, 赤舃爲上, 冕服之舃. 下有白舃黑舃. 王治祭服, 舃有三等, 玄舃爲上, 褘衣之舃, 下有靑舃赤舃", 是舃有度也. 紞則人君五色, 臣則三色, 是紞有度也. 天子朱紘, 諸侯靑紘, 是紘有度也. 其帶幅衡綖則無以言之. 傳言'昭其度也', 明其尊卑各有制度.

注의 〔尊卑各有制度〕

○ 正義曰：이상의 열두 가지 물건은 모두 그 제도를 밝게 드러내는 것인데, 臧哀伯의 생각이 여기에 이르러 이것들이 次第가 없음을 말한 것이다. ≪儀禮≫ 〈覲禮〉에 대

한 鄭玄의 注에서 말하기를 "上公의 袞에는 올라가는 용의 문양이 없고, 天子의 袞에는 올라가는 용과 내려가는 용의 문양이 있다."라고 하였으니, 이것이 袞에 제도가 있는 것이다. 冕은 上公의 경우 袞冕 이하를, 侯伯의 경우 鷩冕 이하의 양식을 따르니, 이것이 冕에 제도가 있는 것이다. 黻은 諸侯의 경우 불 이하를 그리고 卿大夫는 山을 그리니, 이것이 黻에 제도가 있는 것이다. 珽은 玉의 형상이 같지 않고 그 길이도 다르니, 이것이 珽에 제도가 있는 것이다. 袞冕과 鷩冕은 四章의 문양이 裳에 있고 毳冕과 希冕은 二章의 문양이 裳에 있으니, 이것이 裳에 제도가 있는 것이다.

≪周禮≫ 〈天官 屨人〉에 대한 정현의 注에서 말하기를 "王의 吉服에 신는 舄은 세 가지 등급이 있는데 赤舄이 최상으로 冕服에 신는 舄이다. 그 아래 등급으로 白舄과 黑舄이 있다. 왕이 입는 祭服에 신는 舄은 세 가지 등급이 있는데 玄舄이 최상으로 褘衣에 신는 舄이다. 그 아래 등급으로 青舄과 赤舄이 있다."라고 하였으니, 이것이 舄에 제도가 있는 것이다. 紞은 군주의 경우 다섯 가지 색의 실, 신하의 경우 세 가지 색의 실로 짜서 만드니, 이것이 紞에 제도가 있는 것이다. 천자는 붉은 紘을, 제후는 푸른 紘을 만들어 사용하니, 이것이 紘에 제도가 있는 것이다.

帶, 幅, 衡, 綖의 제도에 대해서는 언급한 바가 없다. 傳에서 '제도를 밝게 드러내기 위해서이다.'라고 말한 것은 존귀함과 비천함에 따라 각각의 제도가 있음을 밝힌 것이다.

【傳】 藻率鞞鞛(율비봉)과

藻率·鞞·鞛은

【注】 藻率은 以韋爲之하야 所以藉玉也라 王五采하고 公侯伯三采하고 子男二采하고 鞞는 佩刀削上飾이요 鞛은 下飾이라

藻率은 가죽으로 만들어 옥의 밑에 까는 것이다. 王은 5色, 公·侯·伯은 3색, 子·男은 2색이다. 鞞는 차는 칼 위를 장식한 것이고, 鞛은 그 아래를 장식한 것이다.

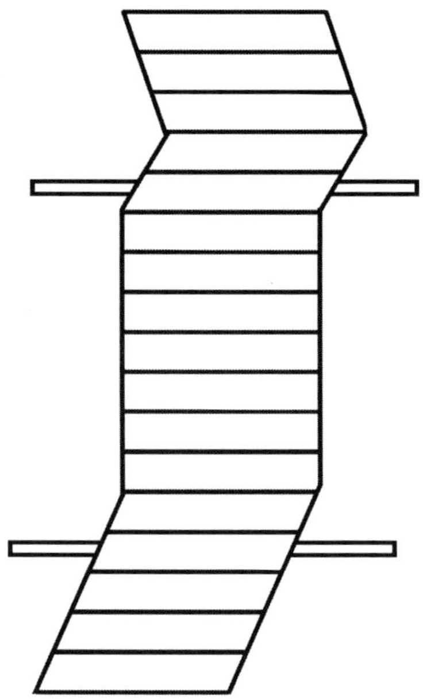
藻率

【疏】 注'藻率'至'下飾' ○ 正義曰：鄭玄覲禮注云"繅所

以藉玉, 以韋衣木, 廣袤各如其玉之大小." 典瑞注云"繅有五采文, 所以薦玉. 木爲中榦, 用韋衣而畫之." 此言以韋爲之, 指木上之韋, 其實木爲榦也. 禮之言繅皆有玉共文. 大行人謂之繅藉, 曲禮單稱藉, 故知所以藉玉也. 大行人云"公執桓圭九寸, 繅藉九寸", 知大小各如其玉也. 大行人注云"繅藉以五采韋衣板, 若奠玉, 則以藉之." 是由有奠之時, 須有繅以之藉玉, 故小大如玉耳. 典瑞職曰"王執鎭圭, 繅藉五采五就, 以朝日. 公執桓圭, 侯執信圭, 伯執躬圭, 繅皆三采三就, 子執穀璧, 男執蒲璧, 繅皆二采再就, 以朝覲宗遇會同于王."[1] 是王五采, 公侯伯三采, 子男二采也. 凡言五采者, 皆謂玄黃朱白蒼, 三采, 朱白蒼, 二采, 朱綠. 就, 成也, 五就, 謂五帀. 每一帀爲一就也. 禮之言藻, 其文雖多, 典瑞大行人聘禮覲禮, 皆單言繅, 或云'繅藉', 未有言'繅率'者. 故服虔以藻爲畫藻, 率爲刷巾. 杜以藻率爲一物者, 以拭物之巾無名率者. 服言禮有刷巾, 事無所出, 且哀伯謂之昭數, 固應禮之大者, 寧當擧拭物之巾與藻藉爲類. 故知藻率正是藻之複名. 藻得稱爲藻藉, 何以不可名爲藻率也. 玉藻說帶之制曰"士練帶, 率下辟(비). 凡帶有率無箴功", 鄭玄云"士以下皆禪, 不合而率積. 如今作幧頭爲之也." 然則禪而不合縷, 率其邊謂之爲率. 此以韋衣木, 蓋亦綷積其邊, 故稱率也. 鄭司農典瑞注讀繅爲藻率之藻, 似亦藻率共爲藻也. 詩曰"鞞琫容刀." 故知鞞鞛, 佩刀削之飾也. 少儀云"刀授穎, 削授柎." 削是刀之類, 故與刀連言之. 鞞鞛二名, 明飾有上下, 先鞞後鞛, 故知鞞爲上飾, 鞛爲下飾. 劉君以毛詩傳"下曰鞞上曰琫", 而規杜氏, 但鞞鞛或上或下, 俱是無正文, 不可以規杜過也.

1) 以朝覲宗遇會同于王 : 諸侯가 天子를 조현하는 것을 봄에는 朝라 하고 여름에는 宗이라 하고 가을에는 覲이라 하고 겨울에는 遇라 하며, 비정기적으로 뵙는 것을 會라 하고 사계절에 무리 지어 뵙는 것을 同이라 한다.

注의 〔藻率〕에서 〔下飾〕까지

○ 正義曰 : ≪儀禮≫ 〈覲禮〉의 鄭玄 注에서 "繅는 옥을 받치는 것이니, 가죽을 나무에 입히고 그 너비와 길이는 각각 받치는 옥의 크기와 같게 한다."라고 하였다. ≪周禮≫ 〈春官 典瑞〉의 정현 注에서 "繅에는 5색의 문양이 있고 여기에 옥을 올려 바친다. 나무로 가운데 기둥을 만드는데 나무에 가죽을 입히고 그림을 그린다."라고 하였다. 여기에서 '가죽으로 만든다'고 말한 것은 나무 위의 가죽을 가리키니, 실제로는 나무가 가운데 기둥이 된다. 禮書에서 '繅'를 말한 부분은 모두 그 문장에서 옥과 함께 거론하

고 있다. ≪주례≫ 〈秋官 大行人〉에서는 '繅藉'라 하고, ≪禮記≫ 〈曲禮〉에서는 '藉' 한 글자만 말했으므로 옥의 밑에 까는 것임을 알 수 있다. 〈대행인〉에서 "公은 9치의 桓圭를 잡고 그 繅藉는 9치이다."라고 하였으니, 소자의 크기는 각각 그 받치는 옥의 크기와 같음을 알 수 있다. 〈대행인〉의 정현 주에서 "繅藉는 5색의 가죽으로 받침판을 입히는데, 옥을 바치게 되면 이 소자를 옥 밑에 받친다."라고 하였다. 이는 옥을 바칠 때 옥 밑에 깔 繅가 필요하기 때문에 그 크기를 옥과 같게 하는 데서 연유한 것이다. ≪주례≫ 〈春官 典瑞職〉에서 "王은 鎭圭를 잡는데 소자는 5색으로 다섯 번 두르니 이것으로 朝日(천자가 춘분날 해에게 배례하는 예법)의 예를 행한다. 公은 桓圭를 잡고 侯는 信圭를 잡고 伯은 躬圭를 잡는데 소자는 모두 3색으로 세 번 두르며, 子는 穀璧을 잡고 男은 蒲璧을 잡는데 소자는 모두 2색으로 두 번 두르니, 이것으로 왕에게 朝·覲·宗·遇·會·同의 예를 행한다."라고 하였으니, 〈소자의 색은〉 각각 王은 5색, 公·侯·伯은 3색, 子·男은 2색인 것이다. 대체로 5색은 모두 검은색·황색·붉은색·흰색·푸른색을, 3색은 붉은색·흰색·푸른색을, 2색은 붉은색·녹색을 말한다.

就는 이룬다〔成〕는 뜻으로 五就는 다섯 번 두른다는 것이다. 한 번 두를 때마다 一就가 된다. 禮書에서 '藻'를 언급한 경우, 그 글이 비록 많지만 ≪周禮≫의 〈전서〉와 〈대행인〉, ≪의례≫의 〈聘禮〉와 〈근례〉에서는 모두 '繅' 한 글자만 말하거나 '繅藉'를 말하고 '繅率'를 말하는 경우는 없다. 그러므로 服虔이 藻를 畫藻로 여기고 率을 刷巾으로 여긴 것이다. 杜預가 藻率을 하나의 물건으로 여긴 것은 닦아내는 물건 가운데 率의 이름을 가진 것이 없어서이다. 복건이 예서에 쇄건이 있다고 말했지만 어떤 일에도 쇄건이 나오는 경우가 없고, 게다가 臧哀伯이 定數를 밝게 드러낸다고 이른 것은 참으로 禮의 큰 절목에 해당하는 일이니 어찌 응당 藻藉와 같은 부류로서 닦아내는 수건 따위를 거론했겠는가. 그러므로 조율은 바로 藻의 복합 명칭임을 알 수 있다. 藻를 '조자'로 일컬을 수 있는데, 어째서 '조율'로는 이름할 수 없단 말인가? ≪禮記≫ 〈玉藻〉에서 띠〔帶〕의 제도를 설명하면서 말하기를 "士는 익힌 白絹으로 만든 띠를 두르는데, 두 측면을 꿰매고 늘어진 부분에만 테두리를 한다. 모든 띠에는 굵은 실로 거칠게 꿰맨 흔적만 있고, 가는 실로 정교하게 바느질한 흔적은 없게 한다."라고 하였으며, 정현은 말하기를 "士 이하는 모두 홑 띠를 하고 겹 띠를 하지 않되 겹쳐서 꿰맨다. 오늘날 幧頭를 만들 때 이렇게 한다."라고 하였다. 그렇다면 홑 띠로 하고 겹 띠로 하지 않으며 그 가장자리를 꿰매는 것을 率이라 이른 것이다. 이는 가죽을 나무에 입히는 것도 그 가장

자리를 겹쳐서 꿰매는 것이기 때문에 率이라 일컬은 것이다. 〈전서〉의 鄭司農 注에서 繅를 藻率의 藻로 읽었으니 아마도 이 또한 藻率을 藻로 똑같이 본 것이다.

≪詩經≫ 〈大雅 公劉〉에서 "鞞琫容刀(鞞와 琫 그리고 장식한 칼이로다.)"라고 하였으니, 鞞鞛이 차는 칼〔刀削〕의 장식임을 알 수 있다. ≪예기≫ 〈少儀〉에서 "칼〔刀〕은 칼의 고리를 상대방에게 주고, 굽은 칼〔削〕은 칼의 손잡이를 상대방에게 준다."라고 하였으니, 削도 칼의 종류이므로 刀 글자와 붙여서 말한 것이다. 鞞와 鞛 각각 이름이 있는 것은 그 위와 아래를 장식했음을 밝힌 것이며, 鞞가 앞에 있고 鞛이 뒤에 있으므로 鞞가 위의 장식이고 鞛이 아래의 장식임을 알 수 있다. 劉炫이 ≪詩經≫ 〈大雅 公劉〉의 毛傳에서 "아래의 장식을 鞞이라 하고 위의 장식을 琫이라 한다."고 한 것을 가지고 두예의 설명을 바로잡았지만, 鞞와 鞛이 각기 아래에 있기도 하고 위에 있기도 하여 모두 正文이 없기 때문에 그가 두예의 잘못을 바로잡았다고 할 수는 없다.

【傳】 鞶(반)**厲游纓**은

鞶·厲·游·纓은

【注】 鞶은 紳帶也니 一名大帶라 厲는 大帶之垂者라 游는 旌旗之游라 纓은 在馬膺前如索(삭)裙이라

鞶은 紳帶이니 일명 大帶라고도 한다. 厲는 大帶의 늘어진 부분이다. 游는 旌旗의 가장자리에 붙여 아래로 늘어뜨린 것이다. 纓은 말 가슴 앞에 있는 索裙(말 가슴에 걸어 안장에 매는 가죽끈) 같은 것이다.

【疏】 注'鞶紳'至'索裙' ○正義曰：易訟卦上九"或錫之鞶帶", 知鞶卽帶也. 以帶束要, 垂其餘以爲飾, 謂之紳. 上帶爲革帶, 故云'鞶, 紳帶', 所以別上帶也. 玉藻說帶云"大夫大帶", 是一名大帶也. 詩毛傳云"厲, 帶之垂者." 故用毛說以爲'厲, 大帶之垂者'也. 大帶之垂者, 名之爲紳, 而復(부)名爲厲者, 紳是帶之名, 厲是垂之貌. 詩稱"垂帶而厲", 是厲爲垂貌也. 玉藻稱"天子素帶朱裏, 終辟(비)", 諸侯素帶不朱裏, 大夫玄華辟垂. 帶皆博四寸, 士帶博二寸, 再繚四寸, 緇辟下垂. 賈服等說鞶厲皆與杜同, 唯鄭玄獨異. 禮記內則注, 以鞶爲小囊, 讀厲如裂繻之裂, 言鞶囊必裂繒緣之以爲飾. 案禮記稱"男鞶革, 女鞶絲." 鞶是帶之別稱, 遂以鞶爲帶名, 言其帶革帶絲耳, 鞶非囊之號也. 禮記又云"婦事

舅姑施縏袠(반질)", 袠是囊之別名, 今人謂裹書之物爲袠. 言其施帶施囊耳, 其縏亦非囊也. 若以縏爲小囊, 則袠是何器. 若袠亦是囊, 則不應帶二囊矣. 以此知鞶卽是紳帶爲得其實. 游是旐之垂者, 旆之別名. 九旗[1]雖各有名, 而旌旗爲之揔號, 故云'旌旗之游'也. 案巾車"王建大(태)常, 十有二斿", 又大行人云"上公九斿, 侯伯七斿, 子男五斿. 其孤卿建旜, 大夫士建物, 其斿各如其命數. 其鳥旟則七斿, 熊旗則六斿, 龜旐則四斿." 故考工記云"鳥旟七斿, 以象鶉火. 熊旗六斿, 以象伐. 龜旐四斿, 以象營室." 是也. 鄭司農巾車注云"禮家說曰'纓當胸, 以削革爲之.'" 鄭玄云"纓, 今馬鞅." 是纓, 在馬膺前也. 服虔云"纓如索裙, 今乘輿大駕有之." 然則漢魏以來, 大駕之馬膺有索裙, 是纓之遺象, 故云'如索裙也'. 案巾車"玉路樊纓, 十有再就", 鄭玄注云"樊及纓皆以五采罽飾之." "金路樊纓九就, 象路樊纓七就, 革路絛纓五就." 鄭玄云"其樊及纓, 以絛絲飾之." "木路翦樊鵠纓." 鄭玄云"以淺黑飾韋爲樊, 鵠色飾韋爲纓. 不言就數, 飾與革路同."

1) 九旗 : 아홉 가지 깃발을 말한다. 해와 달을 그린 常, 交龍을 그린 旂, 通帛으로 만든 旜, 雜帛으로 만든 物, 곰과 호랑이를 그린 旗, 새매를 그린 旟, 거북과 뱀을 그린 旐, 全羽로 만든 旞, 析羽로 만든 旌을 가리킨다.

注의 〔鞶紳〕에서 〔索裙〕까지

○ 正義曰 : ≪周易≫ 訟卦 上九爻辭에 "혹 鞶帶를 하사받더라도"라고 하였으니, 鞶은 띠〔帶〕라는 것을 알 수 있다. 띠를 허리에 묶고 그 남는 부분을 늘어뜨려 장식하는 것을 紳이라 이른다. 上帶는 革帶가 되기 때문에 '鞶은 紳帶이다.'라고 말하여 上帶와 구별한 것이다. ≪禮記≫ 〈玉藻〉에서 띠를 설명하면서 말하기를 "大夫는 大帶를 두른다."라고 하였으니, 〈紳의〉 일명이 大帶인 것이다. ≪毛詩傳≫에서 말하기를 "厲는 띠가 늘어진 것이다."라고 하였다. 그러므로 毛氏의 설명을 인용하여 '厲는 大帶의 늘어진 부분이다.'라고 한 것이다. 大帶의 늘어진 부분을 紳이라 명칭을 붙이고 다시 厲라고 명칭을 붙인 것은, 紳은 띠의 이름이고 厲는 늘어진 모양이기 때문이다. ≪詩經≫ 〈小雅 都人士〉에서 "垂帶而厲(띠를 드리워 늘어졌도다.)"라고 하였으니, 厲는 늘어진 모양인 것이다. 〈옥조〉에서 "天子는 흰 띠를 두르는데 붉은색 안감을 대고 띠의 윗부분부터 끝부분까지 테두리를 한다."라고 하고, 또 諸侯는 흰 띠를 두르는데 붉은색 안감을 대지 않고, 大夫는 검은색〔玄色〕과 황색〔華色〕으로 테두리를 하되 늘어뜨린 부분에만 테두리를 한다. 띠는 모두 그 너비가 4치인데, 士의 띠는 그 너비가 2치이지만 두 번 돌려 4치가 되고 밑으로 늘어뜨린 부분을 검은색으로 테두리를 한다. 賈逵, 服虔

등이 鞶과 厲에 대해 설명한 것은 모두 杜預와 동일하지만 유독 鄭玄만 다르다. ≪예기≫ 〈內則〉의 정현 注에서 鞶을 작은 주머니〔小囊〕로 여기고 厲를 裂繻(찢어진 명주)의 裂의 뜻으로 보았으니, 정현은 鞶囊이 필시 명주의 가장자리를 찢어서 장식한 것을 말한다고 하였다. 살펴보건대 ≪예기≫ 〈내칙〉에서 "남자는 띠를 가죽으로 만들고 여자는 띠를 실로 만든다."라고 하였다. 鞶은 띠의 별칭이니 결국 鞶은 띠의 이름인 것이다. 띠를 가죽으로 만드는지, 실로 만드는지를 말한 것일 뿐 鞶은 주머니의 호칭이 아니다. ≪예기≫ 〈내칙〉에서 또한 "며느리가 시부모를 섬김에 〈바늘통, 실, 솜 등을〉 袠에 넣어서 찬다."라고 하였으니, 袠은 주머니의 별명으로 지금 사람들이 책을 넣는 물건을 袠이라 하는 것이다. 띠를 차는지, 주머니를 차는지를 말한 것일 뿐 縏은 또한 주머니가 아니다. 縏을 작은 주머니로 여긴다면 袠은 어떤 물건인가? 袠이 또한 주머니라면 응당 縏과 袠 두 개의 주머니를 차지는 않을 것이다. 이를 통해 鞶은 紳帶라는 것이 진실에 맞음을 알 수 있다.

游는 깃발〔旒〕이 늘어뜨려진 부분으로 旒의 별명이다. 九旗가 각각 명칭이 있지만 旌旗로 그것들을 통칭한 것이다. 그러므로 '旌旗의 가장자리에 붙여 아래로 늘어뜨린 것'이라고 하였다. 살펴보건대 ≪周禮≫ 〈春官 巾車〉에서 "王은 열두 가닥의 줄을 단 太常旗를 세운다."라고 하였고, 또 〈秋官 大行人〉에서 "上公은 아홉 가닥의 줄을 달고, 侯伯은 일곱 가닥의 줄을 달고, 子男은 다섯 가닥의 줄을 단다. 孤卿은 旜을 세우고 大夫와 士는 物을 세우되 깃발에 다는 줄의 가닥 숫자는 그 命數와 같이 한다. 鳥旟에는 일곱 가닥의 줄을 달고, 熊旗에는 여섯 가닥의 줄을 달고, 龜旐에는 네 가닥의 줄을 단다."라고 하였다. 그러므로 ≪주례≫ 〈考工記〉에서 "鳥旟는 일곱 가닥의 줄을 달아서 鶉火를 형상화한다. 熊旗는 여섯 가닥의 줄을 달아 伐宿(술처럼 늘어진 별)를 형상화한다. 龜旐는 네 가닥의 줄을 달아서 營室을 형상화한다."라고 하였으니, 바로 이것이다.

〈건거〉의 鄭司農(鄭衆) 注에서 말하기를 "禮家에서 '纓은 말의 가슴에 장식하는 것인데 가죽을 깎아서 만든다.'라고 설명하였다."라고 하고, 정현은 "纓은 지금의 말 가슴걸이다."라고 하였으니, 纓은 말 가슴 앞에 있는 것이다. 服虔은 "纓은 索裙과 같은 것으로 지금 〈천자의 수레인〉 乘輿와 大駕에 있다."라고 하였다. 그렇다면 漢魏 이후로 大駕의 말 가슴에는 索裙이 있었으니, 이것이 전해 내려오는 纓의 형상이다. 이 때문에 '索裙 같은 것이다.'라고 한 것이다. 살펴보건대 〈건거〉에서 "〈천자가 타는 다섯 가지 수레 가운데〉 玉路는 樊(말의 큰 띠)과 纓을 열두 겹으로 한다."라고 하였는데, 정현의 注에서 말하기를 "樊과 纓은 모두 5색 융단으로 장식한다."라고 하였다. 또 〈건거〉

에서 "金路는 樊과 纓을 아홉 겹으로 하고, 象路는 樊과 纓을 일곱 겹으로 하고, 革路는 잡색의 絲帶로 꾸민 樊과 纓을 다섯 겹으로 한다."라고 하였는데, 정현은 말하기를 "그 樊과 纓을 잡색의 絲帶로 장식한다."라고 하였다. 또 〈건거〉에서 "木路는 옅은 흑색의 樊과 흰색의 纓을 한다."라고 하였는데, 정현은 말하기를 "옅은 흑색으로 꾸민 가죽으로 樊을 만들고 흰색으로 꾸민 가죽으로 纓을 만든다. 몇 겹으로 하는지를 말하지 않은 것은 革路와 동일하게 장식하기 때문이다."라고 하였다.

【傳】昭其數也요

定數를 밝게 드러내기 위한 것이고,

【注】尊卑에 各有數라

尊卑에 각각 定數가 있는 것이다.

【疏】注'尊卑各有數' ○ 正義曰：藻有五采三采之異，是藻率有數也．毛詩傳說容刀之飾，云"天子玉琫而珧珌，諸侯璗(탕)琫而璆(구)珌"，是鞞鞛有數也．玉藻云"紳長制，士三尺，有司二尺有五寸"，又大夫以上帶廣四寸，士廣二寸，是鞶厲有數也．玉路十二斿，金路九斿，是游有數也．玉路纓十有二就，金路纓九就，是纓有數也．數之與度，大同小異，度謂限制，數謂多少，言其尊卑有節數也．

注의 〔尊卑各有數〕

○ 正義曰：藻에 5색과 3색의 차이가 있으니, 이는 藻率에 定數가 있는 것이다. ≪毛詩傳≫에서 容刀의 장식을 설명하면서 말하기를 "天子는 玉으로 칼의 위를, 珧로 칼의 아래를 장식하고, 諸侯는 璗으로 칼의 위를, 璆로 칼의 아래를 장식한다."라고 하였으니, 이는 鞞와 鞛에 정수가 있는 것이다. ≪禮記≫ 〈玉藻〉에서 "紳帶의 길이 제도에 대해서 士는 3자, 有司는 2자 5치이다."라고 하고, 또 大夫 이상은 띠의 너비가 4치, 士는 그 너비가 2치라고 하였으니, 이는 鞶과 厲에 정수가 있는 것이다. 玉路에는 열두 가닥의 줄을 달고 金路에는 아홉 가닥의 줄을 달았으니, 이는 游에 정수가 있는 것이다. 옥로는 纓을 열두 겹으로 하고 금로는 纓을 아홉 겹으로 하니, 이는 纓에 정수가 있는 것이다. 數는 度와 그 뜻이 대동소이한데 度는 한정된 수를 이르고 數는 수량을 이르는 것이니, 尊卑에 각각 節數(정해진 수량)가 있음을 말한 것이다.

【傳】 火龍黼黻은

火・龍・黼・黻은

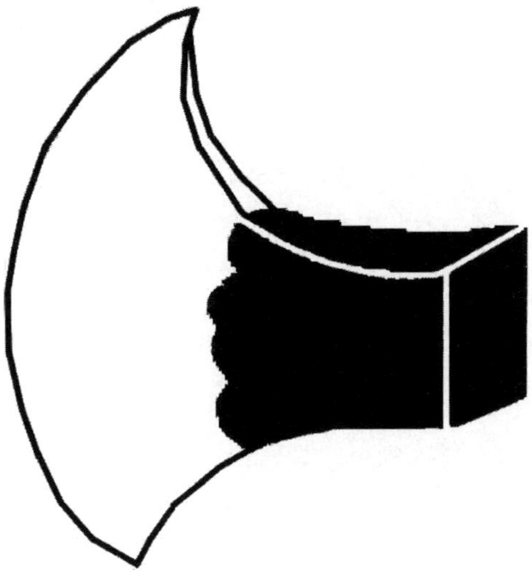

黼

黻

【注】 火는 畫火也요 龍은 畫龍也라 白與黑을 謂之黼라하니 形若斧라 黑與靑을 謂之黻이라하니 兩己相戾라

火는 〈袞衣에〉 불을 그린 것이고, 龍은 용을 그린 것이다. 백색과 흑색의 〈실을 사용해 刺繡한〉 것을 黼라 하니 그 모양이 도끼와 같고, 흑색과 청색의 〈실을 사용해 자수한〉 것을 黻이라 하니 그 모양이 '己'자 2개가 서로 등지고 있는 것과 같다.

【疏】 注'火畫'至'相戾' ○ 正義曰：考工記記畫繢之事云"火以圜", 鄭司農云"爲圜形似火也." 鄭玄云"形如半環然." 又曰"水以龍", 鄭玄云"龍, 水物. 畫水者幷畫龍." 是衣有畫火畫龍也. '白與黑, 謂之黼, 黑與靑, 謂之黻', 考工記文也. 其言形若斧, 兩已相戾, 相傳爲說. 孔安國虞書傳亦云"黼若斧形, 黻爲兩已相背, 是其舊說然也." 周世袞冕九章, 傳唯言火龍黼黻四章者, 略以明義, 故文不具擧. 衣之所畫龍先於火, 今火先於龍, 知其言不以次也.

注의 〔火畫〕에서 〔相戾〕까지

○ 正義曰：≪周禮≫ 〈考工記〉에서 〈袞衣에〉 그림을 자수하는 일에 대해 기록하며

말하기를 "불은 원형으로 한다."라고 하였는데, 鄭司農(鄭衆)이 말하기를 "원형으로 된 불의 형상과 같다."라고 하였고, 鄭玄은 말하기를 "형상이 半環의 모양과 같다."라고 하였다. 또 〈고공기〉에서 "물은 용으로 형상화한다."라고 하였는데, 정현은 말하기를 "용은 물에 사는 동물이다. 물을 그릴 경우에 용을 함께 그린다."라고 하였다. 그래서 옷에 물도 그리고 용도 그리는 것이다.

'백색과 흑색의 〈실을 사용해 자수한〉 것을 黼라 하고, 흑색과 청색의 〈실을 사용해 자수한〉 것을 黻이라 한다.'라는 것은 〈고공기〉의 글이다. 〈黼의〉 모양이 도끼와 같고 〈黻의〉 모양이 '己'자 2개가 서로 등지고 있는 것과 같다고 말한 것은 서로 전하여 說로 삼은 것이다. ≪書經≫ 〈虞書 益稷〉의 孔安國 傳에서 또 말하기를 "黼의 모양이 도끼와 같고 黻의 모양이 '己'자 2개가 서로 등지고 있는 것과 같다고 하였으니, 이는 옛날의 설이 그러해서이다."라고 하였다.

周나라 시대에는 袞冕 9章의 제도가 있었는데, 傳文에서 火·龍·黼·黻 4章만을 말한 것은 대체적으로 그 뜻을 밝힌 것이기 때문에 문장에 모두 거론하지 않은 것이다. 袞衣에 그림을 그릴 적에 불보다 용을 먼저 그렸는데 지금은 용보다 불을 먼저 그리니, 그 말이 선후 순서로 열거한 것이 아님을 알 수 있다.

【傳】昭其文也요

文章를 밝게 드러내기 위한 것이고,

【注】以文章明貴賤이라

문장으로 貴賤을 밝히는 것이다.

【傳】五色比象은 **昭其物也**요

五色으로 〈천지 사방을〉 모방하여 형상화한 것은 物象을 밝게 드러내기 위한 것이고,

【注】車服器械之有五色은 **皆以比象天地四方**하야 **以示器物不虛設**이라

車服과 器械에 五色이 있는 것은 모두 천지 사방을 모방하여 형상화하여 器物이 헛되이 만들어진 것이 아님을 드러내기 위함이다.

【疏】注'車服'至'虛設' ○正義曰：考工記云"畫繢之事雜五色, 東靑, 南赤, 西白, 北黑, 天玄, 地黃." 是其比象天地四方也. 比象有六而言五者, 玄在赤黑之間, 非別色也. 昭二十五年傳云"九文六采",[1] 言采色有六, 故注以天地四方六事當之. 五行之色爲五色, 加天色則爲六, 故五色六采互相見也. 昭其物者, 以示物不虛設, 必有所象. 其物皆象五色, 故以五色明之.

1) 昭二十五年傳云九文六采：≪春秋左氏傳≫ 昭公 25년 傳文에서 "九文·六采·五章을 제정하여 五色을 奉成하게 한다.〔爲九文六采五章 以奉五色〕"라고 하였다. 九文은 山·龍·華(꽃)·蟲(벌레)·藻(水草)·火·粉米(白米)·黼·黻을 이른다. 그림을 그리는 일에는 천지 사방의 색깔을 섞어 사용한다. 靑과 白, 赤과 黑, 玄과 黃을 모두 차례로 칠하는데, 이를 六色이라 한다. 靑과 赤을 文이라 하고, 赤과 白을 章이라 하고, 白과 黑을 黼라 하고, 黑과 靑을 黻이라 하고, 五色이 구비된 것을 繡라 하는데, 이 다섯 가지를 五章이라 한다.

注의 〔車服〕에서 〔虛設〕까지

○正義曰：≪周禮≫ 〈考工記〉에서 "그림으로 자수하는 일에는 五色을 섞어서 사용하는데, 東은 靑이고 南은 赤이고 西는 白이고 北은 黑이고 天은 玄이고 地는 黃이다." 라고 하였으니, 이는 천지 사방을 모방하여 형상화한 것이다. 〈이렇게 천지 사방을 모방하여 형상화한 것이〉 여섯 가지인데, 다섯 가지만 말한 것은 玄이 赤과 黑의 중간색이고 별도의 색깔이 아니기 때문이다. ≪春秋左氏傳≫ 昭公 25년 傳文에 "九文과 六采"라고 하여 채색에 여섯 가지가 있음을 말하였기 때문에 注에서 천지와 사방 여섯 가지에 해당시켜 설명한 것이다. 五行의 색깔이 오색이고, 여기에 天의 색깔을 더하면 여섯 가지 색깔이 되기 때문에 오색과 六采는 서로 연관하여 보아야 한다. 物象을 밝게 드러낸다는 것은 器物이 헛되이 만들어진 것이 아니고 필시 형상화하는 바가 있음을 드러내는 것이다. 그 물상이 모두 오색이기 때문에 오색으로 밝게 드러내는 것이다.

【傳】錫(양)鸞和鈴은 昭其聲也요

錫·鸞·和·鈴은 聲音을 밝게 드러내기 위한 것이고,

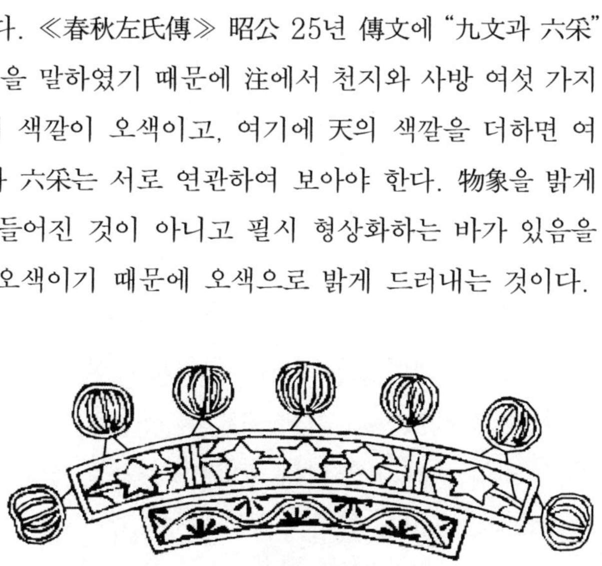

錫鸞和鈴

【注】錫은 在馬額이요 鸞在鑣(표)요

和는 在衡이요 鈴은 在旗라 動皆有鳴聲이라

錫은 말 이마에 달린 방울이고, 鸞은 재갈에 달린 방울이고, 和는 멍에에 달린 방울이고, 鈴은 旗에 달린 방울이다. 이것들이 움직이면 모두 소리를 낸다.

【疏】注'錫在'至'鳴聲' ○ 正義曰：鄭玄巾車注云"錫, 馬面當盧, 刻金爲之, 所謂鏤錫也." 詩箋云"眉上曰錫, 刻金飾之, 今當盧也." 然則錫在眉上, 故云'在馬額'也. 詩稱"輶車鸞鑣", 知鸞在鑣也. 鑣在馬口兩旁, 衡在服馬頸上, 鸞和亦鈴也. 以處異, 故異名耳. 爾雅釋天說旌旗"有鈴曰旂", 李巡曰"以鈴置旐端." 是鈴在旂也. 錫在馬額, 鈴在旂, 先儒更(갱)無異說. 其鸞和所在, 則舊說不同. 毛詩傳曰"在軾曰和, 在鑣曰鸞." 韓詩內傳曰"鸞在衡, 和在軾前." 鄭玄經解注取韓詩爲說. 秦詩箋云"置鸞於鑣, 異於乘車也." 其意言乘車之鸞在衡, 田車之鸞在鑣. 及商頌烈祖之箋又云"鸞在鑣." 是疑不能定, 故兩從之也. 案考工記"輪崇, 車廣, 衡長, 參如一", 則衡之所容唯兩服馬耳. 詩辭每言八鸞, 當謂馬有二鸞. 鸞若在衡, 衡唯兩馬, 安得置八鸞乎. 以此知鸞必在鑣. 鸞旣在鑣, 則和當在衡. 經傳不言和數, 未知和有幾也. 四者皆以金爲之, 故動則皆有鳴聲也.

注의 〔錫在〕에서 〔鳴聲〕까지

○ 正義曰：≪周禮≫ 〈春官 巾車〉의 鄭玄 注에서 "錫은 말 머리의 當盧(말 머리 장식)이니 金을 깎아서 만들어 이른바 鏤錫이라는 것이다."라고 하였다. 鄭玄의 ≪毛詩箋≫에서 말하기를 "말 이마 위를 錫이라 하고 금을 깎아 장식하는데 지금의 당로이다."라고 하였다. 그렇다면 錫은 말 이마 위에 있는 것이므로 '말 이마에 달린 방울'이라고 말한 것이다.

≪詩經≫ 〈秦風 駟驖〉에서 "가벼운 수레에 방울 단 재갈〔輶車鸞鑣〕"이라고 하였으니, 鸞은 재갈에 달린 것임을 알 수 있다. 재갈은 말의 입 양쪽에 있고 멍에는 服馬의 목 위에 있으며, 鸞과 和는 또한 방울이다. 방울이 달린 위치가 다르기 때문에 이름을 달리하는 것일 뿐이다. ≪爾雅≫ 〈釋天〉에서 旌旗를 설명하기를 "鈴이 달린 것을 旂라 한다."라고 하였는데, 이에 대해 李巡이 말하기를 "鈴을 旐 끝부분에 단다."라고 하였으니, 이는 鈴이 旂에 달려 있다는 것이다. 錫이 말 이마에 있고 鈴이 旂에 있다는 것은 先儒도 더 이상 異說이 없다. 다만 鸞과 和가 있는 위치에 대해서는 옛날 說이 다르다. ≪毛詩傳≫에서 정현은 "軾에 있는 것을 和라 하고, 재갈에 있는 것을 鸞이라 한다."라고 하였다. ≪韓詩內傳≫에서는 "鸞은 멍에에 있고 和는 軾의 앞에 있다."라고

하였다. ≪禮記≫ 〈經解〉의 정현 注에서는 ≪한시내전≫의 내용을 취하여 설명하였다. ≪시경≫ 〈진풍 사철〉의 箋에서 “鸞을 재갈에 다는데 〈그 위치가〉 乘車와는 다르다.”라고 하였으니, 이 뜻은 승거의 鸞은 멍에에 있고 田車의 鸞은 재갈에 있음을 말한 것이다. ≪시경≫ 〈商頌 烈祖〉의 箋에서는 또 “鸞이 재갈에 있다.”라고 하였다. 이렇게 의심스러워 확정하지 못하기 때문에 양쪽의 뜻을 둘 다 따른 것이다.

살펴보건대 ≪주례≫ 〈考工記〉에서 “바퀴의 높이, 수레의 너비, 멍에의 길이는 똑같이 參分(3등분)한다.”라고 하였으니, 멍에를 메우는 범위는 오직 두 마리의 服馬뿐이다. ≪시경≫의 언사에 항상 八鸞(여덟 방울)을 말하니, 이는 응당 말마다 2개의 鸞이 달린 것이다. 鸞이 만약 멍에에 있다면, 멍에는 오직 두 마리 복마에게만 있으니 어떻게 팔란을 달 수 있겠는가. 이를 통해 鸞은 필시 재갈에 있음을 알 수 있다. 鸞이 이미 재갈에 있다면 和는 응당 멍에에 있는 것이다. 經傳에서 和의 수량은 말하지 않았으니 和가 몇 개 있는지는 알 수 없다. 〈錫·鸞·和·鈴〉 네 가지는 모두 금으로 만들기 때문에 이것들이 움직이면 모두 소리를 내는 것이다.

【傳】 三辰旂旗는 昭其明也니이다

三辰의 旂旗는 광명을 밝게 드러내기 위한 것입니다.

【注】 三辰은 日月星也니 畫於旂旗하야 象天之明이라

三辰은 日·月·星이니, 旂旗에 그려서 하늘의 광명을 형상화한다.

【疏】 注‘三辰’至‘之明’ ○ 正義曰：春官“神(士)〔仕〕掌三辰之法”,[1] 鄭玄亦以爲日月星也謂之辰. 辰, 時也. 日以照晝, 月以照夜, 星則運行於天, 昏明遞市而(王)〔正〕[2], 所以示民早晩, 民得以爲時節, 故三者皆爲辰也. 三辰是天之光明照臨天下, 故畫以旂旗, 象天之明也. 九旗之物, 唯日月爲常, 不言畫星者, 蓋大(태)常之上, 又畫星也. 穆天子傳[3]稱“天子葬盛姬, 建日月七星”, 蓋畫北斗七星也. 案司常“交龍爲旂, 熊虎爲旗”, 不畫三辰, 而云三辰旂旗者, 旂旗是九旗之總名, 可以統大常, 故擧以爲言也.

1) 神(士)〔仕〕掌三辰之法：≪周禮≫ 〈春官 神仕〉에 “신사는 三辰의 법도를 주관하니, 鬼·神·示의 자리를 도모하여 그 名物을 분별하는 것이다.〔凡以神仕者 掌三辰之法 以猶鬼神示之居 辨其名物〕”라고 보인다. 저본에는 ‘士’로 되어 있으나, ≪주례≫ 원문 및 諸

家의 校勘注에 의거하여 '仕'로 바로잡았다.(北京大本 ≪周禮注疏≫ 〈春官 神仕〉 참조)

2) (王)〔正〕: 저본에는 '王'으로 되어 있으나, 阮元의 〈校勘記〉에 의거하여 '正'으로 바로잡았다.

3) 穆天子傳 : 晉나라 太康 2년(281)에 不準이 河南城 汲縣에 있는 魏 襄王의 묘를 도굴하여 얻은 ≪汲冢周書≫ 중의 하나로 역사 소설책이다. 모두 6권이며, 저자는 미상이다. 周 穆王의 西遊에 관한 고사가 많으며, 郭璞의 주석이 있다.

注의 〔三辰〕에서 〔之明〕까지

○ 正義曰 : ≪周禮≫ 〈春官 神仕〉에서 "神士가 三辰의 법도를 주관한다."라고 하였는데, 鄭玄 또한 日・月・星을 辰이라 한다고 여겼다. 辰은 때를 뜻한다. 해는 낮에 비추고 달은 밤에 비추고 별은 하늘에서 운행하는데, 어둠과 밝음이 올바르게 교체되어 백성에게 아침과 저녁을 알려주기 때문에 백성은 時節을 알 수 있다. 그러므로 〈日・月・星〉 세 가지는 모두 〈때를 뜻하는〉 辰이 되는 것이다. 삼진은 하늘의 광명이 천하를 비추는 것이므로 旌旗에 이것을 그려서 하늘의 광명을 형상화한 것이다. 九旗의 물건 가운데 해와 달이 그려진 것은 太常旗인데, 별을 그린다고 말하지 않은 것은 태상기 위에 또 별을 그려놓기 때문이다. ≪穆天子傳≫에서 "天子가 盛姬를 장사 지낼 적에 해와 달 그리고 七星이 그려진 깃발을 세웠다."라고 하였으니, 北斗七星을 그린 것이다. 살펴보건대 ≪주례≫ 〈春官 司常〉에서 "交龍을 그린 것이 旂이고, 곰과 호랑이를 그린 것이 旗이다."라고 하여 〈旂와 旗에는〉 三辰을 그리지 않았는데, 여기서 삼진의 旂旗라고 말한 것은 旂旗가 九旗의 통칭으로 태상기까지 포괄하므로 旂旗만을 들어 말한 것이다.

【傳】 夫德은 儉而有度하고 登降有數하니

德은 검소하면서도 법도가 있고 登降에 일정한 數가 있으니,

【注】 登降은 謂上下尊卑라

登降은 上下尊卑를 가리킨다.

【傳】 文物以紀之하고 聲明以發之하야 以臨照百官이면 百官於是乎戒懼하야 而不敢易紀律이니이다

文章과 物象으로 〈貴賤을〉 표시하고 聲音과 光明으로 〈德을〉 드러내어 百官에게 밝게 임하면, 백관은 이에 경계하고 두려워하여 감히 紀律을 위반하지 않습니다.

【傳】今滅德立違하고

〈그런데〉 지금 덕을 버리시고 명령을 어긴 자를 세워주고서

【注】謂立華督違命之臣이라

명령을 어긴 신하 華督을 정승으로 세운 것을 이른다.

【傳】而寘其賂器於大(태)廟하야 **以明示百官**하니 **百官象之**면 **其又何誅焉**이리잇가 **國家之敗**는 **由官邪也**요 **官之失德**은 **寵賂章也**니이다 **郜鼎在廟**면 **章孰甚焉**이니잇가

뇌물로 받은 郜大鼎을 太廟에 안치하여 백관에게 밝게 보이시니, 백관이 이를 본받는다면 그들을 또 어떻게 처벌할 수 있겠습니까.

국가가 패망하는 것은 관리의 사악함에서 유래하고, 관리가 덕을 상실하는 것은 군주의 사사로운 총애와 뇌물을 받은 행적이 드러나는 데서 유래합니다. 〈그런데〉 고대정을 태묘에 안치하신다면 〈뇌물을 받은 행적을〉 드러냄이 이보다 심한 것이 어디에 있겠습니까.

【傳】武王克商하고 **遷九鼎**[1]**于雒邑**에

1) 九鼎 : 夏禹氏가 九州의 금속을 거두어 들여 구주를 상징해 주조한 아홉 개의 鼎으로 夏·商·周가 국가의 상징으로 여겨 傳國의 寶器로 삼았다.

武王이 商나라를 이기고 九鼎을 雒邑으로 옮기자

【注】九鼎은 殷所受夏九鼎也라 武王克商하야 乃營雒邑而後去之하고 又遷九鼎焉이라 時但營雒邑하고 未有都城이러니 至周公乃卒營雒邑하야 謂之王城이라하니 卽今河南城也라 故傳曰 成王定鼎于郟鄏(겹욕)이라하니라

九鼎은 殷나라가 夏나라에서 물려받은 九鼎이다. 武王이 商나라를 이기고서 雒邑을

경영한 뒤에 떠났고, 또 구정을 그곳으로 옮겼다. 그러나 이때 낙읍을 경영하기만 하고 도성으로 삼지는 않았는데, 周公이 비로소 낙읍의 건설을 마침에 이르러 王城이라 하였으니, 바로 지금의 河南城이다. 그러므로 ≪春秋左氏傳≫ 宣公 3년 傳文에서 "成王이 鼎을 陝鄏에 안치하였다."고 하였다.

【疏】 注'九鼎'至'郟鄏' ○ 正義曰 : 據宣三年傳, 知九鼎是殷家所受夏九鼎也. 戰國策稱齊救周, 求九鼎, 顔率謂齊王曰"昔周伐殷而取九鼎, 一鼎九萬人挽之, 九鼎八十一萬人挽之." 挽鼎人數或是虛言, 要知其鼎有九, 故稱九鼎也. 知武王遷九鼎於洛邑欲以爲都者, 鼎者, 帝王所重, 相傳以爲寶器. 戎衣大定之日, 自可遷置, 西周乃徙九鼎處于洛邑, 故知本意欲以爲都. 又以(商)〔尙〕[1]書洛誥說周公營洛邑, 則知武王但有遷意, 周公乃卒營之. 地理志云"河南縣故郟鄏地也. 武王遷九鼎焉, 周公致太平, 營以爲都, 是爲王城, 至平王居之." 言卽今河南城者, 晉時猶以爲河南縣. '成王定鼎', 宣三年傳文.

1) (商)〔尙〕 : 저본에는 '商'으로 되어 있으나, 〈洛誥〉는 〈周書〉의 편명이라는 점과 四庫全書本에 '尙'으로 되어 있는 것에 의거하여 '尙'으로 바로잡았다.

注의 〔九鼎〕에서 〔郟鄏〕까지

○ 正義曰 : ≪春秋左氏傳≫ 宣公 3년 傳文에 의거하면 九鼎은 殷나라가 夏나라에게서 물려받은 구정임을 알 수 있다. ≪戰國策≫ 〈東周策〉에서 이르기를, 齊나라가 周나라를 구원하고 구정을 찾았는데 顔率이 제나라 왕에게 다음과 같이 말했다.

"옛날 주나라가 은나라를 정벌하고 구정을 취하였는데 하나의 鼎을 옮길 때 9만 명의 사람이 끌었고 구정을 옮길 때 81만 명의 사람이 끌었습니다."

鼎을 끈 사람의 수가 虛言일 수도 있지만, 요컨대 鼎의 개수가 아홉이기 때문에 구정이라고 일컬었음은 알 수 있다. 武王이 구정을 洛邑으로 옮겨서 그곳을 도성으로 삼고자 한 것은 이 구정을 帝王들이 소중히 여겨서 서로 전하여 寶器로 삼았기 때문임을 알 수 있다. 무왕이 군사를 일으켜 천하를 크게 평정한 날에 스스로 옮겨 안치할 수 있다 생각하여 西周는 구정을 낙읍으로 옮겼으므로 그 본뜻이 그곳을 도성으로 삼고자 한 것임을 알 수 있다. 또 ≪尙書≫ 〈周書 洛誥〉에서 周公이 낙읍을 경영하였다고 설명하였으니, 무왕은 다만 옮기려는 뜻만 있었고 주공이 끝내 건설을 마쳤음을 알 수 있다. ≪漢書≫ 〈地理志〉에서 "河南縣은 옛날 郟鄏 땅이다. 무왕이 구정을 옮기고 주공이 태평시대를 이뤄 이곳을 도성으로 경영하여 王城이 되었다. 平王 때까지 이곳에 머물렀다."라고 하였다. 지금의 河南城이라는 것은 晉나라 때도 여전히 하남현으로 삼았음을 말한 것이다. '成王이 鼎을 겹욕에 안치하였다.'는 내용은 ≪춘추좌씨전≫ 선공 3년 傳文에 나온다.

【傳】 義士猶或非之온

義士들은 오히려 이를 비난하였는데

【注】 蓋伯夷之屬이라

〈義士들은〉 伯夷 등의 무리인 듯하다.

【疏】 注'蓋伯夷之屬' ○ 正義曰：史記伯夷列傳曰"伯夷叔齊, 孤竹君之二子也, 讓國, 俱逃歸周. 及至西伯卒, 武王東伐紂, 伯夷叔齊, 叩馬諫曰'父死不葬, 爰及干戈, 可謂孝乎. 以臣(伐)〔弑〕[1]君, 可謂仁乎.' 左右欲兵之, 太公曰'此義人也.' 扶而去之. 武王既平殷, 夷齊恥之, 不食周粟, 隱於首陽山, 采薇而食之. 作歌曰'登彼西山兮, 爰采薇矣. 以暴易暴兮, 不知其非矣.'" 檢書傳之說, 非武王者, 唯此人. 故知是伯夷之屬.

1) (伐)〔弑〕: 저본에는 '伐'로 되어 있으나, 阮元의 〈校勘記〉에 의거하여 '弑'로 바로잡았다.

注의 〔蓋伯夷之屬〕

○ 正義曰：≪史記≫ 〈伯夷列傳〉에서 다음과 같이 말했다.

"伯夷와 叔齊는 孤竹君의 두 아들인데, 왕위를 거절하고 함께 도망가 周나라에 귀의하였다. 西伯(文王)이 세상을 떠나자 武王이 동쪽으로 紂를 정벌하려고 하였는데, 백이와 숙제는 무왕의 말고삐를 잡고 간하기를 '부친이 세상을 떠나 장례를 치르지 못했는데 전쟁을 벌이는 것이 과연 孝라고 할 수 있습니까. 신하로서 자신의 군주를 시해하는 것이 과연 仁이라 할 수 있습니까.'라고 하였다. 좌우의 군사들이 이들을 죽이려 하자, 太公이 말하기를 '이 사람은 義人이다.'라고 하고, 부축해서 돌아가게 하였다. 무왕이 殷나라를 이미 평정하자 백이와 숙제는 이를 부끄럽게 여겨 주나라의 곡식을 먹지 않고 首陽山에 은거하여 고사리를 캐서 먹었다. 노래를 지어 부르기를 '저 西山에 올라가 고사리를 캐도다. 폭력으로 폭력과 바꾸면서 자기의 그릇됨을 모르도다.'라고 하였다."

전적에서 전하는 설명을 검토하면 무왕을 비난한 사람은 바로 이들이기 때문에 〈義士들은〉 백이 등의 무리임을 알 수 있다.

【傳】 而況將昭違亂之賂器於大(태)廟하니 其若之何오 公不聽하다

하물며 명령을 어기고 반란을 일으킨 자에게 뇌물로 받은 기물을 太廟에 〈안치한 행적을 백관에게〉 밝게 보이려 하시니, 어떻게 하실 생각이십니까?"

그러나 桓公은 듣지 않았다.

【傳】 周內史聞之曰 臧孫達은 其有後於魯乎인저 君違를 不忘諫之以德이로다

周나라 內史가 이 일을 듣고 다음과 같이 말하였다.

"臧孫達은 아마도 후손이 魯나라에서 오래도록 복을 누릴 것이다. 군주의 잘못을 德으로 간하기를 잊지 않았도다."

【注】 內史는 周大夫官也라 僖伯은 諫隱觀魚하고 其子哀伯은 諫桓納鼎하니 積善之家에 必有餘慶[1)]이라 故曰 其有後於魯라하니라

1) 積善之家 必有餘慶 : ≪周易≫ 坤卦 〈文言傳〉에서 다음과 같이 말했다. "善을 쌓은 집안은 반드시 남은 경사가 있고, 不善을 쌓은 집안은 반드시 남은 재앙이 있다.〔積善之家 必有餘慶 積不善之家 必有餘殃〕"

內史는 周나라 大夫의 관직이다. 臧僖伯은 隱公의 觀魚를 간하였고, 그 아들 臧哀伯은 桓公의 納鼎을 간하였으니, 善을 쌓은 집안에는 반드시 남은 경사가 있기 때문에 그 후손이 魯나라에서 오래도록 복을 누릴 것이라고 말한 것이다.

【疏】 注'內史'至'於魯' ○ 正義曰 : 周禮春官"內史, 中大夫." 是周大夫官也. '積善之家必有餘慶', 易文言文也.

注의 〔內史〕부터 〔於魯〕까지

○ 正義曰 : ≪周禮≫ 〈春官〉에서 "內史는 中大夫이다."라고 하였으므로, 〈내사는〉 周나라 大夫의 관직인 것이다. '善을 쌓은 집안에는 반드시 남은 경사가 있다.'는 것은 ≪周易≫ 坤卦 〈文言傳〉의 글에 나온다.

【傳】 秋七月에 杞侯來朝하야 不敬하니 杞侯歸에 乃謀伐之하다

가을 7월에 杞侯가 魯나라에 조현하러 와서 공경하지 않으니, 기후가 돌아간

뒤에 〈노나라는〉 곧 杞나라 토벌하기를 모의하였다.

【傳】 **蔡侯鄭伯會于鄧**하니 **始懼楚也**라

蔡侯와 鄭伯이 鄧에서 회합하였으니, 이는 비로소 楚나라를 두려워했기 때문이다.

【注】 **楚國**은 **今南郡江陵縣北紀南城也**라 **楚武王始僭號稱王**하야 **欲害中國**이라 **蔡鄭姬姓**으로 **近楚**라 **故懼而會謀**라

楚나라는 지금의 南郡 江陵縣 북쪽의 紀南城이다. 楚 武王이 비로소 참람하게 王이라 호칭하고서 중국을 해치고자 하였다. 蔡나라와 鄭나라는 姬姓으로 초나라와 가까운 거리에 있었기 때문에 두려워서 회합하여 모의한 것이다.

【疏】 注'楚國'至'會謀' ○ 正義曰：地理志云"南郡江陵縣, 故楚郢都, 楚文王自丹陽徙此." 世本云"楚鬻熊居丹陽, 武王徙郢." 宋仲子云"丹陽在南郡枝江縣, 今南郡江陵縣北有郢城." 史記稱文王徙都于郢. 地理志依史記爲說, 此時當楚武王也. 譜云"楚, 羋姓, 顓頊之後也. 其後有鬻熊, 事周文王, 早卒. 成王封其曾孫熊繹於楚. 以子男之田居丹陽, 今南郡枝江是也. 熊達始稱武王, 武王十九年, 魯隱公之元年也. 武王居郢, 今江陵是也. 昭王徙鄀, 惠王八年獲麟之歲也. 惠王二十一年, 春秋之傳終矣. 惠王五十七年卒. 自惠王以下十一世, 二百九年, 而秦滅之." 楚世家稱武王使隨人請王室尊吾號, 王弗聽. 還報楚, 楚王怒, 乃自立爲楚武王. 是楚武王始僭號稱王也. 劉炫云"號爲武, 武非謚也."

注의 〔楚國〕부터 〔會謀〕까지

○ 正義曰：≪漢書≫ 〈地理志〉에서 말하기를 "南郡 江陵縣은 옛날 楚나라 郢都이니, 楚 文王이 丹陽에서 이곳으로 옮겨왔다."라고 하였다. ≪世本≫에서 "楚나라 鬻熊은 단양에 살았고 武王은 郢으로 옮겼다."라고 하였다. 宋仲子가 말하기를 "단양은 南郡 枝江縣에 있고 지금 남군 강릉현의 북쪽에 郢城이 있다."라고 하였다. ≪史記≫에서는 문왕이 도읍을 郢으로 옮겼다고 하였다. 〈지리지〉는 ≪사기≫에 근거하여 설명한 것인데, 이때는 응당 楚 武王의 시기이다. ≪世族譜≫에서 말하기를 "초나라는 羋姓으로 顓頊의 후예이다. 그 후손인 육웅이 周 文王을 섬기다가 일찍 세상을 떠났다. 周 成王이 그의 증손 熊繹을 楚 땅에 봉하였다. 子爵과 男爵에 준하는 땅을 받아 단양에 살았

는데 지금 남군 지강현이 이곳이다. 熊達이 비로소 무왕이라 칭하고, 무왕 19년은 魯隱公 원년이다. 무왕은 郢 땅에 살았는데 지금 강릉현이 이곳이다. 楚 昭王이 鄀 땅으로 옮겼고, 惠王 8년은 기린을 잡은 해이다. 혜왕 21년에 ≪春秋≫의 傳이 끝난다. 혜왕은 57세의 나이로 세상을 떠났다. 혜왕 이하 11世가 내려와 209년이 지났을 때 秦나라가 초나라를 멸망시켰다."라고 하였다. ≪사기≫ 〈楚世家〉에서 이르기를, 무왕이 隨人을 시켜서 주나라 왕실이 자신의 호칭을 높여주기를 청하였는데 주나라 왕이 들어주지 않았다. 돌아가서 楚에게 보고하자 초왕은 화가 나서 스스로 楚 武王에 올랐다. 이것이 초 무왕이 처음으로 왕이라 참람하게 호칭한 일이다. 劉炫은 말하기를 "호칭을 武라고 한 것이지 武가 諡號는 아니다."라고 하였다.

【傳】九月에 **入杞**하니 **討不敬也**라

9월에 杞나라로 쳐들어갔으니 이는 〈杞侯의〉 不敬을 토벌한 것이다.

【傳】公及戎盟于唐이라하니 **修舊好也**라

〈經文에〉 桓公이 戎과 唐에서 결맹하였다고 하였으니, 이는 옛날의 우호를 다시 회복한 것이다.

【注】 惠隱之好라

惠公・隱公 때의 우호이다.

【傳】冬에 **公至自唐**이라하니 **告于廟也**라 **凡公行**에 **告于宗廟**하고 **反行**에 **飮至舍爵策勳焉**이 **禮也**라

〈經文에〉 겨울에 桓公이 唐에서 돌아왔다고 하였으니, 이는 宗廟에 告한 것이다. 무릇 公이 출행할 때엔 종묘에 〈출행을〉 고하고, 돌아와서는 〈종묘에 고한 다음〉 도착의 술을 마시고 술잔을 내려놓고서 공로를 策에 기록하는 것이 禮이다.

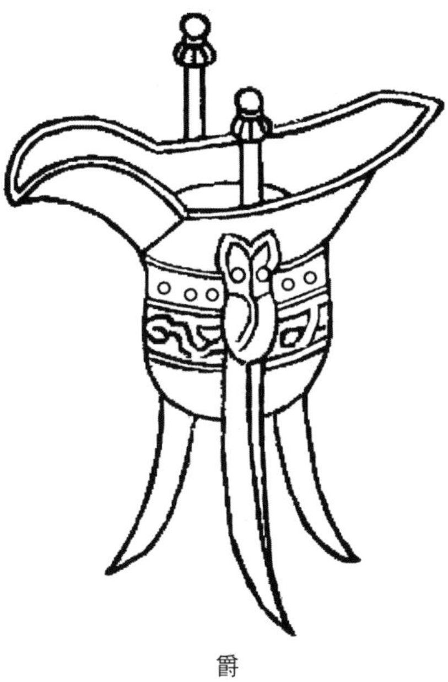

爵

【注】 爵은 飮酒器也라 旣飮置爵則書勳勞於策하니 言速紀有功也라

爵은 술을 마시는 그릇이다. 술을 다 마시고 잔을 내려놓고서 공로를 策에 기록하는 것이니, 이는 공로가 있음을 속히 기록한다는 말이다.

【疏】 '冬公'至'禮也' ○ 正義曰：凡公行者, 或朝或會或盟或伐, 皆是也. 孝子之事親也, 出必告, 反必面, 事死如事生. 故出必告廟, 反必告至. 不言告禰(네)廟而言告宗廟者, 諸廟皆告, 非獨禰也. 禮記曾子問曰"諸侯適天子, 必告于祖, 奠于禰. 命祝史告于宗廟." "諸侯相見, 必告于禰. 命祝史告于五廟." "反, 必親告于祖禰, 乃命祝史告至于前所告者." 由此而言, 諸侯朝天子, 則親告祖禰, 祝史告餘廟. 朝隣國, 則親告禰, 祝史告餘廟. 其路遠者, 亦親告祖. 故于其反也, 言告于祖禰, 明出時亦告祖也. 出時不言祖者, 鄭玄云"道近, 或可以不親告祖", 明道遠者亦親告祖矣. 雖親與不親, 而諸廟皆告, 故摠言告于宗廟也. 曾子問曰"凡告用制幣[1], 反亦如之", 則出入皆以幣告也. 但出則告而遂行, 反則告訖又飮至. 故行言告廟, 反言飮至, 以見至有飮, 而行無飮也. 飮至者, 嘉其行至, 故因在廟中飮酒爲樂也. 襄十三年傳曰"公至自晉. 孟獻子書勞于廟, 禮也." 書勞・策勳, 其事一也. 舍爵乃策勳, 策勳常在廟, 知飮至亦在廟也. 彼公至自晉, 朝還告廟也, 此公至自唐, 盟還告廟也. 十六年"公至自伐鄭", 傳曰"以飮至之禮", 伐還告廟也. 三者傳皆言禮, 知朝會盟伐, 告廟禮同. 傳所以反覆, 凡例也. 朝還告至, 而獻子書勞, 則策勳者, 非唯討伐之勳. 雖常事有以安國寧民, 或亦書功于廟也. 公行告至, 必以嘉會昭告祖禰, 有功則舍爵策勳, 無功則告事而已, 無不告也. 反行必告, 而春秋公行一百七十六, 書至者唯八十二耳. 其餘不書者, 釋例曰"凡公之行不書至者九十有四, 皆不告廟也. 隱公之不告, 謙也, 餘公之不告, 慢於禮也." 慢於禮者, 擧大例言耳, 其中亦應有心實非慢而不宜告者. 若行有恥辱, 不足爲榮, 則克躬罪已, 不以告廟, 非爲慢於禮也. 若事實可恥而不以爲恥, 反行告廟, 則史亦書之. 宣五年傳曰"公如齊, 高固使齊侯止公, 請叔姬焉. 夏, 公至自齊. 書, 過也."[2] 釋例曰"執止之辱, 厭尊毁列, 所以累其先君, 忝其社稷, 固當克躬罪已, 不以嘉禮自終. 宣公如齊, 旣已見止, 連昏於隣國之臣, 而行飮至之禮, 故傳曰'書, 過也.' 是不應告而告, 故書之以示過也." 釋例又曰"桓公之喪至自齊, 此則死還告廟而書至者也. 莊公違禮, 如齊觀社, 用飮至之禮, 此則失禮之書至者也. 宣公黑壤之會, 以賂免, 諱不書盟, 而復書至, 亦諱不以見止告廟也. 襄公至自晉, 此則榮還而書

至者也. 昭公至自齊, 居于鄆, 此則宜告而書至者也. 諸書至, 皆告廟啓反, 或卽實而言, 或有所諱辟. 傳於伐見飮至之禮, 於宣見書過之譏, 於朝見書勞于廟, 擧此三者以包其他行也. 僖十六年公會諸侯于淮, 未歸, 而取項. 齊人以爲討, 而止公. 十七年秋, '聲姜以公故, 會齊侯于卞.' 公始得歸, 而書'公至自會', 是諱其見止, 而以會告廟. 故傳曰'猶有諸侯之事焉, 且諱之.' 是諱止而以會告也." 諸侯盟者必在會後, 皆書公至自會, 不言公至自盟者, 以盟是因會而爲之, 初必以會徵衆. 公行以會告廟, 故還以會告至. 雖幷以盟告, 亦不云至自盟, 爲行時不以盟告故也. 僖二十八年公會諸侯于溫, 遂圍許, 經書"公至自圍許". 襄十年公會諸侯于柤(사), "遂滅偪陽." 經書"公至自會". 二文不同." 釋例曰"諸若此類, 事勢相接, 或以始致, 或以終致, 蓋時史之異耳, 無他義也." 定十二年'公至自圍成', 行不出境而亦告廟者. 釋例曰"陪臣執命, 大都偶國. 仲由建墮三都之計, 而成人不從, 故公親伐之. 雖不越境, 動衆興兵, 大其事, 故出入皆告于廟也."

1) 制幣 : 제사 지낼 때 바치는 幣帛으로, 帛의 길이와 너비가 모두 정해진 제도가 있으므로 制幣라 한다.
2) 公如齊……過也 : ≪春秋左氏傳≫ 宣公 5년 傳文에 "봄에 선공이 齊나라에 가니, 高固가 齊侯를 시켜 선공을 억류하게 하고서 叔姬를 아내로 달라고 요청하였다. 여름에 선공이 제나라에서 돌아왔다. 이를 기록한 것은 선공의 허물을 드러내기 위함이다.〔春 公如齊 高固使齊侯止公 請叔姬焉 夏 公至自齊 書 過也〕"라고 하였는데, 이에 대한 杜預의 注에서 "선공은 억류되었음에도 이웃 나라의 신하와 通婚하여, 스스로 존엄을 버리고 서열을 무너뜨려 先君에게 누를 끼쳤으면서 종묘에 飮至의 예를 거행하였기 때문에 이를 기록하여 허물을 드러낸 것이다."라고 하였다.

傳의 〔冬公〕에서 〔禮也〕까지

○ 正義曰 : 公이 出行하는 일은 朝見, 會合, 盟約, 征伐 등이 바로 그것이다. 孝子가 부모를 섬김에 밖으로 나갈 적에는 반드시 부모에게 고하고 돌아왔을 적에는 반드시 부모의 얼굴을 뵙고 인사드리는데, 돌아가신 부모에게도 살아 계실 때와 똑같이 섬긴다. 그러므로 〈효자는〉 밖으로 나갈 적에는 반드시 사당에 고하고 돌아왔을 적에는 반드시 무사히 도착했음을 고하는 것이다. '告禰廟'라고 말하지 않고 '告宗廟'라고 말한 것은 여러 사당에 모두 고한 것이지 오직 禰廟에만 고한 것이 아니기 때문이다. ≪禮記≫ 〈曾子問〉에서 "諸侯가 天子를 알현하러 갈 적에는 반드시 祖廟에 고하고 예묘에 奠을 올린다. 祝과 史에게 명하여 종묘에 고한다."라고 하였고, "제후가 서로 만나볼 적에는 반드시 예묘에 고한다. 축과 사에게 명하여 五廟에 고한다."라고 하였고, "돌

아와서는 반드시 조묘와 예묘에 직접 고하고, 마침내 축과 사에게 명하여 이전에 고한 사당에 도착했음을 고한다."라고 하였다. 이를 통해 말하자면, 제후가 천자를 조현할 적에는 직접 조묘와 예묘에 고하고 축과 사가 나머지 사당에 고한다. 이웃 나라에 조회하러 갈 적에는 직접 예묘에 고하고 축과 사가 나머지 사당에 고한다. 먼 거리를 갈 경우에는 또한 직접 조묘에 고한다. 그러므로 돌아왔을 적에 조묘와 예묘에 고한다고 말한 것은 출행할 때 또한 조묘에 고함을 밝힌 것이다.

출행할 적에 조묘에 대해서 말하지 않은 것은, 鄭玄이 "가까운 거리를 갈 경우에는 직접 조묘에 고하지 않기도 한다."라고 말했으니 이는 먼 거리를 갈 경우에 또한 직접 조묘에 고함을 밝힌 것이다. 직접 고하든 직접 고하지 않든 간에 여러 사당에 모두 고하기 때문에 종묘에 〈출행을〉 고했다고 총괄하여 말한 것이다. ≪예기≫ 〈증자문〉에서 "고할 적에는 制幣를 사용하고, 돌아와서도 똑같이 한다."라고 하였으니, 출입할 적에 모두 제폐를 가지고 고하는 것이다. 다만 출행할 적에는 고하고 마침내 떠나며, 돌아와서는 고하는 일을 마치고 또 도착의 술을 마신다. 그러므로 출행할 적에는 종묘에 고한다고 말하고 돌아와서는 도착의 술을 마신다고 말하여, 〈출행했다가〉 도착해서는 술을 마시고 출행할 때에는 술을 마시지 않음을 보인 것이다. '飮至'라는 것은 출행했다가 무사히 도착했음을 축하하는 것이므로 이로 인해 종묘 안에서 술을 마시며 즐기는 것이다.

襄公 13년 傳文에 "양공이 晉나라에서 돌아왔다. 孟獻子가 宗廟에서 공로를 기록하였으니〔書勞〕 禮에 맞는 일이었다."라고 하였으니, 書勞와 策勳은 똑같은 일이다. 술잔을 내려놓고서 공로를 策에 기록하는데, 공로를 기록하는 일은 항상 종묘 안에서 거행하니 도착의 술을 마시는 일 또한 종묘 안에서 거행함을 알 수 있다. 저 양공이 진나라에서 돌아온 것은 조현하러 갔다가 돌아와서 종묘에 고한 것이고, 여기 桓公이 唐에서 돌아온 것은 회맹을 맺고 돌아와서 종묘에 고한 것이다. 환공 16년 經文에 "환공이 鄭나라 정벌에서 돌아왔다."라고 하였는데, 傳文에서 "도착의 술을 마시는 예를 거행하였다."라고 하였으니, 정벌하고 돌아와서 종묘에 고한 것이다. 〈이상의 조회・회맹・정벌〉 세 가지 일에 대해 傳文에서 모두 '禮'를 말하였으니, 이를 통해 조현・회합・맹약・정벌을 위해 출행할 적에 종묘에 고하는 예가 동일함을 알 수 있다. 傳文에서 이렇게 반복하여 말한 것은 이것이 凡例이기 때문이다.

〈양공이〉 조현하러 갔다가 돌아와 종묘에 고하고, 맹헌자가 공로를 기록하였으니,

그 공로를 기록한 내용은 討伐의 공로가 아니다. 비록 일상적인 일로써 나라를 안정시키고 백성을 편안하게 하는 것이라도 또한 종묘에서 그 공로를 기록하는 경우가 있다. 공이 출행했다가 도착했음을 고할 적에는 반드시 아름다운 연회를 열어 조묘와 예묘에 밝게 고하는데, 공로가 있으면 술잔을 내려놓고 그 공로를 책에 기록하며, 공로가 없으면 출행했던 일을 고할 뿐이니 〈공로가 있든 없든〉 고하지 않는 일이 없다.

돌아와서는 반드시 고하니, ≪春秋≫에 공이 출행한 일이 176번인데 도착한 일을 기록한 것은 82번뿐이다. 기록하지 않은 나머지에 대해서는, ≪春秋釋例≫에서 "공이 출행한 이후 도착한 일을 기록하지 않은 것이 94번이니, 이는 모두 〈무사히 도착했음을〉 종묘에 고하지 않은 것이다. 隱公이 고하지 않은 것은 겸손해서이고, 나머지 공들이 고하지 않은 것은 예에 소홀해서이다."라고 하였다. 예에 소홀하다는 것은 그 대체만을 들어 말한 것일 뿐, 그 가운데는 응당 마음이 실제로 〈예에〉 소홀한 것은 아니지만 고해서는 안 되는 상황이 있어서일 것이다. 출행한 일이 치욕스러운 일이라 영예롭지 않다면, 몸소 자책하여 종묘에 고하지 않는 것이지 예에 소홀해서가 아니다. 출행한 사실이 치욕스러워할 만한데도 치욕스럽게 여기지 않고 돌아와서는 종묘에 고하는 경우에도 史書에 기록한다.

宣公 5년 傳文에 "선공이 齊나라에 가니 高固가 齊侯를 시켜 선공을 억류하게 하고서 叔姬를 아내로 달라고 요청하였다. 여름에 선공이 제나라에서 돌아왔다. 이를 기록한 것은 선공의 허물을 드러내기 위함이다."라고 하였다. 이에 대해 ≪춘추석례≫에서 "억류되는 치욕을 당하여 스스로 존엄을 버리고 서열을 무너뜨려 선군에게 누를 끼치고 종묘를 욕되게 하였으니, 응당 몸소 자책해야지 경사스러운 예식으로 끝마쳐서는 안 된다. 선공은 제나라에 가서 이미 억류되어 이웃 나라의 신하와 通婚하였는데도, 〈종묘에서〉 도착의 술을 마시는 예를 거행하였기 때문에 傳文에서 '이를 기록한 것은 허물을 드러내기 위함이다.'라고 한 것이다. 이는 응당 종묘에 고해서는 안 되는 일인데도 고했기 때문에 기록하여 그 허물을 드러내 보인 것이다."라고 하였다.

≪춘추석례≫에서 또 "〈桓公 18년에〉 환공의 喪柩가 齊나라에서 돌아왔다고 하였으니, 이는 죽은 사람이 돌아와서 종묘에 고할 때 도착했음을 기록한 경우이다. 〈莊公 23년에〉 장공이 예를 어기고 제나라에 가서 社祭를 구경하였는데 도착의 술을 마시는 예를 사용하였다고 하였으니, 이는 예를 어겼을 때 도착했음을 기록한 경우이다. 〈선공 7년에〉 黑壤의 회합 때 선공이 〈晉나라에 억류당했다가〉 뇌물을 주고 풀려났는데

이를 숨겨서 會盟한 사실을 기록하지 않고 〈이듬해〉 회맹에서 돌아온 사실을 다시 기록한 것 또한 억류 당한 것 때문에 종묘에 고하지 않은 것을 숨긴 것이다. 〈양공 3년에〉 양공이 晉나라에서 돌아왔다고 하였으니, 이는 영예롭게 돌아왔을 때 도착했음을 기록한 경우이다. 〈昭公 26년에〉 소공이 제나라에서 돌아와 鄆邑에 거주하였다고 하였으니, 이는 응당 종묘에 고해야 할 때 도착했음을 기록한 경우이다. 〈출행했다가〉 도착했음을 기록한 여러 경우는 모두 종묘에 고하고 돌아왔음을 알린 것인데, 사실을 그대로 말하기도 하고 숨겨서 기록하지 않는 경우도 있었다. 傳文에서 정벌한 일에 대해서는 도착의 술을 마시는 예가 보이고, 선공에 대해서는 허물을 기록한다는 비방이 보이고, 조현한 일에 대해서는 종묘에 공로를 기록한 일이 보이니, 이는 이 세 가지를 들어서 나머지 출행한 일들을 포함한 것이다. 僖公 16년에 공이 제후들과 淮에서 회합하였는데, 공은 돌아오지 않고 項을 취하였다. 제나라 사람은 이를 공이 명령하여 토벌한 것으로 여겨 공을 억류하였다. 희공 17년 가을에 '聲姜(僖公의 夫人)이 희공의 일로 卞에서 齊侯를 만났다.'라고 하고 〈이로 인해〉 공이 비로소 돌아왔는데, 〈經文에서〉 '공이 회합에서 돌아왔다.'라고 하였으니 이는 억류 당한 사실을 숨긴 채 회합에서 돌아왔다고 종묘에 고한 것이다. 그러므로 傳文에서 '제후 사이에 일이 있었던 것처럼 만든 것이고, 또 희공이 억류 당한 사실을 숨긴 것이다.'라고 하였으니, 이는 억류 당한 사실을 숨긴 채 회합에서 돌아왔다고 종묘에 고한 것이다."라고 하였다.

제후가 회맹할 경우에 반드시 회맹한 이후에 모두 공이 '회합'에서 돌아왔다고 기록하고 공이 '회맹'에서 돌아왔다고 말하지 않는 것은, 회맹의 일이 회합으로 인해서 이루어지고 처음에는 반드시 회합의 명목으로 다른 제후들을 부르기 때문이다. 공이 회합을 위해 출행한다고 종묘에 고하였으므로 돌아와서는 회합에서 돌아왔다고 고하는 것이다. 비록 〈돌아와서 회맹한 사실을〉 종묘에 아울러 고하였더라도 또한 회맹에서 돌아왔다고 말하지 않는 것은, 출행할 당시에 회맹을 위한 일이라고는 고하지 않았기 때문이다.

희공 28년에 희공이 제후들과 溫에서 회합하고 마침내 許나라를 포위하였는데, 〈이듬해〉 經文에서 "공이 허나라를 포위하고서 돌아왔다."고 기록하였다. 襄公 10년에 양공이 제후들과 柤에서 회합하고 "마침내 偪陽을 멸망시켰다."라고 하였는데, 經文에서 "공이 회합에서 돌아왔다."라고 하였다. 이 두 글은 〈기록한 서법이〉 동일하지 않다. 이에 대해 ≪춘추석례≫에서 "이와 같은 종류의 일은 그 事勢가 비슷하여 처음의 일로써 드러내거나 마지막 일로써 드러내는 것이니, 이는 당시 史官이 다를 뿐이지 다른 의도는 없다."라고 하였다.

定公 12년의 경문에 "공이 成邑을 포위하고서 돌아왔다."라고 하였으니, 이는 출행한 곳이 국경을 넘지 않았는데도 또한 종묘에 고한 것이다. 이에 대해 ≪춘추석례≫에서 "陪臣이 국가의 권세를 잡고 큰 도성이 국가의 규모에 짝할 만하였다. 이에 仲由가 三都(費邑·郈邑·成邑)를 허무는 계책을 세웠는데, 성읍의 사람이 따르지 않았다. 이 때문에 정공이 친히 이곳을 정벌한 것이다. 비록 국경을 넘지는 않았지만 많은 군사를 일으켜 운용하여 크게 전쟁을 벌였기 때문에 출행하고 돌아올 적에 모두 종묘에 고한 것이다."라고 하였다.

【疏】 ○ 注'爵飮'至'功也' ○ 正義曰：韓詩說"一升曰爵. 爵, 盡也, 足也. 二升曰觚. 觚, 寡也, 飮當寡少. 三升曰觶(치). 觶, 適也, 飮當自適. 四升曰角. 角, 觸也, 次不自適, 觸罪過也. 五升曰散. 散, 訕也, 飮不自節, 爲人謗訕也. 揔名曰爵, 其實曰觴, 觴, 餉也." 然則飮酒之器, 其名有五, 而揔稱爲爵. 案燕禮, 爵用觚觶, 此飮至之爵不過用觚觶而已. 爲人君者, 賞不踰月, 欲民速覩爲善之利. 故舍爵卽書勞於策, 言速紀有功也.

○ 注의 〔爵飮〕에서 〔功也〕까지

○ 正義曰：≪韓詩≫에서 "한 되들이를 爵이라 한다. 爵의 뜻은 극진하고 충분함이다. 두 되들이를 觚라 한다. 觚의 뜻은 적음이니 술은 적게 마셔야 한다는 것이다. 석 되들이를 觶라 한다. 觶의 뜻은 적당함이니 술은 적당히 마셔야 한다는 것이다. 넉 되들이를 角이라 한다. 角의 뜻은 범함이니 적당히 마시지 않아 죄과를 범하는 지경에 이른다는 것이다. 닷 되들이를 散이라 한다. 散의 뜻은 비방이니 술을 절제하지 않아 남들의 비방을 받는다는 것이다. 〈이들 술잔을〉 爵이라고 총칭하지만 사실은 觴이니, 觴의 뜻은 먹인다는 것이다."라고 하였다. 그렇다면 술을 마시는 그릇은 그 이름이 다섯 가지이고 이들을 爵이라 총칭하는 것이다. 살펴보건대 ≪儀禮≫ 〈燕禮〉에 爵은 觚나 觶를 사용한다고 했으니, 여기에서 도착의 술을 마시는 爵은 觚나 觶를 사용하는 것에 불과하다.

군주가 된 자는 포상을 한 달을 넘기지 않으니, 이는 백성이 善을 행한 이로움을 속히 볼 수 있도록 한 것이다. 그러므로 잔을 내려놓고서 즉시 그 공로를 策에 기록하는 것이니, 이는 공로가 있음을 속히 기록한다는 말이다.

【傳】 特相會에 **往來稱地**하니 **讓事也**요

特相會인 경우에는 〈魯나라 군주가〉 갔거나 〈외국 군주가〉 왔을 때에 모두 회합한 地名을 기록하니, 이는 서로 사양하여 일이 이루어지지 않았음을 뜻함이고,

【注】 特相會는 公與一國會也라 會必有主어늘 二人獨會면 則莫肯爲主하고 兩讓하야 會事不成이라 故但書地라

特相會는 公이 한 나라의 군주와 회합하는 것이다. 會盟에는 반드시 주재하는 사람이 있어야 하는데, 단 두 사람만이 회합하면 서로 주재하는 사람이 되려 하지 않고 둘이 서로 사양하기 때문에 회맹의 일이 이루어지지 않는다. 그러므로 회합한 지명만을 기록하는 것이다.

【傳】 自參(삼)**以上**이면 **則往稱地**하고 **來稱會**하니 **成事也**라

세 나라 이상의 군주가 회합하면 〈노나라 군주가〉 갔을 경우에는 지명을 기록하고, 〈외국 군주가〉 왔을 경우에는 '會'를 기록하니, 이는 회맹의 일이 이루어진 것이다.

【注】 成會事라

회맹의 일이 이루어진 것이다.

【傳】 初에 **晉穆侯之夫人姜氏 以條之役生大**(태)**子**하야 **命之曰仇**라하고

당초에 晉 穆侯의 夫人 姜氏가 條의 전쟁 때에 太子를 낳아 그 이름을 '仇'라 하고,

【注】 條는 晉地라 大子는 文侯也라 意取於戰相仇怨이라

條는 晉나라 땅이다. 太子는 文侯이다. 전쟁으로 서로 원수가 된 데에서 뜻을 취한 것이다.

【傳】 其弟以千畝之戰生하니 **命之曰成師**라하니

그의 동생이 千畝의 전쟁 때 태어나니 그 이름을 '成師'라 하였다.

【注】桓叔也라 西河界休縣南에 有地名千畝라 意取能成其衆이라

桓叔이다. 西河 界休縣 남쪽에 地名이 千畝라는 곳이 있다. 대군을 이룬 데에서 뜻을 취한 것이다.

【疏】'千畝之戰' ○ 正義曰 : 案周本紀, 宣王三十九年, 王與姜戎戰于千畝, 取此戰事以爲子名也.

傳의 〔千畝之戰〕

○ 正義曰 : 살펴보건대 ≪史記≫ 〈周本紀〉에 周 宣王 39년에 王師가 姜戎과 千畝에서 전쟁하였는데, 이 전쟁한 일을 취하여 아들의 이름으로 삼았다고 하였다.

【傳】師服曰 異哉라 君之名子也여

師服이 다음과 같이 말하였다.

"괴이하다. 군주께서 아들의 이름을 지음이여.

【注】師服은 晉大夫라

師服은 晉나라 대부이다.

【傳】夫名以制義하며

이름으로써 義를 정하고,

【注】名之인댄 必可言也라

命名한 의리가 정당하면 반드시 〈이름 붙인 바의 일을〉 말할 수 있다.

【傳】義以出禮하며

의로써 禮를 드러내고,

【注】禮는 從義出이라

禮는 義에서 나온다.

【傳】 禮以體政하며

예로써 정치의 근본을 삼고,

【注】 政은 以禮成이라

정치는 예에 의해 이루어진다.

【傳】 政以正民이라 是以政成而民聽하나니 易則生亂이라

정치로써 백성을 바로잡는 것이다. 그러므로 정치가 이루어지고 백성이 복종하는 것이니, 이 원칙을 어기면 변란이 발생한다.

【注】 反易禮義면 則亂生也라

禮와 義를 어기면 변란이 생긴다는 것이다.

【疏】 '夫名'至'生亂' ○ 正義曰：出曰爲名，合宜爲義．人之出言使合於事宜，故云'名以制義'．杖義而行，所以生出禮法，故云'義以出禮'．復禮而行，所以體成政教，故云'禮以體政'．以禮爲政，以正下民，故云'政以正民'．今晉侯名子不得其宜，禮教無所從出．政不以禮，則民各有心，故爲始兆亂也．

傳의 〔夫名〕에서 〔生亂〕까지

○ 正義曰：말을 꺼내어 이름으로 삼고 사리에 마땅함을 義로 삼는다. 사람이 꺼낸 말이 사리에 마땅하므로 '이름으로써 의를 제정한다.'라고 말한 것이다. 의에 의지한 채 행하여 禮法을 만들어내므로 '의로써 禮를 드러낸다.'라고 말한 것이다. 예를 회복한 채 행하여 政教를 이루어내므로 '예로써 정치의 근본을 삼는다.'라고 말한 것이다. 예로써 정치의 근본으로 삼아 백성을 바로잡으므로 '정치로써 백성을 바로잡는 것이다.'라고 말한 것이다. 지금 晉侯가 아들들의 이름을 지은 것이 사리에 마땅하지 않아 예법과 정교가 말미암아 나올 바가 없다. 정치를 예로써 하지 않으면 백성이 각기 다른 마음을 품기 때문에 이것이 변란의 처음 징조가 되는 것이다.

【傳】 嘉耦曰妃요 怨耦曰仇 古之命也어늘

좋은 짝을 '妃'라 하고 원수 같은 짝을 '仇'라 하는 것이 고대의 명칭이었는데,

【注】 自古有此言이라

예로부터 이런 말이 있었다.

【傳】 今君命大(태)子曰仇라하고 弟曰成師라하니 始兆亂矣라 兄其替乎인저

지금 군주께서 태자의 이름을 '仇'라 하고, 아우의 이름을 '成師'라 하였으니, 이는 변란의 처음 징조가 되는 것이다. 그 兄이 아마도 쇠미해질 것이다."

【注】 穆侯는 愛少子桓叔이라 俱取於戰以爲名이나 所附意異라 故師服知桓叔之黨이 必盛於晉하야 以傾宗國이라 故因名以諷諫하니라

穆侯는 작은 아들 桓叔을 사랑하였다. 〈형과 동생의〉 이름을 모두 전쟁에서 취하여 지었지만 거기에 붙인 뜻이 달랐기 때문에 師服이 환숙의 무리가 반드시 晉나라에서 강성하여 宗國인 〈晉나라를〉 전복할 줄을 안 것이다. 그러므로 이름을 통해 諷諫한 것이다.

【疏】 注'穆侯'至'諷諫' ○ 正義曰：大(태)子與桓叔雖竝因戰爲名, 而所附意異. 仇, 取於戰相仇怨, 成師, 取能成師衆. 緣名求義, 則大子多怨仇, 而成師有徒衆. 穆侯本立此名, 未必先生此意. 但寵愛少子, 於時已著, 師服知桓叔將盛. 故推出此理, 因解其名以爲諷諫, 欲使之强幹弱枝耳. 人臣規諫, 若無端緒, 凴何致言以申己志. 非謂人之立名必將有驗, 而何休謂左氏後有興亡, 由立名善惡, 引后稷名棄, 爲膏盲, 以難左氏, 非也.

注의 〔穆侯〕에서 〔諷諫〕까지

○ 正義曰：太子와 桓叔은 비록 모두 전쟁으로 인해 이름을 지었지만 거기에 붙인 뜻이 달랐다. '仇'는 전쟁으로 서로 원수가 된 데에서 뜻을 취한 것이고, '成師'는 대군을 이룬 데에서 뜻을 취한 것이다. 이름에 연유하여 뜻을 구한다면, 태자는 원수가 많은 것이고 成師는 따르는 무리가 많은 것이다. 晉 穆侯가 본래 이러한 이름을 지은 본뜻은 반드시 먼저 이러한 뜻을 낸 것은 아닐 것이다. 다만 〈목후가〉 작은 아들을 총애하였고 당시에 〈이러한 사실이〉 이미 드러났기에 사복은 환숙이 장차 강성해질 줄을 알았다. 그러므로 이러한 이치를 미루어 짐작하여 그 이름을 풀이하는 것으로 풍간하

였으니, 이는 줄기와 같은 〈태자를〉 강성하게 하고 가지와 같은 〈작은 아들을〉 약하게 만들고자 한 것이다. 신하가 規諫할 적에 어떠한 징조라도 없다면 무엇을 근거로 말하여 자신의 뜻을 펼칠 수 있겠는가. 사람의 이름에서 반드시 〈모든 경우에〉 장차 이름과 똑같은 일을 징험할 수 있음을 말한 것이 아닌데, 何休는 左氏가 이후의 흥망성쇠가 이름의 善惡에서 연유한 것이라 했다고 여겨 后稷의 이름이 '棄'라는 것을 인용하고, ≪左氏膏肓≫을 저술하여 좌씨를 힐난하였으니, 이는 잘못이다.

【傳】惠之二十四年에 **晉始亂**이라 **故封桓叔于曲沃**하니

惠公 24년에 晉나라가 비로소 어지러웠다. 그러므로 桓叔을 曲沃에 봉하니

【注】惠는 魯惠公也라 晉文侯卒하고 子昭侯元年에 危不自安하야 封成師爲曲沃伯이라

惠公은 魯 惠公이다. 晉 文侯가 卒하고 아들 昭侯가 즉위한 원년에 지위가 위태롭고 스스로 불안한 나머지 成師를 봉해 曲沃伯으로 삼았다.

【傳】靖侯之孫欒(난)**賓傅之**라

靖侯의 손자 欒賓이 그를 보좌하였다.

【注】靖侯는 桓叔之高祖父라 言得貴寵公孫爲傅相이라

靖侯는 桓叔의 高祖父이다. 존귀하고 총애를 받는 〈欒賓 같은〉 公孫을 얻어 보좌관으로 삼았다는 말이다.

【疏】注'靖侯'至'傅相' ○ 正義曰：案晉世家, 靖侯生僖侯, 僖侯生獻侯, 獻侯生穆侯, 穆侯生桓叔. 靖侯是桓叔之高祖也. 史傳稱祖皆云祖父, 故謂高祖爲高祖父, 非高祖之父也. 特云'靖侯之孫', 則知傳意, 言其得貴寵公孫爲傅相也. 此人之後, 遂爲欒氏, 蓋其父字欒.

注의 〔靖侯〕에서 〔傅相〕까지

○ 正義曰：살펴보건대 ≪史記≫ 〈晉世家〉에 靖侯가 僖侯를 낳고 희후가 獻侯를 낳고 헌후가 穆侯를 낳고 목후가 桓叔를 낳았다고 하였으니, 정후는 환숙의 高祖가 된다. 역사서에서 '祖'를 일컬을 때 모두 '祖父'라고 하였으므로 高祖를 高祖父라고 한 것

이지 고조의 부친이 아니다. 특별히 〈傳文에서〉 '靖侯의 손자'라고 말했으니, 이를 통해 傳文의 뜻이 존귀하고 총애를 받는 〈欒賓 같은〉 公孫을 얻어 보좌관으로 삼았다는 말임을 알 수 있다. 이 사람 이후로 마침내 欒氏가 되었으니, 그의 부친의 字가 欒이기 때문이다.

【傳】師服曰 吾聞國家之立也는 本大而末小라 是以能固라하니라 故天子建國하고

師服이 다음과 같이 말하였다.

"내가 듣건대 국가의 존립은 근본이 크고 지엽이 작기 때문에 견고할 수 있다고 하였다. 그러므로 天子는 나라를 세우고

【注】立諸侯也라

〈建國은〉 諸侯를 세우는 것이다.

【傳】諸侯立家하고

諸侯는 家를 세우고

【注】卿大夫稱家臣이라

卿大夫를 家臣이라 칭한다.

【傳】卿置側室하고

卿은 側室을 두고

【注】側室은 衆子也니 得立此一官이라

側室은 衆子이니, 〈이들 중자 가운데〉 한 명을 이 관직에 임명한다.

【疏】注'側室'至'一官' ○正義曰：禮記文王世子云"公若有出疆之政, 庶子守公宮, 正室守大(태)廟", 鄭玄云"正室, 適子也." 正室是適子, 故知側室是衆子, 言其在適子之旁側也. 文十二年傳曰"趙有側室曰穿." 是卿得立此官也. 卿之家臣, 其數多矣, 獨言立此一官者. 其餘諸官, 事連於國, 臨時選用, 異姓皆得爲之, 其側室一官, 必用同族, 是

卿廕所及, 唯知宗事, 故特言之. 案世族譜, 趙穿是夙之庶孫, 於趙盾(돈)爲從父昆弟, 而爲盾側室. 然選其宗之庶者而爲之, 未必立卿之親弟.

注의 〔側室〕에서 〔一官〕까지

○ 正義曰 : ≪禮記≫ 〈文王世子〉에 "公이 만약 국경을 나가는 政事가 있게 되면, 庶子가 公宮을 지키게 하고 正室은 太廟를 지키게 한다."라고 하였는데, 鄭玄이 "정실은 適子이다."라고 하였다. 정실이 적자이므로 側室은 衆子임을 알 수 있으니, 적자 가운데 旁側에 해당하는 자임을 말한 것이다. 文公 12년 傳文에서 "趙氏(趙盾)에게는 穿이라는 측실이 있다."라고 하였으니, 이는 卿이 측실의 관직으로 한 명을 임명한 것이다. 경의 家臣은 그 수가 많은데 유독 이 관직에는 한 명을 임명한다고 말하였다. 나머지 관원들은 나라의 일과 연관되면 임시로 선발하여 異姓이 모두 관직에 임명될 수 있는데, 측실의 관직에 임명되는 한 사람은 반드시 同族에서 등용하니 이는 경이라는 것은 蔭仕로 나아가는 자리로 宗事를 맡기 때문에 특별히 언급한 것이다. 살펴보건대 ≪世族譜≫에 趙穿은 趙夙의 庶孫이고 조돈과는 從父昆弟 관계가 되는데 조돈의 측실이 되었다고 하였다. 그러나 宗室의 庶子 가운데 한 사람을 선발하여 측실로 삼은 것이지, 반드시 경의 친동생을 측실에 임명하는 것은 아니다.

【傳】 大夫有貳宗하고

대부는 貳宗을 두고

【注】 適子爲小宗에 次子爲貳宗하야 以相輔貳라

〈대부가〉 適子로서 小宗일 경우 次子를 貳宗으로 삼아 자신을 보좌하게 한다.

【疏】 注'適子'至'輔貳' ○ 正義曰 : 禮有大宗小宗. 天子諸侯之庶子謂之別子, 及異姓受族爲後世之始祖者, 世適承嗣, 百世不遷, 謂之大宗. 爲父後者, 諸弟宗之, 五世則遷, 謂之小宗. 五世遷者, 謂高祖以下, 喪服未絶, 其繼高祖之適, 則緦服之內共宗之, 其繼曾祖之適, 則小功之內共宗之, 繼祖繼禰所宗及亦然. 故鄭玄喪服小記注云"小宗有四, 或繼高祖, 或繼曾祖, 或繼祖, 或繼禰, 皆至五世則遷." 以緦服旣窮, 不相宗敬, 故疏卽遞遷也. 禮記大傳曰"有百世不遷之宗, 有五世則遷之宗. 百世不遷者, 別子之後也. 宗其繼別子之所自出者, 百世不遷者也, 宗其繼高祖者, 五世則遷者也." 是言大宗小宗之別也. 大夫身是適子, 爲小宗, 故其次者爲貳宗, 以相輔助爲副貳, 亦立之爲此官也. 杜知非大宗而云小宗者, 以其大夫不必皆是大宗, 據爲小宗者多, 故杜言之也. 若大夫身爲大宗, 亦止得立貳宗官耳. 禮記據公族爲說, 故言別子爲祖主, 說諸侯庶子耳. 其實異姓受族, 亦爲始祖, 其繼者, 亦是大宗, 但記文不及之耳. 沈云"適子爲小宗, 謂是大夫之身爲小宗. 次者爲貳宗, 謂大夫庶弟貳宗. 以側室爲例, 皆是官名, 與五宗別."

注의 〔適子〕에서 〔輔貳〕까지

○ 正義曰 : 禮法에 大宗과 小宗의 구분이 있다. 천자와 제후의 庶子를 別子라고 하는데, 異姓으로 族孫을 받아 후세의 始祖가 된 경우에 그 世適(嫡嗣)이 후사를 계승하여 百世를 내려가도 옮기지 않게 되면 이를 대종이라 한다. 부친의 후사가 된 자를 諸弟들이 宗으로 삼아 5世가 되면 종을 옮기는데 이를 소종이라 한다. 5세가 되어 종을 옮긴다는 것은, 高祖 이하로는 喪服을 입는 관계가 끊어지지 않아서 고조를 계승한 적자에 대해서는 緦麻服을 입어야 하는 관계 안의 모든 이들이 종으로 삼고, 曾祖를 계승한 적자에 대해서는 小功服을 입어야 하는 관계 안의 모든 이들이 종으로 삼는 것이니, 祖父와 부친을 계승한 경우 종으로 삼는 범위에 있어서도 그러하다. 그러므로 ≪禮記≫ 〈喪服小記〉에 대한 鄭玄의 注에서 "소종에는 네 가지가 있으니, 고조를 계승하기도 하고 증조를 계승하기도 하고 조부를 계승하기도 하고 아버지를 계승하기도 하는데, 5세가 되면 종을 옮긴다."라고 하였다. 시마복을 입어야 하는 관계를 벗어나 더 이상 종을 공경하는 대상이 아니기 때문에 멀어지면 遞遷하는 것이다.

≪예기≫ 〈大傳〉에서 "백세를 내려가도 옮기지 않는 종이 있고, 5세가 되면 옮기는 종이 있다. 백세를 내려가도 옮기지 않는 것은 별자의 후손이다. 그 별자를 계승한 자로부터 태어난 자를 종으로 하는 것은 백세를 내려가도 옮기지 않는 것이요, 그 고조를 계승하는 자를 종으로 하는 것은 5세가 되면 옮기는 것이다."라고 하였다. 이는 대종과 소종의 구별을 말한 것이다. 대부 자신이 적자로서 소종이 된 경우이기 때문에 그 次子를 貳宗으로 삼으니, 보좌하는 일을 副貳라 하기에 또한 그를 貳宗이라는 관직에 임명하는 것이다. 杜預는 대종이 아닌 경우 소종이라 말하는 것이 대부가 반드시 모두 대종이 아니라는 것이 아니라 소종인 경우가 많다는 사실에 근거했다는 것을 알았다. 그래서 두예가 이렇게 말한 것이다. 대부 자신이 대종이라면 또한 이종의 관직을 임명하는 데 그친다. ≪예기≫는 公族에 근거하여 설명하였기 때문에 별자가 祖主가 된다고 말하고 제후의 서자에 대해 설명하였을 뿐이다. 기실 이성으로 족손을 받

은 경우에도 시조가 되고 그를 계승한 경우에도 대종이 되는데, ≪예기≫의 글에서는 언급하지 않았을 뿐이다. 沈文阿는 "'적자로서 소종일 경우'라는 것은 대부 자신이 소종이라는 것이다. '차자를 이종으로 삼는다.'는 것은 대부의 庶弟가 이종이라는 것이다. 〈卿이〉 側室을 두는 사례와 같이 〈측실과 이종은〉 모두 官名으로 五宗(대종 하나와 소종 넷)과는 구별된다.

【傳】 士有隷子弟하고

士는 子弟를 僕隷로 삼고

【注】 士卑하니 自以其子弟爲僕隷라

士는 〈지위가〉 낮으니 스스로 그 자제를 僕隷로 삼는 것이다.

【傳】 庶人工商은 各有分親하고 皆有等衰라

庶人·工·商은 각각 親疏의 구분이 있고 모두 等差가 있다.

【注】 庶人은 無復尊卑하야 以親疏爲分別也라 衰는 殺(쇄)也라

庶人은 다시 尊卑가 없어서 親疏로 구분하는 것이다. 衰는 殺(줄어듦)의 뜻이다.

【傳】 是以民服事其上하고 而下無覬覦(기유)어늘

그러므로 백성은 그 윗사람을 복종하여 섬기고 아랫사람은 〈윗자리를〉 넘보는 일이 없는데,

【注】 下不冀望上位라

아랫사람이 윗자리를 바라지 않는다는 말이다.

【傳】 今晉은 甸侯也而建國하니 本既弱矣라 其能久乎아

지금 晉나라는 甸侯로서 또 하나의 나라를 세웠으니 근본이 이미 쇠약해졌다. 어찌 오래갈 수 있겠는가."

【注】 諸侯而在甸服者라

〈'甸侯'는〉 甸服에 있는 제후이다.

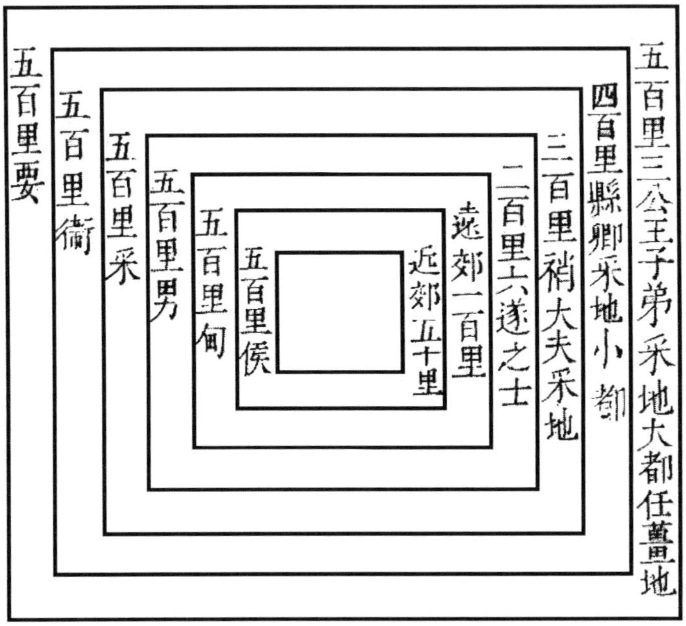

行人六服朝貢圖

【疏】 注'諸侯'至'服者' ○ 正義曰：周公斥大九州, 廣土萬里, 制爲九服, 邦畿方千里. 其外每五百里謂之一服. 侯甸男采衛要六服爲中國, 夷鎭蕃三服爲夷狄. 大司馬謂之九畿, 言其有期限也. 大行人謂之九服, 言其服事王也. 如其數計, 甸服內畔, 尙去京師千里. 晉距王城不容此數, 而得在甸服者, 周禮設法耳. 土地之形, 不可方平如圖, 未必每服皆如其數也. 地理志云"初雒邑與宗周通封畿, 東西長, 南北短, 短長相覆爲千里." 是王畿不正方也. 志又云東都方六百里, 半之爲三百里, 外有侯服五百里, 爲八百里. 計晉都在大(태)原, 去洛邑近八百里也. 畿旣不方, 服必差改, 故晉在甸服也.

注의 〔諸侯〕에서 〔服者〕까지

○ 正義曰：周公이 九州의 영역을 확장하여 만 리의 영토를 넓히고 九服을 제정하였는데, 邦畿(천자의 도읍)는 사방 천 리이다. 방기의 밖은 5백 리마다 一服이라 하였다. 侯服·甸服·男服·采服·衛服·要服 등의 六服이 中國이 되고, 夷服·鎭服·蕃服 등의 三服이 夷狄이 된다. ≪周禮≫ 〈夏官 大司馬〉에서는 〈구복을〉 九畿라 하였으니, 이

는 구역에 경계가 있는 것으로 말한 것이다. ≪주례≫ 〈秋官 大行人〉에서는 九服이라 하였으니, 이는 천자를 섬기는 것으로 말한 것이다. 숫자상으로 보면 전복은 內畔에 해당되어 京師와의 거리가 천 리이다. 晉나라는 王城과의 거리가 천 리보다 먼데도 전복의 구역에 있다는 것은 〈실제 거리와는 달리〉 ≪주례≫에서 설치한 法制일 뿐이다.

토지의 모양은 지도와 같이 반듯하지 않아서 반드시 하나의 服마다 모두 그 거리의 숫자가 같을 수 없다. ≪漢書≫ 〈地理志〉에서 "애초에 雒邑(洛邑)과 宗周는 封畿와 통해 있었는데, 동서가 길고 남북이 짧다. 길고 짧은 것을 서로 보완하면 천 리가 된다."라고 하였으니, 王畿는 正方의 반듯한 모양이 아닌 것이다. 〈지리지〉에서 또 東都는 사방 6백 리이니 〈동도의 중심을 기준으로〉 절반은 3백 리가 되고, 그 밖으로 5백 리 되는 곳에 있는 후복은 〈동도의 중심에서〉 8백 리가 된다고 하였다. 헤아려보면 진나라 도읍이 太原에 있는데 이곳은 洛邑과의 거리가 8백 리를 조금 넘는다. 왕기가 반듯하지 않고 服도 반드시 차이가 있으므로 진나라가 전복의 구역에 있는 것이다.

【傳】 惠之三十年에 **晉潘父弑昭侯而立桓叔**이라가 **不克**하니

惠公 30년에 晉 潘父가 昭侯를 죽이고 桓叔을 군주로 세우려다가 성공하지 못하니,

【注】 潘父는 晉大夫也라 昭侯는 文侯子라

潘父는 晉나라 대부이다. 昭侯는 文侯의 아들이다.

【傳】 晉人立孝侯하다

晉人이 孝侯를 군주로 세웠다.

【注】 昭侯子也라

〈孝侯는〉 昭侯의 아들이다.

【傳】 惠之四十五年에 **曲沃莊伯伐翼**하야 **弑孝侯**하니

혜공 45년에 曲沃 莊伯이 翼을 정벌하여 효후를 죽이니,

【注】 莊伯은 桓叔子라 翼은 晉國所都라

莊伯은 환숙의 아들이다. 翼은 晉나라의 도읍이다.

【傳】 翼人立其弟鄂侯하다 鄂侯生哀侯하다

翼人이 그 아우 鄂侯를 임금으로 세웠다. 악후가 哀侯를 낳았다.

【注】 鄂(國)〔侯〕[1)]는 以隱五年奔隨하니 其年秋에 王立哀侯于翼이라

1) (國)〔侯〕: 저본에는 '國'으로 되어 있으나, 宋本·淳熙本·岳本 등에 의거하여 '侯'로 바로잡았다.(阮元의 〈校勘記〉 참조)

鄂侯가 隱公 5년에 隨나라로 도망하니, 그해 가을에 周王이 哀侯를 翼의 군주로 세웠다.

【傳】 哀侯侵陘(형)庭之田하니

애후가 陘庭의 토지를 침범하니

【注】 陘庭은 翼南鄙邑이라

陘庭은 翼의 남쪽 변방의 邑이다.

【傳】 陘庭南鄙 啓曲沃伐翼하다

형정의 남쪽 변방 사람들이 曲沃의 군대를 인도하여 翼을 정벌하였다.

附 錄

1.《春秋左傳正義 2》參考書目 / 333

2.《春秋左傳正義 2》參考圖版 目錄 / 337

3. 春秋列國圖 / 339

4. 春秋地圖 / 340

5.《春秋左傳正義》總目次(QR) / 342

6.《春秋左傳正義》解題(QR) / 342

1. ≪春秋左傳正義 2≫ 參考書目

◇ 底本 및 참고본

• ≪春秋左傳正義≫, 左丘明(周) 傳, 杜預(晉) 注, 孔穎達(唐) 疏, 阮元(淸) 校刻, 十三經注疏(淸 嘉慶刊本), 中華書局, 2009.
• ≪春秋左傳正義≫, 左丘明(周) 傳, 杜預(晉) 注, 孔穎達(唐) 疏, 北京大學出版社, 2000.

◇ 春秋類

• ≪春秋左氏傳≫, 左丘明(周) 傳, 杜預(晉) 注, 純祖年間 刊, 규장각 소장본(奎中424).
• ≪春秋經傳集解≫, 左丘明(周) 傳, 杜預(晉) 注, 국립중앙도서관 소장본(世宗朝 刊行本, 古1235-8).
• ≪春秋集傳大全≫, 左丘明(周) 傳, 杜預(晉) 注, 국립중앙도서관 소장본(成宗朝 刊行本, 한古朝07-16).
• ≪春秋公羊傳注疏≫, 公羊高(周) 傳, 何休(後漢) 解詁, 徐彦(唐) 疏, 北京大學出版社, 2000.
• ≪春秋穀梁傳注疏≫, 穀梁赤(周) 傳, 范寗(東晉) 集解, 楊士勛(唐) 疏, 北京大學出版社, 2000.
• ≪春秋胡氏傳≫, 胡安國(南宋) 著, 錢偉疆 點校, 浙江古籍出版社, 2010.
• ≪春秋考徵≫, 丁若鏞(朝鮮) 撰, ≪韓國文集叢刊≫ 283, 民族文化推進會, 2002.
• ≪通志堂經解：春秋部≫, 納蘭性德(淸) 輯, 江蘇廣陵古籍刻印出版社, 1996.
• ≪皇淸經解：春秋部≫, 阮元(淸) 編, 王進祥 重編, 三貴文化社, 1984.

◇ 經部

• ≪經典釋文≫, 陸德明(唐) 撰, 文淵閣四庫全書 182, 臺灣商務印書館, 1982.

- ≪經傳釋詞≫, 王引之(淸) 撰, 江蘇古籍出版社, 2000.
- ≪三經諺解≫, 朝鮮 校正廳 諺解, 影印本, 保景文化社.
- ≪五經大全≫, 胡廣(明) 等 撰, 明 內府刊本, 影印本, 日本國立國會圖書館 所藏本.
- ≪說文解字注≫, 許愼(漢) 撰, 段玉裁(淸) 注編, 上海古籍出版社, 2011.
- ≪說文解字詁林≫, 丁福保(淸) 編纂, 雲南人民出版社, 2006.

◇ 史部

- ≪考信錄≫, 崔述(淸) 著, 世界書局, 2009.
- ≪舊唐書≫, 劉昫(五代 後晉) 撰, 中華書局, 1975.
- ≪國語≫, 左丘明(周) 撰, 文淵閣四庫全書 406, 臺灣商務印書館, 1982.
- ≪史記≫, 司馬遷(漢) 撰, 中華書局, 1974.
- ≪資治通鑑≫, 司馬光(南宋) 撰, 胡三省(元) 音註, 中華書局, 1956.
- ≪戰國策≫, 劉向(漢) 撰, 高誘(漢) 註, 文淵閣四庫全書 406~407, 臺灣商務印書館, 1982.
- ≪漢書≫, 班固(後漢) 撰, 中華書局, 2002.
- ≪後漢書≫, 范曄(南朝 宋) 撰, 中華書局, 1997.

◇ 子部

- ≪老子道德經≫, 王弼(晉) 注, 影印本, 中華書局, 1985.
- ≪白虎通義≫, 班固(後漢) 撰, 文淵閣四庫全書 850, 臺灣商務印書館, 1982.
- ≪世說新語≫, 劉義慶(宋) 撰, 文淵閣四庫全書 1035, 臺灣商務印書館, 1982.
- ≪莊子注≫, 莊周(周) 撰, 郭象(西晉) 編, 文淵閣四庫全書 1056, 臺灣商務印書館, 1982.

◇ 集部

- ≪朱子大全≫, 朱熹(南宋) 著, 中華書局, 1970.
- ≪朱子語類≫, 黎靖德(南宋) 編, 標點校勘本, 中文出版社, 1970.
- ≪朱子全書≫, 朱熹(南宋) 著, 上海古籍出版社・安徽敎育出版社, 2002.
- ≪二程集≫, 程顥・程頤(北宋) 著, 王進祥(臺) 編, 漢京文化事業有限公司, 1983.

◇ 字典 및 目錄類

• ≪經籍纂詁≫, 阮元(淸) 撰, 阮氏琅嬛仙館原刻本, 影印本, 中華書局, 1982.
• ≪四庫全書總目提要≫, 紀昀(淸) 總纂, 孟蓬生(中) 外 點校, 河北人民出版社, 2000.
• ≪經學歷史≫, 皮錫瑞(淸) 著, 河洛圖書出版社, 1974.
• ≪郡經平議≫, 兪樾(淸) 撰, 春在堂全書, 世界書局, 1963.
• ≪中國歷史地圖集≫, 程光裕・徐聖謨 編, 中華文化出版事業委員會, 1957.

◇ 單行本類

〔韓國〕

• ≪譯註 春秋左氏傳≫(전8책), 정태현 譯, 전통문화연구회, 2001~2009.
• ≪譯註 國語≫(전2책), 허호구 外 共譯, 전통문화연구회, 2005~2006.
• ≪譯註 東萊博議≫(전5책), 정태현・김병애 譯, 전통문화연구회, 2010~2020.
• ≪春秋左傳≫(전3책), 장세후 譯, 을유문화사, 2012~2013.
• ≪춘추공양전≫, 박성진 譯, 지식을만드는지식, 2018.
• ≪춘추곡량전≫, 박성진 譯, 지식을만드는지식, 2018.

〔中國〕

• ≪十三經譯註≫(전15책), 上海古籍出版社, 2004.
• ≪十三經注疏整理本≫(전26책), 北京大學出版社, 2000.
• ≪十三經注疏校勘記≫(전11책), 阮元(淸) 校勘, 劉玉才 整理, 北京大學出版社, 2014.
• ≪左傳紀事本末≫(전3책), 高士奇(淸) 著, 中華書局, 1979.
• ≪春秋左傳詞典≫, 楊伯峻・徐題 編, 中華書局, 1985.
• ≪春秋左傳詁≫(전2책), 洪亮吉(淸) 著, 中華書局, 1987.
• ≪春秋左傳注≫(전4책), 楊伯峻 注, 中華書局, 1981.

〔日本〕

• ≪左氏會箋≫(전2책), 竹添鴻光 譯, ≪漢文大系≫ 11~12, 學古房, 1984.
• ≪春秋左氏傳≫(전4책), 鎌田正 譯, ≪新釋漢文大系≫ 30~33, 明治書院, 1971~1977.

- ≪春秋左氏傳≫(전3책), 竹內照夫 譯, ≪新釋漢文大系≫ 4~6, 集英社, 1983.
- ≪春秋左氏傳杜預集解≫, 岩本憲司 譯, 汲古書院, 2006.
- ≪春秋左傳正義譯注≫(전6책), 野間文史 譯, 明德出版社, 2018~2020.

〔臺灣〕

- ≪新譯左傳讀本≫(전2책), 傅武光 注譯, 三民書局, 2009.
- ≪新譯公羊傳≫, 雪克 注譯, 三民書局, 1998.
- ≪新譯穀梁傳≫, 顧寶田 注譯, 三民書局, 1998.
- ≪春秋左傳今註今譯≫(전3책), 李宗侗 譯註, 臺灣商務印書館, 1982.

〔英美〕

- *The Chinese classics : The Chun Tsew With the Tso Chuen*(전4책), James legge, Hong Kong University Press, 1960.
- *On the Authenticity and Nature of the Tso Chuan*, Bernhard Karlgren, Cheng Wen Publising Co. Taipei, 1968.
- *The Tso Chuan : Selections from China's Oldest Narrative History*, Burton Watson, Columbia University Press, 1992.
- *Narratives in Tso Chuan*, Ronald C. Egan, *Harvard Journal of Asiatic Studies* Vol.37, 323~352p, 1977.

◇ 電子文獻 및 Web DB

- 한국고전종합DB(http://db.itkc.or.kr)
- 동양고전종합DB(http://db.cyberseodang.or.kr)
- 電子版 文淵閣四庫全書, 上海古籍出版社.

2. ≪春秋左傳正義 2≫ 參考圖版 目錄

(1) 〈蘋(빈)〉, 徐鼎(淸) 編, ≪毛詩名物圖說≫ / 32

(2) 〈蘩(번)〉, 徐鼎(淸) 編, ≪毛詩名物圖說≫ / 32

(3) 〈藻(조)〉, 松本幻憲(日) 編, ≪五經圖彙≫ / 32

(4) 〈筐(광)〉, 池錫永(大韓帝國) 編, ≪字典釋要≫ / 36

(5) 〈筥(거)〉, 松本幻憲(日) 編, ≪五經圖彙≫ / 36

(6) 〈錡(기)〉, 松本幻憲(日) 編, ≪五經圖彙≫ / 36

(7) 〈釜(부)〉, 松本幻憲(日) 編, ≪五經圖彙≫ / 36

(8) 〈仲尼(중니)〉, 未詳, ≪孔子行敎≫, 호림박물관 소장 / 62

(9) 〈大義滅親(대의멸친)〉, 馮夢龍(明) 等 撰, ≪增像全圖東周列國志≫ / 77

(10) 〈螟(명)〉, 王圻(明) 撰, ≪三才圖會≫ / 85

(11) 〈八音八風圖(팔음팔풍도)〉, 鄭之僑(鮮) 編, ≪六經圖≫ / 115

(12) 〈圭(규)〉, 臺灣國立故宮博物院 소장 / 139

(13) 〈璋(장)〉, 臺灣國立故宮博物院 소장 / 139

(14) 〈璧(벽)〉, 臺灣國立故宮博物院 소장 / 139

(15) 〈琥(호)〉, 松本幻憲(日) 編, ≪五經圖彙≫ / 139

(16) 〈璜(황)〉, 臺灣國立故宮博物院 소장 / 139

(17) 〈圭以馬(규이마)〉, 鄂爾泰(淸) 外 撰, ≪欽定周官義疏≫ / 140

(18) 〈璋以皮(장이피)〉, 鄂爾泰(淸) 外 撰, ≪欽定周官義疏≫ / 140

(19) 〈璧以帛(벽이백)〉, 鄂爾泰(淸) 外 撰, ≪欽定周官義疏≫ / 140

(20) 〈琮以錦(종이금)〉, 鄂爾泰(淸) 外 撰, ≪欽定周官義疏≫ / 140

(21) 〈琥以繡(호이수)〉, 鄂爾泰(淸) 外 撰, ≪欽定周官義疏≫ / 140

(22) 〈璜以黼(황이보)〉, 鄂爾泰(淸) 外 撰, ≪欽定周官義疏≫ / 140

(23) 〈公孫閼爭車射考叔(공손알쟁거사고숙)〉, 馮夢龍(明) 等 撰, ≪增像全圖東周列國志≫ / 212

(24) 〈立新君華督行賂(입신군화독행뢰)〉, 馮夢龍(明) 等 撰, ≪增像全圖東周列國志≫ / 263

(25) 〈冕(면)(12旒)〉, 聶崇義(宋), ≪新定三禮圖≫ / 282

(26) 〈冕(면)(7旒)〉, 聶崇義(宋), ≪新定三禮圖≫ / 282

(27) 〈舃(석)〉, 黃以周(淸) 撰, ≪禮書通故≫ / 289

(28) 〈屨(구)〉, 黃以周(淸) 撰, ≪禮書通故≫ / 289

(29) 〈鞠衣(국의)〉, 聶崇義(宋), ≪新定三禮圖≫ / 290

(30) 〈展衣(전의)〉, 聶崇義(宋), ≪新定三禮圖≫ / 290

(31) 〈褖衣(단의)〉, 聶崇義(宋), ≪新定三禮圖≫ / 290

(32) 〈藻率(조율)〉, 松本幻憲(日) 編, ≪五經圖彙≫ / 294

(33) 〈黼(보)〉, 松本幻憲(日) 編, ≪五經圖彙≫ / 301

(34) 〈黻(불)〉, 松本幻憲(日) 編, ≪五經圖彙≫ / 301

(35) 〈鍚鸞和鈴(양란화령)〉, 松本幻憲(日) 編, ≪五經圖彙≫ / 303

(36) 〈爵(작)〉, 松本幻憲(日) 編, ≪五經圖彙≫ / 312

(37) 〈行人六服朝貢圖(행인육복조공도)〉, 楊甲(宋) 撰, 毛邦翰(宋) 補, ≪六經圖考≫ / 328

3. 春秋列國圖

※ QR코드를 스캔하면 더 선명한 지도를 볼 수 있습니다.

(≪唐土歷代州郡沿革地圖≫, 1789)에서 轉載)

4. 春秋地圖(≪春秋左氏傳≫(奎中424, 純祖年間 刊, 규장각 소장본))

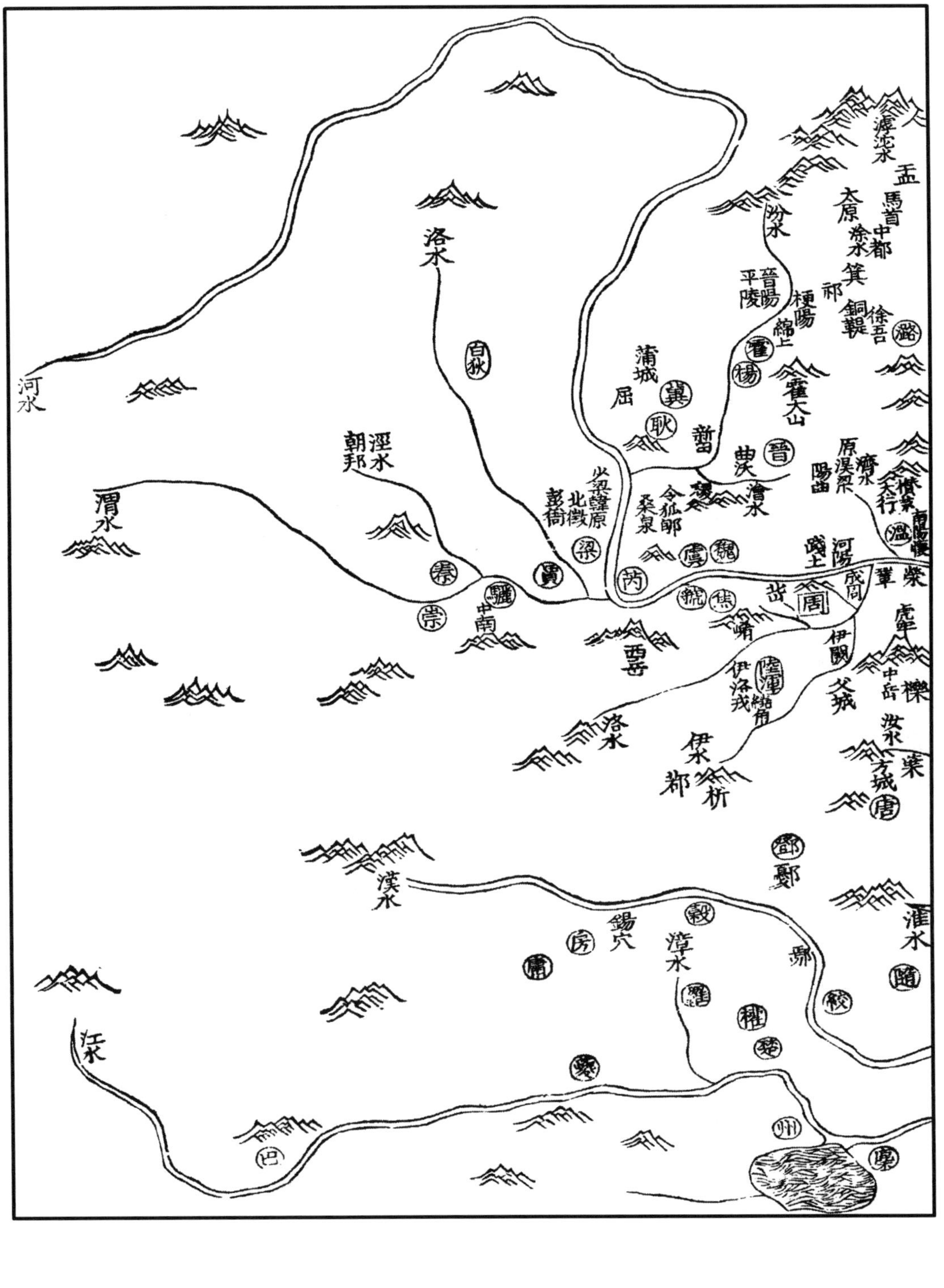

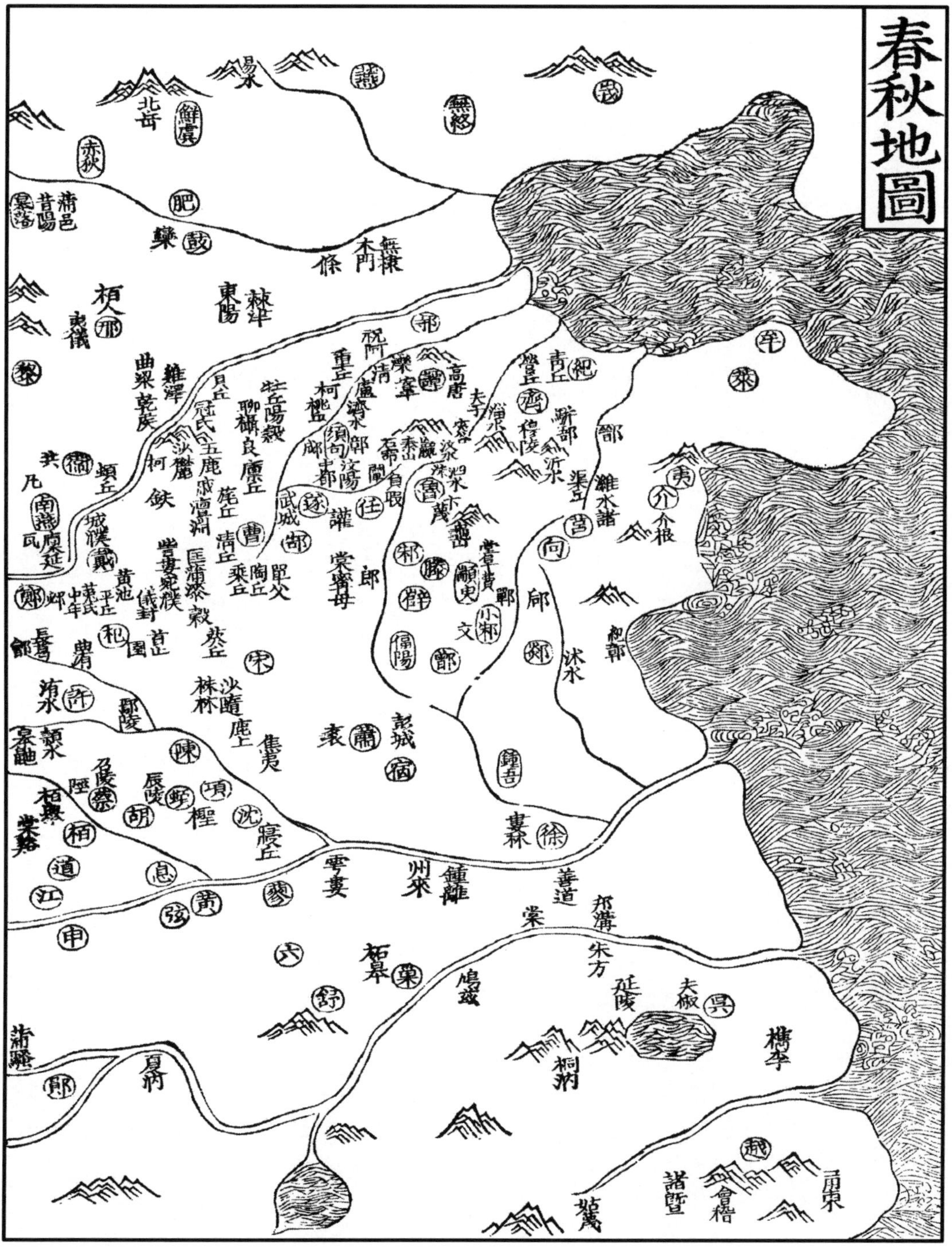
春秋地圖

5. ≪春秋左傳正義≫ 總目次

• QR코드를 스캔하면 ≪春秋左傳正義≫ 總目次를 볼 수 있습니다.

6. ≪春秋左傳正義≫ 解題

• QR코드를 스캔하면 ≪春秋左傳正義≫ 解題를 볼 수 있습니다.

責任飜譯

許鎬九

父親 晦山公과 秋淵 權龍鉉 先生 師事
檀國大學校 東洋學硏究院 招聘敎授(現)
韓國古典飜譯院 附設 古典飜譯敎育院 講師(現)
傳統文化硏究會 理事(現)

論文 및 譯書

譯書 《說苑》 《菊潭先生文集》 《拓齋文集》
共譯 《五書五經讀本 春秋左氏傳》 《朱註論語》 《朱註孟子》
《國語》 《退溪先生文集》 등

共同飜譯

鄭東和

高麗大學校 國語國文學科 博士課程 修了
檀國大學校 東洋學硏究院 漢韓大辭典編纂室 編纂팀장
韓國古典飜譯院 責任硏究員(現)

論文 및 譯書

論文 〈退溪 山水詩의 形象化에 대하여〉 〈도학적 시 세계의 한 국면〉
共譯 《五書五經讀本 春秋左氏傳》 《春秋繁露義證》 등

金廣泰

高麗大學校 古典飜譯協同課程 博士課程 修了
民族文化推進會 附設 國譯硏修部, 常任硏究部 卒業
韓國古典飜譯院 硏究員(前)
高麗大學校 漢字漢文硏究所 硏究教授(前)
韓國古典飜譯院 飜譯委員(現)

論文 및 譯書

論文〈三淵漫錄 역주〉
譯書 ≪渼湖集≫ ≪渼湖集≫ ≪芝峯集≫ ≪芝峯集≫ ≪靜觀齋集≫ 등
共譯 ≪五書五經讀本 春秋左氏傳≫ ≪明義錄≫ ≪承政院日記≫ ≪日省錄≫ 등

權津鈺

高麗大學校 國語國文學科 博士課程 卒業
檀國大學校 東洋學硏究院 古典飜譯硏究室 先任硏究員
檀國大學校 國語國文學科 助教授(現)

論文 및 譯書

論文〈澤堂 李植의 騈文·古文 연찬과 산문 창작의 실제〉
〈橘山 李裕元의 學問 性向과 類書·筆記 編纂에 관한 硏究〉
共譯 ≪五書五經讀本 春秋左氏傳≫ ≪樂全堂集≫ ≪於于集≫ 등

十三經注疏
譯註 春秋左傳正義 2　　32,000원

2023년 10월 20일 초판 인쇄
2023년 10월 31일 초판 발행

傳 左丘明　注 杜預　疏 孔穎達

企劃編輯　東洋古典飜譯編輯委員會
飜譯研究管理　南賢熙
責任飜譯　許鎬九
共同飜譯　鄭東和 金廣泰 權津鈺
潤　　文　南賢熙 郭成龍
校　　訂　郭成龍
編輯出版　白俊哲
裝　　幀　김진디자인

發 行 人　郭成文
發 行 處　社團法人 傳統文化研究會
서울시 종로구 삼일대로 428 낙원빌딩 411호
전화 : (02)762-8401　전송 : (02)747-0083
전자우편 : juntong@juntong.or.kr
누리집 : www.juntong.or.kr
사이버書堂 : cyberseodang.or.kr
온라인서점 : book.cyberseodang.or.kr
등록 : 1989. 7. 3. 제1-936호

인쇄처 : 한국법령정보주식회사(02-462-3860)
총　판 : 한국출판협동조합(070-7119-1750)

ISBN 979-11-5794-564-1 94140
978-89-91720-93-0(세트)

※ 이 책은 2023년도 교육부 고전문헌 국역지원사업 지원비에 의해 출판되었음.

전통문화연구회 도서목록

범례 : 周易正義 1~4〔全15〕- 전체 15책 계획, 현재 1~4책만 간행된 경우

新編 基礎漢文教材

新編 四字小學·推句	고전교육연구실 編譯	11,000원
新編 啓蒙篇·童蒙先習	고전교육연구실 編譯	11,000원
新編 明心寶鑑	李祉坤·元周用 譯註	15,000원
新編 擊蒙要訣	咸賢贊 譯註	12,000원
新編 註解千字文	李忠九 譯註	13,000원
新編 原文으로 읽는 故事成語	元周用 編譯	15,000원
新編 唐音註解選	權卿相 譯註	22,000원

漢文讀解捷徑시리즈

漢文독해 기본패턴	고전교육연구실 著	15,000원
四書독해첩경	고전교육연구실 著	20,000원
한문독해첩경 - 文學篇	朴相水·李和春 외 著	15,000원
한문독해첩경 - 史學篇	朴相水·李和春 외 著	15,000원
한문독해첩경 - 哲學篇	朴相水·李和春 외 著	15,000원

五書五經讀本

論語集註 上·下	鄭太鉉 譯註	合 50,000원
孟子集註 上·下	田炳秀·金東柱 譯註	合 60,000원
大學·中庸集註	李光虎·田炳秀 譯註	15,000원
小學集註 上·下	李忠九 外 譯註	合 50,000원
詩經集傳 上·中·下	朴小東 譯註	合 90,000원
書經集傳 上·中·下	金東柱 譯註	合 90,000원
周易傳義 元·亨·利·貞	崔英辰 外 譯註	合 120,000원
詳說 古文眞寶大全後集 上·下	李相夏 外 譯註	合 64,000원
春秋左氏傳 上·中·下	許鎬九 外 譯註	合 109,000원
禮記 上·中·下	成百曉 外 譯註	合 90,000원

東洋古典國譯叢書

大學·中庸集註 - 개정증보판	成百曉 譯註	10,000원
論語集註 - 개정증보판	成百曉 譯註	27,000원
孟子集註 - 개정증보판	成百曉 譯註	30,000원
詩經集傳 上·下	成百曉 譯註	合 70,000원
書經集傳 上·下	成百曉 譯註	合 70,000원
周易傳義 上·下	成百曉 譯註	合 80,000원
小學集註	成百曉 譯註	30,000원
古文眞寶 後集	成百曉 譯註	32,000원

東洋古典譯註叢書

〈經部〉

〔十三經注疏〕

周易正義 1~4	成百曉·申相厚 譯註	合 139,000원
尙書正義 1~7	金東柱 譯註	合 228,000원
毛詩正義 1~8〔全15〕	朴小東 外 譯註	合 259,000원
禮記正義 1~2, 中庸·大學	李光虎 外 譯註	合 77,000원
論語注疏 1~3	鄭太鉉·李聖敏 譯註	合 107,000원
孟子注疏 1~4〔全5〕	崔彩基·梁基正 譯註	合 119,000원
孝經注疏	鄭太鉉·姜珉廷 譯註	30,000원
周禮注疏 1~4〔全15〕	金容天·朴禮慶 譯註	合 122,000원
春秋左傳正義 1~2〔全18〕	許鎬九 外 譯註	合 59,000원
春秋公羊傳注疏 1〔全7〕	許鎬九 外 譯註	37,000원

春秋左氏傳 1~8	鄭太鉉 譯註	合 244,000원
禮記集說大全 1~5〔全10〕	辛承云 外 譯註	合 160,000원
東萊博議 1~5	鄭太鉉·金炳愛 譯註	合 153,000원
韓詩外傳 1~2	許敬震 外 譯註	合 62,000원
說文解字注 1~4〔全20〕	李忠九 外 譯註	合 141,000원

〈史部〉

思政殿訓義 資治通鑑綱目 1~22〔全39〕	辛承云 外 譯註	合 671,000원
通鑑節要 1~9	成百曉 譯註	合 275,000원
唐陸宣公奏議 1~2	沈慶昊·金愚政 譯註	合 80,000원
貞觀政要集論 1~4	李忠九 外 譯註	合 102,000원
列女傳補注 1~2	崔秉準·孔勤植 譯註	合 68,000원
歷代君鑑 1~4	洪起殷·全百燦 譯註	合 135,000원

〈子部〉

孔子家語 1~2	許敬震 外 譯註	合 71,000원
管子 1~3〔全4〕	李錫明·金帝蘭 譯註	合 91,000원
近思錄集解 1~3	成百曉 譯註	合 96,000원
老子道德經注	金是天 譯註	30,000원
大學衍義 1~5〔全7〕	辛承云 外 譯註	合 144,000원
墨子閒詁 1~6〔全7〕	李相夏 外 譯註	合 212,000원
說苑 1~2	許鎬九 譯註	合 50,000원
世說新語補 1~5	金鎭玉 外 譯註	合 171,000원
荀子集解 1~7	宋基采 譯註	合 224,000원
心經附註	成百曉 譯註	35,000원
顔氏家訓 1~2	鄭在書·盧暻熙 譯註	合 47,000원
揚子法言 1〔全2〕	朴勝珠 譯註	24,000원

列子鬳齋口義 崔秉準·孔勤植·權憲俊 共譯 34,000원
二程全書 1~6〔全10〕 崔錫起·姜導顯 譯註 合 205,000원
莊子 1~4 安炳周·田好根 共譯 合 113,000원
政經·牧民心鑑 洪起殷·全百燦 譯註 27,000원
韓非子集解 1~5 許鎬九 外 譯註 合 174,000원

〔武經七書直解〕

孫武子直解·吳子直解 成百曉·李蘭洙 譯註 35,000원
六韜直解·三略直解 成百曉·李鍾德 譯註 26,000원
尉繚子直解·李衛公問對直解
成百曉·李蘭洙 譯註 26,000원
司馬法直解 成百曉·李蘭洙 譯註 26,000원

〈集部〉

古文眞寶 前集 成百曉 譯註 30,000원
唐詩三百首 1~3 宋載卲 外 譯註 各 25,000원~36,000원

唐宋八大家文抄

韓愈 1~3 鄭太鉉 譯註 合 78,000원
柳宗元 1~2 宋基采 譯註 合 44,000원
歐陽脩 1~7 李相夏 譯註 合 203,000원
蘇洵 李章佑 外 譯註 25,000원
蘇軾 1~5 成百曉 譯註 合 110,000원
蘇轍 1~3 金東柱 譯註 合 64,000원
王安石 1~2 申用浩·許鎬九 共譯 合 45,000원
曾鞏 宋基采 譯註 25,000원

明淸八大家文鈔

歸有光·方苞 李相夏 外 譯註 35,000원
劉大櫆·姚鼐 李相夏 外 譯註 35,000원
梅曾亮·曾國藩 李相夏 外 譯註 38,000원

東洋古典新譯

당시선 송재소·최경렬·김영죽 편역 22,000원
손자병법 성백효 역주 14,000원
장자 안병주·전호근·김형석 역주 13,000원
고문진보 후집 신용호 번역 28,000원
노자도덕경 김시천 역주 15,000원
고문진보 전집 上·下 신용호 번역 合 44,000원
신식 비문척독 박상수 번역 25,000원

동양문화총서

동양사상 해설과 원전 정규훈 外 저 22,000원
화합의 길 《중용》 읽기 금장태 저 20,000원
호설과 시장 신용호 저 20,000원
어느 노학자의 젊은 시절 심재기 저 22,000원

문화문고

경전으로 본 세계종교 그리스도교 이정배 편저 10,000원
〃 도교 이강수 편역 10,000원
〃 천도교 윤석산 외 편저 10,000원
〃 힌두교 길희성 편역 10,000원
〃 유교 이기동 편저 10,000원
〃 불교 김용표 편저 10,000원
〃 이슬람 김영경 편역 10,000원
논어·대학·중용 조수익·박승주 공역 10,000원
맹자 조수익·박승주 공역 10,000원
소학 박승주·조수익 공역 10,000원
십구사략 1~2 정광호 저 合 24,000원
무경칠서 손자병법·오자병법 성백효 역 10,000원
〃 육도·삼략 성백효 역 10,000원
〃 사마법·울료자·이위공문대 성백효 역 10,000원
당시선 송재소·최경렬·김영죽 편역 10,000원
한문문법 이상진 저 10,000원
한자한문전통교재 조수익·이성민 공역 10,000원
士小節 선비 집안의 작은 예절 이동희 편역 12,000원
儒學이란 무엇인가 이동희 저 10,000원
동아시아의 유교와 전통문화 이동희 저 13,000원
현대인, 동양고전에서 길을 찾다 이동희 저 10,000원
100자에 담긴 한자문화 이야기 김경수 저 12,000원
우리 설화 1~2 김동주 편역 合 20,000원
대한민국 국무총리 이재원 저 10,000원
백운거사 이규보의 문학인생 신용호 저 14,000원